Similarities and Differences

Elaborating on the Relations between
Marx's and Engels'
Thoughts from their Texts

同一与差异
——从文本出发探究『马克思—恩格斯思想关系』

刘秀萍 著

社会科学文献出版社
SOCIAL SCIENCES ACADEMIC PRESS (CHINA)

目 录

引　言　为什么要研究"马克思—恩格斯思想关系"？ …………………… 1

第一部分　哲学思维方式的革命性变革

第一章　马克思主义哲学在何种意义上是一种唯物主义？ ………… 9
　　一　英国唯物主义历史渊源梳理 …………………………………… 9
　　二　法国唯物主义历史进程辨析 ………………………………… 13
　　三　思辨哲学错误地解释唯物主义史的原因探究 ……………… 17
　　四　马克思恩格斯建构唯物主义新形态的意旨 ………………… 20

第二章　马克思是怎样通过黑格尔而实现思想建构的？ ………… 25
　　一　理解和论证共产主义需要借助黑格尔哲学 ………………… 26
　　二　黑格尔论述"异化—扬弃"的思路及其得失 ……………… 29
　　三　对黑格尔辩证法的汲取和超越 ……………………………… 34

第三章　青年黑格尔派对黑格尔哲学的批判是在什么地方"失足"的？ …… 39
　　一　青年黑格尔派批判哲学的特点：从一个要素出发 ………… 40
　　二　片面"推进"和"发展"黑格尔哲学的后果 ……………… 43
　　三　青年黑格尔派批判哲学的思维逻辑再审视 ………………… 45
　　四　另外的启迪：费尔巴哈批判黑格尔哲学的得与失 ………… 48

第四章　马克思对"思辨哲学"的结构性解析 …………………… 51
　　一　思辨哲学家对"绝对的秘密"的结构设计 ………………… 53
　　二　"绝对的秘密"怎样走向凡间？ …………………………… 57
　　三　思辨哲学构造秘密的运思逻辑 ……………………………… 60

四　思辨的构想图："普遍世界秩序"与"真正统一的整体" ……… 63

第五章　恩格斯对青年黑格尔派的批判与"新唯物主义"建构 ……… 67
　　一　由感性事实透视工人的贫困 …………………………………… 68
　　二　从物质利益出发解决"英国的迫切问题" …………………… 71
　　三　哲学系的问题并不是"哲学"问题 …………………………… 76
　　四　恩格斯与"新唯物主义"建构 ………………………………… 79

第六章　马克思恩格斯"新世界观"的视界与意义 ……………… 81
　　一　马克思与《关于费尔巴哈的提纲》的写作 …………………… 81
　　二　马克思原始手稿与恩格斯的校订对照 ………………………… 85
　　三　源自不同稿本的"新世界观"辨析 …………………………… 88

第七章　两种形态的唯物主义之间的差别与分野 ………………… 96
　　一　"通行本"中的标题问题与两种形态的唯物主义的混同 …… 97
　　二　感性世界・人・历史・自然：两种唯物主义理解上的差别 … 98
　　三　唯物主义怎样才能透视清楚唯心主义？ ……………………… 101

第二部分　思想体系中的人性意蕴

第一章　"犹太人问题"与犹太人的解放 ………………………… 109
　　一　"犹太人问题"的世俗基础与"现实的个人" ……………… 110
　　二　"犹太人问题""真正的"和"普遍的"意义 ……………… 112
　　三　犹太人解放的现实内容：国家、社会、法、世界、民族 …… 115

第二章　人的异化的普遍化：从劳动异化论到社会关系异化论 … 124
　　一　现代社会各阶层的收入形式映现出的生存境遇 ……………… 125
　　二　劳动异化的具体表现形式及其实质 …………………………… 129
　　三　劳动异化导致的普遍的社会关系异化 ………………………… 132

第三章　活在"秘密"中的"巴黎"人 …………………………… 136
　　一　"批判的史诗"之"美学的小引" …………………………… 136
　　二　罪犯世界的秘密——"制造""秘密"的秘密 ……………… 139

三　上流社会的秘密——"秘密"的转移 …………………………… 146

第四章　"宗教的秘密"与人的"救赎" ………………………………… 155
　　一　充满人性的"雏菊"玛丽花 …………………………………… 155
　　二　"救世主"的"救赎"之道 …………………………………… 158
　　三　玛丽花最终被救赎了吗？ ……………………………………… 162
　　四　玛丽花命运的"观念"解读 …………………………………… 164

第五章　法国大革命与马克思对人的解放道路的探寻 ……………… 169
　　一　法国大革命及其世界历史意义 ………………………………… 170
　　二　政治革命与人的解放：短期意旨与长远目标 ………………… 172
　　三　时代印记、活动方式与民族特征 ……………………………… 177
　　四　革命进程中的人物更迭、曲折演变及其原因探究 …………… 182

第六章　从资本经营活动中引发的对工人阶级命运的思考 ………… 186
　　一　长期关注和思考工人状况的产物 ……………………………… 187
　　二　工人阶级命运的历史透视 ……………………………………… 188
　　三　卓越的理论贡献和重要的实践价值 …………………………… 190

第七章　社会主义各种"非科学"形态的"人性"基础及思路批判 … 195
　　一　封建的"僧侣式的"社会主义 ………………………………… 196
　　二　小资产阶级"浪漫的"社会主义 ……………………………… 197
　　三　德国的"哲学幻想"的社会主义 ……………………………… 199
　　四　资产阶级"改良的"社会主义 ………………………………… 201
　　五　空想的"体系化"的社会主义 ………………………………… 203
　　六　马克思恩格斯对未来社会的构想 ……………………………… 205

第三部分　政治经济学的"转向"及深化研究

第一章　恩格斯在马克思"政治经济学转向"中的作用 …………… 211
　　一　恩格斯早期对资本社会的观察和思考 ………………………… 212
　　二　恩格斯为马克思解决"苦恼的疑问"提供了方向性启示 …… 214
　　三　恩格斯为马克思最初的政治经济学研究扩展了视野 ………… 217

第二章　恩格斯对资本社会结构和工人阶级状况的透析 …… 224
　　一　工人作为"阶级"的产生及其世界历史意义 …… 225
　　二　资本社会中工人阶级的"异化"处境 …… 227
　　三　在斗争中成长的工人阶级 …… 232
　　四　对资本社会和工人阶级未来的持续思考 …… 235

第三章　恩格斯论贸易政策与工人阶级的斗争策略 …… 240
　　一　废除谷物法 …… 242
　　二　实行十小时工作日 …… 244

第四章　马克思对私有财产关系本质的探究 …… 249
　　一　私有财产的起源及普遍本质 …… 249
　　二　私有财产关系的三种表现形式 …… 253
　　三　私有财产关系发展的社会后果 …… 258

第五章　财产关系：现代社会的"斯芬克斯之谜" …… 264
　　一　蒲鲁东在财产关系问题上的突破及其局限性 …… 264
　　二　思辨哲学在财产关系问题上何以毫无贡献？ …… 268
　　三　马克思探究财产关系及其相关问题的思路及其意义 …… 272

第六章　资本社会的形成、逻辑与后果 …… 276
　　一　西欧社会历史的变革与资本的生成 …… 276
　　二　资本逻辑及其塑造的世界 …… 280
　　三　"资本"童话的幻灭 …… 285

第七章　恩格斯的资本批判及其当代价值 …… 290
　　一　亲身感受资本时代的"疾苦和病症" …… 290
　　二　清理资本制度形成的历史环节和现实效应 …… 294
　　三　完成对资本逻辑和结构的体系化建构 …… 297
　　四　探索超越资本的依靠力量和实践方式 …… 300
　　五　恩格斯资本批判的当代价值 …… 306

参考文献 …… 311

引　言
为什么要研究"马克思—恩格斯思想关系"？

在马克思主义理论研究中，如何看待和把握作为马克思主义创始人的马克思和恩格斯的思想关系是一个无须回避也不可能回避的问题，而这个问题的致思路向和论证方法对于甄别和辨析这一复杂关系具有至关重要的意义。从马克思主义发展史的角度、从具体文本出发来考量与理解马克思恩格斯之间复杂的学术思想关系，具有一定的合理性、现实针对性及方法论意义。

首先，马克思和恩格斯是马克思主义理论的创始人，不能用简单的"一致论"或者"对立论"来解释他们思想之间的复杂关系，更不能主观地将"一致论"与"对立论"对立起来。停留于观点倾向的执着而无视两人在共同创立马克思主义理论的道路上学术思想之间相互借鉴、相互促进、相互补充以及各自对马克思主义理论的独特贡献，对于坚持和发展马克思主义是有害无益的。

自20世纪60年代以来，"马克思—恩格斯思想关系"一直是西方马克思学研究的热点，先后出现了马克思恩格斯"对立论"与"一致论"等极端对立的观点。在整个过程中，相当多的学者用大量的文献甄别和理论论证，试图表明恩格斯与马克思在思想上是有相当大的差异乃至是根本对立的，认为从马克思到恩格斯的思想发展过程，标志着马克思主义的"倒退"和"衰落"。持这种"对立论"观点的，有提出"马克思学"概念的法国哲学家吕贝尔、美国纽约大学历史学教授诺曼·莱文、英国马克思学家特雷尔·卡弗等。而针对他们提出的"对立论"，也有一些坚持认为马克思与恩格斯思想高度一致甚至恩格斯思想高于马克思思想的论者，如克里斯多弗·亚瑟、约斯特·科尔茨、迈克尔·洛易、史蒂文·马库斯、珍妮特·塞耶斯、玛丽·埃文斯、南科·莱德克里夫特、曼弗雷德·史丹格等,他们或是编辑相关文稿或是著述,都从特定角度、运用大量文献资料说明"对立论"的论证是毫无意义的,甚至强调恩格斯不仅是"马克思的思想助手和信徒",他本人的思想还具有高度"原创性和个性",呼吁"通过读出最好的而不是最坏的恩格斯",使恩格斯进入"主流的历史编纂学"之中①。

而在国内的马克思主义研究中,长期以来有一种普遍的看法,认为"马克思—恩格斯思想关系"是一个不需要多加讨论的问题。作为经典马克思主义理论的创始人,马克思与恩格斯是联为一体的,他们的著述、思想和观点可以不分彼此或者相互替代。这其实是一种简单化了的"一致论"。

综观多年来国内外马克思主义研究中对于"马克思—恩格斯思想关系"的认识与主张,至少说明一个问题,那就是在马克思恩格斯的思想关系问题上,简单地囿于一隅,从而导致对他们学术思想之间的一致或对立的判断失之偏颇。只有去到马克思主义发展史整个过程当中,深入他们各自的和共同的著述当中,以具体的文本为依据,才有可能切实地体会、尽可能详尽地研究和准确地判断他们复杂的思想关系。而他们学术思想之间相互借鉴、相互促进、相互补充以及各自对马克思主义的独特贡献构成了经典马克思主义创立史上瑰丽的画卷。

其次,从文本出发探究与审视马克思恩格斯学术思想之间的关系具有两方面的现实针对性。一是改变国内学界在马克思主义理论研究方面存在的过于宏观和笼统的方式,加强对马克思主义复杂内涵的深入理解,提升马克思主义研究的专业化水准;二是矫正西方学界有的学者过于纠缠细节和个案而出现的"只见树木,不见森林"的情形,注重实证,但又不"唯实证论"。

国内学术界对"马克思—恩格斯思想关系"的简单化了的"一致论"特别表现在对马克思主义基本原理的概括和表述与马克思主义发展史研究"两张皮"的处理方式中。现行通用的马克思主义基本原理教科书均把马

---

① Manfred Steger and Terrell Carver (editors), *Engels after Marx*, Manchester: Manchester University Press, and University Park: Pennsylvania State University Press, 1999, p. 356.

引　言　为什么要研究"马克思—恩格斯思想关系"？

克思与恩格斯一体化，他们的思想和观点不分彼此，被宏观而笼统地视为经典马克思主义的理论观点。但随着近年来学界对经典作家文本个案，马克思主义断代史、专题史研究的逐步深入，这种习惯于总体评定而缺少细节考证和个案支撑的研究方式的局限性却凸显了。显见的事实是，虽然有的研究者能抽象地复述很多马克思主义原理和观点，但并不了解马克思主义经典作家为此所做的艰辛探索，不清楚他们详尽的论证过程，也不明白他们的理论建构与实践之间的曲折关联，这就不能不使我们的马克思主义研究在很多时候表现出"非专业"的特征。究其实，一个博大又精深的理论体系，其复杂内涵不仅体现在对思想观点的简单概括和明确表述上，更深藏在对这些思想观点的具体论证和详尽阐释中。本书希望通过紧密结合文本的具体解读对他们二人复杂的思想关系作出梳理，对他们在思想发展的不同阶段中思路上的一致、差异和互补情况作出甄别。无疑，这项工作对于加强对马克思主义理论内涵的复杂性、具体性和结构性的理解，提升马克思主义研究的专业化水准，切实推进我国马克思主义理论研究的进程，都具有重要价值。

　　由于"马克思—恩格斯思想关系"的议题是随着西方马克思学成果的引介而凸显的，所以，借鉴和超越西方学者的研究成果和方法就成为必要的前提。我们注意到，不管是持马克思恩格斯"对立论"观点的派别，还是以"一致论"为基本取向的学者，他们都坚持一种独特的研究马克思主义的态度或方式，即在其研究中相当重视文献的基础意义，致力于经典作家原始文献、文本的编辑和考证，注重从实证材料中引申出论断，甚至那些关注思想的学者也是如此。这种对待研究议题的实证方式在很大程度上避免了有论无据的空口言说所导致的对马克思主义与"马克思—恩格斯思想关系"的"先入为主"的解读，夯实了研究的唯物主义基础。比如，针对诺曼·莱文在《悲剧性的骗局：马克思与恩格斯的对立》[①] 一书中提出的"对立论"，克里斯多弗·亚瑟编辑的《今日恩格斯：百年之际的评价》[②]、约斯特·科尔茨和迈克尔·洛易编辑的《弗里德里希·恩格斯专

---

① Norman Levine, *The Tragic Deception*: *Marx contra Engels*, Santa Barbara, Califomia: Clio, 1975.

② Christopher Arthur (editor), *Engels Today*: *A Centenary Appreciation*, Basingstoke: Macmillan, and New York: St Martin's Press, 1996.

3

刊：百年之际的批判性评价》①等都给予了针锋相对的反驳。此外，亨德森所著的《弗里德里希·恩格斯的生平》（2卷本）②和编辑的《马克思恩格斯与英国工人阶级及其他文集》③、史蒂文·马库斯著的《恩格斯、曼彻斯特与工人阶级》④、珍妮特·塞耶斯、玛丽·埃文斯和南科·莱德克里夫特编辑的《重访恩格斯：新女权主义文集》⑤、亨勒所著的《弗里德里希·恩格斯的生平和思想：一种再评价》⑥、卢比所著的《恩格斯与马克思主义的形成：历史、辩证法与革命》⑦以及曼弗雷德·史丹格和特雷尔·卡弗编辑的《马克思之后的恩格斯》⑧等也都以实证的方式对"对立论"予以回应。

但与此同时，我们也注意到，其中有的研究者自顾自地扎进马克思恩格斯卷帙浩繁的文献、文本中，纠缠于对细节、个案的讨论，放弃了对这些文献、文本中思想的提炼、概括和评判，使马克思主义研究成为一种纯粹的"版本考证学""文献校勘学"。这种"唯实证论"的学术价值取向又往往会导致"只见树木，不见森林"的情形，根据实证材料做出的结论好像很"客观"，但不同的实证材料引申出的观点之间却差别很大甚至正好相反。因此，这种研究方法也不是绝对可取的。

清理国内外关于马克思和恩格斯学术思想关系的研究历史、成果与存在的问题，我们认为，探讨"马克思—恩格斯思想关系"，既不能抽象、宏观、笼统地去研究，也不能过于纠缠细节和个案。正确的方法是把握好

---

① Joost Kircz and Michael Loewy (editor), *Special Issue on "Friedrich Engels: A Critical Centenary Appreciation," Science and Society*, 62/1, 1998.
② W. O. Henderson, *The Life of Friedrich Engels*, 2vols, London: Cass, 1976.
③ W. O. Henderson (editor), *Marx and Engels and the English Workers and Other Essays*, London: Cass, 1989.
④ Steven Marcus, *Engels, Manchester and the Working Class*, NewYork: Random House and London: Weidenfeld and Nicolson, 1974.
⑤ Janet Sayers, Mary Evans and Nanneke Redclift (editors), *Engels Revisited: New Feminist Essays*, London: Tavistock, 1987.
⑥ J. D. Hunley, *The Life and Thought of Friedrich Engels: A Reinterpretation*, NewHaven, Connecticut: Yale University Press, 1991.
⑦ S. H. Rigby, *Engels and the Formation of Marxism: History, Dialectics, and Revolution*, Manchester: Manchester University Press, 1992.
⑧ Manfred Steger and Terrell Carver (editors), *Engels after Marx*, Manchester: Manchester University Press, and University Park: Pennsylvania State University Press, 1999.

实证研究的度，注重实证，但又不"唯实证论"。

最后，本书拟运用正本"历史"与副本"文献"相结合的方法进行研究，即以马克思主义思想发展史为经、以马克思与恩格斯经典文献为纬，纵横结合，把马克思恩格斯思想理路放到整个马克思主义经典理论创立活动中，去考察他们思想之间的一致性、差异性、互补性等问题。

显然，运用如此的方法论去研究马克思和恩格斯的思想关系，就是将经典马克思主义创立的历史与"马克思—恩格斯思想关系"紧密地结合起来。换句话说，马克思主义经典理论的创立过程其实就是马克思恩格斯在思想上互相启发、借鉴、补充与修正的过程。在这个过程中，他们思路和看法的一致有之，配合与补充的和谐有之，继承及推进的关联有之，当然，各自的思维特色还有思考的习惯，甚至是对同一问题理解程度的不同也有之。而我们所做的工作是综合运用经典文献分析法、比较分析法以及思想史的梳理等方法，实现方法论上的创新。也就是说，抛开"对立论"与"一致论"的对立性思维模式，依照史论结合的方法论原则，着眼于整个马克思主义经典理论的创立过程，尽可能地选取具有代表性、典型性和本质性的马克思和恩格斯的文献、文本，从中探求马克思恩格斯学术思想在这些文本中的具体而客观的关系。这至少需要做到两点。

一方面，对"马克思—恩格斯思想关系"的判定既需要考证和梳理文献、文本，更需要从宏观和整体上进行把握和理解。马克思恩格斯不同时期著述中所表述的思想、观点及其论证难免有差异甚至相互矛盾的地方，因此，需要对比、鉴别不同的文献，并从总体上判定其是否具有代表性、典型性和本质性。避免预设前提，避免按照一种既有的观点、从自己特有的角度，只关注、选择那些与其有关的、有利于说明和证实这些观点的文献，进而做出超越实际情况的论断。

另一方面，要在马克思恩格斯共同创立马克思主义经典理论的思想前提下讨论他们之间的差异问题。避免像卡弗等由于政治立场和意识形态偏见，在没有充分把握文献的情况下得出马克思主义是恩格斯构想出来的、恩格斯才是马克思主义的"第一小提琴手"的错误观点。

我们在研究中注意到，恩格斯作为"第二小提琴手"，参与了马克思思想的创造，在思路上启发过马克思；而就具体文本的写作看，除了为国际共产主义运动和工人组织所起草的文件、撰写的大量书信之外，在他与马克思合作的重要的思想性著述中，他本人思想的发展和著述的撰写，在某种程度上又与马克思构成一种互补、关联和完善的关系，这些使他们之间的思想有时很难截然分开。可以说，马克思主义是他们共同的创造。同时，我们又注意到，在思想的容量、视野的扩展、思维的推进、逻辑的力量和思考的深刻等方面，恩格斯与马克思之间又有比较大的差别。比如，《关于费尔巴哈的提纲》再清楚不过地表明，既往哲学形态中的"纯粹唯物主义""直观唯物主义"与客观唯心主义、主观唯心主义一样，都是人类哲学思维发展中的重要环节，都有或曾经有过合理的意义和价值，但从更高的角度看都存在各自不可克服的局限和症结。这些是马克思实现哲学变革特别用心之所在。但我们看到，恩格斯恰恰是没有理解这一点，在把《关于费尔巴哈的提纲》作为"附录"发表的《路德维希·费尔巴哈和德国古典哲学的终结》以及《反杜林论》、《自然辩证法》和《家庭、私有制和国家的起源》中，他构筑了"自然—社会"的"世界模式论"、辩证法"本质论"和"规律论"以及家庭、所有制和国家的"人类起源论"等，按照知性方式、一般自然科学的理念、规律来认识和处理人与自然、人与社会、人与他人、理性与非理性等复杂关系，这些与马克思"实践"地把握、观照和变革世界的方式是有一定差别的。

正是基于上述考量，本书在以往相关研究的基础上，从马克思恩格斯哲学思维方式的革命性变革、思想体系中的人性意蕴、政治经济学转向与研究的深化三个维度对他们思路上的一致、差异和互补情况作出甄别，进而对他们复杂的思想关系作出总体的把握和判断。

第一部分 **哲学思维方式的革命性变革**

第一章
马克思主义哲学在何种意义上是一种唯物主义？

马克思主义哲学与唯物主义关系问题的复杂性在于，把它归为唯物主义谱系在一定意义上是没有问题的，但是将其混同于唯物主义的一般形态却又体现不出它的独特性和革命性。事实上，马克思恩格斯在思想变革的进程中早就注意到这一情形。在他们合著的批判青年黑格尔派思辨哲学的论战性著作《神圣家族》中，就特别用心地辨析和处理了这一问题。《神圣家族》用了比较大的篇幅来清理唯物主义史，通过对英国唯物主义起源和发展的梳理、对法国唯物主义历史进程和现实境遇的探究、对布鲁诺·鲍威尔关于法国唯物主义特别是斯宾诺莎主义的观念论解释的批判，马克思恩格斯建构起与现实的人的思维和感觉联系在一起、以社会物质生活为出发点的"新唯物主义"。这是马克思主义哲学与既往哲学思维方式和哲学形态进行剥离、"由唯心主义向唯物主义转变"的重要成果。在1845年春马克思撰写的、被恩格斯誉为包含"新世界观的天才萌芽的第一个文献"[①]的《关于费尔巴哈的提纲》、马克思恩格斯合著的《德意志意识形态》等著作中，他们对这种"新哲学"或唯物主义的现代形态作了更为明确的阐释和论证。

一 英国唯物主义历史渊源梳理

"唯物主义是大不列颠本土的产儿"[②]。马克思认为，英国深厚而久远

---

① 《马克思恩格斯文集》第4卷，人民出版社，2009，第266页。
② 《马克思恩格斯文集》第1卷，人民出版社，2009，第330页。

的唯物主义传统是现代唯物主义最重要的源泉,这最早可以追溯到13世纪作为经院哲学家的邓·司各脱的工作。司各脱试图将形而上学与神学区分开来,把"是者之为是者"作为人的认识的第一原则,认为"是者"这一概念才是最确定的、不可怀疑的。司各脱的学说虽然反对用形而上学的思辨削弱人的信仰,但实际上起到了淡化神学对哲学的影响的作用,开启了哲学非宗教化的演变过程,或者说"迫使神学本身来宣讲唯物主义"。此外,司各脱在唯名论和实在论的争论中持唯名论的立场,曾经自我追问:"物质是否不能思维?"[①] 这也表现出一定程度的唯物主义取向。

当然,英国唯物主义是随着自然科学的兴起才得到真正发展的。16世纪末到17世纪,新兴的自然科学在英国初现端倪,哲学经验论也就应运而生了。培根是近代自然科学的鸣锣开道者,他批判了经院哲学的科学观和传统的逻辑思维方式,建立了新的以实用为标准的科学价值观,为自然科学的发展扫清了道路。培根提出"知识就是力量"的口号,把科学的目的确立为在认识自然的基础上支配自然,他还把实验看作发现和支配事物的形式的唯一途径,认为只有实验可以使得那些有利于人类的性质重复出现,而把不利于人类的性质与事物分离开来,并利用简单形式产生出人所需要的新的物体。他提倡经验归纳法,认为归纳法不依靠最初的前提,也没有终极的结论,而且要结合正反两方面的例证来得出结果。

必须看到,贯穿在培根科学思想当中的唯物主义因素在当时英国新旧时代交替的历史时期是非常珍贵的:实用性成为哲学的主要特征,科学与以精神为特征的神学分离开来,自然科学成为真正的科学;人在认识自然的基础上对自然的支配凸显了人作为实践活动主体的意义;实验离不开人的感觉,但不依赖于直观的感觉,而是在理性的指导下对感觉的改进,对感觉进行选择、设计和定向处理,人通过感觉和理性的结合去认识和处理事务。这样的"感觉"才是切实可靠的,是一切知识的源泉。毋庸说,这是马克思唯物主义认识论的精髓,而归纳方法则是对先入为主、主观臆断的哲学的思辨意向的反驳。总之,培根朴素的科学观包含着唯物主义全面发展的萌芽。正因为如此,马克思把他称为唯物主义的"第一个创始人"。

---

① 《马克思恩格斯文集》第1卷,人民出版社,2009,第331页。

与培根相比，霍布斯的哲学突出地表现了近代科学的机械论的特点，"唯物主义在以后的发展中变得片面了"①。在本体论和认识论上，霍布斯把世界和人都看作机器，世界由物体组成，物体之间靠因果关系联结为整体。人是世界这部大机器中的一个小机器；物体实在的性质是广延，而且只有广延和形状才是必然的，而人的感觉作用于物体以产生关于物体的概念，则是偶然的；哲学的任务就是在物体间由因推果或从果溯因。这表明，霍布斯把"唯物主义变得漠视人了"②。他貌似用感性来获得对世界的认知，而其实是在真实的存在之外，又构造了某种普遍的存在物。这也意味着思维着的物质与思想的割裂，从而走向了唯物主义认识论的反面。

所以，虽然霍布斯把培根的唯物主义系统化了，但他最大的缺陷在于丢掉了在培根那里已经萌芽的关于人用感觉和理性去把握事物的唯物主义的认识论基础；他的政治哲学虽然承认了人的自然属性，但人的一切活动都是机械运动，所以我们不可以知道神是否存在，也不可以知道我们所追求的所谓幸福的东西是否存在。这样，人与自然的区别在霍布斯这里就被抹去了，"强力和自由是同一的"③。

始于1640年的近半个世纪的英国资产阶级革命，使英国进入了资本主义发展的新阶段。不仅科学技术和工业都领先于世界各民族，在思想领域，曾经由培根和霍布斯开启的英国唯物主义也迎来了新的发展时期。这主要体现在约翰·洛克和大卫·休谟的哲学成就中。

洛克的哲学有两大贡献：一是经验论的认识论，他凭借《人类理智论》声名鹊起，成为英国经验论的真正的逻辑起点；二是自由主义的政治哲学。他的《政府论》祛除了霍布斯社会契约论当中绝对王权的烙印，把它改造成了适应民主政治的理论，他提出的"三权分立""宗教宽容"等思想，影响了美国的《独立宣言》、法国的《人权宣言》等，这又使他堪称哲学上自由主义的始祖以及西方自由主义和民主政治理论的创始人。

洛克认为，认识论的首要问题是知识的来源问题。人的心灵原是一块白板，没有任何记号，经过感觉器官的活动和心灵自发的反省活动，人才能获得有关事物的观念。因此，由感觉和反省构成的经验是全部观念的唯

---

① 《马克思恩格斯文集》第1卷，人民出版社，2009，第331页。
② 《马克思恩格斯文集》第1卷，人民出版社，2009，第331页。
③ 《马克思恩格斯文集》第1卷，人民出版社，2009，第332页。

一来源。观念有简单和复杂两种，简单观念是构成知识的直接对象、材料和要素，心灵不能毁灭简单观念，只能通过相加、并列、相减三种方式把简单观念组合成复杂观念，把复杂观念分解为简单观念。其中由简单观念相加而成的复杂观念叫复合观念，"实体"是简单观念组合为复杂观念所需要的一个附着物。观念是知识的材料，心灵使用这些材料构建知识。因此，我们的一切知识都建立在观念的基础之上，不能超出我们所具有的观念的范围。

与洛克将感觉和反省得到的观念附着于"实体"上形成关于事物的知识有所不同，休谟把观念的来源归结为印象，又把反省印象的来源归结为感觉印象。总之，一切认识都来源于感觉印象。对于知识的形成，休谟与洛克一样，把知识看成由简单到复杂的过程——心灵把简单的印象及其形成的简单观念结合成为复杂观念，并通过推理和判断把复杂观念之间的关系表达出来以形成知识。在此基础上，休谟通过对知识的性质和类别的考察，对知识的界限做出了明确的规定。他认为知识只有两个来源，要么是依赖经验对事实所做的或然推理，要么是用分析的方法对观念的关系所做的必然推理。休谟的这一结论给出了知识与伪知识的分界，数学和新兴的实验科学被视为知识的合理来源，而神学和经院哲学则被明确地排除在知识的范围之外。诸如"实体"的存在、上帝的存在和属性等，都不能让人形成感觉印象，因而在休谟这里都遭到了否定。

休谟在哲学史上以"怀疑论"著称，但这是一种"温和的怀疑论"，即不是为怀疑而怀疑，而是追求确定知识的手段。知识既然是心灵对观念之间关系的推理和判断，那么，推理和判断所依赖的前提是什么呢？如果是经验的话，那么，一来我们很可能用推理和判断建立起来的经验知识再反过来作为推理和判断的前提；二来我们只能经验过去、经验个别事件，不能经验过去与未来的联系、不能经验个别与一般的联系。因此，休谟认为，经验不可能成为推理和判断的前提。但推理和判断又不是任意的、偶然的，而是以"习惯"为原则的。"一切从经验而来的推论都是习惯的结果，而不是运用联想的结果。因此，习惯是人生的伟大指南。"[①]

可以看出，对英国唯物主义历史源流的梳理，尤其是对其各个阶段代

---

① 北京大学哲学系外国哲学史教研室编译《西方哲学原著选读》上册，商务印书馆，1981，第 528 页。

表性人物哲学成就、得失以及历史地位的评论，使马克思进一步意识到，他所建构的"新唯物主义"应该继承什么、抛弃什么和向什么方向创新。

二 法国唯物主义历史进程辨析

较之于英国唯物主义史，法国唯物主义的发展更是马克思关注的重点。

法国唯物主义直接起源于笛卡儿。和英国一样，17世纪法国哲学的发展，也深受自然科学发展所带来的新方法和新成果的影响。笛卡儿本人是数学家、自然科学家，他不愿接受前人奠定的基础，而是试图另起炉灶，重新缔造一个完整的哲学体系，使自己成为亚里士多德之后又一位以"发现者"和"探究者"为特征的哲学家。

笛卡儿认为，所有科学门类都统一于哲学。哲学是一棵大树，形而上学是树根，物理学是树干，树枝是医学、力学、伦理学等应用学科。然而，他的物理学和形而上学又是彼此独立的。在他的物理学的范围内，物质是唯一的实体，唯其具有自主创造力，机械运动是物质的生命表现，物质及其活动是存在和认识的唯一根据。

笛卡儿哲学最重要之点在于"我思故我在"。他认为，现有的一切知识都是不可靠的，因为它们建立在不可靠的基础——感觉之上。这样，周围世界是可疑的，人自己的身体活动也不确定，数学观念也可能是"邪恶的精灵"放在我们的心灵之中的，但唯独"思想"活动本身不能怀疑，也就是不能怀疑"我在怀疑"这件事情。在他看来，"这条真理十分牢靠、十分确实，怀疑论者的所有最狂妄的假定都无法把它推翻"①。因此，他将其视为他所探求的哲学中的"第一原理"。

显然，在笛卡儿的哲学命题当中，"我思"和"我在"之"我"是同一个实体，"我思"是该实体的本质，"我在"是该实体的存在。"我"的存在必须由"我"的思想活动来确证，就是说，"我""这个实体的全部本质或本性只是思想"②。换句话说，自我是一个思想实体。这表明，笛卡儿的物理学与哲学的基本观念是相悖的。因此，其追随者就分裂为两个对

---

① 〔英〕罗素：《西方哲学史》下卷，马元德译，商务印书馆，1976，第87页。
② 北京大学哲学系外国哲学史教研室编译《西方哲学原著选读》上册，商务印书馆，1981，第369页。

立的学派。一派发展了他的物理学中的机械论自然观；另一派则发展了其形而上学中关于上帝和灵魂的学说。

笛卡儿派的唯物主义主要由他的学生传承。勒鲁瓦是开创者，他把笛卡儿关于动物结构的学说应用于人的灵魂，并宣称灵魂是肉体的样态，思想是机械运动，使笛卡儿派的唯物主义更加具有了机械的特征。拉美特利是该学派的中心人物，他仿照笛卡儿"动物是机器"的模式写成了《人是机器》一书，将机械论的原则诠释到了极致。卡巴尼斯则揭示了人的意识活动的生理学基础，认为人的意识、半意识状态和无意识本能都是大脑活动的产物，从脑中产生思想，就像从肝脏分泌出胆汁、从唾液腺分泌出唾液一样，越是复杂的心理活动就越是复杂的神经系统结构的一种机能；这样，他重新阐释了思想与人的肉体存在之间的关系，即思想必经由人本身的物质性运动而产生，而不是像笛卡儿那样用莫须有的"灵魂"与肉体的神秘的关系来把握人的精神活动，更超越了勒鲁瓦和拉美特利将人及其思想活动贬低到动物的水平的极端的机械唯物主义，使笛卡儿派的唯物主义达到了最高峰，也为法国唯物主义与英国唯物主义的融合奠定了基础。

笛卡儿派的唯物主义者均是反形而上学的。但以他们的哲学成就看，都没有超出机械的自然科学的范围。因此，客观地讲，在他们那里是绝然觅不到唯物主义也包含的"浪漫主义"色彩和特征的。

伽桑狄则是站在古代原子论的立场上来反对形而上学的。在本体论方面，他宣传伊壁鸠鲁和德谟克利特的原子论思想，认为世界上的一切东西都是按一定次序结合起来的原子总和，世界是无限的。因此，人本身并不是笛卡儿所谓的依托于思想的实体；在认识论上，他肯定感觉是知识的唯一来源，否定了笛卡儿的感觉的不确定性，批判了笛卡儿的天赋观念论；在政治哲学方面，他提出"自然权利"的观点，说国家只是一种分工，是建立在社会契约的基础上的。这与英国的唯物主义者霍布斯站在机械论的立场上对笛卡儿形而上学的反驳是异曲同工的。

马克思特别注意到了虽然不是法国人，但是笛卡儿哲学最忠实的追随者之一的荷兰哲学家斯宾诺莎的思想。在斯宾诺莎看来，哲学的目的是获得最高的幸福，其中通过对形而上学的对象的思辨而获得的心灵上的持续的、平和的、求诸于己的快乐，就是幸福的一个重要含义。斯宾诺莎对哲学的方法论也有独到的看法。他认为，不是所有的哲学道理都能用演绎的方法来证明，"方法不是别的，只是反思的知识或观念的观念"①，正确的方法论是对真理的反思，这种反思不需要外部的感觉经验，只与观念之间的比较有关，即它开始于天赋观念——"真观念"。"真观念"是天赋的工具，它既是正确思想的出发点，也是方法论的前提。从这个前提出发，经过严格的推理过程，才能导出哲学命题。

在斯宾诺莎哲学体系中，"实体"符合方法论的要求，是第一个"真观念"。他从认识论角度把"实体"定义为"在自身内并通过自身而被认识的东西"②。神和自然都符合实体的定义，因而都是实体。然而，作为实体的神在这里仅具有哲学的意义，斯宾诺莎明确否认有超越世界的人格神。作为无限的实体，神没有形体、没有人的心灵和情欲等有限的东西，这就否定了传统的宗教观；作为无限的实体的自然，有无限的属性，但人类所能认识的属性只有两种——广延和思想，无限的属性又有无限多的样式，但实体并不是这无限属性的无限多的样式的总和。总的来讲，作为实体的自然是能动的自然，而作为实体的无限属性的无限多的样式的总和则是被动的自然。广延和思想是从属于"实体"的两种属性，又有各自的样式，有形事物是广延属性的样式，观念是思想属性的样式，不能互相作用，但从属于同一实体的二者，又必然存在对应的关系。对人来讲，属于广延属性的身体与属于思想属性的观念之间的对应性在于：凡发生在身体上的事情总会在思想上得到反映。

显然，斯宾诺莎这里的"实体"与笛卡儿用来统摄"我思"和"我在"、作为虚拟的实体的"我"相比，具有了比较实在的含义。而且，笛卡儿的"我思"和"我在"之间是本质与形式的关系，"我思"是"我"的本质。而在斯宾诺莎这里，人的观念和身体是平行的，二者都是人的属性的样式、人的属性的不同方面，"心"和"物"是对立的、区别开来的、对应协调的，而不是"物"决定于"心"。他用这种"身心平行论"代替了笛卡儿的"身心二元论"。

---

① 北京大学哲学系外国哲学史教研室编译《西方哲学原著选读》上册，商务印书馆，1981，第 412 页。
② 北京大学哲学系外国哲学史教研室编译《西方哲学原著选读》上册，商务印书馆，1981，第 415 页。

莱布尼茨在笛卡儿、斯宾诺莎及洛克之后提出"单子论"。他认为实体是组成世界的最小单元，它们的数目无限多，每一个实体都是"单子"。"单子"没有广延，不能以自然的方式产生和消灭，不受外界影响，又具有固有的质的规定性。而且，最高级的单子具有理性灵魂，只存在于人的自我意识之中，能够思维和"统觉"。因此，莱布尼茨把笛卡儿的"思"和"在"统一起来，又把斯宾诺莎之"真观念"广而扩之，把洛克的复杂观念的附着物实体化，形成了自己的多元论哲学观。有知觉的单子构成一个变化万千的世界，而不再是一部机器，这个观念冲击了当时流行的机械论世界观。

皮埃尔·培尔被称作"17世纪意义上的最后一个形而上学者，也是18世纪意义上的第一个哲学家"[①]。他继承了法国哲学的怀疑论传统，认为怀疑论的精神实质是理性批判和探索精神，他将怀疑的矛头指向宗教神学，指出作为信仰的宗教信徒完全有相信天启和神迹的正当权利，只要他们不把自己的信仰混同为理性，他们的信仰就是无可怀疑的真理。同样，道德和宗教也不是一体的，道德的基础不完全是信仰，异教徒和无神论者都可以行善。

在法国的启蒙运动中，较早的启蒙学者带有温和的色彩。培尔虽然确立了无神论者的正当地位，但同时也给宗教信仰以充分的肯定，他对形而上学的批判也只是为唯物主义的到来埋下了伏笔。伏尔泰相信物质的存在，但认为物质运动和思维都是"上帝"所赐；卢梭把人类历史划分为自然状态和社会状态，实际上是把人性作为他的社会政治学说的出发点；孟德斯鸠的法哲学也是建立在理性原则范围之内的。

与早期学者不同，在启蒙运动较晚期出现的"百科全书派"把机械唯物主义原则贯彻到人类知识的一切领域，公开、彻底地反对宗教，在政治上反封建专制，是彻底的唯物主义者、战斗的无神论者。

埃蒂亚纳·孔狄亚克公开驳斥了笛卡儿、斯宾诺莎、莱布尼茨和马勒伯朗士等人的体系。他站在唯物主义的立场上，克服了洛克"双重经验说"的不彻底性，提出了他的感觉主义，彻底贯彻了机械唯物主义的原则，并以此来反对17世纪的形而上学，证明法国人完全有权把这种形而上

[①]《马克思恩格斯文集》第1卷，人民出版社，2009，第330页。这是马克思援引一位法国作家的话。

学当作幻想和神学偏见的不成功的结果而予以抛弃。克劳德·爱尔维修也是以洛克的学说为出发点的，他认为一切精神活动都可被归结为感觉，并且最终还原为肉体感觉。他还把唯物主义运用到社会生活方面，试图建立一种像实验物理学那样的道德学。在从环境决定论到马克思主义一元决定论的唯物史观的发展过程中，爱尔维修占据着重要的地位。1751 年，拉美特利的《人是机器》出版。该书利用了笛卡儿的物理学，从生理特征出发来阐述大脑的物质性，指出了笛卡儿身心二元论的错误，把机械论的原则贯彻到底，得出了"人是机器"的结论。保尔·霍尔巴赫把人完全还原于自然，认为人没有超乎自然或者异于自然的东西，灵魂也不过是身体的一部分，感觉只是食物之间的接受和传达的运动。人的一切活动都受生理规律支配，表面上由人的思想和意志造成的历史事件实际上也是基于物理和生理的原因。在社会领域，霍尔巴赫也像爱尔维修一样是环境决定论者，认为人性无所谓善恶，人的善恶都是外部环境造成的。

从法国唯物主义自笛卡儿派直到 18 世纪法国启蒙运动的实际发展过程可以清楚地看出，法国唯物主义是伴随着法国社会和一般自然科学的发展而发展起来的。不仅如此，它还与英国唯物主义的发展史相互交错，表现为近代唯理论与经验论的结合与斗争、唯物主义哲学与 17 世纪形而上学的斗争。这样系统而深入的细节和逻辑的甄别，给马克思这样的启示："唯物主义关于人性本善和人们天资平等，关于经验、习惯、教育的万能，关于外部环境对人的影响，关于工业的重大意义，关于享乐的合理性等等学说，同共产主义和社会主义有着必然的联系。"①

三　思辨哲学错误地解释唯物主义史的原因探究

无独有偶，作为青年黑格尔派主将、曾经作为马克思思想的先驱而马克思于当时又与其处于分裂过程中的布鲁诺·鲍威尔对唯物主义史特别是法国唯物主义也给予了关注，在《文学总汇报》② 上专门撰文进行了讨论。

---

① 《马克思恩格斯文集》第 1 卷，人民出版社，2009，第 334 页。
② 《文学总汇报》（Allgemeine Literatur-Zeitung）是青年黑格尔派布鲁诺·鲍威尔主编的德文月刊，于 1843 年 12 月至 1844 年 10 月在沙洛顿堡发行，《神圣家族》就是对其前 8 期所刊载的文章的批判。

但他没有像马克思一样进行完整的源流梳理和派别辨析，而是离开唯物主义发展史的过程和环节，单独突出了斯宾诺莎在其中的地位。姑且不论这种挂一漏万的不完整性，就是他对斯宾诺莎哲学地位的分析，特别是关于法国唯物主义与斯宾诺莎哲学体系之间关系的判断，在马克思看来也是非常错误的。

鲍威尔的看法大致可以概括为三点：其一，法国唯物主义是斯宾诺莎"实体观"的实现，物质可以是实体，也可以被赋予一个更具精神性的名称——自然神论，这也是所谓"斯宾诺莎主义"的实质；其二，关于斯宾诺莎哲学体系的意义，法国唯物主义和自然神论的理解代表着两个不同流派的差异；其三，法国大革命的失败意味着法国唯物主义的终结。

马克思认为，鲍威尔之所以做出上述判断，是他置法国哲学发展的真实历史于不顾，而偏偏到黑格尔的著作中去搜集相关材料的思辨情结使然。而他对黑格尔有关斯宾诺莎哲学的阐释也没有准确地领会，而是根据自己的原则断章取义、任意编排的，最后的结果是同样曲解了黑格尔的观点。

黑格尔在《哲学史讲演录》里谈到，斯宾诺莎的哲学是笛卡儿哲学的客观化，他把笛卡儿那里的实体——自我、思维者本身理解为对立面的统一，也就是思维与广延的统一，即把思维在自身中的单纯统一说成了绝对的实体。笛卡儿的二元论变成了斯宾诺莎的一元论，只不过在斯宾诺莎这里，只有神是唯一的实体，自然、世界只不过是实体的变相、样式，并不是实体性的东西。因此，黑格尔认为，斯宾诺莎的实体"是普遍的实体，因而是抽象的规定"。斯宾诺莎主义不是无神论，而是无世界论，斯宾诺莎的体系是提高到思想中的绝对泛神论和一神论。在这个意义上，黑格尔指出，"必须把思维放在斯宾诺莎主义的观点上；这是一切哲学研究的重要开端。要开始研究哲学，就必须首先作一个斯宾诺莎主义者"。也是在这个意义上，黑格尔说："斯宾诺莎是近代哲学的重点：要么是斯宾诺莎主义，要么不是哲学。"①

显然，黑格尔对斯宾诺莎实体观的肯定，其意义在于斯宾诺莎的实体将广延、思维统一了起来，表面上是统一于神，究其实是统一于思维，认为这才是哲学研究的开端。黑格尔的唯心主义辩证法体系是在汲取（"对

---

① 〔德〕黑格尔：《哲学史讲演录》第4卷，贺麟、王太庆译，商务印书馆，1997，第101、100页。

一切特殊物的否定"①）和超越（"灵魂必须在唯一实体的这种元气里洗个澡"②）斯宾诺莎哲学的意义上建立起来的。

这样看来，鲍威尔以黑格尔的《哲学史讲演录》为唯一材料来做出"法国唯物主义是斯宾诺莎的实体的实现"的结论是不严肃的，而认为斯宾诺莎主义在以物质为实体的法国唯物主义的发展中占统治地位更是不客观的。另外，自然神论是把神看作像自然物体一样的存在，是神的非宗教的存在、理性化的存在，其实是赋予了物质一个精神性的名称，是无神论的一种隐蔽形式。而作为斯宾诺莎的实体的"神"，是作为精神与自然的统一而存在的，在他那里"大大地有神"③。因此，鲍威尔认为斯宾诺莎主义在自然神论中占统治地位当然也是不客观的。

面对斯宾诺莎体系本身，鲍威尔不仅没有能够准确理解其"实体观"对唯物主义发展的意义，甚至也没有像黑格尔那样了解"实体"可能朝唯心主义发展的方向，而是在黑格尔哲学的方向上又倒退了回去，所以马克思认为它"是以思辨的黑格尔的形式恢复基督教的创世说"④。

鲍威尔坚持绝对思辨的理念，认为应该彻底否定斯宾诺莎的实体，特别是否定实体所包含的物质性，才能保证思辨哲学批判的彻底性。问题在于，思辨哲学所追求的完善和纯粹是不现实的。在任何领域，完全从主观意识出发的思辨哲学都是站不住脚的。鲍威尔的神话恐怕只有在他的《符类福音作者的福音史批判》《基督教真相》等著作里才能实现。

鲍威尔不能够准确理解斯宾诺莎"实体"对黑格尔哲学的意义，而是经过一番引用和论证，把"自我意识"神秘地从黑格尔那里的人的属性变成了思辨哲学的独立的主体，并将这种神秘性诉诸实体的欲望。鲍威尔设计的精神发展的路线图，其实是"一幅讽刺人同自然分离的形而上学的神学漫画"⑤。本来精神是人的属性，经过他的一番引用和论证，这个属性变

---

① 〔德〕黑格尔：《哲学史讲演录》第 4 卷，贺麟、王太庆译，商务印书馆，1997，第 102 页。
② 〔德〕黑格尔：《哲学史讲演录》第 4 卷，贺麟、王太庆译，商务印书馆，1997，第 102 页。
③ 〔德〕黑格尔：《哲学史讲演录》第 4 卷，贺麟、王太庆译，商务印书馆，1997，第 99 页。
④ 《马克思恩格斯文集》第 1 卷，人民出版社，2009，第 339 页。
⑤ 《马克思恩格斯文集》第 1 卷，人民出版社，2009，第 340 页。

成了想象的"无限的自我意识",变成了独立于人的主体、提高到自我意识水平的实体。这样的实体不同于斯宾诺莎和黑格尔意义上的实体,它的本质不是人,而是观念,是人化了的观念,因而它是无限的。无限的观念有无限的力量,它是一切事物存在的根据,是一切事物的起源、发展的唯一的解释权威。

显然,青年黑格尔派思辨哲学不可能完成对唯物主义的批判,鲍威尔的自我意识哲学只能是主观的"创世说"。他把黑格尔关于自我意识外化、扬弃外化回到自身的运动过程照搬过来,同时又把黑格尔"自我意识设定物性"秘密地改变为自我意识创造物质世界,从而走向了纯粹的唯心主义。

马克思指出,这就是青年黑格尔派思辨哲学对唯物主义史的理解之所以错误的真正原因。

四 马克思恩格斯建构唯物主义新形态的意旨

在马克思主义发展史上,可以说马克思恩格斯是最早、最自觉的唯物主义史的清理者、书写者。在《神圣家族》中,马克思梳理英国唯物主义的源流和发展,探寻法国唯物主义历史进程,剖析鲍威尔关于法国唯物主义特别是斯宾诺莎主义的观念论解释,逐步明确了他对哲学的"新理解"。与黑格尔将斯宾诺莎的"实体"提升为概念和自我意识,发展出以物质浸润过的绝对精神为出发点的唯心主义相对照,马克思在黑格尔对斯宾诺莎哲学意义的理解中看到了唯物主义的发展空间和方向。他另辟蹊径,从斯宾诺莎的"实体"出发,建构起以与现实的人的思维和感觉联系在一起的、以社会物质实践为出发点的"新唯物主义",这是他这一段思想史巡礼最重要的成果。

其一,哲学是社会现实在理论层面的反映。法国唯物主义对形而上学的胜利,虽然表现为理论斗争的胜利,实际上却是现实的社会历史的必然选择。

鲍威尔指责唯物主义者在把世界看作物质的运动的时候,没有能够认识到这种运动只有作为自我意识的运动,才能成为真正的运动。如果鲍威尔的说法成立,那么,世界将失去一切实在性,成为精神的外化,而精神则成为世界的全能创造者,成为唯一的本质,唯物主义就将变成它的对立面——唯心主义。

事实上,哲学并不是哲学家个人所作出的孤立的思考,它是社会生活与政治生活的一个组成部分,各种哲学体系无一不是社会现实的产物。在笛卡儿那里,形而上学与物理学、力学、医学、伦理学都统一于哲学,对数学方法的反思是哲学家的任务;斯宾诺莎用几何学方法来解释世界;莱布尼茨认为逻辑规律是世界的根本规律。可见,17世纪的形而上学还具有实证的、世俗的内容,在自然科学诸多方面都有所发展。

到18世纪初,各门实证科学在各自的领域迅速发展起来,它们越来越脱离形而上学,以实证的方式认识与解释世界。相比之下,形而上学的研究对象越来越少,仅剩下了思维与神灵。而18世纪的法国,是欧洲大陆上典型的封建君主专制国家,等级森严;天主教会宣扬"君权神授",利用宗教手段欺压、愚弄人民;资本主义经济迅速发展,资产阶级的经济实力得到提升,但政治上处于无权地位,自身利益得不到保障;广大农民则处在极度贫困的边缘,人们迫切要求从宗教神学和封建专制的禁锢下解放出来。因此,18世纪的法国人关心的是直接的现实,是如何改变国家的财政经济状况,如何保障基本的物质生活,如何争取到更多的物质利益。总之,18世纪法国人的生活实质是世俗的享乐和世俗的利益,而不是天主教不同教派的争议,不是与他们的物质生活不相关的其他事情。"形而上学在实践上已经威信扫地"[①],变得枯燥乏味了。

因此,正如伏尔泰所指出的,18世纪法国人对天主教的修会之一耶稣会派与其反对派詹森派的争论漠不关心,"与其说这是由哲学造成的,还不如说是由罗的财政投机造成的"[②]。同理,17世纪的形而上学的衰败,与其说是被18世纪唯物主义理论所战胜,倒不如说是由18世纪法国生活的实践性质所促成的。也就是说,18世纪法国的社会现实是反神学的、反形而上学的、唯物主义的,所以,只有与这种生活相匹配的反神学的、反形而上学的、唯物主义的理论才能站得住脚,唯物主义取代形而上学成为哲学的时代主流。

其二,哲学理论的发展表现为哲学家和哲学流派的不断更迭,18世纪

---

① 《马克思恩格斯文集》第1卷,人民出版社,2009,第329页。
② 《马克思恩格斯文集》第1卷,人民出版社,2009,第329页。

的法国唯物主义是哲学发展链条中的一个环节。

和其他任何理论的产生一样，法国的唯物主义有着深厚的社会的、实践的背景，是实践发展在哲学理论层面的必然体现。从理论发展的角度看，它又是欧洲哲学发展史上前后相继的哲学家和形形色色的哲学流派之间变换与更迭的结果，也是哲学发展当中的一个环节，终将为新的哲学形态所替代。

唯物主义战胜形而上学成为18世纪的主流哲学形态，是18世纪法国社会的实际生活和法国人民的现实选择，是法国人反对现存政治制度的斗争、反对现存宗教和神学的斗争的实践在理论上的体现。从理论层面上看，法国唯物主义的发展经历了笛卡儿、马勒伯朗士、斯宾诺莎和莱布尼茨的形而上学的公开的、旗帜鲜明的斗争，是在日益彻底地同17世纪的形而上学和一切形而上学的斗争中形成的。

如果说起源于笛卡儿的法国唯物主义的发展轨迹，是对神学和17世纪形而上学进行的否定性的批驳，那么，源自英国的培根的经验论哲学向唯物主义哲学的发展历程，无疑是反形而上学的体系的肯定性的建构。而对于德意志民族的哲学发展来讲，梳理唯物主义同形而上学的对立史，同本体论层面上唯物主义与形而上学的不间断的斗争、同思辨的形而上学的斗争，也是不可或缺的。这是哲学发展在不同民族发展中共同的逻辑和规律。

其三，作为对社会现实的理论反映的哲学，它的发展也一定会超出国家民族的界域而在世界范围内展开。

谱写法国唯物主义发展史壮丽篇章的，不光有欧洲大陆哲学家——法国哲学家笛卡儿、马勒伯朗士、伽桑狄，荷兰哲学家斯宾诺莎，德国哲学家莱布尼茨，百科全书派的孔狄亚克、爱尔维修、狄德罗、霍尔巴赫等人，还有英国哲学家——培根、霍布斯、洛克、贝克莱、休谟等人。从唯物主义的发展史来看，作为唯物主义发展两条主线的英国唯物主义和法国唯物主义，是你中有我、我中有你，互相影响、互相借鉴着向前发展的。比如，培根在实验方法中提倡的感觉与理性相结合的认识论基础，不仅影响了霍布斯，在笛卡儿、斯宾诺莎等的哲学中都有所反映；英国和法国的唯物主义都基本带有笛卡儿"我思故我在"中的主观主义倾向；孔狄亚克是用洛克的感觉论驳斥了笛卡儿、斯宾诺莎、莱布尼茨和马勒伯朗士等人的形而上学体系的；爱尔维修也是以洛克的学说为出发点，把他的唯物主义运用到社会生活方面，提出感性的印象和自私的欲望、享乐和正确理解的个人利益，是整个道德的基础，社会建立在人的智力的天然平等、理性的进步和工业的进步的一致、人的天性的善良和教育的万能等基础上；拉美特利的著作、霍尔巴赫的体系也大都是笛卡儿唯物主义和英国唯物主义相结合的产物；和形而上学保持着最密切联系并为此受到黑格尔赞许的法国唯物主义者罗比耐和莱布尼茨的学说有非常明显的关系。

凡此种种，说明唯物主义的产生以近代科学在整个欧洲的发展为背景，也必然是不同国度和民族对这种现实的反思和基于不同思维方式的表达。在这个过程中，相同的社会历史大背景，使得不同样式的理论具有了相互了解的可能性，而不同的民族特色和理论气质又提供了相互借鉴的必要性。英国人的严谨与务实为法国唯物主义的发展奠定了理性的基础，而法国人的浪漫气概和优雅风度则赋予英国唯物主义以机智，使它有血有肉，能言善辩。

其四，哲学的发展动力来源于社会实践，也必然会以指导社会实践为继续发展的动力。

对法国唯物主义的现实进程的探寻使马克思认识到了共产主义与唯物主义之间的必然联系，诸如唯物主义所关注的人性本善、智力平等、经验、习惯、教育的作用、外部环境对人的影响、工业的重大意义、享乐的合理性等，都是共产主义和社会主义的应有之义。这里的逻辑在于，唯物主义主张人是从感性世界和感性世界中的经验中获得一切知识、感觉的，那么人在经验世界中就需要体验到真正合乎人性的东西，这才能使他常常体验到自己是人；唯物主义认为全部道德的基础和原则在于正确理解的恰当的利益，那么这样的利益就必须符合于人类的利益；唯物主义指出只有物质感觉的人是不自由的，就意味着人不是由于具有避免某种事物发生的消极力量，而是由于具有表现本身的真正个性的积极力量才是自由的，因此与其惩罚个别人的犯罪行为，倒不如消灭产生犯罪行为的反社会的温床，使每个人都有社会空间来展示他的重要的生命表现；唯物主义坚信环境造人、人天生就是社会的，因此以合乎人性的方式去造就环境，让人在社会中发展自己的真正的天性，根据社会的力量来衡量人的天性的力量，这些理论展示的正是共产主义的价值旨归。显然，这样的唯物主义直接成了社会主义和共产主义实践的理论基础。

　　事实上，不断发展着的法国唯物主义也确实给当时形形色色的共产主义者提供了不竭的理论源泉。比如，傅立叶就是直接从法国唯物主义者的学说出发的；巴贝夫主义者关于"完全平等"的社会以及排挤私人经济的"国民公社"的设想也与唯物主义有一定的关联；爱尔维修以环境决定论为特征的唯物主义正好与英国唯物主义相吻合；边沁根据爱尔维修的道德学说重新解释了"利益"体系，欧文又从边沁的体系出发去论证英国的共产主义；而亡命英国的法国人卡贝受到欧文共产主义思想的影响；除空想社会主义者外，法国共产主义者德萨米、盖伊等人也把唯物主义学说当作现实的人道主义学说和共产主义的逻辑基础加以发展。

　　可以说，以上思考综合起来将马克思推进和建构唯物主义"新"的、"现代"形态的意旨较为完整地呈现了。概而言之，马克思主义的唯物主义是一种"与人道主义相吻合的""现实的人道主义"，它既是对唯心主义、观念论思维方式的超越，也是对"漠视人"的"机械论"唯物主义的变革。

第二章
马克思是怎样通过黑格尔而实现思想建构的？

在马克思一生思想的探索与建构过程中，黑格尔哲学始终是其最为重要的参照系之一，它们之间的关系一直处于错综复杂的状态。早年马克思就把黑格尔哲学比喻为"大海"，渴望纵身"钻到"里面去，之后又屡进屡出。一个令人深思的现象是，马克思曾经试图通过《论犹太人问题》《神圣家族》《关于费尔巴哈的提纲》《德意志意识形态》等著述了断他与青年黑格尔派的思想因缘，然而即使在形成了自己独特的"新唯物主义"、其思想走上独立发展道路之后，他也没有彻底告别作为青年黑格尔派思想先驱的黑格尔哲学。特别是在写作《资本论》的漫长岁月里，处理卷帙浩繁的思想材料以及寻求对更为纷繁复杂的社会历史结构的理解和透视，使得马克思不得不一再回味黑格尔之于他的意义，毅然公开承认自己是这位大思想家的学生。

可以说，迄今为止，就马克思与黑格尔思想的关系而言，无论是对二者相互关联的具体细节和演变轨迹的探询，还是从整体上对后者之于前者的实际影响作出程度和实质性的判定，都存在很大的研究空间，同时，这也直接关乎马克思思想与旨在全面颠覆黑格尔哲学的现代西方哲学的关系。

在马克思的文本序列中，《1844年经济学哲学手稿》属于较为特殊的著述。以其在笔记本Ⅲ中插入的、被编者标为《对黑格尔的辩证法和整个哲学的批判》的一节为例，本来马克思的议题集中在私有制与劳动、共产主义和需要这几个相关的话题上，而且阐释的逻辑也很连贯而严密，但是马克思却把2万字的、至少在表面上与其他部分不相关联的一大段批判黑格尔哲学的文字加入进来。我们注意到,在以往的研究中,曾经有论者主张将这一部分从手稿中独立出来,且将其命名为《关于黑格尔哲学的提纲》,以与此后不久写在由马克思标明的"1844~1847"年笔记中、被恩格斯单独撷取出来并冠名为《关于费尔巴哈的提纲》的文本相衔接和呼应。但无论是从马克思写作手稿的原始顺序看,还是就这一部分的内容对于马克思在阐述其思想时的作用来讲,"独立"等不过是研究者的主观设想,这一部分无论是对于整个《1844年经济学哲学手稿》还是对于马克思思想的完整和表达的深刻,都具有十分重要的意义。

悉心地解读和分析文本,我们还会看到,这一部分对于理解马克思恩格斯的哲学变革具有特别的意义。质言之,理解资本主义异化世界的复杂性,使马克思意识到了深刻洞悉社会历史发展以及精神流变的黑格尔哲学的重要价值;但扬弃异化、变革现实的艰难,又昭示出这种沉湎于观念领域、徒具思辨特征的哲学的症结和缺陷。这表明,一方面,黑格尔"参与了"马克思思想的探索,另一方面,马克思只有超越了黑格尔才能完成其思想的建构。这就是二者之间的复杂关系。

一 理解和论证共产主义需要借助黑格尔哲学

在《对黑格尔的辩证法和整个哲学的批判》这一节的开头,马克思写道:"为了便于理解和论证,对黑格尔的整个辩证法,特别是《现象学》和《逻辑学》中有关辩证法的叙述,以及最后对现代批判运动同黑格尔的关系略作说明,也许是适当的。"[①] 由此,我们不难做出推断,在这一节中,马克思是要对前面所提出和阐述的有关共产主义的观点及相关概念进行进一步解释和论证的。

为什么要借助黑格尔哲学来解释和论证共产主义呢?或者反过来问:不借助黑格尔哲学会导致什么后果呢?

在马克思看来,对黑格尔的辩证法采取什么样的态度,从表面上看是形式的问题,实际上却是关涉哲学的出发点和立场的本质性的问题。他认为,现代德国哲学家,比如像施特劳斯和布鲁诺·鲍威尔,对黑格尔

[①] 《马克思恩格斯文集》第1卷,人民出版社,2009,第197页。

的哲学以及他们同黑格尔辩证法的关系都没有足够的认识，因此，他们的哲学就完全地、至少有可能被黑格尔的哲学所束缚。这表现在他们的哲学活动一方面与现时代的实际状况脱节，着意研究旧世界的内容，另一方面又与活生生的社会实践活动脱节，哲学理论创立与发展的源泉仅局限于理论材料本身，以至于完全以非批判的态度对待批判的方法。

而"费尔巴哈是唯一对黑格尔辩证法采取严肃的、批判的态度的人"①。他把自己的哲学称为"人本学"，把人与人之间的社会关系作为理论的基本原则和出发点，在《未来哲学原理》中创立了真正的唯物主义和实在的科学，也因此克服了黑格尔的由思维到思维、用思维来证明思维的旧哲学。并且认为，黑格尔哲学跟宗教一样，不过是人的本质的异化的另一种形式和存在方式，应当受到谴责。这是费尔巴哈在这个领域内真正的发现。

特别的，对于黑格尔在其思辨的逻辑的基础上提出的从否定的否定中推导出肯定的方法，费尔巴哈更是作了细致的分析。他首先指出黑格尔哲学的思考路径不是从具体到抽象再到具体，而是相反地从抽象到具体再到抽象。黑格尔先是从无限的东西、抽象的普遍的东西出发，而后，扬弃了无限的东西，在思维中设定了现实的、感性的、实在的、有限的、特殊的东西，最后则通过重新扬弃所设定的东西而恢复了抽象和无限的东西。如此这般的思考与论证路向只能导致一种结果，就是他先是用哲学否定了神学，然后又用神学否定了哲学。换句话说，黑格尔哲学是同自身相对立而肯定神学的哲学。

接着他指出，黑格尔哲学中的"否定的否定所包含的肯定或自我肯定和自我确认，被认为是对自身还不能确信因而自身还受对立面影响的、对自身怀疑因而需要证明的肯定，即被认为是没有用自己的存在证明自身的、没有被承认的肯定；因此，感觉确定的、以自身为根据的肯定是同这种肯定直接地而非间接地对立着的。"② 前者仅仅是思维的产物，是企图让思维直接成为直观、自然界和现实，而对直观、自然界和现实的肯定必须要从感觉确定的东西出发。在前面分析的基础上，他又分析了黑格尔哲学

---

① 《马克思恩格斯文集》第 1 卷，人民出版社，2009，第 199 页。
② 《马克思恩格斯文集》第 1 卷，人民出版社，2009，第 201 页。

在解释历史方面的局限性。诚然，人的类存在本质使得历史成为一种人有意识地扬弃自身的形成过程。当黑格尔把否定的否定所包含的肯定方面看成"真正的和惟一的肯定的东西"，从而认为一切存在的唯一真正的活动和自我实现的活动便是否定、扬弃的时候，用它来描述人的产生的活动、人的形成的历史是恰当的和适用的，可以说，他为历史的运动找到了抽象的、逻辑的、思辨的表达。然而，现实世界是物质的、直观的、感性的世界，现实的历史是人作为主体去认识世界、创造现实世界的历史，通常表现为人化自然范围的不断扩大、社会物质财富的不断增加、人们生活水平的不断提高、社会在经济、政治、文化方面的不断繁荣等，所以，如果我们着眼于作为主体的人的现实的历史，那么，对这种可以直观的、用感性来感觉的、现实的历史的肯定就必须是以历史自身为根据的、感性确定的肯定，而绝对不是黑格尔在思维世界中构造的抽象的、思辨的思维活动所能及的。

  费尔巴哈的工作给马克思很大的启发。他认识到，借助对黑格尔哲学的批判，可以使其在"私有财产和共产主义"一节中提出的关于共产主义的"人学"论证得到进一步的理解。为了这个目的，他"既要说明这一运动在黑格尔那里所采取的抽象形式，也要说明这一运动在黑格尔那里同现代的批判即同费尔巴哈的《基督教的本质》一书所描述的同一过程的区别；或者更正确些说，要说明这一在黑格尔那里还是非批判的运动所具有的批判的形式。"① 因此，他首先肃清了当时以黑格尔为代表的德国哲学对人们思维方式的影响，分析并展示了脱离时代和现实、在思维自身中打转转的哲学方法在解释社会历史现象时的局限性，从而再一次表明了自己理解和论证共产主义的理论出发点，即从现时代的、活生生的现实生活出发，从社会物质生活出发，通过实践方式、借助人的实践力量来阐发和发展理论；不仅如此，他在其中对两种肯定方式的比较，也更加深化了对"扬弃"范畴的认识，黑格尔的"扬弃"是思维本身的游戏，而马克思的共产主义对私有财产的"扬弃"则是历史中真实的现实运动，共产主义径直是"现实的和直接追求实效的"。

---

  ① 《马克思恩格斯文集》第1卷，人民出版社，2009，第201页。

二 黑格尔论述"异化—扬弃"的思路及其得失

在《1844年经济学哲学手稿》中，马克思提出共产主义是对私有财产关系的扬弃，也就是对在私有财产条件下人的自我异化状态的扬弃。因此，谈共产主义就要涉及对"异化"的理解。毋庸置疑，马克思的"劳动异化论"是受到费尔巴哈"宗教异化观"影响而提出的，但同样使用了"异化"一词，他的观点与费尔巴哈之间却存在很大差异，绝不仅仅是将"宗教"易为"劳动"而已，这其中黑格尔哲学体系的构成及其各要素之间的过渡和承转给了他很大的启发。因此，在阐明了自己批判黑格尔的辩证法和整个哲学的目的之后，马克思便深入到黑格尔的体系当中，从黑格尔的《现象学》这个黑格尔哲学的真正诞生地去观照和分析黑格尔哲学的秘密。

马克思分析了《精神现象学》所属的《哲学全书纲要》的结构及其特点。他参考的是1830年在海德堡出版的黑格尔《哲学全书纲要》，这已经是这本书的第3版了。其由逻辑学、自然哲学和精神哲学三部构成。其中第三部《精神哲学》包括"主观精神""客观精神""绝对精神"三篇。第一篇"主观精神"分为"人类学""精神现象学""心理学"三个部分，在《精神现象学》中，马克思探讨了自我意识、精神、宗教和绝对知识四个方面的问题。这样《哲学全书》就构成一个"以逻辑学，以纯粹的思辨的思想开始，而以绝对知识，以自我意识的、理解自身的哲学的或绝对的即超人的抽象精神结束"[①]的体系。而从实质上看，整部书无非是哲学精神——异化了的宇宙精神的展开的本质，是它的自我对象化，这个对象化的过程又是以逻辑学为中介的。当然，它只是一种形式的中介，也就是说，在这里，精神并不是通过另外一种经验的、具体的理智直观来产生和证明自己，而只是从形式的、表面的对立中产生自己的。按照费尔巴哈的话说，就是精神自己在"表演"。于是，这个哲学精神就成为通过思维来理解即抽象地理解自身的抽象思维，而把人和自然界的一切现实的规定性剔除了出去，"自然界对抽象思维来说是外在的，是抽象思维的自我丧失；

[①] 《马克思恩格斯文集》第1卷，人民出版社，2009，第202页。

而抽象思维也是外在地把自然界作为抽象的思想来理解，然而是作为外化的抽象思维来理解。"① 这样，无论是作为主观精神之人类学的、现象学的、心理学的精神，还是作为客观精神之伦理的精神、抑或是作为绝对精神之艺术的、宗教的精神，除了哲学精神本身之外，就不可能再有任何实质性的意义。最终，哲学精神只能回到自己的诞生地，只能以绝对知识、抽象的精神而结束。

马克思指出，从《哲学全书》的结构和逻辑可以看出，"黑格尔有双重错误。"②

第一，黑格尔哲学中的异化，是人的本质以不同于抽象思维的方式并且同抽象思维对立的对象化，而不是人的本质以非人的方式同自身对立的对象化。换句话讲，黑格尔哲学中的异化，只是纯粹的即抽象的哲学思维的异化，是被思想所设定的，因而只是外观、外壳、公开形式。例如，当把财富、国家权力等看成同人的本质相异化的本质时，黑格尔哲学只是就它们的思想形式而言的，而不是着眼于它们的现实存在。因此，"全部外化历史和外化的全部消除，不过是抽象的、绝对的思维的生产史"③。同样，人对自己的异己对象的本质力量的占有，也就首先是在意识中、在纯思维中发生，也就是在抽象中发生的，只是对这些作为思想和思想运动的对象的占有。

第二，如果是像黑格尔这样来理解异化的话，那么，人的回归或者说重新占有人的本质力量（的过程）就会变得不可思议。因为只有精神才是人的真正的本质，而思维着的、逻辑的、思辨的精神是精神的真正的形式，所以，感性、宗教、国家权力等就是精神的本质，人在历史过程中所创造的自然界，也成为抽象精神的产品。也就是说，本质、对象表现为思想本质，或者说，对象仅仅表现为抽象的意识。同时，主体也始终是意识或自我意识，或者说，人仅仅表现为自我意识。这样理解的结果反映在《精神现象学》中，就出现了如下的情况：虽然此书由于坚持人的异化而潜在地包含批判的一切要素，但这里的人是以精神的形式出现的，异化的各种不同形式，不过是意识和自我意识的不同形式罢了。所以《精神现象

---

① 《马克思恩格斯文集》第 1 卷，人民出版社，2009，第 202 页。
② 《马克思恩格斯文集》第 1 卷，人民出版社，2009，第 203 页。
③ 《马克思恩格斯文集》第 1 卷，人民出版社，2009，第 203 页。

学》最后的成果不外乎纯思想的辩证法,而对异化的扬弃的结果是自我意识和意识的同一——绝对知识。

当然,黑格尔关于劳动以及某些其他范畴的观点同英国的古典经济学家的看法还是一致的。比如他把人的自我产生看作一个过程,把对象性的人、现实的因而是真正的人理解为他自己的劳动的结果,人通过劳动同自身发生现实的、能动的关系,从而完成外化及其对这种外化的扬弃,实现人的类存在。但是,他唯一知道并承认的劳动是抽象的精神的劳动。因此,他的哲学没有把自然界和人类生活的各个环节看作自我意识的而且是抽象自我意识的环节,他的科学是绝对的。

黑格尔《哲学全书》的特点与其在"异化—扬弃"问题上表现出的双重错误必然也反映在《精神现象学》中。为了进一步剖析黑格尔哲学的片面性和局限性,接下来马克思又把目光聚焦于《精神现象学》的最后一章——绝对知识,通过对黑格尔思路的梳理,概括出了其主旨与精神,阐明了马克思对黑格尔哲学中的"异化—扬弃"的理解。

其一,《精神现象学》的主要之点就是黑格尔对人的设定:人=自我意识。自我"是被抽象地理解的和通过抽象产生出来的人",这个"本身被抽象化和固定化的自我"就是意识的对象,或者说,人的意识的对象"不过是对象化的自我意识、作为对象的自我意识"①。马克思认为,黑格尔是用自我意识代替了人。这样的话,作为人的活动主体的人不是现实的人本身,而只是人的抽象——自我意识,意识活动的客体对意识来说是正在消逝的东西,是对象向自我的复归;意识的对象就是它本身,对象和自我成了同一回事,即主体和客体在意识活动中合二为一。

其二,既然被当作主体的人只是人的抽象,即自我意识,那么,人就成为非对象性的、唯灵论的存在物,并因此失去彼此之间的差别、失去自我。人是直接的和能动的自然存在物,因而是对象性的存在物:一方面,自然力、生命力这些力量作为天赋、才能和欲望存在于人的身上,从这一点上讲,人是能动的存在物;另一方面,人的天赋的展现、才能的发挥、欲望的实现必须依赖于存在于他之外的对象,只有凭借这些现实的、感性的对象人才能表现自己的生命,从而成其为现实的、感性的存在物,从这

---

① 《马克思恩格斯文集》第1卷,人民出版社,2009,第206页。

一点上讲，人同动植物一样，又是受动的、受制约的、和受限制的存在物。因此，对象性是人的本质特征之一。对象性的、自然的、感性的、现实的、受动的、需要的，在人身上都是同一个意思。因为对象性的存在，人的每一种本质力量在人身上才具有了自我性，人才是自我的、有差别的。而此时人的外化的、对象性的本质即物性＝外化的自我意识，物性是由这种外化设定的，是抽象物、抽象的物，而不是现实的物。它绝不是什么独立的、实质的东西，而只是自我意识的纯粹的创造物，是自我意识所设定的东西。这样，一个有生命的、自然的、具备并赋有对象性的即物质的本质力量的人不仅失却了他的本质的、现实的、自然的对象，而且他的自我外化又设定了一个现实的、却以外在性的形式表现出来因而不属于他的本质的极其强大的对象世界，在这个非自然的、抽象的世界里，人再也找不到对应于其独特的本质力量的他之外的现实的、感性的对象，因而人的本质力量的自我性得不到证实，人没有了自我，人与人之间的差别也就消失了。

其三，用自我意识代替人，不仅使人对象化于一个自我意识设定的抽象的世界，从而失却了自我和差别，而且，现实的即真实地出现的异化——人的本质以非人的方式同自身对立的对象化，也不再是由于在知识和思维中反映出来而被人意识到，或被哲学揭示出其本质，而是直接成了自我意识的异化。"人的本质的全部异化不过是自我意识的异化。"[①] 因此，对异化的扬弃，也就等于把这种本质合并于自我意识，即对象向自我的复归，也就是扬弃对象性。这是现象学的精神所在。这意味着将会同时出现以下两个结果：

一个是与自我意识相异化的，并不是对象的一定的性质，而是它的对象性的性质本身。因此，对异化的扬弃，就是对对象性本身的扬弃，也就是对对象性的否定。对象成了一种虚无性，一种否定的和自我扬弃的东西。由于这种对象性本质就是由意识的自我外化设定的，意识在这种外化中知道自己是对象，或者说知道对象是它自身，所以这种虚无性正是自我意识的非对象性的即抽象的自我确证。所以，对于意识来说，意识的外化、从而对象的虚无性，不仅有否定的意义，而且有肯定的意义。

---

① 《马克思恩格斯文集》第 1 卷，人民出版社，2009，第 207 页。

另一个是，当意识扬弃这种外化、扬弃虚无性的对象时，实际上还是在自身的范围之内。它在自己的异在本身中就是在自身。意识扬弃对象也就是回到自身。实际上，意识的对象化和扬弃就是在意识中打转转而已。对于意识来讲，某个东西的存在方式是知识，意识正是通过知道某个东西来获得存在的，因此，"知识是意识的唯一的行动"，"知识是意识的唯一的对象性的关系。"① 这里可以看出，意识在这个唯一的行动中创造出的对象是它的自我外化，是非存在，也就是知识本身。因此，在知识之外，并没有任何对象性的某种东西同知识相对立，对它来说，表现为对象的那个东西只是"外观、障眼的云雾"，就其本质来说只不过是它本身。

其四，意识、自我意识的对象化之所以只能在自身发生，是因为用作为知识的知识或者说作为思维的思维的意识直接地冒充为它自身的异己物，冒充为感性、现实、生命，把异化了的对象性和对象性本身混淆起来。按照费尔巴哈的说法，这是一种"在思维中超越自身"的思维。这种思维直接导致了黑格尔的虚假的实证主义：从自我意识出发，先设定自我意识自我异化为人的精神世界，然后进行否定，最后的结果是仍然通过这个外化的形态确证了精神世界——自我意识的恢复，这显然同宗教或神学的论证模式如出一辙。在这个设定——否定——恢复的模式中，蕴藏着的只是思想的纯粹思辨的运动。

我们可以看出，黑格尔所谓的否定之否定，不是通过否定假本质来确证真本质，而是通过否定假本质——在人之外的、不依赖于人的对象性本质的本质，来确证假本质或同自身相异化的本质。这种否定之否定是把否定和肯定结合起来的，它在黑格尔的哲学中起着独特的作用，即它把现实的、感性的存在物变成了思维运动的环节，因而又成为互相消融、互相产生的存在物。比如在黑格尔的法哲学中就是这样，扬弃了的私法=道德，扬弃了的道德=家庭，扬弃了的家庭=市民社会，扬弃了的市民社会=国家，这些现实存在在思维中、在哲学中不仅变成了思维链条中此消彼长的环节，而且由于被思维所把握才成为人的存在和存在方式。

因此，在黑格尔这里，"我的真正的宗教存在是我的宗教哲学的存在，我的真正的政治存在是我的法哲学的存在，我的真正的自然存在是自然哲

---

① 《马克思恩格斯文集》第 1 卷，人民出版社，2009，第 212 页。

学的存在，我的真正的艺术存在是艺术哲学的存在，我的真正的人的存在是我的哲学的存在"①。如果是这样的话，一个人只有作为宗教哲学家、法哲学家、自然哲学家才算是真正信教的、参与政治生活的和自然存在的，只有作为哲学家才算是真正存在的。那么，现实的宗教信仰和现实的信教的人、现实的政治生活和从政的人、现实的自然界和现实的自然存在的人就必然被否定了。

所以，黑格尔的扬弃是思想上的本质的扬弃，思维把自己直接等同于与自己不同的感性的现实，把自己的活动当作感性的现实的活动，因此他的扬弃自以为是克服了自己的对象，实际上却丝毫没有触动自己的对象，他只是扬弃了想象中的对象、作为意识对象的对象，同时也就等于真正地对象性地扬弃了与思维有差别的感性行动、实践以及现实的活动。

三 对黑格尔辩证法的汲取和赶越

马克思并没有止步于对黑格尔《精神现象学》的秘密的探究、对其有关"异化—扬弃"模式的考察、对其思辨性质及其局限性的揭露，而是在之后更加热切地去考察在异化规定之内的黑格尔辩证法的"积极的环节"。他认为，在黑格尔的思辨的逻辑学里，积极的东西在于，他把"独立于自然界和精神的特定概念、普遍的固定的思维形式""描绘成抽象过程的各个环节并且把它们联贯起来了"②。

"扬弃是把外化收回到自身的、对象性的运动。"③ 其前提是人的现实的对象化，途径是人消灭对象世界的异化的规定、在对象世界的异化存在中扬弃对象世界，其目的是通过扬弃对象性本质的异化来现实地占有自己的对象性本质。从这个意义上讲，扬弃是一种中介性的活动。活动的主体是人，客体是人的现实的对象世界。

黑格尔用自我意识代替人，把抽象的精神的劳动看作人的本质——抽象的、思维着的本质，因此，在他那里，有且只有意识才是人的异化了的本质的现实性。这种异化是异化的思想，是异化的抽象的因而是无内容的

---

① 《马克思恩格斯文集》第 1 卷，人民出版社，2009，第 215 页。
② 《马克思恩格斯文集》第 1 卷，人民出版社，2009，第 218、219 页。
③ 《马克思恩格斯文集》第 1 卷，人民出版社，2009，第 216 页。

和非现实的表现。因此，人的现实的对象化的内容丰富的、活生生的、感性的、具体的活动，便成为这种活动的纯粹抽象，而这种抽象又被黑格尔固定下来并且想象为独立的活动——劳动，认为它是人的自我产生的活动，实质上是对人的对象化活动的绝对否定。同时，人的自我异化、人的本质的外化、人的非对象化和非现实化被看作人的自我获得、自我确证，是人以自身为目的的、安于自身的、达到自己本质的人的生命表现。这就意味着黑格尔"把人对自身的关系理解为对异己存在物的关系，把作为异己存在物的自身的实现理解为生成着的类意识和类生活。"① 这时候，否定的否定——对异化的扬弃也就是对这种无内容的抽象进行抽象的、无内容的扬弃，这样的异化注定是普遍的、抽象的。异化、扬弃是脱离现实精神和现实自然界的抽象形式、思维形式、逻辑范畴，其适合于任何内容的——既超脱任何内容同时又恰恰对任何内容都有效。

显然，在黑格尔这里，扬弃这个中介性活动的主体就不再是感性的、现实的人，而是被抽象化为自我意识并且知道自己是绝对自我意识的人，是神，是绝对精神，也就是知道自己并且实现自己的观念。而现实的人和现实的自然界都隐蔽在这种观念之下，成为观念的谓语、象征。思维就是主语、存在；而存在同时又是谓语；逻辑学是特有的思维形式。在活动的过程中，出现了神秘的主、客体关系，主语和谓语之间的关系被绝对地相互颠倒了，而客体仅仅被黑格尔想象为能思维的思想的谓语。可以看到，对象化、异化、扬弃的整个过程，实际上是思维、观念的自我外化、返回自身的过程，是在思维世界内部的纯粹的、不停息的圆圈里打转转。

即便如此，马克思发现，黑格尔虽然只是在这样一个自身旋绕的圆圈里展开他的思辨的幻想，虽然扬弃这个中介性活动的主体只是绝对观念，但是黑格尔借这个主体的活动把它的运动本质揭示出来了，又把在这个运动过程中依次出现的绝对观念的各个表现形式看成了整个过程的各个相互连贯的环节。"例如，扬弃了的存在是本质，扬弃了的本质是概念，扬弃了的概念……是绝对观念。"② 因此，在他的异化的规定之内，每一次的否定的结果，都是无限发展的整个过程中的一个环节。这便是黑格尔辩证法的积极意义。

----

① 《马克思恩格斯文集》第1卷，人民出版社，2009，第217页。
② 《马克思恩格斯文集》第1卷，人民出版社，2009，第219页。

尽管由于黑格尔从观念出发，通过自我意识的外化和返回，以否定之否定的方式来达到对人的肯定，但这样的肯定方式是对自身还不能确信的、对自身怀疑的、需要被证明的肯定，也就是没有用自己的存在证明自身的、没有被承认的肯定。因此，异化与异化的扬弃运动根本没有触及人的真正的本质。然而，他在思辨的逻辑学里所提出的以一个个环节为单位的发展与联系的观点，不也恰好是对现实的客观世界的存在与发展的合理描述吗？正是通过这一个个环节的依次交替，扬弃所具有的对本质力量的提升的积极作用才能够体现出来。

黑格尔思辨的辩证法中关于联系的观点、关于发展环节的思想，无疑启发了马克思对共产主义的理解。马克思把共产主义看作以扬弃私有财产为中介的人道主义。一方面，在理论上，它是通过对人的采取对象形式的本质力量的一次次的肯定、丰富和提升，来逐渐使人远离非自然的、不发达的简单状态、贫困状态，它的完成是人的本质的现实的生成，是对人来说真正的实现。但这样的对象性本质的实现对人来讲并不意味着人的发展的终结，共产主义思想和现实的共产主义运动只是取消了私有财产对人的对象性本质实现的束缚与羁绊。另一方面，在现实中，人的本质的真正的、全面的实现又必然是一个无限的、循环往复的过程，在这个过程当中，扬弃私有财产的现实的共产主义行动则是对下一段历史发展来说必不可少的环节，人以这个环节为中介，把人自己的财产作为自己的生命归于自身，从而进入下一个发展的新的阶段。马克思指出："共产主义是作为否定的否定的肯定，因此，它是人的解放和复原的一个现实的、对下一段历史发展来说是必然的环节。"[①] 显然，他对共产主义所作的诠解，应该是汲取了黑格尔辩证法积极因素的结果。

马克思在肯定这一点的同时，更是注意到了它的荒诞性，即黑格尔哲学的纯粹思辨不仅导致了其观念的无内容，而且又把活生生的、感性地呈现在人面前的自然界推向了神秘莫测的境地。

马克思对这个问题的分析是从黑格尔的"绝对观念"这个概念开始的。在《哲学全书纲要》中，黑格尔把他的逻辑学分为客观逻辑和主观逻辑，其中主观逻辑部分也叫"概念论"，是以《绝对观念》章结束的。这

---

① 《马克思恩格斯文集》第1卷，人民出版社，2009，第197页。

样看来，绝对观念就成为黑格尔全部概念运动的落脚点。如果整个抽象过程不是一个循环，绝对观念不再去从头经历全部抽象行动；如果它又不是作为种种抽象的总体或充当理解自我的抽象，它便必须要再一次扬弃自身。而把自我理解为抽象的抽象"知道自己是无"，因而扬弃自身，就意味着"放弃自身，放弃抽象，从而达到那恰恰是它的对立面的本质，达到自然界"①。这正是黑格尔逻辑学的症结所在："全部逻辑学都证明，抽象思维本身是无，绝对观念本身是无，只有自然界才是某物。"②

当然，这一点也是黑格尔自己意识到了的。于是，在《哲学全书》中，黑格尔为了使他的哲学从抽象思维转向直观，决心把作为自己的反映的直接观念，从自身释放出去，也就是用自己的异在，即特殊的东西、特定的东西，来代替自身的存在——非存在，代替自己的普遍性和不确定性。显然，这是他在意识到其哲学的无内容之局限性的情况下，决心放弃自身而且成为直观的抽象思维。因为包含在观念内的自然界只是作为抽象、作为思想物的自然界，从观念中释放出去的自然界也是在自然界和人之外的，是"自然界的思想物"。也就是说，黑格尔是抽象地直观自然界的。从某种意义上讲，当黑格尔把自然界从他的绝对观念中释放出去时，即使这个自然界作为思想的异在，是现实的、被直观的、有别于抽象思维的自然界，它也无非是自然界诸规定的抽象概念、是思维劳动的纯粹产物、是自然界的思想物，因此也就无非是在感性的、外在的形式下重复逻辑的抽象概念而已，就如自然界当初被思维者禁锢于他的绝对观念、思想物中一样。

正因为如此，这个"被抽象地理解的、自为的、被确定为与人分隔开来的自然界，对人来说也是无"③。显而易见，黑格尔之所以把自然界从他的观念中释放出来，其目的无非是对抽象的确证，让精神在这个自然界中获得自己的自由的确证。对于他来讲，自然界的外在性并不是显露在外的对感性的人敞开的感性，而是绝对的观念的外化，是观念的异在形式。由于他把抽象思维看作人的本质，观念才是真实的、绝对的、第一性的，那么，外在于抽象思维的东西、外在于观念的东西，就必然是外在的东西，

---

① 《马克思恩格斯文集》第1卷，人民出版社，2009，第219页。
② 《马克思恩格斯文集》第1卷，人民出版社，2009，第219页。
③ 《马克思恩格斯文集》第1卷，人民出版社，2009，第220页。

这个东西是同思维对立着的，因而是有缺陷、有偏差的，自然界成了一个本身有缺陷的存在物。既然它是有缺陷的，那在它之外就有一种为它所缺少的东西，它本质在它之外，因此，这样的自然界本身就被设定为潜在的被扬弃的本质，它必须扬弃自身。"作为自然界的自然界，这是说，就它还在感性上不同于它自身所隐藏的神秘的意义而言，与这些抽象概念分隔开来并与这些抽象概念不同的自然界，就是无，是证明自己为无的无，是无意义的，或者只具有应被扬弃的外在性的意义。"①

黑格尔既承认自然界以感性、外在性为本质，是和思维相对立的，而在他的逻辑学里的自然界又是思维的产物，这使得黑格尔作茧自缚，在对自然的理解上永远走不出自己所设定的矛盾的窠臼。马克思看到并剖析了黑格尔哲学的症结，从唯物主义立场出发，明确了自然界的感性的本质、阐明了人与自然的关系并非思维与其产物的关系，自然界和人一样，具有实在性，在感性的意义上二者是同一的。

马克思认为，现实的、肉体的、站在坚实的呈圆形的地球上呼出和吸入一切自然力的人是对象性的存在物，人的自然力、生命力这些力量作为天赋、才能和欲望的展现、发挥和实现必须依赖于存在于他之外的自然界，而自然界呈现给人的，无论是人自己的客观地存在的感觉，还是自然对象，都不是直接同人的存在物相适合地存在，因此，人要不断地把现成的自然界变成现实的人的对象世界，这样一个过程就是人有意识地扬弃自身的过程。历史才是人的真正的自然史，人通过历史从而在自己的知识中确证并表现自己。而并不是像黑格尔所讲的通过自我意识来确证人的存在。

我们看到，理解资本主义异化世界的复杂性，使马克思意识到深刻洞悉社会历史发展以及精神流变的黑格尔哲学的重要价值；但扬弃异化、变革现实的艰难，又昭示出这种沉湎于观念领域、具有思辨特征的哲学的症结和缺陷。这表明，一方面，黑格尔参与了马克思思想的探索；另一方面，马克思只有超越了黑格尔才能完成其思想的建构。这就是二者之间的复杂关系。

---

① 《马克思恩格斯文集》第 1 卷，人民出版社，2009，第 221~222 页。

第三章

青年黑格尔派对黑格尔哲学的批判是在什么地方"失足"的？

马克思主义哲学与黑格尔哲学的关系至为复杂，理解和把握黑格尔哲学是马克思实现思维方式变革、建构"新唯物主义"的重要前提。而从文本、文献的角度看，马克思完成这一思想进程又是与他反思青年黑格尔派对黑格尔哲学的批判紧密关联在一起的，其中最重要的工作体现在《神圣家族》一书之中。《神圣家族》作为马克思主义创始人马克思恩格斯第一次理论合作、他们在世时定稿和发表的为数不多的著作之一，是引起研究者高度关注和具有广泛影响的《1844年经济学哲学手稿》与《关于费尔巴哈的提纲》《德意志意识形态》之间的中介，既是一部对论敌展开严苛的批判、对其观点和体系给予彻底解构的著述，更是一部建构之作。

马克思恩格斯在思想起源时，都曾经是青年黑格尔派的成员。后来他们与青年黑格尔派的关系，从深受其影响到融入其间，从发生歧见到反叛出来，最终与黑格尔哲学、青年黑格尔派哲学剥离开来，走上了他们自己独特的发展道路。在《神圣家族》之前，他们曾经通过《莱茵报》《德法年鉴》等零星地或者就某一方面表达了对青年黑格尔派的意见，1843年作为青年黑格尔派重要代表人物"布鲁诺·鲍威尔及其伙伴"在沙洛顿堡出版的《文学总汇报》上把"自由人"的思想和政治表达发展到极致，进一步彰显出"自由人"的个人主义、无政府主义的特点。他们日益远离现实的政治运动，不愿意同现实打交道，只从抽象精神出发探讨政治问题和社会问题，强调任何正在发生的事物都是自我意识的不完善的表现形式，应当加以扬弃，从而使自己的批判有了越来越明显的思辨性质和特征。这与马克思恩格斯对于现实政治和社会运动的重视以及对于真正推进这种运动所应当采取的途径和方式的思考是格格不入的。两者之间早已存在的矛盾到了无法克服的程度，这为马克思恩格斯提供了彻底清算他们自己与青年黑格尔派之间的关系、把他们的"新哲学"与青年黑格尔派的思想全面地剥离开来的契机。

《神圣家族》是在观照和把握世界的思维方式转换的意义上对青年黑格尔派思辨哲学的批判与解构。正如这部著作的标题"对批判的批判所做的批判"所昭示的，这部书是在黑格尔派继承、批判和发展黑格尔哲学的大背景下进行的，是马克思恩格斯对"布鲁诺·鲍威尔及其伙伴"对黑格尔哲学的"批判"所进行的批判（当然也有对其批判对象的再批判）。他们审视了青年黑格尔派对黑格尔哲学体系批判的特点、后果、思维逻辑，并把费尔巴哈对黑格尔哲学的批判与之相比较，彻底厘清了它们之间错综复杂的关系。为培育、锻造一种"以现实、历史和实践视角观照和把握世界"的"新哲学"奠定了基础。

一 青年黑格尔派批判哲学的特点：从一个要素出发

马克思认为，"在黑格尔的体系中有三个要素：斯宾诺莎的实体，费希特的自我意识以及前两个要素在黑格尔那里的必然充满矛盾的统一，即绝对精神。第一个要素是形而上学地改了装的、同人分离的自然。第二个要素是形而上学地改了装的、同自然分离的精神。第三个要素是形而上学地改了装的以上两个要素的统一，即现实的人和现实的人类。"[①] 而以大卫·弗里德里希·施特劳斯和布鲁诺·鲍威尔为代表的青年黑格尔派哲学家们，对此并没有深刻地理解：在研究内容上，他们没有关注充满矛盾运动的现代资本主义社会、没有关注现时代的实际状况，而是使理论停留于抽象和思辨之中；在研究方法上，他们又满足于从黑格尔哲学中抽出个别的要素，把它们当作自己理论的基础。所以，他们的哲学就完全地、至少有可能完全地被黑格尔的哲学所束缚、所支配，没有能够完成批判黑格尔哲学的时代任务。

施特劳斯对黑格尔的批判是以斯宾诺莎把实体当作绝对者的哲学思想

[①] 《马克思恩格斯文集》第1卷，人民出版社，2009，第341~342页。

为其出发点的。他于 1835~1836 年出版了著名的《耶稣传》，质疑黑格尔把福音书神话当作哲学概念的比喻的观点，对这些神话的起源进行了考察。他得出结论说，这些神话并无历史证据，只是当时的人民的设想和虚构，以寄托他们的愿望。因此，圣经只不过是一种用传说表现出来的神话，不可能有历史的真实性，而"新约"的叙述是同历史事实、自然科学的发展和逻辑的标准相矛盾的。这一结论无异于宣布基督教乃是精神"实体"的不自觉的产物。在施特劳斯看来，不仅要把作为历史人物的耶稣同作为信仰对象的基督区分开来，而且要用理性把哲学理论与圣经故事区分开来。一方面，哲学不应该顺从圣经的各种说教，另一方面，圣经故事的真实性，也不能凭借理性的推理或哲学的论证加以证实，而必须结合世俗历史的事实来检验。为了进一步批判基督教，施特劳斯还接二连三地发表了批判基督教的著作，诸如《基督教信仰学说及其反近代科学的历史》《基督教信仰学说》等。

马克思指出，施特劳斯的哲学是以"抽象的自然"的实体为原则的，认为在人类历史中有一种"神灵"实体，这种实体也在《圣经》的神话中得到了象征性的表现。所以，他的批判仅是在黑格尔哲学思辨范围之内进行的。

与施特劳斯相反，鲍威尔对黑格尔的批判是以费希特主义的抽象的"自我意识"为出发点的，也可以说，鲍威尔正是通过对施特劳斯的批判而发展了黑格尔哲学的另一个方面。在施特劳斯把"实体"这个形而上学的范畴捧到天上去的同时，鲍威尔却把"自我意识"变为了绝对的形而上学的主体。他认为，普遍的自我意识是绝对者的真正形式，自我意识作为"主体"，是普遍的、无限的，是脱离人的独立的创造物，它把人类关系的全部总和变为思想物，变为"范畴"，而这又是普遍的自我意识这个主体的异化，又是一种外在的、具有特殊性的存在形式，是需要加以扬弃的东西。创造历史的是普遍的自我意识这个绝对的主体，或者说，历史成为在纯思维领域中并且借助于纯思维而实现的精神的发展过程。

关于这一点，鲍威尔在最明确地表述了其思想的《符类福音作者考证》一书中做了这样的阐释："施特劳斯仍然忠实于把实体视为绝对物的观点。具有这种普遍性形式（这种普遍性形式尚未达到普遍性的现实的和理性的规定性，因为这种规定性只有在自我意识中，在自我意识的个别性和无限性中才能达到）的传说，无非就是实体，这种实体摆脱了自己的逻辑单纯性，并且作为社团力量采取了特定的存在形式。"① 而在影响更大的《基督教真相》中，鲍威尔做了更进一步的申说："自我意识设定世界、设定差别，并且在它所创造的东西中创造自身，因为它重新扬弃了它的创造物同它自身的差别，因为它只是在创造活动中和运动中才是自己本身"，而在他看来，唯物主义者的症结在于，他们"未能看到，宇宙的运动只有作为自我意识的运动，才能实际上成为自为的运动，从而达到同自身的统一。"② 可见，在彻底否定了实体的存在后，鲍威尔又采取了黑格尔唯心主义的观点，从"实体"转向了"主体""作为过程的实体""无限的自我意识"。

实际上，当鲍威尔转向了"主体""无限的自我意识"之后，结果就是以思辨的黑格尔的形式恢复了基督教的创世说。黑格尔曾经赋予自己的思辨结构以许多现实的特征，认为自我意识的发展是在同实体唯物主义者亦即现实世界的密切联系中发展的。因此，在黑格尔的哲学中有着"达到规定性的普遍性""单一性和无限性"等概念。而我们看到，在鲍威尔对施特劳斯的批判中，他并没有顾忌贯穿在施特劳斯理论中的观点在现实世界中的对应表现，而是强迫"实体抛弃自己的逻辑单纯性"之"特定存在形式"。因此，他切断了黑格尔那里作为主体和客体统一的精神发展同感性的具体世界的内在联系，将精神归结为普遍的自我意识，这种自我意识不是在同现实世界的密切联系中发展的，而是在同它的不断对立中发展的。

鉴于以上的分析，马克思认为，施特劳斯和鲍威尔两人在自己的批判中似乎都想突破黑格尔的哲学，但事实上却同时继续停留在黑格尔哲学思辨的范围内。他们都从黑格尔体系中的两个要素——斯宾诺莎的实体和费希特的自我意识出发，指出在黑格尔那里其中的一个因素由于另一个因素的渗入而被歪曲了。可是，他们批判了黑格尔，但只使每一个因素获得了片面的、不彻底的发展。因此，他们之中无论哪一个都只是代表了黑格尔体系的一个方面。

因此，正如马克思在《1844年经济学哲学手稿》的序言中所指出的，

---

① 《马克思恩格斯文集》第 1 卷，人民出版社，2009，第 339 页。
② 《马克思恩格斯文集》第 1 卷，人民出版社，2009，第 198 页。

由于青年黑格尔派的哲学是以黑格尔的哲学为前提和出发点的,所以他们的批判"归根结底不外是旧哲学的、特别是黑格尔的超验性被歪曲为神学漫画的顶点和结果",这样的哲学显示的只是"哲学的消极解体,即哲学的腐烂过程",而根本谈不上去完成批判黑格尔的辩证法和整个哲学的历史任务①。这是马克思对青年黑格尔派哲学之于黑格尔哲学的"历史判决"。

二 片面"推进"和"发展"黑格尔哲学的后果

显然,如果说在《精神现象学》中,黑格尔尽管有其思辨的意旨和特征,但他还是认为作为主体和客体统一的精神的发展是同感性的具体世界有着内在的联系的,因此在许多方面他提供了真实地评述人的关系的方式和途径。鲍威尔及其伙伴却相反,他们把黑格尔的客观精神归结为普遍的自我意识,使黑格尔那里的自我意识从人的属性变成了独立的主体。这种自我意识的本质不是人,而是理念,是人化了的理念,因而是无限的;人的一切属性被神秘地变成了想象的"无限的自我意识"的属性。鲍威尔甚至"十分明确地说,一切事物都在无限的自我意识中找到其起源和其解释,即找到其存在的根据"②。

不消说,当鲍威尔从某种精神产物中或从现实的关系和运动中撷取一种规定性,又把这种规定性变为思想的规定性、变为范畴,并用这个范畴充当产物、关系或运动的观点的时候,也即当自我意识绝对化、普遍化的时候,普遍的自我意识就成了脱离人的、独立的创造主体。从这个意义上讲,鲍威尔把思辨哲学推进到了极端,他为我们提供的是一幅毫无内容的漫画。这幅漫画只是由他的臆想而成的,与实体、现实世界和人类的活动没有丝毫的关系,甚至可以说是它们的对立物。

更严重的是,鲍威尔等对黑格尔哲学片面的"推进"和"发展",会导致这样的后果:

---

① 《马克思恩格斯文集》第1卷,人民出版社,2009,第113页。
② 《马克思恩格斯文集》第1卷,人民出版社,2009,第341页。

（一）形成比黑格尔远为专断的历史观

我们知道，黑格尔历史观的前提是抽象的或绝对的精神，在精神的发展过程中，人类充当了这种精神有意识或无意识的承担者，这样的承担者就是群众。可见，黑格尔是想让思辨的、隐秘的历史在经验的、公开的历史中发生，让历史的经验的现实内容填补历史的思辨形式。在这里，抽象的、思辨的历史是主导，人类的历史附着在抽象的历史上，实际上成了抽象精神的历史——同现实的人相脱离的人类彼岸精神的历史。

对于黑格尔的历史观，马克思作了两个方面的分析。一方面，黑格尔虽然认为绝对精神是哲学发展的主体，但他并没有把作为现实的人的哲学家也看作绝对精神；历史的绝对精神虽然首先以哲学观念的形式登场，但是在群众中找到它所需要的材料才能完成自己的。在这个意义上，对于历史来讲，哲学家只不过是一种工具——一种以回顾既往的意识来参与历史从而创造历史的工具。另一方面，从形式上看，黑格尔是让绝对精神去创造历史的，但这里的绝对精神是经由哲学家的意识才变为具有创造力的世界精神的。因此，实际上，绝对精神创造历史的行动也只是发生在哲学家的意识中、见解中、观念中，即只是发生在思辨的想象中，而哲学家的意识又滞后于现实的历史，所以绝对精神创造历史是以现实历史的发展为前提的。构成历史的现实的运动对于绝对精神来讲，永远是"无意识"的，因而，不是绝对精神创造历史，而是现实的历史成就了绝对精神。"哲学家是事后［postfestum］才上场的"①。

应该说，是黑格尔主客体相统一的本体论导致了他在历史观上的这种"不彻底性"，然而，由黑格尔出发把黑格尔哲学片面化、极端化的鲍威尔，却消除了黑格尔在历史观上的"不彻底性"，将思辨哲学的历史观推向了极端——绝对的主体论、观念论、唯心论。

首先，他先入为主，用"批判"取代了黑格尔的绝对精神，同时宣布他自己就是批判。这样做的效果是显而易见的：他再也不用顾忌在黑格尔那里绝对精神依赖于现实的人的意识的预设，也就割断了精神与现实之间的一缕联系，然后，是精神创造现实的历史还是现实的历史成就了精神的

---

① 《马克思恩格斯文集》第 1 卷，人民出版社，2009，第 292 页。

问题，就不存在了。而如果"他自己就是批判"的话，那么黑格尔那里绝对精神的运动构成历史，不就成了他自己的思想活动构成历史了吗？

其次，鲍威尔不是像黑格尔的精神那样，在"无意识"的现实历史之后、在幻想中创造历史的，在他心目中哲学家也不是"事后"才上场的。他作为哲学家，一出场就消解了现实，自己直接登上了历史的舞台，有意识地扮演了世界精神的角色，在深思熟虑之后有目的地发明了历史和完成了历史，成为历史的唯一的创造者。

（二）将历史幻化为批判与群众的对立史

像鲍威尔这样置现实于不顾、用"批判"取代绝对精神的"批判的哲学家"充分地运用了思辨哲学的原则——认为可以否定和消灭一切自然的、物质的、感性的东西，把观念看作一切的根源、出处，肯定精神是唯一的创造力。在他那里，实体、现实、人类历史作为物质的东西的总和都被视为纯粹的假象，相对于无限的、绝对的普遍的自我意识，其他一切东西都是有限的物质存在，它们存在的意义只在于它们是绝对的自我意识的对象、纯粹的思想的产物，都是必将被加以扬弃的东西。也就是说，在其为我们创造的历史中，推动历史发展的力量就被区分为两个对立的方面："一方面是群众，他们是历史上的消极的、精神空虚的、非历史的、物质的因素；另一方面是精神、批判、布鲁诺先生及其伙伴，他们是积极的因素，一切历史行动都是由这种因素产生的。改造社会的事业被归结为批判的批判的大脑活动。"①

这就意味着，批判与"群众"的关系，其实也就是作为青年黑格尔派精英、理论家同形成现实历史的个体所构成的群众的关系，这是理解思辨哲学历史观的钥匙。因为，思辨哲学家已经把这一关系视为"现代的唯一的历史关系"，把现代的全部历史都归结为两个方面相互对立的运动——批判与群众的对立。

三 青年黑格尔派批判哲学的思维逻辑再审视

青年黑格尔派的思维逻辑是怎样完成的呢？

---

① 《马克思恩格斯文集》第 1 卷，人民出版社，2009，第 293 页。

首先，就像思辨哲学家能够创造出任何一种观念，比如说，他自己就是绝对精神一样，这个对立当中的"群众"也是他的创造物，是他自己的精神的、观念的、想象的对立面，是为了衬托批判的积极形象而树立起来的消极的感性形象，总之，"群众"不是现实历史当中的真正的群众，只不过是一个抽象的表征而已！这也可以看出，批判"制造"出来的"群众"当然是"不确定的对象"，其同"真正的群众"毫无共同之点，"它不可能完成任何确定的行为，也不可能同任何事物发生确定的关系"。当然，即使思辨哲学家能无中生有、颠倒黑白，也不能够把自己描绘成群众的本质的对立面，不能够把自己描绘成群众的人类本质的对象，不能确立起自己与群众的具有全世界历史意义的对立关系。因为真正的群众只有在自己内部和相互之间才能形成"最为群众的对立"①。

其次，思辨哲学家把"群众"确立为自己的对立面，其出发点是"精神"具有绝对合理性的信条。因为他在想象中会认为，他应该到"群众的自我欺骗和懦弱无能中""去寻找自己的唯一的对头"。所以，他就把"精神"和"进步"联系起来，而把"群众"和"消极"联系起来，使其都变成固定不变的本质，即概念，同时，又把双方当作这种永久不变的两极彼此对立起来。当然，我们也会发现，思辨哲学家不去研究群众、不去考察真正的群众在世界历史当中的作用和意义也就罢了，甚至他连"精神"本身的唯灵论特性等都懒得研究，而只是妄言精神的绝对性。因此，他的"精神"没有实际的内容，也就避免不了沦为空虚的命运，即如他所谓的"进步"这个范畴没有任何内容，最终难免虚妄一样。于是，为了挽救"精神""进步"，思辨哲学家只能出奇招，虚拟出"人格化的对头"即群众作为"精神的对立物"，并以群众的"退步"来"证明"精神的"进步"。

可见，批判哲学家所"发现"的"精神"与"群众"的关系，"事实上不过是黑格尔历史观的批判的漫画式的完成，而黑格尔的历史观又不过是关于精神和物质、上帝和世界相对立的基督教日耳曼教条的思辨表现"②。也就是说，归根结底，普遍自我意识的哲学也和黑格尔哲学一样，是基督教创世说的复活，是一个神学的体系。普遍的自我意识的运动，也

---

① 《马克思恩格斯全集》第 2 卷，人民出版社，1957，第 197 页。
② 《马克思恩格斯文集》第 1 卷，人民出版社，2009，第 291 页。

和黑格尔的绝对观念一样，是在自身内部转圈圈的。

最后，思辨哲学家之所以要从具有绝对合理性的精神出发，把自己同无限的自我意识等同起来，用精神来代替其创造物，同时，又把和精神的创造物有所区别的其余整个世界都当作顽固不化的群众和物质加以摒弃，用想象的对立来代替现实的对立，就是想要超越一切教条主义的对立，凌驾于一切党派之上，总之是使自己超脱现实的束缚，变成神圣的精神，过上神圣的生活，拥有像上帝那样的神圣的权利。只有这样，他才能实现自己所具有的世界历史的意义。

因此，思辨哲学家在历史领域的作为，无外乎就是像黑格尔在《哲学全书》中所指出的，"作为绝对的精神，它必定要经历一个辩证的过程。它的原初概念，只有在它的天体运行的终点上才会真正得到实现"①。思辨哲学家的绝对批判在其独有的领地所进行的论证，与黑格尔的绝对精神在其领地《精神现象学》中所走过的三部曲如出一辙，为此，马克思在《神圣家族》里特别称之为"绝对批判的思辨循环"。

第一步，思辨哲学家首先宣传，他自己就是批判。这样，他就十分明确地享有了神的批判的权利。同时，作为一个批判的神学家或神学的批判家，他又自然地把一切宗教的和神学的蠢事加以思辨的装饰，从宗教的外壳下剥出了构成这种神性的隐秘的内核，把它命名为自我意识，使其独立化，变成独立的存在物。这种存在物具有普遍性，因而是绝对的、无限的，顺理成章地成为批判的原则。

第二步，基于"创造物"即无限的自我意识与创造者自己之间的"差别"，把"群众"及其现实活动指认为"批判"的对象。这是批判使自己异化并超出自己的范围的一瞬间。这时，仅作为权宜之计，它不得不暂时"背弃"自己，部分地承认某些现实的东西。但是，在绝对的自我意识的生命行为中，与绝对的自我意识异化了的、与它不相适应的对象必然被消除。因此，思辨哲学家坚信：无限的自我意识在自己运动中"只是"哲学家自己，在观念的自我运动中才是宇宙真正的和现实的运动。

第三步，克服对象，返回自身。这时，神的批判"以合理的、自觉的、批判的方式复活了，自在的存在变成了自在自为的存在，而且只有在

---

① 《马克思恩格斯文集》第 1 卷，人民出版社，2009，第 283 页。马克思转引自黑格尔《哲学全书纲要》1830 年海德堡第 3 版。

最后才会变成完成了的、实现了的、显现出来的开端"①。宗教的救世主终于显化为批判的救世主，神与人、精神与肉体、无限性与有限性之间的神学的对立，变成了精神、批判或批判哲学家与物质、群众或世俗世界之间的批判的神学的对立。信仰与理性之间的神学的对立变成了健全的理智与纯粹批判的思维之间的批判的神学的对立。

这便是青年黑格尔派作为区别于人类的批判、作为纯粹的批判、作为批判的批判的思维逻辑。当这样的批判从他的外化返回到自身、返回到自己的出发点以后，就结束了思辨的循环，从而也结束了自己理论和哲学的全部历程。

但实际上，思辨哲学家不过是在抽象理论中孤芳自赏，以至于他在试图研究现实世界的时候也不能洞察真实的社会历史关系。马克思在《神圣家族》的其他章节还以他们对哲学形态、政治和社会问题做出的错误判断为例，对其进行了更详尽的批判。

四 另外的启迪：费尔巴哈批判黑格尔哲学的得与失

在马克思看来，对黑格尔的哲学采取什么样的态度，从表面上看是形式的问题，实际上却是关涉哲学的出发点和立场的本质性的问题。与施特劳斯和鲍威尔不同，费尔巴哈是青年黑格尔派中的例外，他"是唯一对黑格尔辩证法采取严肃的、批判的态度的人；只有他在这个领域内作出了真正的发现，总之，他真正克服了旧哲学"②。

在《1844年经济学哲学手稿》中，马克思就分析过，费尔巴哈对哲学的伟大贡献有三：一是证明了黑格尔的哲学是一种宗教，同样也是人的本质的异化；二是为真正的唯物主义和实在的科学奠定了基础；三是用现实的肯定代替了黑格尔绝对的肯定。

费尔巴哈作为进步的资产阶级民主主义者，继承了法国唯物主义者对宗教的批判，认为宗教只不过是人的本质的异化的一种形式。而黑格尔的哲学在他看来也是一种异化，因为其哲学的基础和宗教的基础如出一辙，

---

① 《马克思恩格斯文集》第1卷，人民出版社，2009，第346页。
② 《马克思恩格斯文集》第1卷，人民出版社，2009，第199页。

都是主客体之间被颠倒了的关系。不同之处无非在于,黑格尔把宗教由神话变成了思想,并用思维进行了加工。黑格尔的绝对观念跟神所起的作用一样,绝对观念创造世界实质上是上帝创造世界的哲学表达。所以,黑格尔哲学在本质上也可以被看作一种神学,也应该像宗教一样受到谴责和批判。

费尔巴哈把自己的哲学称为"人本学",在《未来哲学原理》中,他把自然界和人当作自己的出发点,把考察人同自然界及其他人的关系作为其"人本学"的唯物主义基础。这样就颠倒了黑格尔体系中存在和思维之间的关系,存在变成了主语即第一性的质的东西,思维变成了谓语即第二性的派生的东西。因此,马克思说他克服了黑格尔的由思维到思维、用思维来证明思维的旧哲学,创立了真正的唯物主义和实在的科学。但诚如马克思在《德意志意识形态》中才明确表述出来的,费尔巴哈所理解的人是抽象的人,是生物学上的人,所理解的人与人之间的社会关系,只是由自然的肉体的性行为或认识上感情上的彼此交流而产生的。他不懂得实践,只能把人看作"感性的对象",而不是"感性的活动",不能把感性世界理解为构成这一世界的个人的共同的、活生生的、感性的活动,因而无法把握人与人之间的社会关系的本质。

同样在《未来哲学原理》中,费尔巴哈分析了黑格尔的辩证法,从而否定了黑格尔在他思辨的逻辑的基础上提出的从否定的否定中推导出肯定的方法,提出只有感性的自然界和人才是以自身为基础的肯定的东西。黑格尔哲学的思考路径与唯物主义大相径庭,不是从具体到抽象再到具体,而是相反地从抽象到具体再到抽象。黑格尔先是从无限的东西、抽象的普遍的东西出发,而后扬弃了无限的东西,在思维中设定了现实的、感性的、实在的、有限的、特殊的东西,最后则通过重新扬弃所设定的东西而恢复了抽象和无限的东西。他从绝对的和不变的抽象出发,就是从宗教和神学出发,而设定现实和感性的存在,就是对宗教和神学的扬弃,当他最终又一次扬弃了现实、感性、特殊的存在重新恢复了抽象和无限的时候,实际上是重新恢复了宗教和神学。从如此这般的思考与论证路径可以看出,"黑格尔辩证法的秘密,最后只归结到一点,那就是:他用哲学否定了神学,然后又用神学否定了哲学"①,也就是说,黑格尔哲学是同自身相

---

① 北京大学哲学系外国哲学史教研室编译《西方哲学原著选读》下册,商务印书馆,1982,第494页。

对立而肯定神学的哲学。

　　黑格尔之所以要通过否定之否定的过程来肯定自己的绝对观念，是因为这种绝对观念缺乏自信，它还不是自身确定的东西，所以才需要借助于辩证法来证明自己。这种在自身中并不直接包含自己的原因的、通过否定的否定才能确证自己的肯定，是与以自身为基础的感性确定的肯定直接相对立的，两种肯定方式的对立究其实就是唯心主义哲学与唯物主义哲学的对立。

　　马克思认为，费尔巴哈强调基于自身并且积极地以自身为根据的肯定与通过否定的否定而确立起来的肯定之间的直接的相互对立，是他在批判黑格尔哲学方面的伟大贡献，但正是这一点也反映出费尔巴哈自身的局限性。他指出，"费尔巴哈还把否定的否定、具体概念看做在思维中超越自身的和作为思维而想直接成为直观、自然界、现实的思维"，[①] 这说明费尔巴哈只是限于以感性直观的确定性来肯定人和自然界的现实存在，他没有看到黑格尔用抽象的思辨的观点提出的以否定的否定为形式的辩证发展其实也是一切存在的自我肯定和自我创造的形式，因而他没有看到黑格尔唯心主义辩证法的"合理内核"，而是简单地把它当作完全不适用的东西抛弃了。

　　所以，从现代德国的哲学发展状况来看，如果说鲍威尔等青年黑格尔分子是用非批判的态度来进行对黑格尔哲学及其辩证法的批判的，那费尔巴哈对黑格尔哲学的批判也并非真正的批判。恰当的态度与办法是，既要弄清黑格尔哲学的唯心主义根基，也要充分估计他的唯心主义辩证法的积极意义，"既要说明这一运动在黑格尔那里所采取的抽象形式，也要说明这一运动在黑格尔那里同现代的批判即同费尔巴哈的《基督教的本质》一书所描述的同一过程的区别；或者更正确些说，要说明这一在黑格尔那里还是非批判的运动所具有的批判的形式"[②]。这样，马克思把批判黑格尔哲学的任务担在了自己肩上，最终实现了哲学思想的真正变革。

[①] 《马克思恩格斯文集》第1卷，人民出版社，2009，第201页。马克思在这里转述了费尔巴哈在他的《未来哲学原理》第29~30节中针对黑格尔的批判性意见。

[②] 《马克思恩格斯文集》第1卷，人民出版社，2009，第201页。

第四章

马克思对"思辨哲学"的结构性解析

在马克思早期思想的发展中,他与青年黑格尔派之间的思想纠葛是一条中心线索。这其中,马克思对作为这一派别哲学基础的"思辨哲学"的分析和批判尤显重要。在过去的研究中,人们多关注马克思就"现实的苹果、梨、草莓、扁桃"与作为"一般观念"的"果品"之间关系的纯学理分析,鲜有论者涉及马克思结合特殊语境和具体个案进一步展开的分析。而事实上,从《神圣家族》来看,马克思对"思辨结构的秘密"的揭示,并没有停留于抽象的说教和纯逻辑的推理,而是借助青年黑格尔派成员塞利加·维什努(Szeliga Vishnu,此为笔名,原名 Zychlinski Franz,1816~1900)对小说《巴黎的秘密》的评论完成的,思路及其论证都极为具体、形象、生动。梳理和甄别这些内容和细节,有助于我们完整把握马克思对"思辨哲学"的结构性解析。

《巴黎的秘密》(Les mystères de Paris)是 19 世纪法国作家欧仁·苏(Eugène Sue,1804~1857)的代表作。这部 100 多万字的长篇小说,分上下两部,共 52 章,有着上百个人物,故事情节十分错综复杂。小说的内容大致是:盖罗尔施坦公爵鲁道夫曾同年轻、漂亮却充满心计的萨拉·塞顿小姐秘密结婚,生下一个女儿,后来发现了她的不忠,遂将其逐出自己的领地。为了缓解受骗后产生的抑郁之情,鲁道夫去周游世界,想奖善惩恶,帮助穷人,弄清楚使人类受苦遭难的罪恶根源。他来到巴黎,混迹底层社会,乔装巡行,进行拯救"堕落灵魂"的道德感化事业。小说以鲁道夫微服出访巴黎、赏善罚恶为线索,通过对妓女玛丽花、宝石匠热罗姆·莫莱尔、女工路易莎、公证人雅克·弗兰、贵族夫人克雷门斯和萨拉·塞顿以及绰号为"笑面虎""操刀鬼""猫头鹰"的各种人物命运的描写，展示了贵族、下层贫民、罪犯三类人物的生活内幕和"秘密"，在一定程度上反映了19世纪三四十年代巴黎的社会状况，特别表现了下层人民的生活、命运和痛苦，也对上流社会贵族阶层表面上道貌岸然和实际上男盗女娼等情形作了大量的披露和揭发。

《巴黎的秘密》刊出后引起极大的社会反响，甚至越出国界，引起了作为德国思想新锐的青年黑格尔派成员的关注，其中塞利加·维什努在《文学总汇报》上发表了《欧仁·苏的〈巴黎的秘密〉》一文，根据他自己的理解和观点对小说的故事情节进行了转述，并对其中的人物进行了点评。鉴于此文将这样一部"现实主义"小说"捧"成了"超现实"的"史诗"，在转述时进行了"再加工"，加入了大量的虚构和解释，甚至对各个人物作了完全不符合小说原创的"创造性"评判，马克思将塞利加·维什努噱称为"贩卖秘密的商人"。这意味着，如果说《巴黎的秘密》展示了巴黎社会的"秘密"，塞利加·维什努的文章则又制造了一个与此毫不相关的、新的"秘密"。

为了揭露思辨哲学的"秘密"之"创造性"，马克思对比《巴黎的秘密》的具体情节，对塞利加·维什努的文章在"罪犯世界的秘密""上流社会的秘密"等方面所做的"制造""转移"等工作作了细致入微的剖析，指出其思维方式的实质是"以纯观念、精神来理解和解释世界"①。不仅如此，马克思还进一步考察了塞利加·维什努"绝对的秘密"的制造过程和技法。他发现，为了把这个"秘密"演绎成一个更加有思辨的设计感、更加接近思辨哲学目标的"思想物"，塞利加·维什努并没有停留于为思辨的"秘密"寻找一个暂时的藏身之所，而是殚精竭虑，赋予"绝对的秘密"以绝对精妙的结构和功能，并且"魔术般"地在这个"秘密"与现实社会之间建立起了一个无障碍的"安全"通道，使"绝对的秘密"来去自如、进退适宜，达致了绝对、普遍的境界，然而，这一切却与真实的现实生活、与《巴黎的秘密》所揭示的社会众生相去甚远。

---

① 参见刘秀萍《思辨哲学与"巴黎的秘密"——〈神圣家族〉解读》，《山东社会科学》2018年第4期。

一 思辨哲学家对"绝对的秘密"的结构设计

马克思指出,思辨哲学的"绝对的秘密"是思辨哲学家设计、创造、建构出来的。塞利加·维什努先是制造出了"秘密",并把它确立为形而上学的主体,然后为它设计了从"罪犯世界"到"上流社会"的隐藏之地[①]。同时,他又意识到,上流社会毕竟还只是现实社会的一隅,让"秘密"躲藏到上流社会的内部很难达到与现实世界的同一。因此,继"文明中的野蛮的秘密"和"国家中的无法纪的秘密"以及"有教养的社会的秘密"之后,他又为这个"轻浮佻达、无拘无束"的"秘密"做了"'圣地'——小礼拜堂——门厅——非上流社会"这样一个序列的结构设计:"圣地"是"秘密"的所在地,在圣地周围有个小礼拜堂,由上流社会的特殊集团守护着,小礼拜堂的门厅通向非上流社会,生活在非上流社会的人民被挡在门厅之外。

显然,塞利加·维什努为"秘密"所做的这个结构设计是异常"精密"的。首先,它把现实社会人为地割裂成上流社会和非上流社会两个部分,还在这两个部分之间设立了一个屏障——门厅,这个门厅的诡异之处在于,"秘密"可以经门厅而出,但被隔在门厅之外的非上流社会的人民却不能够透过这个门厅往里窥视。也就是说,"高居"于"圣地"的"秘密"是自由的、可以"随心所欲"的,但现实的非上流社会与它是完全不搭界的;其次,守护小礼拜堂的是上流社会的特殊集团——思辨的"圣地"的保护神,而并非现实的上流社会。所以,这个"秘密"与现实的上流社会也没有一点关系,上流社会"有教养的"人也没有可能去破解这个秘密。总之,这个秘密也就是思辨哲学的秘密,与现实的巴黎社会、与生活在巴黎社会的人风马牛不相及。它完全不是巴黎社会的秘密,而是思辨哲学家所设计出的"绝对的秘密"。它将遵循思辨哲学家的意愿,变成"整个世界的公共财产"[②]。

通过这样精密的设计,"秘密"就被塞利加·维什努安放在了一个既

---

① 参见刘秀萍《思辨哲学与"巴黎的秘密"——〈神圣家族〉解读》,《山东社会科学》2018 年第 4 期。
② 《马克思恩格斯全集》第 2 卷,人民出版社,1957,第 88 页。

与现实社会分离又貌似不与现实社会完全脱离的地方,其目的是它随思辨所"愿",让这个形而上学的思想物与现实世界的关系由对立走向"同一"。

当然,塞利加·维什努也明白,作为"思想物"的"绝对的秘密"是孤立的、抽象的,要想将其变成"整个世界的公共财产",与现实世界由对立走向同一,就必须让它走出"圣地",作用于现实世界。为此,他又把小说《巴黎的秘密》里的公证人雅克·弗兰设计成了"绝对的秘密"的践行者、见证者。他将代替思辨哲学家展开秘密的旅程,揭开有教养的社会中"正直和虔敬的秘密"。较之罪犯世界的秘密和上流社会的秘密,这潜藏于上流社会特定集团内部的公证人身上的秘密离"绝对的秘密"的距离就更近了。不仅如此,塞利加·维什努还让这个秘密以人的特质、秉性的形式存在,这就使得"正直和虔敬的秘密"又带有了比罪犯世界和上流社会的秘密更加浓烈的主观的、抽象的特征,这有助于让秘密正无限地趋近于"绝对的秘密"。

那么,社会层面的"有教养的社会的秘密"又如何与个人身上的"正直和虔敬的秘密"有效地衔接起来呢?这就要诉诸塞利加·维什努塞给雅克·弗兰的人设。且看他的演绎逻辑:"绝对的秘密"要成为"整个世界的公共财产",其践行者就要具备一些足以征服整个世界的个人特质。而"只有基督教和道德才能在地球上建立包罗万象的王国"[①]。显然,塞利加·维什努的演绎逻辑无非是思辨的转换:把基督教变成了个人的特质,即"虔敬",把道德变成另一种个人的特质,即"正直"。同时,再把这两种特质结合在雅克·弗兰身上。

那么雅克·弗兰真的具备正直和虔敬的特质吗?我们来看小说中对其人其事的描述:在生活上,他严肃、节俭,住在一所阴暗的、不尚装饰、不求考究、不要奢华的房子里,开销俭朴,办事认真,厌恶社交,不爱排场、享乐,这无疑赢得了人们对他盲目的信赖。在性格上,他既吝啬而又大胆,而且很喜欢冒险,"依仗自己精细,精细得透顶;依仗自己伪善,伪善得出奇;依仗自己智慧,灵活又聪明;依仗自己胆大,却胆大包天;为了犯罪而又不受处分,所犯的罪,已经不可胜数"[②]。在体格上,他"五

[①] 《马克思恩格斯全集》第 2 卷,人民出版社,1957,第 88 页。
[②] 〔法〕欧仁·苏:《巴黎的秘密》,成钰亭译,云南人民出版社,1981,第 618 页。

十岁，但看上去不过四十。中等身材，背微驼，宽肩膀，身体健壮，理智坚强，矮胖，红发，像狗熊一样浑身都是毛。头发平平地梳向两角，当中秃顶，眉毛很稀，易怒的面色，满脸都是雀斑，遇到感情一紧张，这个土色的面孔，马上便涨得通红"①。他视力极好，却戴着一副深绿色的眼镜，使他能看到人而不被人看见。小说用了三句话来总结这位"少有的善人"：廉洁是他的喜乐，名声是他的骄傲，宗教是他最大的幸福。

但如此廉洁、自律、虔诚的雅克·弗兰在私底下却有两种喜好：其一是淫乱——兽性的、如虎狼一般的淫乱，粗暴的淫欲，激烈的占有，凶野的侮辱，贯穿此人情爱的不同阶段；其二是喜爱金钱——为喜爱而喜爱，不是为了它能提供什么享乐。他可以用奇妙的手腕和诡计，把好几宗特别巨大的款项，平白无故地弄到手里。他设计陷害了宝石匠莫莱尔，又霸占了他的女儿，而当莫莱尔的女儿因此怀孕以后，又与江湖医生波利多里同谋，建议波利多里去毒死宝石匠莫莱尔的女儿。当他听到多尔比尼夫人要把多尔比尼伯爵的财产"存放"在他那里时，他两眼放光，却粗暴地说道："这真使人不耐烦……我的公正……真是个长处……可是又给我带来烦恼……和忙乱……"②。事实上，作为公证人的他，为了从多尔比尼夫人那里得到一笔钱而隐藏多尔比尼遗嘱的秘密。出于同样的目的，他还配合萨拉·塞顿伯爵夫人表演了女儿死而复生的闹剧。

可见，雅克·弗兰的所谓"正直和虔敬"只是流于表面的，在现实生活中他不过是一个世俗的、堕落的神甫。他的这个特征，恰恰是思辨哲学家塞利加·维什努对"秘密"的践行者的设计所需："绝对的秘密"需要雅克·弗兰身上并没有"正直和虔敬"这两种特质，这样，其才可能成为"正直和虔敬的秘密"。可见，这并不是"正直和虔敬本身的秘密"，而是思辨哲学构造出的"一般的秘密"。而"公证人在世俗事务中，就如僧侣在宗教事务中一样，他们都是我们的秘密的守护者"③。

那么，怎么能够把潜藏在雅克·弗兰身上的"我们的秘密"完整地揭示出来呢？在《巴黎的秘密》第三部第二十三章"穆尔弗和波利多里"中，江湖医生波利多里将雅克·弗兰伪善的面目展现在读者的面

---

① 〔法〕欧仁·苏：《巴黎的秘密》，成钰亭译，云南人民出版社，1981，第621页。
② 〔法〕欧仁·苏：《巴黎的秘密》，成钰亭译，云南人民出版社，1981，第647页。
③ 《马克思恩格斯全集》第2卷，人民出版社，1957，第89页。

前。多尔比尼伯爵的女儿达尔维尔侯爵夫人给鲁道夫写了一封信，讲述了波利多里受雅克·弗兰的指使，企图用毒药水置多尔比尼伯爵于死地。他也曾被雅克·弗兰授意为遭雅克·弗兰强奸而怀孕的宝石匠莫莱尔的女儿堕胎。这既表明波利多里是杀人的凶手，同时也揭穿了公证人雅克·弗兰所谓的"正直和虔敬"的伪装。而在像雅克·弗兰这种上等人的秘密被揭示出来的同时，像宝石匠莫莱尔的女儿一样的下等人的秘密也被揭示出来了。

然而，事实上，波利多里的所有秘密不过就是堕胎的方法和杀人的毒药而已，他本来就不可能知晓每一个人的秘密。只有雅克·弗兰这样的"谋杀者"才有可能借助波利多里的毒药杀人，也只有宝石匠莫莱尔的女儿才是违反禁忌和道德怀孕的。当塞利加·维什努把波利多里设计为一切秘密的揭示者的时候，就是想让秘密变成"绝对的秘密"、对任何人也不能说是"秘密"的秘密，只有这样，这个秘密才能够成为他所期望的"整个世界的公共财产"。换句话讲，雅克·弗兰谋杀多尔比尼伯爵的秘密，宝石匠莫莱尔的女儿的孩子被杀死的秘密，都只是世俗的秘密，它们不足以构成思辨哲学所需要的"一般的秘密"。波利多里不可能揭开所有世俗的秘密，即那种可以言说的、真实的秘密，当然也唯有这样，他才有可能揭开与现实毫不相关的"一般的秘密"。

总之，"正直和虔敬的秘密"其实与"正直"和"虔敬"无关、与"遗嘱"无关，甚至与公证人雅克·弗兰也无关，它只是思辨哲学家对道德和宗教的抽象，只是塞利加·维什努对"一般的秘密"的运作的一部分。塞利加·维什努把雅克·弗兰说成"正直和虔敬的秘密"的体现者，理由是雅克·弗兰虽然密令波利多里去实施谋杀，但他并不想做一个谋杀者，而是想做一个受人尊重、爱戴和敬仰的人。这样他才能符合塞利加·维什努的想象和预设：雅克·弗兰是集"正直"和"虔敬"之品性于一体的人。因此，谋杀对他来说就是一个"秘密"；而当谋杀成为事实的时候，"正直"和"虔敬"又成了"秘密"。循环的论证确定徒有结果，因为谋杀者是"批判"的谋杀者，他的真正使命当然就是为了"秘密本身"奔忙，而不是去谋杀或者为谋杀买单。"秘密"本身——"一般的秘密"——变成全世界的公共财产的"绝对的秘密"，它们都是思辨哲学家绝对抽象的产物，只不过如何构造秘密和揭示秘密需要"最巧妙的办法"。

二 "绝对的秘密"怎样走向凡间?

塞利加·维什努运用思辨的利器和"最巧妙的办法",费尽心思把秘密本身构造成全世界的公共财产,成了"一般的秘密"。这样的秘密实际上已经泛化为"我的艺术"或"我的本能"之类的东西,只要能满足"我的需求"就可以产生出来,就像市场上的商品一样。简言之,它能且只能是抽象的秘密,是专属于绝对主体的,是纯粹的范畴和观念!

然而,对于这样高踞于抽象云端的宝座之上、作为"纯范畴"而存在的秘密,塞利加·维什努又感到无所适从,因为它深藏在人的头脑中,不可捉摸,也将无从揭示。但思辨哲学家之所以要设置秘密,其目的就是想要随心所欲地将这些秘密揭示出来,这样才能够显示秘密的存在。为了消除这样的矛盾,塞利加·维什努不得不再一次开启了思辨之旅,让"绝对的秘密"来到凡间。这一次,仆人、看门人皮普勒的妻子阿娜斯塔西娅·皮普勒被塞利加·维什努选中要成为让"绝对的秘密"走向凡间的使者,成为"秘密"的佣人和看门人了。马克思讽喻说,秘密就从云端宝座上来到了看门人所住的地下室,由纯范畴的高峰跳到"在闭锁的门前当暗探"的"仆人"的脚下。

为了完成这个计划,塞利加·维什努做了以下的工作。

先是让"绝对的秘密"这个范畴从本质转化为概念。本来,波利多里那里的秘密无非是堕胎和下毒的秘密,这样的秘密是被雅克·弗兰掩盖着的,是不可告人、不可为他人所捉摸的,是客体。但当它被塞利加·维什努转化为全世界的公共财产,成为抽象的、纯范畴的秘密以后,就由客体转化成了主体了,变成了一种自己掩盖自己的东西,更是一种"被我掩盖、被我弄得不可捉摸的东西"。这个秘密由客体转化为主体的过程,从被掩盖转化为"我"掩盖"它"的过程,实际上意味着秘密登上了"绝对主体的高峰"。

接下来,他动用经验来成全思辨的论断。秘密从本质转化为概念,固然使得它登上了绝对主体的高峰,反"客"为"主"。然而,这只有在思辨哲学家的头脑中才能显示的秘密也只能由思辨哲学家才能"揭示",如何让别人也能看到就成了问题的关键。为此,塞利加·维什努又做了巧妙的设计，把掩盖秘密的"我"转化为"门"——一种完全经验的、纯粹木制的现实。这样，秘密就不是"我"掩盖的，而是被"门"掩盖着的了。

这扇门无论对于现实世界还是对于思辨的"圣地"来讲都是一个奇特的存在：在这扇门以外，依次是"小礼拜堂""门厅""非上流社会"。现实世界所有的秘密都被阻挡在这扇门的外面。这些秘密只有经过"我"这扇门才可以登堂入室，成为"绝对的秘密"，从而成为全世界的公共财产；思辨哲学家则在"我"这扇门的后面为所欲为，"孕育、酿造、形成秘密"，并且依照隔"门"有耳的世俗经验，预料着必定会有人挨着关着的门偷听、看穿和窥探这批判的、纯粹的、绝对的秘密。

既然在"我"这扇门后将要孕育、酿造、形成秘密，而"我"这扇门又是关着的，那么，凭什么说"你"理所应当地就要去窥探这扇关着的门背后的秘密呢？塞利加·维什努认为，这是由人们幸灾乐祸的天性所导致的。而人们会幸灾乐祸则是由于"每一个人都希望比别人好"，为此，他才会"掩盖自己行善的动机，而且极力想把自己作恶的事实用重重的浓雾包藏起来"①。总之，"要比别人好"这个普遍的愿望才是人们去"探询别人的秘密"的终极原因。

表面上看，塞利加·维什努对窥探秘密的原因分析是从绝对的思辨走向了人的现实层面，秘密由抽象的秘密到达了人性的秘密，但如果顺着他的思路还原他的论证和分析，就不难发现，"愿望"是逻辑起点，有了"愿望"就不免"幸灾乐祸"，而幸灾乐祸必然引起窥探的欲望，因此，"门"的存在就是绝对必要的，而这个"门"又是"我"安上并"关上"的，那么最后，难道掩盖秘密的不是我"自己"吗？不消说，从本质上看，这就是黑格尔从精神出发最后回到绝对精神的"精神哲学"发展历程的翻版。

到底什么样的人才有可能探查到别人的秘密呢？虽然在巴黎警察局档案库中的卷宗里、在维多克的档案中、在法国的"黑皮书"和类似的文件当中均显示出警察在探寻人的秘密方面较于常人的优势，但塞利加·维什努却无视这样的事实，也不顾《巴黎的秘密》中欧仁·苏笔下的警探"红

---

① 《马克思恩格斯全集》第 2 卷，人民出版社，1957，第 93 页。

胳膊"才是最能接近各种秘密的人,他只是按照思辨的需要主观臆断,认为在探询别人的秘密方面,仆人的地位是最有利的,而仆人往往与主人之间存在利益瓜葛的麻烦,因此,"看门人皮普勒的妻子"是窥探秘密的最佳人选。

究其实,在小说《巴黎的秘密》里,皮普勒太太并不具备塞利加·维什努所据以作为窥探秘密的最佳人选的"独立"且与别人"没有利害关系"的特征。她形象最差、皱纹最多、满脸雀斑、令人作呕、衣服肮脏、牙齿脱落、脾气急躁、性情恶毒,她在兑钱时欺骗鲁道夫,为鲁道夫介绍了和他住在一幢房子里的奸猾的放高利贷的女人,还向鲁道夫担保他和"斑鸠"丽果莱特相识一定会有许多乐事。她讥讽指挥官给她的钱太少,称其为"两个小钱的指挥官",她自己说出了她"独立"行动的原因是指挥官每月只给她12法郎,等等。塞利加·维什努只是用到了思辨哲学看待世界、处理问题的"绝活儿",在思维中将皮普勒太太的特点"转化"为"绝对主体"本质的代表,也就似乎顺理成章地把她变成了窥探秘密者的首选。

可见,不管是思辨哲学家的"抽象"过程,还是"抛弃抽象"返回具体的过程,其实质都是用"思辨的、神秘的"方法重新"制造存在"的过程,是"绝对主体"凭借超自然的理智,以神秘的"统一性"为前提所进行的思维创造活动。这体现了黑格尔哲学方法的基本特征:将实体诉诸主体,诉诸内在的过程,诉诸绝对的人格,归根结底是"创造"。

不折不扣地,塞利加·维什努所设计的由下层社会的秘密到上层社会的秘密再到上层社会特殊集团的秘密最后达至纯范畴的"普遍的秘密"的渐次发展过程,还有纯范畴的"普遍的秘密"又来到凡间次第展开的过程,便是思辨哲学从"统一性"出发,从具体到抽象、再从抽象到具体的思维演绎过程的翻版。所有的秘密统一于"绝对的秘密",经由皮普勒太太所发现的种种秘密——达尔维尔侯爵夫人偷情的秘密、比雷特老大娘放高利贷的秘密、画家卡布里昂奇怪的生活习惯的秘密、笑面虎丽果莱特温厚淳朴的秘密等都是普遍的秘密这个"统一体""实体"的具体样态。这些秘密与经由鲁道夫揭示的"文明中的野蛮的秘密""国家法纪的不平等的秘密""有教养的社会的秘密""正直和虔敬的秘密"一样,均被塞利加·维什努看作"普遍的秘密"的外在表现形式,是秘密能动的生命过程中的一个环节。

为了让现实世界统一于思辨哲学家设定的"秘密",塞利加·维什努又把皮普勒太太的丈夫、同样是看门人却由于和主人有着利益关系而没有被选中充当窥探秘密最佳人选的阿尔弗勒德·皮普勒命名为"作为讥讽的秘密",原因竟然是"运气不佳",被"人家对他的讥讽和嘲笑"证明是失败的。这样,在他的太太成为探寻秘密的战士、成了秘密的"主观"方面的代表的同时,阿尔弗勒德·皮普勒以"作为讥讽的秘密"为标签成了秘密的"客观"方面的代表。

然而,无论是作为秘密的"主观"方面代表的皮普勒太太,还是作为秘密的"客观"方面代表的阿尔弗勒德·皮普勒,在塞利加·维什努的设计中,都是作为替代品、作为一个环节而存在的。对于至高无上的思辨哲学来说,被人们讥笑的阿尔弗勒德·皮普勒无所谓失败者,担任发现秘密的主体的皮普勒太太也绝对不是一个胜利者,因为最后的胜利是属于思辨哲学家的思辨的。这样的悖论反映出,塞利加·维什努对两个人物的整个创设都是"圈套",他一直潜心经营的只是思辨的"绝对的秘密",是要将黑格尔哲学思维方法在秘密的制造上绝对地体现出来。

因此,塞利加·维什努"对《巴黎的秘密》所作的批判性叙述的秘密,就是思辨结构即黑格尔结构的秘密"[①]。他对《巴黎的秘密》的批判就是对思辨结构各个细节方面的具体运用。他把走下凡间的秘密运动的各个环节设计为一个渐次发展的序列,为的就是让秘密在渐次发展中走向绝对。

三　思辨哲学构造秘密的运思逻辑

马克思认为,塞利加·维什努对"绝对的秘密"的设计、构造是对黑格尔精神发展辩证法的继承。他以人如何成为动物的主宰来比照思辨哲学家构造秘密的过程和方法,使得思辨哲学构造秘密的套路昭然若揭。具体步骤如下:

第一步,思辨哲学从具体的、现实的动物中抽象出"一般动物",并

---

① 《马克思恩格斯文集》第 1 卷,人民出版社,2009,第 276 页。

把它规定为动物的真正的本质。具体讲,从六种动物——狮子、鲨鱼、蛇、牛、马和哈巴狗中抽象出"一般动物"这个范畴,并把"一般动物"想象为独立的存在物,而把狮子、鲨鱼、蛇等等看作"一般动物"的化身或体现。这样,由六种动物抽象得出的"一般动物"虽然在六种动物之外,但成了这六种动物的真正的本质,成了狮子、鲨鱼、蛇、牛、马和哈巴狗等的"实体"。

塞利加·维什努则从"文明中的野蛮的秘密""国家中的无法纪的秘密""正直和虔敬的秘密"中抽象出"普遍的秘密"这个范畴,并使这个纯范畴的秘密成为"全世界的公共财产",成为"绝对的秘密",成为"实体",成为秘密的真正的本质。同时,现实世界的所有的秘密都成为"绝对的秘密"的体现。

第二步,思辨哲学让"一般动物"通过一系列现实的、具体的动物表现自己,而具体的动物也随时转换成"一般动物"的现实体现,以便我们既可以随时把抽象的"动物"——"一般动物"变成某种现实的动物,也可以把现实的动物变成"一般动物"。当"一般动物"体现为独立存在的动物——狮子、鲨鱼、蛇、牛、马、哈巴狗时,也就意味着作为抽象的创造物的"动物"可以是狮子把人撕得粉碎,可以是鲨鱼把人吞下去,可以是蛇用毒液伤人,可以是牛用角抵人,可以是马用蹄子踢人,也可以是哈巴狗对人吠叫。值得注意的是,在这种设定下,当"一般动物"体现为狮子、鲨鱼、蛇、牛、马时,它和人的关系表现为动物对人的控制,而且这种控制在渐次减弱。人是被动的一方,但其被动性却也在渐次减弱;而当"一般动物"体现为哈巴狗的时候,它和人的关系则表现为对等的关系,从逻辑上讲,这是动物对人的控制递减和人的反击能力递增的结果。"'一般动物'在它自己的渐次的发展中必然会被迫降到表演纯滑稽戏的地步。"①

面对哈巴狗,人往往会有两种可能,一种可能是人看见哈巴狗就逃跑,另一种可能是人挥动竹杖,把其吓跑。前者是愚蠢的,后者则把自己变成了狗的主宰。按照思辨的逻辑,后一个人是"一般的人"的体现,而哈巴狗是"一般动物"的体现,那么,"一般的人"就成了"一般动物"

---

① 《马克思恩格斯全集》第2卷,人民出版社,1957,第96页。

的主宰，也就成了现实的各种动物的主宰，包括狮子的主宰。这是多么的不可思议！

我们看到，塞利加·维什努就是把《巴黎的秘密》中的"斑鸠"——"笑面虎"丽果莱特小姐看作是"哈巴狗"的。从皮普勒太太的口中我们对"斑鸠"的性格特征有所了解：她是"一个小女工，五楼上另一个房客。……房租都是预先付。……，小屋里干净得别提，对人和蔼，而且随和。……，讨人欢喜，和气可亲，真是上天打发来的一只小鸟。……除此之外，一天到晚象个小海狸似的不停地干活，有时甚至能赚到两个法郎……可是，真辛苦！"① 另外，她还是个特别规矩的女孩，为了防止坏邻居的追求，她在自家的门口拴上了一根粗门闩。星期天休息的时候，她和情人会出去散步，但在别的日子，笑面虎小姐是没有时间想到情人的。她每天五六点钟就起床，一直工作到晚上十点钟，有时十一点钟，除了出去给自己和两只金丝雀购买食物，从来不离开自己的小屋。她一天的生活只需要两个苏的牛奶，一点面包，一点海绿菜、生菜、小米和清水。一个小女工，两只小鸟，又是说话，又是唱歌，一天不闲，除此之外，还要用尽自己的时间，连睡觉带工作，一天干二十个小时赚的钱才刚够生活。她还和她的情人一起照顾楼上一个贫苦人家的孩子。

实际上，看门人皮普勒太太所言并不是"斑鸠"丽果莱特小姐的全部，在小说中鲁道夫的护卫穆尔弗先生披露了她另外的一面：她是巴黎一个"非常漂亮的浪漫女子"。亲切又有人情不假，但她的生活状况和性格也比较尖锐，比如她轻视结婚的形式，与大学生和工人有着纯朴的联系。也正是在这种关系中，她的真正的人性才得以体现，与那些虚伪、冷酷、自私自利的资产者太太形成了鲜明的对比。小说作者把"斑鸠"这个浪漫女子描述成道德的楷模，在把她的特点掩盖了的同时，也就把巴黎的秘密掩盖了。

在塞利加·维什努的思辨的构想中，"绝对的秘密"走向凡间，依次体现为指挥官和达尔维尔侯爵夫人偷情的秘密、算命的比雷特老大娘放高利贷的秘密、江湖郎中塞扎尔·布拉达曼蒂（波利多里）给人拔牙的秘密、画家卡布里昂奇怪的生活习惯的秘密、宝石匠莫莱尔一家的秘密、

---

① 〔法〕欧仁·苏：《巴黎的秘密》，成钰亭译，云南人民出版社，1981，第241页。

"笑面虎"丽果莱特小姐的秘密等。这些秘密和人的关系呈现秘密对人的控制渐次减弱的趋势,指挥官和达尔维尔侯爵夫人当然得"偷"情,比雷特老大娘放高利贷则是半明半暗的,江湖郎中塞扎尔·布拉达曼蒂拔牙和画家卡布里昂的生活习惯恐怕就更多是有意而为之,宝石匠莫莱尔关于自己一家是如何被欺负的也基本知晓。但是对于"笑面虎"丽果莱特小姐来说,"她自己还没有意识到自己的崇高的伦理价值,因此她对自己说来,也还是个秘密"①。而能揭开她的秘密的是鲁道夫的护卫穆尔弗先生,即那个挥舞着竹杖与哈巴狗搏斗的人,是"一般的人"的体现。丽果莱特小姐是"绝对的秘密"的体现,"一般的人"是"绝对的秘密"的主宰,也就成了现实的各种秘密的主宰,它甚至还能够主宰指挥官和达尔维尔侯爵夫人偷情这样的秘密。同样是滑稽的结论!

反思这种不可思议的逻辑及其结论,这一切其实就是塞利加·维什努导演的思辨的滑稽戏。在他看来,《巴黎的秘密》中所谈及的巴黎社会的所有秘密,都是思辨哲学"绝对的秘密"的具体体现。这是一个秘密所构成的世界,每一个秘密的内容,每个秘密之间的联系,都是以"普遍世界秩序"的存在为背景、为前提的。换句话说,巴黎社会的种种现实及其联系,无一不是对这个"普遍世界秩序"的反映。因此,巴黎的秘密的最终答案就在于此。这是塞利加·维什努真正的自白,是他的批判的"秘密"的充分暴露。

四 思辨的构想图:"普遍世界秩序"与"真正统一的整体"

依照思辨哲学的结构和逻辑,塞利加·维什努为我们设计了"秘密"从具体到抽象,又从抽象到具体,最后归为"绝对的秘密"的思维发展路径。在他看来,"前面研究过的一些单个的秘密,并不是与其他秘密无关而本身就有价值的,它们也并不是什么了不起的闲谈中的珍闻。这些秘密的价值就在于它们自身组成许多环节的有机的连贯性,而这些环节的总和就是秘密"。所以,他需要"把上面所做的零零碎碎的构图合成一幅完整的图画"②。无疑,这幅图画即思辨哲学关于"巴黎的秘密"的思辨的构想

---

① 《马克思恩格斯全集》第2卷,人民出版社,1957,第96页。
② 《马克思恩格斯全集》第2卷,人民出版社,1957,第97~98页。

图,就像黑格尔《精神现象学》中精神的构想图一样。只不过,作为批判家的塞利加·维什努创作的"批判的史诗"的最终篇章,这个秘密的构想图"并不是逻辑的、任何人都看得见的、自由的批判机体",因为它不反映"巴黎的秘密"的真正的连贯性,反映的却是以思辨的运思为转移的"思辨的连贯性",其内在的根据是"普遍世界秩序"。从这个意义上讲,这个秘密是一种"神秘的植物的存在",是世界秩序在思辨哲学上的再现。马克思指出,这只能被理解为"秘密本身的自嘲"。因此,马克思把塞利加·维什努称作贩卖秘密的商人,《巴黎的秘密》对他来讲仅仅是所贩卖的商品,这种商品本身的属性无关紧要,他只是以这个商品为媒介,目的是兜售"批判的批判"的秘密——思辨决定一切、创造一切。

按照思辨哲学家的运思方式,思辨是至高无上的,现实世界是受普遍世界秩序主导的。因此,以思辨的方式让世界统一于仅有思辨才能理解、诠释的"普遍的世界秩序",就是思辨哲学家的最高追求。也只有这样,所有的秘密才能是绝对的、普遍的秘密。为此,塞利加·维什努不得不"艺术地"作出如下的设计。

首先,他把世界设计为由"世界秩序"、思辨、现实事物三个因素构成的统一体。其中,"世界秩序"是主体,代表着能动的原则;鲁道夫是思辨的"神性"的体现,他拥有着"各种威力和自由",是唯一的能动原则的执行者,是中介;而现实事物是由"世界秩序"决定的,是被动的、是客体。思辨作为中介,其作用就是将"世界秩序"通过现实的人及其活动确定下来。因此,一方面,为了不使"世界秩序"完全被废弃,或者为了不使最后的自然状态被湮灭,为了使世界本身还能分享一些发展原则,为了使现实的人类的事物保留些许的自由和能动性,现实的人及其活动就不能被完全舍弃。另一方面,从鲁道夫的"神性"属性来说,其所依凭的又必须是与群众性的事物完全分离开的"世界秩序"。这便是塞利加·维什努必须面对的"宗教意识的矛盾"。所以如何解决这个矛盾,使"世界秩序"与现实世界、主体与客体统一起来,就成了他的主要任务。

其次,他将这个由三种因素构成的统一体诉诸神秘的主客体关系,以便让"世界秩序"与现实世界结合为"真正统一的整体"。"世界秩序"与现实世界的关系与房屋主和房屋的关系是类似的。双方均是具有不同属性的独立存在,不便具体地统一在一起。因此,塞利加·维什努力图在

"世界秩序"与现实世界之外寻找到一个第三者,让它集"世界秩序"与现实世界两种属性于一身,就像房屋的建造者把房屋主和房屋两种属性集于一身一样。可是,作为"世界秩序"与现实世界之间的中介是思辨、是神性的鲁道夫,而不是"天然的中介",而思辨的中介根本不可能客观地反映出"世界秩序"与现实世界之间的真实的、自然的关系。不过,思辨哲学家的诡异之处即在于,神性的鲁道夫是诗人,他的"批判的史诗"将是"自由艺术"的产物。他会把房屋的建造者"规定"为房屋主与房屋的统一体,并且视其为"现实的统一体"。其实,这个所谓的"现实的统一体"就像在黑格尔那里兼为整个自然界和全体人类的绝对的主客体——绝对精神一样,是把虚幻的联系、神秘的主客体关系演绎成了世界秩序和现实事物之间的自然的联系,这就是神秘的思辨和思辨的美学的"艺术"。

毋庸置疑,这个由思辨艺术地创造出来的"真正统一的整体"是混淆的甚至是颠倒的:按照塞利加·维什努的设计,"世界秩序"与现实世界均是由这个"真正统一的整体"产生的,就像有了房屋建造者就能造出房屋、房屋主一样。但事实上,是房屋主让房屋建造者来建造房屋的。同样,是为了证明"世界秩序"的存在才创造出这个"真正统一的整体"的,或者说,"世界秩序"是先在的,有了它才会有"真正统一的整体"。显然,在塞利加·维什努的设计中,本来的母亲成了儿子,而儿子则被作为"母亲"了。这与"黑格尔的思辨是完全一致的。在黑格尔的历史哲学中,和在他的自然哲学中一样,也是儿子生出母亲,精神产生自然界,基督教产生非基督教,结果产生起源"①。

产生如此的混淆与颠倒的原因显然在于,无论是"普遍的世界秩序",还是所谓的"真正统一的整体",都是"观念的体现",是思辨按照神性的逻辑构造出来的,而不是客观现实的存在。"世界秩序——思辨——现实事物"的世界结构,也是"批判"本着证明思辨能够产生一切的原则来构建的,是和现实世界矛盾的。"一切秘密本身的被揭露了的秘密"均在于思辨哲学本身。

至此,我们可以看出,正是借助对塞利加·维什努关于《巴黎的秘密》的评论的批判,马克思对青年黑格尔派思辨哲学进行了结构性解析,

---

① 《马克思恩格斯全集》第2卷,人民出版社,1957,第214页。

思辨哲学"秘密"的揭示才真正达到了细致入微和层层递进的程度。这是写作《神圣家族》最艰难的工作,由此造成的结果是关涉这一议题的第五、八章的篇幅大大延长。而研究者如果不进入文本内部对其中的细节进行悉心辨析,就很难理解马克思苦心孤诣探索的思路和逻辑,也就不可能准确地把握他在此基础上所建构的"新哲学"的意旨和体系。

第五章

恩格斯对青年黑格尔派的批判与"新唯物主义"建构

通常被学界定位为唯物史观形成"前夜"的《神圣家族》的绝大部分章节是由马克思执笔的,该书的编排、定稿和出版也是由马克思来完成的。所以,很多论者在论及《神圣家族》时忽略了恩格斯在其中的贡献和作用。但是,我们注意到下述细节。首先是署名情况。这部著作出版时,恩格斯是第一作者,就是说他的名字是在马克思前面的。其次是写作过程和情形。马克思和恩格斯于1844年8月底在巴黎会面时共同讨论并拟定了全书的大纲,合写了序言。恩格斯在很短的时间内起草了自己承担的部分,他离开时把这些留给马克思,然后由马克思在此基础上进行写作、统稿并最后出版。最后,是文本结构及其蕴涵。从全书的章节安排来说,马克思将恩格斯执笔的内容单列三章,并且放到整部书的最前面,这或许意味着,恩格斯在这三章中为对青年黑格尔派成员的批判奠定了整部书的主旨、基调和思路。

从恩格斯单独撰写的、被马克思集中编排在前三章的内容来看,他通过"以订书匠的姿态出现的批判的批判或赖哈特所体现的批判的批判"、"体现为《MÜHLEIGNER》的批判的批判或法赫尔先生所体现的批判的批判"和"'批判的批判的彻底性'或荣格尼茨先生所体现的批判的批判",分别就青年黑格尔派成员卡尔·恩斯特·赖哈特、茹尔·法赫尔、恩斯特·荣格尼茨①在关于工人贫困、"英国的迫切问题"以及卡尔·瑙威尔克被柏林大学撤职事件上的观点展开批判,准确地揭示了思辨哲学的症结,

---
① 为了方便起见,以下简称为赖哈特、法赫尔和荣格尼茨。

这就为马克思接下来在其他章节进一步从历史和哲学的高度进行"细微的分析"提供了方向和思路,也为"新唯物主义"的建构铺平了道路。

恩格斯对待具体社会历史问题的立场和观点,以及他分析和思考这些问题的方法,进一步从历史和哲学的高度进行"细微的分析"提供了方向和思路,也为"新唯物主义"的建构铺平了道路。这是恩格斯在批判青年黑格尔派思辨哲学、建构"新唯物主义"方面的独特价值。

一　由感性事实透视工人的贫困

工人的贫困在当时已经是最突出的社会问题,自然也是文化精英们讨论的热点。曾经做过印刷和装订工人的青年黑格尔派成员赖哈特也热衷于此。他不仅研究了英国现实主义作家查理·狄更斯描写英国社会底层的"小人物"的生活遭遇、反映当时复杂社会现实的作品和"关于赤贫化的一切原著",而且"多年来一直密切注视着时代的弊病"[①]。当他看到法学和哲学博士奥古斯特·文尼格尔在1843年柏林出版的《政论论文集》中专门讨论了"日益加深的贫困的原因"时,就在《文学总汇报》第1期和第2期上发表了《关于工人赤贫化的论文》,对文尼格尔的文章进行了分析和评论。

赖哈特拙劣的写作才能令恩格斯不齿,因此他不屑多费笔墨,而是采用了直接摘录重点词句和简单勾勒论证思路的办法对其进行批判。

恩格斯先是从赖哈特《关于工人赤贫化的论文》中直接摘录了20句话,并在17句中的20个用语处加了着重号。他指出,赖哈特实际上是用摆弄外来辞藻的方法赋予了这些外国文字"批判的"含义,将自我意识哲学的思维方式完全复制过来,对工人贫困问题做了纯粹的、坚决的、绝对的、洞察一切的,即"批判的"论述,指出贫困制度是令人恐惧的,而博爱是社会永远的追求。人类思想活动担负着使人们摆脱贫困的责任。虽然现实社会尚无测定自由的标准,但在充满信心的艺术建筑的拱顶石上、在国家的文教大臣施泰因的政治著作中,自由和平等的意识已然显现。只要人们的"理智""信任"自由和平等便会成为现实。因此,依靠普鲁士政

[①] 《马克思恩格斯全集》第2卷,人民出版社,1957,第9页。

府、让人民接受"教育",去相信这种意识,在思想上获得"成年洗礼证书",就是消除社会贫困的现实途径。工业的发展使得"农业的普鲁士民族"转向了个人意志的"丑恶的贪婪心"和对"暴富"的"渴望",但"每个人都还是按照自己的方式提出自己的远景中的特殊愿望"——对自由和平等的追求,这种愿望不同于"三十五年"前的宗教概念,也不再来自集权统治者的"刺耳的怒喝",而是在"新的时代"下人们对于社会公平的精神向往①。

从上面的梳理中可以看出,赖哈特并没有顾忌文尼格尔文中的思想内容,而只是摘录和挪用其中的辞藻,像他以前做过的"订书匠"一样将其攒在一起。从表面上看,赖哈特意识到了工业时代社会的贫困问题,然而他虽入"凡"却并没有随俗。对他所阐释的内容稍加分析便可看出,社会贫困是"群众性"问题,而赖哈特却将解决问题的途径诉诸心理、艺术和自我意识的发展,认为只要人民被培养出自由和平等的意识,贫困即可消除。事实上,在工业时代,已经摆脱了宗教束缚、政治权力束缚的人们,只有摆脱私有财产的束缚,才能消除贫困,实现社会解放。赖哈特对社会贫困问题所做的分析和提出的方案,只不过是把社会的贫困问题当作了外衣和"诱饵",其目的在于让"批判的批判所使用的批判的语言"成为"群众的通俗化的表现方法",让"群众摆脱自己的群众的群众性"。归根结底,他是在为思辨哲学作辩护的。

此外,恩格斯还分析了赖哈特始终在其自身设定的圈子里打转转的论证特征。他指出,赖哈特坚信现实的人的本性是"正直"的,因而以平等为主要特征的社会主义会在超自然力量的推动下"飘然而至"。这与《旧约》中 99 岁的亚伯兰的思路完全一致。亚伯兰按照耶和华的意旨命令对包括自己和 13 岁的儿子实玛利在内的家里一切男人都施行了割礼,却坚信自己会后裔众多、子孙昌盛。赖哈特则坚信现实问题的解决可以靠"神"的许诺、"意识"的推导来实现。这显示出,青年黑格尔派的思维特征是与其空洞乏味的文风相匹配的宗教般的自我陶醉。

因此,如果说思辨哲学家是把整个世界分成两个势不两立的部分——自我意识构成的世界和世界的其他部分,并且认为自我意识是纯粹的、聪

---

① 参见《马克思恩格斯全集》第 2 卷,人民出版社,1957,第 11 页。

明的、洞察一切的，而世界的其他部分是愚蠢的，应该被归入"群众"的范围，那么，赖哈特则是凌驾于自我意识与现实世界两个互相对立的部分之上，把自己当作了"上帝"。当他为社会贫困问题作论证的时候，实际上就像上帝把自己唯一的孩子——耶稣赐给人间一样，他只是上帝旨意的践行者。

所以，虽然赖哈特在书评中指责文尼格尔对工人的现实状况阐述得不够详尽和精确，但他用文学语言外加逻辑推演所构想出来的理论也是一纸空谈。他对现实社会问题的关心，他分析问题的"通俗化的表现方法"，只是他以思辨哲学一定能够"透视"现实为前提的主观愿望的体现。他的批判虽然貌似关注现实、"万分怜悯群众"，也用"粗野的俚语"替代了思辨哲学的"高深莫测的词句"，但由于他所关注的现实只是一个虚设的对象，如同宗教一般与现实无涉，所以这一切对于现实来讲都属虚无，一切也就都只存在于他的"解释"当中。

恩格斯认识到，对贫困根源的探寻以及解决贫困问题的思路涉及的是思维方式和哲学观念。赖哈特在贫困问题上所持的是外在的、观念的立场，所以他对贫困问题的理解和解决都是不到位的。除了赖哈特以外，恩格斯还进一步地批判了青年黑格尔派另一个成员埃德加·鲍威尔发表在《文学总汇报》第5期上的论及工人贫困根源的文章。埃德加·鲍威尔强调，只有思想的创造物才能称其为真正的创造物。所以，工人什么都没有创造，也就难逃"一无所有"的宿命。恩格斯清楚地看到，青年黑格尔派成员在社会贫困问题上是异曲同工的，共同的症结致使他们不可能找到解决社会贫困问题的钥匙。如此的认识让他另辟蹊径，从现实的、感性的事实出发来探讨工人的贫困问题。由于之前他在英国曼彻斯特用21个月的时间深入工人当中亲身观察英国工人阶级贫困生活状况，所以，在写完《神圣家族》中自己承担的部分回到德国巴门后，他便利用自己在英国的实际调查和所获得的官方资料，写成了论述私有制下工人阶级的社会地位、斗争历程和历史使命的重要著作《英国工人阶级状况》。这部著作感性地揭示了以阶级形式存在的工人在身体、精神、道德等方面的贫困状况，堪称世界工人运动史上的名篇。

当然，"现实"并不是"实存"。仅仅通过直观和经验，无法理解、透视现实问题进而寻找到变革现实的途径和方向。社会的贫困问题也是如此。如何客观、准确、到位地理解贫困问题，是有效地解决这一复杂难题的前提。在《神圣家族》中，马克思在恩格斯对赖哈特及埃德加·鲍威尔进行批判的基础上，针对埃德加·鲍威尔在《文学总汇报》上发表的《蒲鲁东》一文，就社会贫困问题再次进行了深入的探讨。他对埃德加·鲍威尔和蒲鲁东的两种思路进行了对比与剖析，肯定了蒲鲁东从资本运动过程中探寻贫穷根源的思路，十分赞同蒲鲁东关于贫穷是由私有财产的运动造成的论断。事实上，擅长于从历史和哲学高度作精深思考、理论升华的马克思，在几乎同时期完成的《1844年经济学哲学手稿》中引入了哲学的"异化"概念来论述私有制下工人的存在，并在恩格斯《英国工人阶级状况》所提供的感性资料和致思路向的基础上，将工人贫困的原因归结为资本主义私有制下"劳动"和"资本"的敌对性的相互对立，提出扬弃私有制、消灭"劳资对立"、实现共产主义，是改变工人贫困状况和"异化"存在的必由之路。这也可以看出，对贫困问题的精深把握是基于共同思路之上二人相互启发、促进和反复探究而达致的。

二　从物质利益出发解决"英国的迫切问题"

如何理解工人阶级的现实处境及其出路，是恩格斯毕生探讨的主题之一。在《神圣家族》中，恩格斯针对《文学总汇报》的另一个青年黑格尔派撰稿人、德国争取贸易自由运动的主要代表人物之一、对英国问题有着深刻研究的法赫尔论述废除谷物关税和实行十小时工作日后果的文章《英国的迫切问题》进行了分析与批判。恩格斯由德国历史上一个有关"磨坊"的典故联想到，为了思辨哲学原则的畅通无阻，全然不顾历史和社会诸多方面真实状况而任"批判的历史观"肆意妄为的法赫尔，与为了在波茨坦的行宫中登高远眺波茨坦市全景，将阻挡了其视线的一座磨坊强行拆除的18世纪的德国皇帝威廉一世，二者的做法有着异曲同工之妙。因此，他用"磨坊主"来嘲讽法赫尔，揭示了法赫尔"佩戴"自我意识的"眼镜"观察英国社会历史问题、通过"批判"过滤掉废除谷物关税和实行十小时工作日两个相互关联的历史事实的症结。

废除谷物法是英国历史发展当中的一个重大事件。1815年，英国的土地占有者为了保持高额地租、抬高谷物价格，颁布了旨在限制甚至禁止从国外输入谷物的所谓"谷物法"。该法实施后,谷物价格骤贵,工人随之要求提高工资,外国也提高了英国工业品的进口税,从而损害了工业资产阶级的利益。因此,工业资产阶级在 1838 年创立了"反谷物法同盟"。他们积极主张贸易完全自由、进一步降低工资。最终,在 1846 年通过了关于废除谷物法的法案。

对于这样一个重大的历史事件,法赫尔臆断,一旦谷物法被废除,农民短工就一定会同意降低工资;工人由于贫穷,所以不给反谷物法同盟捐献基金。对此,恩格斯鞭辟入里地指出,限制甚至禁止从国外进口谷物的谷物法,是有利于英国大地主的利益的。曼彻斯特的工厂主创立反谷物法同盟,其目的在于通过进口谷物降低农产品价格从而降低工人工资,削弱地主的经济和政治地位。所以,是否允许进口谷物从根本上讲是工业资产阶级和土地贵族之间为了各自的利益而进行的斗争。

显然,在反对谷物法的斗争中,工人是被工厂主利用的。而不是如法赫尔所言,工业资产阶级的利益与工人的利益是一致的。事实上,就工人而言,由于资本、地产和劳动的分离,通常他们从工厂主那里得到的工资就是同人的牲畜般的存在状态相适应的最低工资,这样最低的和唯一必要的工资额是无论如何没有降低的余地的。"反谷物法同盟"中获益的只是工业资产阶级,而不是工人。届时的英国工人已经意识到了这一点,不再把希望寄托在废除谷物法上。因此,他们不为反谷物法同盟捐款,是出于政治考量,而不仅仅是由于贫穷。

此外,法赫尔关于"财产的集中及其对劳动阶级所造成的后果,在英国无论是有产阶级或是无产阶级都没有看出来"的判断也纯属无稽之谈。恩格斯指出,从工人对"反谷物法同盟"的态度就可以看出,届时的工人已经认识到了他们与工厂主之间利益的对立,意识到他们的劳动是财富的唯一来源,而他们的悲惨生活处境是由工业资产阶级对劳动成果的抢掠造成的。19 世纪三四十年代,工人阶级独立的、为自己利益而斗争的宪章运动爆发,表明届时的英国工业无产阶级已经作为独立的政治力量登上了历史舞台,工人们通过取得普选权来争取机会参与国家的管理、通过政治变革来提高自己的经济地位。

恩格斯还指出,法赫尔既置英国工业发展的历史于不顾又不了解英国工人运动现状,甚至也没有及时地了解到政治家和社会主义作家理论创作的实际情形,比如卡莱尔、艾利生和盖斯克尔等托利党人和辉格党人的著作当中关于财产集中现象的描述、社会主义者对此的描述等。他只是"自满自足、自圆其说和自成一家",喊出"你知道吗,你应当如此这般地产生!"①了事。

另一个显示法赫尔任意歪曲和杜撰英国工业发展历史的典型例子是他关于十小时工作日法案的观点。19 世纪 20 年代,英国工厂为了减少经济危机的影响、安置过多的劳动力、充分利用机器,规定工人一天的劳动时间延长至 16~18 小时。但从 30 年代初开始,英国无产阶级就展开了争取十小时工作时限立法的斗争。1847 年 6 月 8 日,英国议会通过了十小时工作日法案,将妇女和少年的日劳动时间限制为 10 小时,此法案 1848 年 5 月 1 日起作为法律生效。由于工人的不懈斗争,英国议会不得不每年扩大这一法律的应用范围。恩格斯对这个问题进行了重点关注和剖析,进一步揭示了法赫尔的"批判"无视现实、一切从观念出发的症结。

恩格斯认为,法赫尔对十小时工作时限立法斗争的胜利所提出的观点表明,他对英国工业革命的历史进程及政治民主化实质的把握是大失偏颇的。

第一,法赫尔对英国的土地所有者、工业资产阶级和工人阶级各自的利益和诉求没有客观的了解,所以他只是妄谈十小时工作日法案是肤浅的中庸的措施,而看不到它的进步意义。事实上,对于土地所有者来说,允许谷物进口带来的农产品价格降低,使他们的利益受损,但立法限制工作日却给了工厂主致命一击,这就使得土地所有者在与工业资产阶级的斗争中扳回了一局。当法赫尔把代表土地所有者利益的"托利党人慈善家"艾释黎勋爵看作"立宪活动的忠实的反映"的时候,他并不明白,托利党人和辉格党人一样,都是有产阶级的代表。虽然工人在讨论十小时工作日时限时得到了托利党人的支持,但这只是出于反对工业资产阶级的需要,并不说明托利党人是为工人的利益着想的;而对于以资本为最高权力的英国工厂主,工时的任何立法限制,都会因缩短工人的劳动时间而减少绝对剩余价值的生产,有损于他们的利益。代表工业资产阶级利益的辉格党,必然要推行自由贸易政策,造成竞争尖锐化,导致贫富分化,造成无产阶级

---

① 《马克思恩格斯全集》第 2 卷,人民出版社,1957,第 13 页。

和资产阶级之间日益激烈的斗争。因此，无论是在土地所有者那里还是在工业资产阶级那里，都看不到十小时工作日法案的进步意义。而对以此为政治诉求的宪章派来讲，十小时工作日法案不仅是一个重大的现实的成功，而且还是一个原则的胜利：由社会理论指导社会生产为实质的工人阶级政治经济学理论战胜了以供求规律的盲目统治为实质的资产阶级政治经济学，资产阶级政治经济学第一次在工人阶级政治经济学面前公开投降了。从这个意义上讲，十小时工作日法案不失为一种原则的进步，纵然这种进步在当时还是极其微弱的。至于无产阶级和有产阶级的对立则只有通过社会革命才能解决。

第二，法赫尔不理解十小时工作法案的通过实际上是英国工人运动所产生的积极结果之一，而并不是仰仗于"全院委员会"。这也说明他没有意识到只有政治革命才能够改变工人阶级的命运。事实上，英国君主立宪政体的基本原则是国王、上院和下院之间的权力均等。但是，国王实际上没有实权，上院议员的活动也和国王一样纯粹是形式的，政权全部集中在下院身上：它颁布法律，并通过仅由它来任命的内阁大臣们来管理国政。但这并不意味着表面上代表人民意志的下院会让人民享有政治民主，因为选举资格是由财产额度规定的，下院大部分议员都来自统治阶级，是大地产、大工商业的代表，包括托利党人和辉格党人。大多数工人在政治上是无权的。只有在大工厂城市，他们才能参加选举，因而宪章派代表在议会中的议席很少。恩格斯指出，英国宪法的荒诞性是显而易见的，实际上支配英国的是财产，资产阶级的政治势力要强大得多。十小时工作日法案并不是英国政治民主的体现，体现的恰恰是土地所有者、工业资产阶级之间的利益较量。

法赫尔对废除谷物法和十小时工作日法案两个历史事件的论点和判断，呈现自我意识哲学"自由地处理自己的对象"的本质。法赫尔的观念与真实的社会历史之间存在巨大的反差，这也充分印证了：除了为自我意识哲学做绝对的辩护以外，思辨哲学对于解决英国的社会问题毫无裨益。

事实上，恩格斯自1842年到曼彻斯特以后，就一直在思考英国这个高度发达的国家的经济的、社会的和政治的关系。他逐步清楚地认识到，经济的发展决定着社会生活和政治生活，而作为这一发展结果的阶级斗争是现代历史发展的动力。在写于1844年初的《英国状况·十八世纪》中，他指出，由于英国从18世纪中叶起经历了一次比德国的哲学革命和法国的政治革命更为广泛的社会经济革命。因此，在英国，私人利益较之普遍利益更受到关注。"在英国，政治因素已逐渐被社会因素战胜，并且为后者服务。英国的全部政治基本上是社会性的；只因为英国还没有越出国家的界限，因为政治还是英国必需的适当手段，所以社会问题才表现为政治问题。"① 在写于1844年3月的《英国状况·英国宪法》中，恩格斯分析了英国的政治状况，指出英国的国家政权都掌握在有产者手中并被利用为有产者谋利益。英国的社会问题应该以各个社会集团的利益为切入口来进行分析，而与有产者利益相对立的工人阶级的状况就是当代一切社会运动的真正基础和出发点。在为《英国工人阶级状况》撰写的"德文第二版序言"中，他更是做出了"工人阶级处境悲惨的原因……应当到资本主义制度本身中去寻找"②的论断。并且强调，工人阶级想要摆脱非人的现状，必须和有产者阶级本身的利益做斗争，必须推翻资本主义私有制，夺取资产阶级的国家政权。

我们知道，在马克思长达40余年对现代社会的考察和批判中，财产关系是贯穿其间的核心议题之一。恩格斯从物质利益角度来分析和探讨英国社会的政治矛盾和经济问题的致思路向，促使在《1844年经济学哲学手稿》中用异化概念来分析异化劳动与私有制关系的马克思又在《神圣家族》中不断地扩展这一概念的内涵。这突出体现在他对埃德加尔·鲍威尔关于蒲鲁东的《什么是所有权?》一书所进行的解读的评论中。我们看到，马克思在这里开始用人同人的异化来对私有制及其包含的两个对立面——无产阶级和富有者、贫和富进行分析，异化劳动因此具有了很多的现实内容。比如，他把无产阶级恶劣的生存条件这样的现实问题诉诸现存关系——雇佣劳动，并且还认为无产阶级"不仅在理论上意识到了这种损失，而且还直接被无法再回避的、无法再掩饰的、绝对不可抗拒的贫困——必然性的这种实际表现——所逼迫而产生了对这种非人性的愤慨，所以无产阶级能够而且必须自己解放自己"③。《神圣家族》成了马克思思

---

① 《马克思恩格斯文集》第1卷，人民出版社，2009，第93页。
② 《马克思恩格斯文集》第1卷，人民出版社，2009，第368页。
③ 《马克思恩格斯文集》第1卷，人民出版社，2009，第262页。

想走向成熟的必不可少的衔接。

三 哲学系的问题并不是"哲学"问题

1841年10月,在波恩大学任讲师的布鲁诺·鲍威尔由于发表了批判《圣经》的著作,被普鲁士政府暂时剥夺了讲学的资格,又在次年3月宣布永久解除其讲师一职。这便是恩格斯指称的"波恩的撤职事件"。"波恩的撤职事件"被青年黑格尔派哲学家看作当代突出的社会性事件,赋予其绝对的意义,诠释成了"批判的解职的哲学",并强调由此得出的一般结论必然也适用于对所有事件的分析。因此,当柏林大学哲学系讲师卡尔·瑙威尔克由于其文学作品被哲学系鉴定为与国家观念冲突而被迫离职的事情发生的时候,他们便认为,瑙威尔克的离职事件就是在"波恩的撤职事件"中体现出来的"解职的哲学"的具体展现。

针对瑙威尔克的离职事件,青年黑格尔派成员荣格尼茨在《文学总汇报》第6期和第4期上发表了《瑙威尔克先生和哲学系》和《卡尔·瑙威尔克论参与国家》两篇文章,其主要的观点有三。其一,在解职问题上,"波恩的撤职事件"已然构成了典型而彻底的"解职的哲学",因而从此往后所有类似的问题,只需遵循这个哲学的普遍原则便可。哲学系与哲学家瑙威尔克之间的冲突之所以发生,其原因在于哲学系不懂得"解职的哲学"的原则和规律,犯了愚蠢的错误。其二,瑙威尔克的文学作品因触及德国的现实问题而被认为是颠覆政府、革命的,是对国家统治的否定,但同时是对哲学系学术自由的肯定。哲学系不想背弃自己,就必须维护瑙威尔克,不能强迫瑙威尔克离职。因此,瑙威尔克必须是"自动离职"的。其三,瑙威尔克离职的依据不能到他的著作中去找,哲学系应该从哲学出发、从原则出发"观察"事件,在"解职的哲学"的先验预设中做出判断。

恩格斯认为,荣格尼茨拙劣的思维演绎显示的依然是自我意识哲学从原则出发对社会问题发表意见的特征。如果说"订书匠"赖哈特是用"批判的语言"替代群众通俗化的表达方式、企图用意识和逻辑来解决德国工人的贫困问题,"磨坊主"法赫尔是从原则出发着手改造历史和语言、把英国工业革命和民主政治的进程置于思维活动的框架中,那么,荣格尼茨则是以"解职的哲学"来解构瑙威尔克及其作品所引发的离职事件,将其归结为意识的绝对作用,这无疑是将思辨哲学一切从自我意识出发的原则贯彻到了极致,体现了"批判的批判的彻底性"。

从根本上讲,哲学系的问题并不是"哲学"问题,而是具体的社会问题。19世纪的德国处在威廉三世的统治下,但反对专制的斗争主要在哲学领域进行,思想革命做了政治变革的先导。信奉观念的全能作用的德国人,极力想借助哲学来实现自己的普遍利益。柏林大学是德国学术活动的中心,在政治和宗教方面垄断着德国舆论的统治权。不同的政治和学术派别之间在思想政治方面争论很激烈。柏林大学同时设有哲学系和神学系,两个系对工作的认知、各自的职责的理解都是不同的。神学系从建系开始就更多地受制于教会监理会,依赖于校方,学术自由因此受到严格的限制;哲学系则相对独立,基本上贯彻教学和写作自由的原则。所以,当柏林大学哲学系发布了对瑙威尔克作品的鉴定结果,宣布其具有颠覆政府的、革命的倾向的时候,许多人感到万分地惊讶。殊不知,柏林大学的哲学系与神学系一样,担负着为国家统治服务的责任,教学与写作的自由也都是相对的。所谓学术自由也只限于历史学和自然科学,在意识形态领域,自由则只是虚幻的概念而已。当年布鲁诺·鲍威尔因在《同观福音作者的福音史批判》里批判《圣经》、否认福音故事的可靠性以及耶稣其人的存在,被认为是质疑了宗教在国家中的作用,所以遭到波恩大学解聘,从此退隐;而现在瑙威尔克也无非是因为他的文学作品触及了德国正统的国家观念而被柏林大学强迫辞职。

显然,如果说瑙威尔克解职事件与"波恩的撤职事件"有什么关联的话,那就是二者均反映了德国的思想自由之虚妄。哲学系与国家的关系遵循着神学的逻辑,哲学系只能为国家做论证而不允许出现相左的观点和作品。如此的规律是国家关系的现实体现,而绝不可能是思辨逻辑的规定。柏林大学不会"抄袭"波恩大学,"解职的哲学"也只能由自我意识哲学来赋予意义了。

从解决问题的实际过程来看,柏林大学哲学系并没有确定学术自由的界限,也就不可能就瑙威尔克的作品本身展开客观的分析和讨论。在政教合体的德国,表面上与神学系有别的哲学系,也不得不在哲学的进步与国家的保守之间徘徊和观望。因此,它会经常陷入与国家的冲突之中。从这一点上讲，否定和攻击瑙威尔克的作品，实际上也就是对哲学系的否定和攻击。或者说，哲学系不想背弃自己就一定得维护瑙威尔克。因此，哲学系在这件事情上的处境是非常尴尬的：如果它把瑙威尔克的作品鉴定为否定国家，实际上也就说明哲学系是与国家对立的。换句话说，对瑙威尔克文学作品的鉴定必然置柏林大学哲学系于内部分裂、自我冲突的状态。

关键在于，荣格尼茨的"解职的哲学"所构建起的有关"冲突"的哲学大纲并不能解释这种分裂与冲突。哲学系内部的分裂、哲学系与瑙威尔克的冲突，归根结底是国家与社会、国家与大学、国家与学术的矛盾。而这些矛盾绝不是思辨哲学家仅用逻辑学或形而上学就能够解决的。有关"冲突"的哲学大纲是自我意识哲学先验的、逻辑的论断，强调瑙威尔克解职事件的发生、之所以是这样而不是那样地发生，是"解职的哲学"预先规定了的，这是作为"科学机关"的哲学系的"权利"。所以，荣格尼茨没有着眼于这个事件发生的具体社会环境和条件，也就没有顾及瑙威尔克的作品到底有一些什么样的内容，哲学系凭借什么依据对这些内容做出有悖于国家观念的判断，继而找出瑙威尔克被撤职的理由。他对这个事件的解释秉持的是思辨哲学家对待群众性事务的一贯做法——"'观点'和用观点来评判观点"，[①] 固守观点，将思辨与"群众"对立起来，从而表现出思辨哲学的超然和优越。然而，"观点"又必须放在群众性的事物上来验证，所以，思辨哲学家采取"怜悯群众""爱群众"的姿态，将"观点"赐给群众，究其实是用"观点"迫使群众性的事物符合其观点，并且确信这样的群众性事物一定能够永生。

总之，荣格尼茨对瑙威尔克解职事件的解释体现了青年黑格尔派自我意识哲学的"批判的批判的彻底性"。他完全不顾事件本身的具体情形和当时的社会环境、条件，就把它和几年前的"波恩的撤职事件"搁在一起，用批判的"解职的哲学"做出先验的、逻辑的论断。并且强调，这个事件之所以发生、之所以是这样而不是那样地发生，都是对"解职的哲学"的应用和验证。这无外乎说明，整个世界都只是"批判"的"抄袭者"。

[①] 《马克思恩格斯全集》第 2 卷，人民出版社，1957，第 244 页。

四　恩格斯与"新唯物主义"建构

恩格斯通过对工人贫困的透视、对"英国的迫切问题"的思索、对柏林大学讲师解职事件的探究，对青年黑格尔派观照世界的思维方式进行了反思与批判，准确地揭示了思辨哲学的实质和症结。这奠定了《神圣家族》批判青年黑格尔派的主旨和基调，为马克思接下来在其他章节进一步从历史和哲学的高度所进行"细微的分析"提供了方向和思路。可以说，举凡马克思在法国大革命、"犹太人问题"、唯物主义史、长篇小说《巴黎的秘密》所描绘的社会众生相等问题上所提出的与思辨哲学的不同见解，以及经由与思辨哲学的剥离所"涌出生命之流的许多清新的源泉"，都可以从中看出是在恩格斯铺垫的思路基础上的拓展和深化。

更为重要的是，"批判"的目的在于"建构"。在《神圣家族》中，恩格斯不仅揭示了青年黑格尔派思辨哲学的实质和症结，进一步地，他还通过对青年黑格尔派主将布鲁诺·鲍威尔发表在《文学总汇报》上的评论费尔巴哈哲学的文章进行回应，肯定了费尔巴哈哲学对未来哲学发展的意义。德国古典哲学从康德到费希特再到谢林，特别是作为青年黑格尔派思想先驱的黑格尔哲学都带有用精神、观念、思想来诠释和理解现实世界的思维特征。布鲁诺·鲍威尔把自我意识绝对化，把它视为脱离人的独立的创造主体，并且把人类关系的全部总和变为思想物，因而把思辨哲学推到了极端。显然，青年黑格尔派思辨哲学完全割裂并颠倒了物质世界及其活动与哲学思考的关系，消解了黑格尔唯心主义的"实证"原则。费尔巴哈的哲学贡献在于，他用"人"本身代替了"无限的自我意识"，从而克服了思辨哲学。

众所周知，马克思主义哲学是沿着费尔巴哈所开辟的唯物主义方向向前发展的。恩格斯对布鲁诺·鲍威尔的批判，显示了他对哲学未来发展的深刻思考。正如费尔巴哈在《未来哲学原理》的引言中指出的："未来哲学应有的任务，就是将哲学从'僵死的精神'境界引导到有血有肉的，活生生的精神境界，使它从美满的神圣的虚幻的精神乐园下降到多灾多难的现实人间。"[①] 在《1844年经济学哲学手稿》中，马克思就对费尔巴哈的

---

① 〔德〕路德维希·费尔巴哈：《未来哲学原理》，载《费尔巴哈哲学著作选集》上卷，荣震华、李金山等译，商务印书馆，1984，第120页。

哲学思考给予了充分的肯定，称赞费尔巴哈是青年黑格尔派的例外，"是唯一对黑格尔辩证法采取严肃的、批判的态度的人；只有他在这个领域内作出了真正的发现，总之，他真正克服了旧哲学"①。而在《神圣家族》中，马克思在恩格斯哲学思考的基础上，重新梳理了英国和法国唯物主义的历史，揭露了青年黑格尔派思辨哲学对唯物主义发展史的错误解释，为逐步形成、准确表达自己的"新哲学"铺就了道路。

---

① 《马克思恩格斯文集》第 1 卷，人民出版社，2009，第 199 页。

第六章

马克思恩格斯"新世界观"的视界与意义

被恩格斯誉为"包含着新世界观的天才萌芽的第一个文献"的《关于费尔巴哈的提纲》（以下简称《提纲》），对于我们理解马克思恩格斯的"新哲学"具有特别的意义。在这个仅有 1000 余字的十一条提纲性的文献中，他们表明了"新唯物主义"与不知道现实的感性活动的唯心主义、与只是从客体的或是直观的方面去理解人的唯物主义的本质区别，阐明了人独特的客观实在性，并从人的自我实现、人的活动、人与历史、人与社会、人的实践形式等方面阐发了他们的新观点。所以，深刻而准确地理解《提纲》，是领会马克思恩格斯"新唯物主义"的关键点。

一 马克思与《关于费尔巴哈的提纲》的写作

马克思为什么要写作《提纲》？学者们往往会根据《提纲》的写作时间和它被恩格斯作为《路德维希·费尔巴哈和德国古典哲学的终结》一书单行本的附录第一次发表出来的事实做出判断，认为《提纲》是《德意志意识形态》的准备性文献。具体依据是，从写作时间看，1888 年恩格斯出版《路德维希·费尔巴哈和德国古典哲学的终结》时，把《提纲》作为附录第一次发表出来，同时指出，它的写作时间是 1845 年春天，地点是布鲁塞尔。由于恩格斯与马克思的特殊关系，人们对恩格斯的说法几乎没有疑义。而马克思恩格斯开始写作《德意志意识形态》是在 1845 年的秋天。因此，《提纲》与《德意志意识形态》的写作是前后相继的；从写作内容来看，恩格斯既然在自己论述马克思主义哲学同德国古典哲学的关系、阐明马克思主义哲学基本原理而写的一部重要的哲学著作的附录中把《提纲》第一次发表出来，那么，这个提纲就肯定与他们合著的、对唯心史观进行分析和批判的、阐述唯物史观的《德意志意识形态》有着紧密的联系。

但是，仔细辨析马克思《1844—1847年笔记》的内容，我们发现，这册笔记里不同的内容是写于1844~1847年几年间的不同时期的，而与《提纲》同时写成的有四行文字，这四行文字紧靠着《提纲》的第一条。这提示我们，这四行文字很可能与《提纲》的写作直接关联。

这四行文字是：

> 神灵的利己主义者与利己主义的人对立。
> 革命对古代国家秩序的错觉。
> "概念"与"实体"。
> 革命＝现代国家的形成史。①

乍一看，这四行文字非常费解，与《提纲》下面内容的联系也不很清楚。然而，了解《神圣家族》内容的人都知道，这些恰恰是《神圣家族》中评价法国和英国的唯物主义以及费尔巴哈的唯物主义和人道主义的那几小节的议题。比如，马克思在"对法国革命的批判的战斗"那一小节中批判过布鲁诺·鲍威尔关于革命的观点。在鲍威尔看来，法国革命希望建立一种新的人类秩序，但是，它所产生的思想并没有超出旧秩序的范围，革命不得不满足于民族的纯粹的利己主义，甚至煽起这种利己主义，同时法国革命又不得不"承认一种最高的存在物，通过在更高的层次上确认那必须把单个的自私的原子联合起来的普遍国家制度"②，靠这种办法来抑制这种利己主义。马克思对此评论说："正是自然必然性、人的本质特性（不管它们是以怎样的异化形式表现出来）、利益把市民社会的成员联合起来。他们之间的现实的纽带是市民生活，而不是政治生活。因此，把市民社会的原子联合起来的不是国家，而是如下的事实：他们只是在观念中、在自己想象的天堂中才是原子，而实际上他们是和原子截然不同的存在物，就

---

① 《马克思恩格斯全集》第42卷，人民出版社，1979，第273页。
② 《马克思恩格斯文集》第1卷，人民出版社，2009，第320页。

是说，他们不是超凡入圣的利己主义者，而是利己主义的人。"① 至于《1844—1847年笔记》中有关"'概念'与'实体'"的内容，则与"对法国唯物主义的批判的战斗"这一小节有关。马克思指出，鲍威尔关于法国唯物主义的观点来自黑格尔的《哲学史讲演录》和《精神现象学》。黑格尔把法国唯物主义说成斯宾诺莎的实体的实现，并得出结论：如果实体不想在浪漫主义中遭到毁灭，就得进一步过渡为"概念"和"自我意识"。鲍威尔则认为，18世纪法国的启蒙运动在它向反动势力投降以后已经淹没在浪漫主义里了。随后，马克思回顾了黑格尔关于实体与概念的关系，提出了他关于施特劳斯和鲍威尔的那个著名评价，即认为他们两个人都只是片面地发展了黑格尔体系的一个方面、实体或自我意识。只有费尔巴哈才从黑格尔的观点出发批判了黑格尔的哲学。费尔巴哈把形而上学的绝对精神归结为以自然为基础的现实的人，从而完成了对宗教的批判。同时也巧妙地拟定了对黑格尔的思辨以及一切形而上学的批判的基本要点。

以上这些议题的关联性表明，《提纲》的写作与《神圣家族》有关。我们知道，《神圣家族》试图从总体上评价法国的启蒙运动及其反对现存政治制度、反对宗教神学和形而上学的斗争，同时从思想史上对以黑格尔为集大成者的德国思辨哲学作出评价。在马克思看来，通过揭示自爱尔维修以来的唯物主义同从巴贝夫直到欧文的社会主义和共产主义的联系，就可以看出，费尔巴哈的人道主义观念在法国和英国的唯物主义那里已经存在了。而对德国哲学家来讲，要让他们学会理解法国唯物主义，对黑格尔的思想进行唯物主义批判就是必要前提。正是这样一种考虑使马克思产生了编纂一部以史料为线索的社会主义史的计划。很显然，《神圣家族》并没有完全实现这一计划，因为它对作为社会主义哲学基础的唯物主义的清理，过多地叙述了法国唯物主义，而对同属于这一谱系的费尔巴哈哲学的剖析非常不够，这是一个缺憾。此外，在当时德国的社会思潮里，同属于青年黑格尔派的鲍威尔思辨哲学与费尔巴哈哲学的关系也是需要甄别清楚的。《神圣家族》着眼于且用力在前者身上，对后者的论述就理应成为《神圣家族》的后续工作，况且上述缺憾在《神圣家族》出版以后人们对它所作出的反应和争论中更加凸显。这样说来，《提纲》写作的契机并不

---

① 《马克思恩格斯文集》第1卷，人民出版社，2009，第322页。

是为写作《德意志意识形态》做准备,而围绕《神圣家族》所展开的争论以及马克思当时理论工作和研究计划的尚未完成,可能才是马克思写作《关于费尔巴哈的提纲》的直接动因。我们知道,这种争论是到 1845 年《维干德季刊》第 2 卷上才展开的;又由于这一卷出版于同年 6 月底,所以,《提纲》不可能写于 1845 年 5 月中旬以前,而很可能是在 1845 年 7 月初写成的。

这样一种关于《提纲》的解释,其意义在于:第一,它说明《提纲》与《神圣家族》在思想上同样有着密切联系,《提纲》的思想只能视为马克思进一步论证新世界观的前提,而不能将其解释为写作《德意志意识形态》的直接契机,也不能把它看作《德意志意识形态》的写作提纲;第二,就《提纲》的内容而言,它们是针对当时德国特定的思想形态而进行阐述和评论的,所谓"哲学"云云,绝不是指总体上作为社会意识形式的一般哲学,而是特指鲍威尔、费尔巴哈等以观念解释和构建世界的德国青年黑格尔派哲学,因此不能把诸如"哲学家们只是用不同的方式解释世界,问题在于改变世界"① 等论断,解释为马克思鄙视"哲学"、进而主张消解"哲学",排斥哲学在社会有机体系统和社会意识结构中的一席之地。认真分析马克思的原意,他所说的"哲学"只是当时德国独特的具体思想形态。

辨析清楚《提纲》的写作时间和写作目的,对客观而准确地解释《提纲》的思想至为关键。关于这一点,20 世纪 60 年代较早研究了马克思手稿的格·亚·巴加图利亚② 与 20 世纪 90 年代又试图从手稿入手寻找对《提纲》的新解释的陶贝特③ 等人的看法是一致的。

---

① 《马克思恩格斯文集》第 1 卷,人民出版社,2009,第 502 页。
② 参见巴加图利亚《〈关于费尔巴哈的提纲〉和〈德意志意识形态〉》,载《马列主义研究资料》1984 年第 1 辑,第 19~36 页。遗憾的是,巴加图利亚虽然也看出《提纲》前面的文字与《神圣家族》有关,但他没有进一步深究二者到底是如何关联的,反而他转换了思路,根据恩格斯编写的一份供研究用的书目,确定《提纲》写于 1845 年 4~7 月,并进一步确定写作时间约在 4 月初。这实际上是对恩格斯的说法,即《提纲》写于 1845 年春的再度证实。
③ 参见英格·陶贝特《对黑格尔以后的哲学的批判——关于马克思和恩格斯〈德意志意识形态〉第一卷的产生过程》,载《关于马克思第一次旅居法国期间的活动及〈德意志意识形态〉第一卷产生过程的研究》,《卡尔·马克思故居丛书》,特里尔,1990。

二 马克思原始手稿与恩格斯的校订对照

除了写作动机与时间的甄别外，对《提纲》内容的考证也关乎对马克思与恩格斯思想的把握。需要指出的是，"关于费尔巴哈的提纲"这个标题是苏共中央马克思列宁主义研究院再版恩格斯所著的《路德维希·费尔巴哈和德国古典哲学的终结》时所写的《序言》中加的。1888年恩格斯将其作为该书"附录"发表时的标题是：《马克思论费尔巴哈》，相应地，在发表它的时候对其内容曾作了某些修改。而在马克思的《1844—1847年笔记》中的标题是《关于费尔巴哈》。谨将马克思原始手稿与恩格斯的校订对照如下。

第一条

马克思：从前的一切唯物主义（包括费尔巴哈的唯物主义）的主要缺点是：对对象、现实、感性，只是从**客体**的或者**直观**的形式去理解，而不是把它们当做**感性的人的活动**，当做**实践**去理解，不是从主体方面去理解。因此，和唯物主义相反，唯心主义却把**能动**的方面抽象地发展了，当然，唯心主义是不知道现实的、感性的活动本身的。费尔巴哈想要研究跟思想客体确实不同的感性客体：但是他没有把人的活动本身理解为**对象性的**（gegenständliche）活动。因此，他在《基督教的本质》中仅仅把理论的活动看做是真正人的活动，而对于实践则只是从它的卑污的犹太人的表现形式去理解和确定。因此，他不了解"革命的"、"实践批判的"活动的意义。

恩格斯：从前的一切唯物主义——包括费尔巴哈的唯物主义——的主要缺点是：对对象、现实、感性，只是从**客体**的或者**直观**的形式去理解，而不是把它们当做**人的感性活动**，当做**实践**去理解，不是从主体方面去理解。因此，结果竟是这样，和唯物主义相反，唯心主义却把**能动**的方面发展了，但只是抽象地发展了，因为唯心主义当然是不知道现实的、感性的活动本身的。费尔巴哈想要研究跟思想客体确实不同的感性客体，但是他没有把人的活动本身理解为**对象性的**（gegenständliche）活动。因此，他在《基督教的本质》中仅仅把理论的活动看做是真正人的活动，而对于实践则只是从它的卑污的犹太人的表现形式去理解和确定。因此，他不了解

"革命的""实践批判的"活动的意义。

第二条

马克思：人的思维是否具有客观的（gegenständliche）真理性，这不是一个理论的问题，而是一个**实践**的问题。人应该在实践中证明自己思维的真理性，即自己思维的现实性和力量，自己思维的此岸性。关于思维——离开实践的思维——的现实性或非现实性的争论，是一个纯粹**经院哲学的**问题。

恩格斯：人的思维是否具有客观的（gegenständliche）真理性，这不是一个理论的问题，而是一个**实践的**问题。人应该在实践中证明自己思维的真理性，即自己思维的现实性和力量，自己思维的此岸性。关于离开实践的思维的现实性或非现实性的争论，是一个纯粹**经院哲学的**问题。

第三条

马克思：关于环境和教育起改变作用的唯物主义学说忘记了：环境是由人来改变的，而教育者本人一定是受教育的。因此，这种学说必然会把社会分成两部分，其中一部分凌驾于社会之上。

环境的改变和人的活动或自我改变的一致，只能被看做是并合理地理解为**革命的实践**。

恩格斯：有一种唯物主义学说，认为人是环境和教育的产物，因而认为改变了的人是另一种环境和改变了的教育的产物，——这种学说忘记了：环境正是由人来改变的，而教育者本人一定是受教育的。因此，这种学说必然会把社会分成两部分，其中一部分凌驾于社会之上。（例如，在罗伯特·欧文那里就是如此）。

环境的改变和人的活动的一致，只能被看做是并合理地理解为**变革的实践**。

第四条

马克思：费尔巴哈是从宗教上的自我异化，从世界被二重化为宗教世界和世俗世界这一事实出发的。他做的工作是把宗教世界归结于它的世俗基础。但是，世俗基础使自己从自身中分离出去，并在云霄中固定为一个独立王国，这只能用这个世俗基础的自我分裂和自我矛盾来说明。因此，对于这个世俗基础本身应当在自身中、从它的矛盾中去理解，并且在实践中使之发生革命。因此，例如，自从发现神圣家族的秘密在于世俗家庭之后，世俗家庭本身就应当在理论上和实践中被消灭。

第一部分　哲学思维方式的革命性变革

恩格斯：费尔巴哈是从宗教上的自我异化，从世界被二重化为宗教的、想象的世界和现实的世界这一事实出发的。他做的工作是把宗教世界归结于它的世俗基础。他没有注意到，在做完这一工作之后，主要的事情还没有做。因为，世俗基础使自己从自身中分离出去，并在云霄中固定为一个独立王国，这一事实，只能用这个世俗基础的自我分裂和自我矛盾来说明。因此，对于这个世俗基础本身首先应当从它的矛盾中去理解，然后用消除矛盾的方法在实践中使之发生革命。因此，例如，自从发现神圣家族的秘密在于世俗家庭之后，对于世俗家庭本身就应当从理论上进行批判，并在实践中加以变革。

第五条

马克思：费尔巴哈不满意**抽象的思维**而喜欢**直观**；但是他把感性不是看做**实践的**、人的感性的活动。

恩格斯：费尔巴哈不满意**抽象的思维**而诉诸**感性的直观**；但是他把感性不是看做**实践的**、人的感性的活动。

第六条

马克思：费尔巴哈把宗教的本质归结于**人的**本质。但是，人的本质不是单个人所固有的抽象物，在其现实性上，它是一切社会关系的总和。

费尔巴哈没有对这种现实的本质进行批判，因此他不得不：

（1）撇开历史的进程，把宗教感情固定为独立的东西，并假定有一种抽象的——**孤立的**——人的个体。

（2）因此，本质只能被理解为"类"，理解为一种内在的、无声的、把许多个人**自然地**联系起来的普遍性。

恩格斯：费尔巴哈把宗教的本质归结于**人的**本质。但是，人的本质不是单个人所固有的抽象物，在其现实性上，它是一切社会关系的总和。

费尔巴哈没有对这种现实的本质进行批判，因此他不得不：

（1）撇开历史的进程，把宗教感情固定为独立的东西，并假定有一种抽象的——**孤立的**——人的个体；

（2）因此，他只能把人的本质理解为"类"，理解为一种内在的、无声的、把许多个人纯粹**自然地**联系起来的普遍性。

第七条

马克思：因此，费尔巴哈没有看到，"宗教感情"本身是**社会的产物**，而他所分析的抽象的个人，是属于一定的社会形式的。

恩格斯：因此，费尔巴哈没有看到，"宗教感情"本身是社会的产物，而他所分析的抽象的个人，实际上是属于一定的社会形式的。

第八条

马克思：全部社会生活在本质上是**实践的**。凡是把理论引向神秘主义的神秘东西，都能在人的实践中以及对这种实践的理解中得到合理的解决。

恩格斯：社会生活在本质上是**实践的**。凡是把理论诱入神秘主义的神秘东西，都能在人的实践中以及对这种实践的理解中得到合理的解决。

第九条

马克思：直观的唯物主义，即不是把感性理解为实践活动的唯物主义，至多也只能达到对单个人和市民社会的直观。

恩格斯：**直观的**唯物主义，即不是把感性理解为实践活动的唯物主义，至多也只能做到对"市民社会"中的单个人的直观。

第十条

马克思：旧唯物主义的立脚点是市民社会，新唯物主义的立脚点则是人类社会或社会的人类。

恩格斯：旧唯物主义的立脚点是"**市民**"社会；新唯物主义的立脚点则是**人类**社会或社会化的人类。

第十一条

马克思：哲学家们只是用不同的方式**解释**世界，问题在于**改变**世界。

恩格斯：哲学家们只是用不同的方式**解释**世界，而问题在于**改变**世界。

三 源自不同稿本的"新世界观"辨析

我们把马克思1845年的稿本《关于费尔巴哈》与恩格斯1888年发表的稿本《马克思论费尔巴哈》当中除去第九条和第十一条的九条提纲内容稍做比较，通过两者之间在核心范畴、理论架构和论证思路上的不同，就可以看出同样作为马克思主义创始人，恩格斯与马克思之间在哲学思维所达及的深度、理论视野所展示的领域以及表述方式的侧重点方面表现出程度不同的差别。

关于第一条。马克思恩格斯都批评了包括费尔巴哈在内的旧唯物主义不懂得实践，从而不懂得要从主观方面出发看待世界，同时积极评价了唯心主义对人的主体性、能动性的张扬。但他们有两处不同的表述。首先，两者对费尔巴哈的唯物主义与从前的一切唯物主义关系的认识深度不同：马克思的表述——"从前的一切唯物主义（包括费尔巴哈的唯物主义）"——坚决地表明，费尔巴哈的唯物主义从本质上讲就是旧唯物主义，因此，要从哲学的原初基础上清算费尔巴哈，建构新唯物主义哲学。而从恩格斯的表述——"从前的一切唯物主义——包括费尔巴哈的唯物主义——的主要缺点"来看，他强调的则是，从客体的或者直观的形式去理解对象、现实、感性的问题主要是针对纯粹唯物主义和直观唯物主义这些旧唯物主义的形式来讲的。虽然费尔巴哈也和旧唯物主义一样，存在不理解人的能动性的问题，但还不能把费尔巴哈哲学归入旧唯物主义之列，应该是旧唯物主义向新唯物主义的过渡。其次，马克思把对象、现实、感性看作"感性的人的活动"，而恩格斯则用了"人的感性活动"的表述。可以看出，马克思把"人的"这个定语放在"活动"之前，强调实践是"人的活动"，而恩格斯则用"感性的"修饰"活动"，这表明恩格斯仍然没有摆脱费尔巴哈的影响，没有意识到对象、现实、感性之于人的意义，实践活动只有对于人来讲才是成立的，而在实践中，感性就意味着"去感觉"。最后，马克思的"能动的方面却被唯心主义抽象地发展了"同恩格斯的"唯心主义却发展了能动的方面"，论述侧重点也有所不同。马克思旨在表明，新唯物主义与旧唯物主义的根本差别在于能否将唯物主义建立在人的能动性的基础上，因此，他强调的是"能动性"对于人的意义，而恩格斯的表述却仅给人以对唯心主义进行评价的感觉。

关于第二条。马克思在 1845 年的主要任务，是在批判青年黑格尔派绝对观念论哲学的前提下建构"新哲学"，而黑格尔哲学是马克思与青年黑格尔派共同的哲学背景。而"在黑格尔哲学中，真理有本体论意义。真理性的思维可以对象化为现实存在，表现出此岸性，具有改变现实的力量。"① 因

---

① 安启念：《再读〈关于费尔巴哈的提纲前三条〉》，《马克思主义与现实》2015 年第 3 期。

此，马克思在第一条表明新唯物主义需要取唯心主义肯定人的能动性之长的基础上，就要进一步论述思维能动性的合理性界域。也就是说，思维的能动性只有在这种思维能够在实践中取得成功即能使自己对象化为现实存在的时候，才能具有客观的真理性。因此，马克思指出，"关于离开实践的思维的现实性或非现实性的争论，是一个纯粹经院哲学的问题"[1]。强调与现实无涉，没有现实内容的思维，就像绝对观念一样，是宗教，谈不上真理。这里突出了唯物主义哲学中实践与思维的紧密关联。相比之下，恩格斯的"关于离开实践的思维的现实性或非现实性的争论，是一个纯粹经院哲学的问题"，则没有突出这一主题。

第三条是有关实践思想的运用。首先，马克思认为人的实践活动是"革命的实践"，包括变革环境和人的自我改变。恩格斯用"变革的实践"一词，是说环境是由人的活动来改变的。没有凸显人在实践活动中人的自我改变——主体性、能动性的提升这个最重要的成果。其次，马克思和恩格斯都批评了18世纪法国唯物主义，它是人在环境和教育中失去自我改变能力的唯物主义。但同时他们也反对唯心史观，认为它把凌驾于社会之上的少数天才人物创造新思想、改造环境、教育他人的作用烘托到极致，最终得出"英雄"创造历史、推动社会发展的"非历史主义"的论断，违背了社会历史演变的客观状况和实际进程。从他们各自的表述来看，马克思的表达言简意赅，恩格斯无论是对18世纪唯物主义还是对唯心史观都做了诸多的注解和解释。

关于第四条。对人的理解可以有两个角度：实践活动或是借助于直观。马克思认为，人与其他存在物的区别在于由思维产生的能动性。但这种能动性是有界限的，人只能在实践中证明自己思维的真理性。也正是在这个意义上，马克思展开了对费尔巴哈的批判。马克思和恩格斯都充分肯定了费尔巴哈的工作，即揭示了宗教产生的世俗基础——以自然为基础的现实的人。但稍有不同的是，其一，恩格斯把宗教世界与想象的世界相提并论，也就是说，宗教世界是由现实的人想象出来的。但马克思却把与世俗世界相对应的世界叫作宗教世界。在他看来，宗教是人的本质在幻想中的实现，它的存在意味着人在现实世界中不能实现人的本质，意味着人对

---

[1] 《马克思恩格斯文集》第1卷，人民出版社，2009，第504页。

这个现实世界统治力量的反抗。而如此的含义非"想象"所能达及；其二，在肯定了费尔巴哈工作的意义之后，恩格斯加了一句话"他没有注意到，在做完这一工作之后，主要的事情还没有做。"对费尔巴哈没有去分析和揭示现实世界的自我分裂和自我矛盾的事实做了强调；其三，在这一条的最后，马克思和恩格斯都指出，不仅要在理论上，而且要在实践中变革现实世界。但马克思的"在自身中"突出强调了解决现实矛盾的现实途径，而恩格斯则只是说要用矛盾分析法理解现实世界，这里当然不排除可以用意识和观念去理解。最重要的，马克思的表述是"在实践中使之发生革命"，而恩格斯的表述是"用排除矛盾的方法在实践中使之革命化"。这里关涉马克思和恩格斯对变革现实世界、使人获得解放的理解。按照黑格尔对矛盾的理解，在矛盾中两个方面的关系是这样的：每一个方面都在自己的独立性中包含另一个方面，因此两个方面的独立性都是被排斥的。因而，要解决矛盾，就意味着消灭矛盾产生的根基。资本主义社会中的劳动与资本之间矛盾的解决，必定要诉诸资本主义私有制关系的消灭。所以，马克思的"在实践中使之发生革命"应该是变革生产方式、推翻资本主义私有制，消灭"劳资对立"，实现人的解放的意思。这一点，恩格斯用排除矛盾的办法是没有办法做到的。

关于第五条。马克思和恩格斯在第四条中批判了费尔巴哈没有深入现实世界的矛盾中去理解人的解放的理论缺陷，强调要变革生产关系的性质使人得到解放。接下来的第五条中，他们又进一步对费尔巴哈"直观"的方法提出批评。这一条和第九条里马克思和恩格斯对直观的唯物主义的剖析是联系在一起的。费尔巴哈是借助直观——感性的直观来把握人的本质的，"你由对象而认识人；人的本质在对象中显现出来：对象是他的公开的本质，是他真正的、客观的'我'"①。马克思和恩格斯认为，如此的结果就是不能将人的感性理解为实践活动，不能从社会关系出发理解社会矛盾，"至多也只能做到对'市民社会'的单个人的直观"。在《德意志意识形态》中，马克思对此做了更加有力的论证，"他没有看到，他周围的感性世界决不是某种开天辟地以来就直接存在的、始终如一的东西，而是工业和社会状况的产物，是历史的产物，是世世代代活动的结果，其中每

---

① 〔德〕路德维希·费尔巴哈：《基督教的本质》，荣震华译，商务印书馆，1984，第33页。

一代都立足于前一代所奠定的基础上,继续发展前一代的工业和交往,并随着需要的改变而改变他们的社会制度。甚至连最简单的"感性确定性"的对象也只是由于社会发展、由于工业和商业交往才提供给他的。"①

关于第六条。费尔巴哈不从实践活动来了解人,而是借助感性的直观来把握人的本质,通过人的理性、意志和爱来定义人的存在,这样人与人之间就没有了差别,成了"一般人",成了"单个人所固有的抽象物"。因此,在第六条,马克思和恩格斯更为明确地指出,由于费尔巴哈对人的理解的错误,他就不能理解人的现实性,看不到人在现实性上是一切社会关系的总和,也就没有能够对"劳资对立"在制度层面上进行批判。这样的结果必然在两个方面表现出来:其一,不能从人类社会历史进程来审视宗教的成因。其二,人是因为"人性"才成其为人,"人本身,既是'我',又是'你'"②,又都是"类"——纯粹"自然"的普遍性,而不是由社会物质利益联系产生的。

关于第七条。马克思恩格斯进一步表明他们的观点,人是一切社会关系的总和,所谓的"宗教感情"也并非来源于人性,而是社会的产物。恩格斯的稿本中对"社会的产物"加了黑体来强调。

关于第八、九条。人是社会历史的产物,那么社会历史又是怎样的呢?在《1844年经济学哲学手稿》中,马克思就指出,"整个所谓世界历史不外是人通过人的劳动而诞生的过程"③,而劳动实践是人类最重要的实践活动。因此,在这里马克思和恩格斯都强调,社会生活在本质上是实践的。马克思在"社会生活"前更是加了"全部"做定语。在将社会历史诉诸人类实践的同时,马克思恩格斯在第二条之后又一次表明了他们自己的理论主张,那就是,唯心主义哲学和宗教一样,它们的思维,离开了活生生的社会实践,成为非现实性的、绝对的,因而也是神秘的。实践的唯物主义将是他们新哲学的核心。

关于第十、十一条。在前面几条批判费尔巴哈哲学不懂得真正的实践活动意义的背景下,提出"新唯物主义"的立脚点是"人类社会或社会的人类"和对现实世界的"改变",也就是说,"新唯物主义"理论是与推

---

① 《马克思恩格斯文集》第1卷,人民出版社,2009,第528页。
② 〔德〕费尔巴哈:《基督教的本质》,荣震华译,商务印书馆,1984,第30页。
③ 《马克思恩格斯文集》第1卷,人民出版社,2009,第196页。

动人类总体的实践活动及其发展紧密关联的,它是从"历史向'世界历史'转变"的大趋势中来把握社会发展、促进人类进步的。在"新唯物主义"看来,现实社会是以往历史发展的延续,又必然要变革和超越自身、走向未来,因此,具体的社会形态和阶段只是人类社会发展的一个片段、环节。而旧唯物主义虽然也强调从"现实"出发,但它只局限于当下的社会、现存的状况,即便达到了费尔巴哈式的唯物主义的水准,也是立足于"市民社会"(即资产阶级社会)的具体情形,满足于对现实的了解、解释和说明,乃至为现实社会和阶级状况的辩护和论证。恩格斯在对马克思原稿的第十条进行校订时,特别将"市民"和"人类"两个词加了黑体,以与第十一条中马克思原来加重的"解释"和"改变"两个词相对应,意在强调两种形态的唯物主义在立足点、视野和意旨等方面的巨大差异,而他们建构的"新唯物主义"是对旧唯物主义的根本性超越。

总的来看,马克思恩格斯在《提纲》这份 1000 余字的文献中,不仅实现了对青年黑格尔派哲学的剥离,更对整个哲学史有了极为深刻的认识。他们以实践为核心,把"人与世界的关系""实践的人和人的实践"作为研究中心与关注重点,避免了片面性与极端性。这里暗含的意味在于,对实践的唯物主义哲学来说,纯粹自然界的优先地位仍保持着,但它认定"被抽象地理解的、自为的、被确定为与人分隔开来的自然界,对人来说也是无"①;同时,它也不能认同脱离客观现实的"理性原则"与不受客观制约的"自我意识"。只有在"实践"这个关节点上,以上谜团才能解开。没有实践,就没有认识,也就不可能有科学的哲学知识,而实践在本质上是围绕人与世界关系而展开的活动。因此,实践唯物主义坚决排除把一切与社会实践无关、超人类的哲学家的自由构想作为自己哲学的对象与内容。这既使它与完全靠思辨建立体系的旧哲学区别开来,又为其以后的进一步发展与创新提供了丰厚土壤与根基,堪称哲学观上的重大变革。

首先,作为一种思维方式,哲学由僵持于本原问题上两极抽象对立的还原论向以实践关系为基础的辩证解决转变。无论是旧唯物主义还是唯心主义,过去在以"哲学的方式"观照世界时,都对形形色色的现象作了孤立的极度抽象。抽象的结果是一致的,即认为世界万物可以归结为两类:

---

① 《马克思恩格斯文集》第 1 卷,人民出版社,2009,第 220 页。

一类是物质，另一类是意识；在此基础上它们又做了二度抽象，或者把物质还原为意识，认为意识产生了物质（唯心主义），或者把意识还原为物质，认为物质产生了意识（旧唯物主义）。其实这二度抽象本身是一种缺乏科学依据的臆想。只有以实践为基础，才能辩证地理解二者的关系，并且探究清楚二者联系的具体过程与环节。恩格斯后来曾把是否与实践相结合、怎样相结合作为哲学思维方式演进的重要标志：古代朴素辩证法与简单而"粗糙"的生产方式相联系提供给人们的只是一种笼统的、思辨的思维方法；近代机械唯物主义尽管与科学实验活动的某些方面相关联，却不懂得实践方式的多样性、社会性，因而形成的是一种"形而上学的即反辩证法的哲学思维方法"①；而只有马克思主义的实践唯物主义，则是"唯一在最高程度上适合于自然观的这一发展阶段的思维方式"②。

其次，作为一种理论体系，哲学也由静态的逻辑架构、封闭的语言系统向动态的内容更迭与开放的结构递换转变。以往的哲学体系建构的路向一般是：先确立哲学观原则，循此选择核心概念与判断，进而进行推论。这是一个静态的逻辑体系，尔后的全部实践发展的成果，只是不断地作为证明已有结论的注解，比如旧唯物主义坚持客观性原则，在建构体系时就从物质出发，由物质的发展规范社会、人类的发展，以反映原则来确定认识发展，从"物质"出发说明"实践"；而唯心主义坚持主观性原则，在建构体系时就从"理念"或"自我"出发，由"理念"或"自我"的发展来规范社会、人类的发展，并以此说明"实践"。与它们不同，实践唯物主义则把人与世界关系的理解为一种不断生成、不断倾听实践的呼声的、随着实践的发展不断变更自身形式的过程。从实践出发说明物质、社会、人类，说明的程度也取决于人类实践已达到的范围、程度和格局状况，实践格局的时代性转换意味着新的哲学结构的更迭。

再次，哲学史的独特意义也得到了深刻的揭示。作为一个有突破性创造的新世界观体系，实践唯物主义对以往的哲学史给予了令人信服的梳理、概括、评价与诠释，在以往哲学优秀成果的基础上，对哲学史研究方法做了重要革新，并以历程梳理与个案评说的实绩拓展了哲学史研究领域。在此基础上，马克思又通过哲学史与宗教史、科学史的比较，来估价

---

① 《马克思恩格斯文集》第 4 卷，人民出版社，2009，第 282 页。
② 《马克思恩格斯文集》第 9 卷，人民出版社，2009，第 471 页。

哲学史研究对于哲学理论建构与思维能力培养的作用，表达了一种自觉的哲学史意识。根据他们的论述，哲学史之于哲学理论的作用至少可概括为：研究哲学史是理解现存哲学的重要环节；哲学史资料是哲学理论创立的基本前提；学习哲学史是培养和锻炼思维能力的重要途径。

最后，哲学家社会角色的重新定位。在《提纲》中马克思指出：包括青年黑格尔派在内的"哲学家们只是用不同的方式解释世界，问题在于改变世界"[①]。这就是说，单纯的学者还够不上一个哲学家，对哲学家来说，他不仅要有广博的知识、深厚的理论修养，还必须具有丰富的社会经验和在实践中抽象理论又把理论转化为实践的能力；孜孜感叹个人生命体验的人也够不上哲学家，对哲学家来说，他必须关注人类整体的命运与前景，倾听大众的呼声和面对大众发言；耽于理解现存世界的自娱文人也够不上哲学家，对哲学家来说，他必须把改变世界、使人类趋向美好作为自己义不容辞的责任；自视甚高对其他学科颐指气使的"祖师爷"也不是哲学家，对哲学来说，"科学之科学"的辉煌已成为过去的梦幻，只从宏观上给予方法论指导与形而上的启迪，不能代替实际操作与具体研究……一句话：哲学家是社会的一分子，也是独特的一分子。

至此，在青年黑格尔派的谱系中，费尔巴哈这个最重要的难题得到了解决。而把这一派别的重要成员的思想集合起来，包括当时盛行的"真正的社会主义"思潮一起进行批判，进而详细地阐明自己的哲学思想与体系，就成为马克思下一步工作的主要任务。可以说，《德意志意识形态》的写作已经成为马克思这种理论批判和思想建构工作合乎逻辑而又呼之欲出的必然要求。

[①] 《马克思恩格斯文集》第1卷，人民出版社，2009，第502页。

第七章

两种形态的唯物主义之间的差别与分野*

除了《1844年经济学哲学手稿》《神圣家族》《关于费尔巴哈的提纲》之外，马克思、恩格斯在1845年合著的《德意志意识形态》①也是讨论"马克思—恩格斯思想关系"的重要文本。进行这方面研究的复杂性在于，这一著述的第二卷对"真正的社会主义"的批判，恩格斯居功至伟，但现在留存的部分使我们无法看到当时这项工作的全貌，只能在随后由7人署名、恩格斯居首的《反克利盖的通告》、他独立撰写并发表的《诗歌和散文中的德国社会主义》和《"真正的社会主义"》中估价恩格斯的功绩。而在对《德意志意识形态》其他部分的解读中，都需要把马克思、恩格斯的名字连在一起。特别是第一卷的留存稿绝大部分笔迹是恩格斯的，不仅是正文誊抄，还有眉批、加注、增删等，这说明他不是像魏德迈、燕妮那样只是单纯的抄写员，但我们只是能够猜测这些思想未必是他首先提出或主导论证的，但他已经接受了，乃至参与了对思想的进一步深化、拓展和发挥。可以说，离开恩格斯，马克思的这些理论建构工作是不可能完成的。

由于现在留存下来的原始手稿复杂而特殊，进行技术性还原的困难相当大，甚至可以预料仅凭现有的文献材料大概不可能彻底厘清马克思和恩格斯在《德意志意识形态》思想构成中的原始状况。但从他们在《德意志意识形态》前后的著述看，尤其是恩格斯将"费尔巴哈"章的标题修改为"唯物主义观点和唯心主义观点的对立"，表明他并没有完全理解马克思超

---

* 本章为课题组成员聂锦芳所撰写，经其同意收入。
① 当然赫斯、魏德迈等人也参与了《德意志意识形态》个别章节的撰写、联系出版和誊抄手稿等事宜，但这一著述的主要工作和思想是马克思恩格斯两人的。

越旧哲学所有派别、实现哲学变革的深刻意蕴。我们基本可以判断：马克思是《德意志意识形态》核心思想的主导者和首创者，恩格斯参与了这项理论建构工作，是绝大多数文稿的誊写者、修改者，二人在思想的容量、视野的扩展、思维的推进、逻辑的力量和思考的深刻等方面存在一致性，但又有一定的差别。

一 "通行本"中的标题问题与两种形态的唯物主义的混同

长期以来，在对马克思、恩格斯早期思想的解释中，"两个转变论"的影响很大，其中的一个观点就是指他们的思想经历了"从唯心主义向唯物主义的转变"，进而把他们成熟的思想理解为一种与唯心主义完全对立、把精神、思维、观念看作物质世界的演绎的"强唯物主义"，而且还非常方便地从"费尔巴哈"章的标题上寻找到佐证。这种指认是正确的吗？我们需要对这一标题做出新的甄别和分析。

近年来的文献学研究成果表明，在这一章的手稿中，原来的标题只是"一、费尔巴哈"。马克思去世后，恩格斯在整理其遗稿翻阅到《德意志意识形态》手稿时，在其结尾处才做了这样的修正："一、费尔巴哈。唯物主义观点和唯心主义观点的对立"。在以后这一章的各个版本中，尽管具体段落的编排方案各式各样，但无论哪一个版本都把恩格斯的修改作为此章的正式标题。这样，恩格斯所加的"唯物主义观点和唯心主义观点的对立"对人们把握全章的主旨思想进而把握马克思哲学的实质就起到了一个提示和引导作用。而在实际的理解中，恩格斯的这一提示和引导给人们造成的普遍印象是：马克思的哲学只是一种唯物主义形态，是与唯心主义完全对立、异质、不相容的哲学。我们认为，把马克思哲学归属为唯物主义谱系，在特定意义上说没错。但是，这个定位不够精准，特别是把它混同于以往的一般唯物主义就错了。

举凡《德意志意识形态》之前的著述，《黑格尔法哲学批判》及《〈黑格尔法哲学批判〉导言》对"市民社会"与国家关系的颠倒、对政治解放与人类解放关系的阐发，意旨不在于表明这一问题上的唯物主义立场，而在于索解《莱茵报》时期使他们感到困惑的"社会结构之谜"和人的解放之路；《神圣家族》中对唯物主义史的梳理，也不是要回归唯物主义哲学传统，而是这时的马克思、恩格斯已经意识到，他们将要建构的"新哲学"体系，即使在特定的意义上可以归属唯物主义谱系，但它是唯物主义的现代形态，是一种"新唯物主义"，因此，梳理和总结是为了超越；《关于费尔巴哈的提纲》则再清楚不过的表明，既往哲学形态中的"纯粹唯物主义""直观唯物主义"与客观唯心主义、主观唯心主义一样，都是人类思维发展中一个重要的环节，就是说，都有或曾经有过合理的价值和意义，但从更高的水准看都存在各自不可克服的局限和症结。

随着对《德意志意识形态》全书的解读，我们会发现，仅仅把马克思哲学理解为一种唯物主义，尤其是把其意义和内容限定于以还原论方式唯物主义地处理世界本原问题，即使在历史观上达到唯物主义的水准，实际上也并没有把握马克思哲学区别于其他哲学的特征、它在思想史上所实现的革命性变革的实质，相反大大收缩了马克思哲学展宽的现实视域和深邃的历史厚度，极容易造成对它的简单化、教条化和庸俗化的理解。而就马克思哲学与唯心主义哲学的关系而言，其实不仅仅是对立关系，更是扬弃和超越的关系。的确，马克思对唯心主义的一些派别（诸如我们以后要分析的青年黑格尔派）进行过淋漓尽致的挖苦、讽刺甚至痛斥，但这些只是对其哲学前提的荒谬性的揭示和批判。此外，必须看到，马克思在新的基点上也注意到了唯心主义哲学对人的主体性思想的重视、探索和发挥（而过去的唯物主义哲学在这方面的研究却乏善可陈或成果有限），因此他的哲学思想中实际上也保留或继承了这一方面的有益因素或成分，特别是德国古典哲学中的主体性思想（当然是经过改造的），是对这一哲学形态的进一步发展和更高阶段的超越。

二 感性世界·人·历史·自然：两种唯物主义理解上的差别

"费尔巴哈"章中表征马克思主义哲学实质的是这样一句话："对实践的唯物主义者即共产主义者来说，全部问题都在于使现存世界革命化，实际地反对并改变现存的事物。"① 这是他们对其所把握和理解世界的方式和意旨的最重要的表达。关乎"唯物主义"、"共产主义"和"实践"等字

---

① 《马克思恩格斯选集》第 1 卷，人民出版社，2012，第 155 页。

眼在费尔巴哈的著作里都出现过，他甚至在某些场合也表述过"类似的观点"，却"始终不过是一些零星的猜测"，至多"只能把它们看作是具有发展能力的萌芽"。盖言之，费尔巴哈对"感性世界"、对"人"、对历史的理解都没有达到"实践的唯物主义者即共产主义者"的高度。

对感性世界的"理解"，费尔巴哈一方面仅仅局限于对这一世界的单纯的直观，另一方面仅仅局限于单纯的感觉。诚如，在恩格斯加的边注中指出的，他是"用哲学家的'眼睛'"，就是说，是戴着"哲学家的'眼镜'"来观察世界的。这样，他不可避免地要碰到与他的意识及感觉相矛盾的东西，这些东西扰乱了他所假定的感性世界一切部分的和谐，特别是人与自然界的和谐。为了排除这些东西，他又不得不求助于某种二重性的直观，这种直观介于仅仅看到"眼前"的东西的普通直观与看出事物的"真正本质"的高级的哲学直观之间。他的症结在于，他没有看到，"他周围的感性世界决不是某种开天辟地以来就直接存在的、始终如一的东西，而是工业和社会状况的产物，是历史的产物，是世世代代活动的结果，其中每一代都立足于前一代所奠定的基础上，继续发展前一代的工业和交往，并随着需要的改变而改变他们的社会制度。甚至连最简单的'感性确定性'的对象也只是由于社会发展、由于工业和商业交往才提供给他的。"①

费尔巴哈也谈到了人，但他所理解的人是"一般人"，而不是"现实的历史的人"；他也承认人是"感性对象"，但他把人只看作"感性对象"，而不是"感性活动"。因为他在这里仍然停留在理论的领域内，没有从人们现有的社会联系，从那些使人们成为现在这种样子的周围生活条件来观察人们——这一点且不说，他从来没有看到现实存在的、活动的人，而是停留于抽象的"人"，并且仅仅限于在感情范围内承认"现实的、单个的、肉体的人"，也就是说，除了爱与友情，而且是理想化了的爱与友情以外，他不知道"人与人之间"还有什么其他的"人的关系"。

对世界和人的这样一种理解，最终导致了费尔巴哈历史观上的唯心主义。他没有以批判的态度对待现实的生活关系，他不懂得，人们之所以有历史，是因为他们必须生产自己的生活，而且必须用一定的方式来进行，正是在共产主义的唯物主义者看到改造工业和社会结构的必要性和条件的

---

① 《马克思恩格斯选集》第1卷，人民出版社，2012，第155页。

地方，他却重新陷入唯心主义。"当费尔巴哈是一个唯物主义者的时候，历史在他的视野之外；当他去探讨历史的时候，他不是一个唯物主义者。在他那里，唯物主义和历史是彼此完全脱离的。"①

马克思、恩格斯深刻地指出，"只要这样按照事物的真实面目及其产生情况来理解事物，任何深奥的哲学问题——后面将对这一点作更清楚的说明——都可以十分简单地归结为某种经验的事实"②。比如人对自然的关系这一重要问题，布鲁诺·鲍威尔在《维干德季刊》上的文章中所坚持的"自然和历史的对立"，把自然和历史看作好像是两种互不相干的"东西"，或者好像人们面前始终不会有"历史的自然"和"自然的历史"。然而，在现代工业生产中实现和印证了"人和自然的统一"，而且这种统一在每一个时代都随着工业或快或慢的发展而不断改变，就像人与自然的"斗争"促进生产力在相应基础上的发展一样。如果懂得这一点，那么"自然和历史的对立"的问题自然也就不存在了。以这样的视角观照那些漂浮于社会存在之上的意识形式、理论难题及其演变历程，将会获得全新的见解。

先于人类历史而存在的那个自然界，其优先地位仍然会保存着，但它们不是我们生活其中的自然界，因而对于我们来说也是不存在的自然界。因此，必须从工业和商业、生活必需品的生产和变换中看待自然形态的变化和自然科学研究的进展。例如，一百年以前在曼彻斯特只能看见脚踏纺车和织布机，而现在在那里发展出工厂和机器；奥古斯特时代在罗马的康帕尼亚只能发现罗马资本家的葡萄园和别墅，而现在可以在那里发现牧场和沼泽。这些就提醒人民，必须注意与现实生产实践密切相关的那些自然界的形态变迁。至于费尔巴哈特别谈到过的自然科学的直观，提到一些只有物理学家和化学家的眼睛才能识破的秘密，对此，必须指出的是，如果没有工业和商业，哪里会有自然科学呢？甚至这个"纯粹的"自然科学也只是由于商业和工业，由于人们的感性活动才达到自己的目的和获得材料的。因此，是"这种活动、这种连续不断的感性劳动和创造、这种生产"，构成了"整个现存的感性世界的基础"③，它不仅使自然界发生了巨大的变

---

① 《马克思恩格斯选集》第1卷，人民出版社，2012，第158页。
② 《马克思恩格斯选集》第1卷，人民出版社，2012，第156页。
③ 《马克思恩格斯文集》第1卷，人民出版社，2009，第529页。

化，而且促进了整个人类世界以及人的直观能力和认识能力的发展，塑造了人本身的存在。

还需要指出，"费尔巴哈"章这一部分最后一个自然段在手稿中写在第 28 页和第 29 页的右半页，是由"圣布鲁诺"那一章挪过来的。在这里，马克思由对布鲁诺·鲍威尔的批判转向分析费尔巴哈的历史观特别是他对人、对共产主义的理解。在《维干德季刊》1845 年第二卷上发表的文章中[①]，费尔巴哈提出一个概念——"共同人"。他关于人与人之间的关系的全部推论无非要证明：人们是互相需要的，而且过去一直是互相需要的。他希望借助于"共同人"这一规定宣称自己是共产主义者，并把这一规定变成"人"的宾词，认为这样一来又可以把表达现存世界中特定革命政党的拥护者的"共产主义者"一词变成一种纯范畴。在《未来哲学原理》中，费尔巴哈认为，某物或某人的存在同时也就是某物或某人的本质；一个动物或一个人的一定生存条件、生活方式和活动，就是使这个动物或人的"本质"感到满意的东西。任何例外在这里都被肯定地看作不幸偶然事件，是不能改变的反常现象[②]。这样说来，如果千百万无产者根本不满意他们的生活条件，如果他们的"存在"同他们的"本质"完全不符合，那么，根据上述论点，这是不可避免的不幸，应当平心静气地忍受这种不幸。

费尔巴哈本来是在对鲍威尔等批判家、理论家的驳难中，为了与其人学思想划清界限而做出这些创设和推导的，但在历史唯物主义的观点看来，这种理论创构"和其他的理论家一样，只是希望确立对现存事实的正确理解"，但实际上，他"既承认现存的东西同时又不了解现存的东西"，就还是一位理论家和哲学家；然而一个真正的共产主义者的任务却在于推翻这种现存的东西，他们将在适当时候，在实践中，即通过革命使自己的"存在"同自己的"本质"协调一致。

三 唯物主义怎样才能透视清楚唯心主义？

我们已经知道，费尔巴哈曾经从唯物主义的一般立场上批判过唯心主

[①] 指的是费尔巴哈的文章《因〈唯一者及其所有物〉而论〈基督教的本质〉》。
[②] 《费尔巴哈哲学著作选集》上卷，商务印书馆，1984，第 38 页。

义,但实际上并没有令布鲁诺·鲍威尔、施蒂纳等信服,而马克思、恩格斯接续了这一批判,精彩的分析体现在他们对"思想统治的形成及其本质"的讨论中,这构成了通行本"费尔巴哈"章第三部分的内容。这一部分是从"圣麦克斯"章的"教阶制"一节中挪过来的。我们且看马克思、恩格斯是如何分析的。

首先,每一个时代占统治地位的思想就是该时代统治阶级的思想。

这就是说,一个阶级是社会上占统治地位的物质力量,同时也是社会上占统治地位的精神力量。支配着物质生产资料的阶级,同时也支配着精神生产资料。因此,那些没有精神生产资料的人的思想,一般是隶属于这个阶级的。就其实质来说,占统治地位的思想不过是占统治地位的物质关系在观念上的表现,不过是以思想的形式表现出来的占统治地位的物质关系;因而,这就是那些使某一个阶级成为统治阶级的各种关系的表现,因而这也就是这个阶级的统治的思想。

但是思想本身是一种观念存在,它对占统治地位的物质关系、阶级状况和利益的反映是一个很复杂的过程。就是说,构成统治阶级的各个人也都具有意识,因而他们也会思维。他们作为思想的生产者而进行统治,调节着自己时代的思想的生产和分配;而这就意味着他们的思想是一个时代的占统治地位的思想。例如,在某一国家里的某个时期,王权、贵族和资产阶级为争夺统治而斗争,因而,在那里统治是分享的,那里占统治地位的思想就会是关于分权的学说,于是分权就被宣布为"永恒的规律"。

从分工这一历史演进的主要力量的视角来分析,就可以看出,其实在统治阶级内部也存在精神劳动和物质劳动的分工。在这个阶级内部,一部分人是作为该阶级的思想家出现的,他们是这一阶级的积极的、有概括能力的思想家,他们把编造这一阶级关于自身的幻想当作主要的谋生之道;而另一些人对于这些思想和幻想则采取比较消极的态度,他们准备接受这些思想和幻想,因为他们很少有时间来编造关于自身的幻想和思想。在这一阶级内部,这种分裂甚至可以发展成为这两部分人之间在某种程度上的对立和敌视,但是一旦发生任何实际冲突,当阶级本身受到威胁、占统治地位的思想好像不是统治阶级的思想而且好像拥有与这一阶级的权力不同这种假象也趋于消失的时候,这种对立和敌视便会自行消失。因此,在考察历史进程时,不能把统治阶级的思想和统治阶级本身分割开来,使这些思想独立化。如果不顾生产这些思想的条件和它们的生产者而硬说该时代占统治地位的是这些或那些思想，也就是说，如果完全不考虑这些思想的基础——个人和历史环境，那就可以这样说：例如，在贵族统治时期占统治地位的是"荣誉""忠诚"等概念，而在资产阶级统治时期占统治地位的则是"自由""平等"等概念。总之，统治阶级自己为自己编造出诸如此类的幻想。

其次，占统治地位的思想往往具有普遍性形式。

考察历史会发现，占统治地位的将是越来越抽象的思想，即越来越具有普遍性形式的思想。事情是这样的，每一个企图取代旧统治阶级的新阶级，为了达到自己的目的就不得不把自己的利益说成社会全体成员的共同利益，抽象地讲就是：赋予自己的思想以普遍性的形式，把它们描绘成唯一合理的、有普遍意义的思想。进行革命的阶级，仅就它对抗另一个阶级这一点来说，从一开始就不是作为一个阶级，而是作为全社会的代表出现的。它俨然以社会全体群众的姿态反对唯一的统治阶级。在这里马克思还特别加了一个边注，指出与普遍性符合的形成条件、要素和过程是，第一要有与等级 contra 相对的阶级，第二要有竞争和世界交往等形成的环境，第三是统治阶级要成为人数众多的群体，第四要提出起初是真实但实质虚幻的共同利益，第五是统治阶级思想家的欺骗和分工。马克思、恩格斯指出，之所以这些条件是必备的，是因为取得统治地位的阶级，其利益在开始时的确同其余一切非统治阶级的共同利益还有更多的联系，在当时存在的那些关系的压力下还不能够发展为特殊阶级的特殊利益。因此，这一阶级的胜利对于其他未能争得统治的阶级中的许多个人来说也是有利的，但这只是就这种胜利使这些个人有可能上升到统治阶级行列这一点来讲的。当法国资产阶级推翻了贵族的统治之后，它使无产者个人结合、上升为无产阶级群体，但是只有当他们变成资产者的时候才达到这一点。由此可见，每一个新阶级所赖以建立自己统治的基础，总比它以前的统治阶级所依赖的基础要宽广一些；可是后来，非统治阶级和正在进行统治的阶级之间的对立也发展得更尖锐和更深刻。这两种情况使得非统治阶级反对新统治阶级的斗争在否定旧社会制度方面，又要比过去一切争得统治的阶级所作的斗争更加坚决、更加激进。

这种情况如何解决呢？马克思、恩格斯说，只要阶级的统治完全不再是社会制度的形式，也就是说，只要不再有必要把特殊利益说成普遍利益，或者把"普遍的东西"说成占统治地位的东西，那么，一定阶级的统治似乎只是某种思想的统治这整个假象当然也就会自行消失。

最后，把历史解释成思想和精神统治过程的观念有三种方式。

思辨哲学把占统治地位的思想同进行统治的个人分割开来，主要是同生产方式的一定阶段所产生的各种关系分割开来，并由此做出结论说，历史上始终是思想占统治地位。这样一来，就很容易从这些不同的思想中抽象出"一般思想"、观念等，并把它们当作历史上占统治地位的东西，从而把所有这些个别的思想和概念说成历史上发展着的一般概念的"自我规定"。在这种情况下，从人的概念、想象中的人、人的本质、"一般人"中能引申出人们的一切关系，就是十分自然的了。黑格尔本人在《历史哲学》的结尾承认，他"所考察的仅仅是一般概念的前进运动"，他在历史方面描述了"真正的神正论"。在这之后，又可以重新恢复到"概念"的生产者，恢复到理论家、思想家和哲学家，并做出结论说：哲学家、思想家自古以来就是在历史上占统治地位的。这个结论，如我们所看到的，早就由黑格尔表述过了。显然，证明精神在历史上的最高统治的全部戏法，可以归结为以下三种方式。

第一，把进行统治的个人的思想同这些进行统治的个人本身分割开来，从而承认思想或幻想在历史上的统治。

第二，使这种思想统治具有某种秩序，必须证明，在一个承继着另一个而出现的占统治地位的思想之间存在某种神秘的联系。而要做到这一点就得把这些思想看作"概念的自我规定"。

第三，为了消除这种"自我规定着的概念"的神秘的外观，便把它变成某种人物——"自我意识"。或者，为了表明自己是真正的唯物主义者，又把它变成在历史上代表着"概念"的许多人物——"思维着的人"、"哲学家"、思想家，而这些人又被看作历史的制造者、"监护人会议"、统治者；这样一来，就把一切唯物主义的因素从历史上消除了，于是就可以任凭自己的思辨之马自由奔驰了。

马克思、恩格斯讽刺说，在日常生活中任何一个小店主（shopkeeper）都能精明地判别某人的假貌和真相，然而我们的历史编纂学还没有获得这种平凡的认识，不论每一时代关于自己说了些什么和想了些什么，它都一概相信。相反，在他们看来，如果从统治阶级的实际生活状况、他们的职业和分工出发，是很容易说明这种幻想、玄想和曲解的。

马克思、恩格斯的这种分析正好映现出"费尔巴哈式的"唯物主义批判的局限，正如他们很早就警觉出的，后者的症结就在于"过多的强调自然而过少地强调政治"；殊不知，自然与社会（包括政治）、物质与精神、存在与观念、现实与精神、共同体与个体等的"联盟是现代哲学能够借以成为真理的唯一联盟。"①

---

① 《马克思恩格斯全集》第27卷，人民出版社，1972，第443页。

第二部分 **思想体系中的人性意蕴**

第一章
"犹太人问题"与犹太人的解放

马克思恩格斯的资本批判和科学社会主义学说的论证,实际上是在人的解放的意义上展开的。人的解放作为一条线索始终存在于马克思恩格斯的思想体系中。而马克思早期对人的解放的思考是从"犹太人问题"这个导火索出发的。

"犹太人问题"出现在19世纪40年代德国的政治、思想发展的"时代错乱"中。在漫长的中世纪,犹太人在西欧的基督教国家普遍受到排挤和压迫,享受不到平等的政治权利。然而,随着1776年的美国《独立宣言》和1791年的法国《人权宣言》的发布,"天赋人权"的原则被写进了法律,犹太人在欧洲的进步国家已经能够享受到平等的市民权利了。拿破仑的对外远征,又将法国大革命"自由""平等""博爱"的理念和法律精神传播开来。与此形成鲜明对照的是,德国在现实中始终没有推动解放犹太人的历史进程,但思想界则对犹太人问题保持关注。1841年12月13日,普鲁士新国王颁布了一项复辟的"内阁敕令",试图在德国恢复中世纪隔离犹太人的政策。这项法令引发了德国思想界关于"犹太人问题"的大讨论,犹太人解放的强烈诉求也因此凸显。

针对犹太人解放的问题,青年黑格尔派主将布鲁诺·鲍威尔给出了否定性的回答。他为此写了《犹太人问题》和《现代犹太人和基督徒获得自由的能力》两篇文章以及《犹太人问题》一书,指出"犹太人问题"是由"犹太人的本质"决定的。只要犹太人不放弃自己的宗教,犹太人的解放就是空谈;不仅基督教国家不可能解放犹太人,犹太人同样不可能也不愿意得到解放。因此,解决犹太人问题的前提是解决时代"普遍的问题"——"所有人都不是自由的",只有"这个时代的一般问题"解决了,无论是犹太人还是基督徒都会获得解放①。马克思1843年在《德法年鉴》上发表了题为《论犹太人问题》的论文,表明了自己对犹太人解放问题的看法和主张。此后不久,作为马克思批判对象的布鲁诺·鲍威尔就对此做出了回应,并引发了更大范围的争论;马克思也一直关注这一问题的进展,并且他的理解随着每一次讨论已在逐步完善。在1845年出版的《神圣家族》中,马克思在批判青年黑格尔派思辨哲学的背景下再提"犹太人问题",与布鲁诺·鲍威尔展开辩论,并在批判中正面阐释了自己的观点,这才意味着他对这一问题的最终解答和真正解决。

梳理从《论犹太人问题》到《神圣家族》对同一问题理解的传承和变化:从《论犹太人问题》中关于"犹太人问题"的世俗基础和"现实的个人"的提出,到《神圣家族》中辨析"犹太人问题"、"真正的"和"普遍的"意义,以及将犹太人的解放置于与国家、社会、法、世界、民族等的关系中进行考察,可以看出马克思思想推进的轨迹。

一 "犹太人问题"的世俗基础与"现实的个人"

在《犹太人问题》和《现代犹太人和基督徒获得自由的能力》两篇文章以及《犹太人问题》一书中,青年黑格尔派主将布鲁诺·鲍威尔对犹太人解放问题予以否定的理由是,犹太人"珍视"的传统信条缺乏现实化的基础,所谓"犹太教精神"本质上是限制人的自由和创造力的,正是这样的信条把犹太人和其他民族隔绝开来。他们故步自封,甚至坚信自己是唯一被上帝选定的民族,不承认其他民族的平等地位,不愿意在现代国家中与其他民族共存,极端论者更幻想通过发动反对其他民族的战争来铲除异己,表现出对普遍人性的蔑视。

马克思是在逗留克罗茨纳赫期间完成《论犹太人问题》的。在这期间,马克思思考的兴趣点从历史学家考证的历史事件转向了国家与市民社会的交互关系、现代社会中各个阶级的产生过程以及各个国家的经济和社会状况,这样的思想背景使得马克思能够从"世俗"的也就是人的现实生

---

① 聂锦芳、李彬彬编《马克思思想发展历程中的"犹太人问题"》,中国人民大学出版社,2017,第79页。

活的角度而不是宗教神学的角度观察和思考犹太人问题。

马克思认为,现代犹太人的本质不是抽象本质,而是高度的经验本质。"犹太教的世俗基础是什么呢?实际需要,自私自利。犹太人的世俗礼拜是什么呢?经商牟利。他们的世俗的神是什么呢?金钱。"① 犹太教《摩西戒律》也好,《塔木德》也好,其提倡的与现实社会隔绝的犹太精神无非是对当时外界社会生活、政治生活的反抗,是受歧视、受限制的犹太民族应对无奈生活的一种纯粹的理想信念和精神引导罢了。犹太人解放要诉诸他们经商牟利的现实活动、诉诸金钱对他们的束缚和禁锢。"任何解放都是使人的世界即各种关系回归于人自身。"②

针对布鲁诺·鲍威尔在犹太人问题上的观点和论证,马克思指出,犹太教并不是阻碍犹太人解放的根本原因,犹太精神也不是禁锢犹太人发展的唯一因素,不能从宗教出发来看犹太人问题,而应该倒转过来,从"现实的人"的生活出发,把目光从"安息日的犹太人"转向"日常的犹太人",探究现实的犹太人及其宗教生活,在日常的世俗生活中重新审视犹太人、犹太教和犹太精神。"我们不把世俗问题化为神学问题。我们要把神学问题化为世俗问题。相当长的时期以来,人们一直用迷信来说明历史,而我们现在是用历史来说明迷信。"③

这样,马克思就冲破了笼罩在犹太人问题上的层层迷雾,基本厘清了解决犹太人问题的独特的思路,我们谨概括如下。

首先,要着眼于人的现实生活探究"犹太人问题"的实质。因为,犹太人问题在不同的国家有着各不相同的状况。在德国,由于不存在现代意义上的政治国家,由犹太人和基督徒组成的社会处于宗教对立之中,所以,"犹太人问题"才是纯粹神学的问题。然而,在法国,尽管犹太人对国家的关系仍然保持着宗教、神学的外观,但在这个业已实现了立宪制的国度,宗教间的对立已经是毫无意义而且自相矛盾的形式,至多只能算是现代政治解放不彻底的表现。至于在北美,由于在很多州实行了现代共和制,犹太人问题就完全失去其神学的意义而成为真正世俗的问题了。

其次,要着眼于人的存在找到宗教解放的关键所在。对人来说,宗教

---

① 《马克思恩格斯文集》第 1 卷,人民出版社,2009,第 49 页。
② 《马克思恩格斯文集》第 1 卷,人民出版社,2009,第 46 页。
③ 《马克思恩格斯文集》第 1 卷,人民出版社,2009,第 27 页。

的存在是一种有缺陷的定在，犹太教及犹太精神的确是阻碍德国犹太人获得解放的绊脚石，但宗教的存在与现代国家的建立是不矛盾的，政治解放与宗教解放也不是必然对立的。也就是说，德国的犹太人完全可以在不废除犹太教的前提下获得政治解放。因为，是德国政教合一的专制统治的本质而不是犹太教在德国的存在才导致了这个国家落后于其他现代国家、阻挡了德国犹太人获得解放的道路。所以，宗教的存在只是现象，德国落后的国家制度才是真正的原因。取代专制统治，建立现代国家制度，才有可能消除宗教的局限性。

最后，要着眼于"人的历史性"审视宗教的作用。就犹太教与基督教的关系来讲，基督教与犹太教同源，但先有犹太教，后有基督教，后者是由前者衍生出来的。基督教继承了犹太教的一神信仰，几乎全盘接受了犹太人的经典和救世思想。二者的分歧和冲突即在于，许多富人加入了基督教并逐渐夺取了教会的领导权，基督教奉行温和的路线，得到了罗马统治者的扶植和利用，而犹太教仍局限在犹太人中发展教徒，受到了越来越严重的迫害。可以看出，宗教发展的历史，无外乎是人参与其中的历史；宗教精神的形成和发展，反映的是宗教适应外部世界、维持自身存在和发展的"心路"历程。无论是"太高尚了、太唯灵论了"的、崇尚天堂之幸福的基督教，还是屈从于利己需要的、把金钱作为神的、崇尚尘世之幸福的犹太教，表面上相去甚远的教义背后所依附的却都是人的历史、现实与未来。

综观马克思在《论犹太人问题》中思考和分析"犹太人问题"的思路和见解，可以看到，这时的他已经把犹太人的解放问题归结为犹太人作为"现实的个人"的解放问题，是着眼于把犹太人作为"现实的个人"而同他人联合起来的"人的本质"，而不是从使犹太人成为犹太人的狭隘的类本质来看待"犹太人问题"了。

二 "犹太人问题""真正的"和"普遍的"意义

针对马克思的《论犹太人问题》以及同时代其他思想家关于犹太人问题的论述，布鲁诺·鲍威尔又分别在《文学总汇报》1843年12月的第1期、1844年3月的第4期和7月的第8期上发表了三篇文章予以回应，其中前两篇的题目相同，都叫《犹太人问题的最新论文》，最后一篇题目为《目前什么是批判的对象？》，马克思将其称为"答辩"。面对布鲁诺·鲍威尔的"答辩"文章，马克思在《神圣家族》中又一次操起刀戈，重提犹太人问题，对布鲁诺·鲍威尔做出新的还击，同时对犹太人问题进行了更精进的探讨。

布鲁诺·鲍威尔的《犹太人问题》发表后，除马克思的《论犹太人问题》外，还有包括古斯塔夫·菲力浦逊的《布鲁诺·鲍威尔论"犹太人问题"》、萨缪尔·希尔施的《解释布鲁诺·鲍威尔"犹太人问题"的书信》在内的九篇著述对其进行了反驳。针对这些反驳，布鲁诺·鲍威尔在"答辩"时声称，他的著作《犹太人问题》是绝对的东西、精神的典型代表，这部书的意义在于发现了犹太人问题的"真正的"和"普遍的"意义。而这部书在广大读者中遭到冷遇，恰好表明其从来就不懂得这种"真正的"和"普遍的"意义；那些质疑和反对这部书的论者，正好是这些"群众"的典型代表，是一些"罪人"。"那些……自以为是不知有多么伟大的群众的辩护人，在思想方面是何等贫乏。"①

对此，马克思在《神圣家族》中指出，所谓"群众"云云不过是由思辨哲学来设定的。换言之，出现在思辨哲学家们的观念和措辞中的"群众"是人为地"制造"出来的，其使命就是确证其与"精神"、与"绝对的批判"的绝对对立。以这样的设定为前提，思辨哲学就把任何现实问题都归结为与"精神"相对立的"群众"的愚蠢、空虚、贫乏和无能，进而把现实的、"群众性"的犹太人问题也转化为任凭布鲁诺·鲍威尔、任凭绝对观念来把控的思辨问题。

马克思特地从布鲁诺·鲍威尔对古斯塔夫·菲力浦逊和萨缪尔·希尔施等的回应中挑选出一些例子，以此揭露作为思辨哲学家的布鲁诺·鲍威尔在现实面前的无助，进而表明，犹太人问题"真正的"和"普遍的"意义不能在思辨中产生，而应该诉诸犹太人作为人的真正的生活——活生生的现实与真实的历史。

首先，犹太人问题"真正的"和"普遍的"意义要诉诸犹太人现实的生活境遇。古斯塔夫·菲力浦逊的《布鲁诺·鲍威尔论"犹太人问题"》

---

① 《马克思恩格斯全集》第 2 卷，人民出版社，1957，第 110 页。

集中驳斥了布鲁诺·鲍威尔所谓"理想"的国家观念,一针见血地指出其无视现实、专注于理念的症结:"鲍威尔在思索的是一个特殊类型的国家……国家的哲学理想。"① 也就是说,布鲁诺·鲍威尔没有立足于犹太人生活于其中的德国,不是从德国的政治、经济、文化环境出发来思考犹太人的现实生活境遇,而是为犹太人设定了一个抽象的"理想"国家;不是要在德国解放犹太人,而是要在这个"理想"的国家解放犹太人。显然,他把国家和人类、人权和人本身、政治解放和人类解放混为一谈了。他没有把犹太人看作人——活生生地生活在国家、社会中的现实存在的人,而是仅仅把他们看作了思辨哲学为自己辩护的工具。

其次,犹太人问题"真正的"和"普遍的"意义要诉诸犹太人实际发展的历史。萨缪尔·希尔施在《解释布鲁诺·鲍威尔"犹太人问题"的书信》中严肃地批评了布鲁诺·鲍威尔有关基督教国家的观点和犹太人在现代历史中的作用问题。布鲁诺·鲍威尔认为,宗教是排他的,基督教国家只能排斥其他不信基督教的人。所以,犹太人在基督教国家是不可能获得政治解放的。对此,萨缪尔·希尔施认为,基督教国家不仅作为国家是不完备的,而且如果按其排他性、缺乏包容的特性来说,它也必然是不完备的基督教国家。所以,问题在于,即便是犹太人在基督教国家获得政治解放,那他也不能获得公民解放,更不用奢谈人的解放了。

最后,在布鲁诺·鲍威尔看来,犹太人是阻止历史发展、社会运动的顽固因素,因此他们对现代社会的形成毫无贡献。"犹太人对历史弹簧的压力,引起了反压力。"② 萨缪尔·希尔施一针见血地驳斥了这种说法,他认为,反压力也是一种力,既然布鲁诺·鲍威尔肯定犹太人对历史发展的反作用,那么也就意味着他们对于现代社会的形成必然会发挥某种作用,正如一根扎在人机体中的刺必定会对人产生影响一样。按照这样的逻辑来推断,如果再说犹太人对于历史毫无贡献就是不成立的了。况且,这个推断也被宗教发展的历史所证实:基督教起源于犹太教,如果说犹太精神是一根刺的话,那它就不是一根普普通通的刺,而是与基督教分不开的一根罕有的刺。就像一根刺从我生下来就在我的眼中,随着我和我的眼睛一同生长,它必然会对我的视觉的变化有所"贡献"一样,犹太精神始终就存

---

① 《马克思恩格斯全集》第2卷,人民出版社,1957,第111页。
② 《马克思恩格斯全集》第2卷,人民出版社,1957,第112页。

在于基督教世界中,同基督教一同成长和发展。

究其实,布鲁诺·鲍威尔在犹太人问题上重演思辨的戏法,以自己预先主观制造出的所谓"当代的问题"曲解和歪曲真正的"当代的问题",并坚持他自己的、批判地制造出的问题才是当代的一切问题的"正确的提法",并为自己预先制造出的问题设定了标准答案。显然,这些答案与真实存在的"当代的问题"是风马牛不相及的。"思辨哲学,特别是黑格尔哲学认为:一切问题,要能够给以回答,就必须把它们从正常的人类理智的形式变为思辨理性的形式,并把现实的问题变为思辨的问题。思辨哲学歪曲我的问题,并且像教义问答那样,借我的嘴来说它自己的问题,它当然也能够像教义问答那样,对我的每一问题都准备好现成的答案。"[①]

至此,我们可以看出,较之《论犹太人问题》,马克思在这里已经明显地站在历史唯物主义的高度思考犹太人问题了。在《论犹太人问题》中,他显示出了在犹太人问题上的对"现实的个人"的关注,对布鲁诺·鲍威尔仅仅在宗教的意义上理解犹太人问题进行了驳斥,认为宗教是对人的、社会的、国家的现实苦难的映照,用颠倒的方式来诠释人对现实幸福的追求,"是人的本质在幻想中的实现"。因此,他主张要以人的解放为价值指引来思考犹太人问题。而在《神圣家族》中,马克思又以布鲁诺·鲍威尔与其他论者的辩论为契机,把犹太人与世界的关系铺展开来,以现实的人所生活的世界——国家、社会为视角,从现实社会、人的世俗生活来切入犹太人问题,阐明了犹太人解放的"真正的""普遍的"意义即犹太人作为人的解放,这样的解放则必须以他们在自己的现实生活里获得与世界的关系而体现出来。

三 犹太人解放的现实内容:国家、社会、法、世界、民族

马克思不仅否定了布鲁诺·鲍威尔为犹太人问题准备好的"现成的答案",揭示了犹太人解放的"真正的""普遍的"意义,而且还进一步通过支持有着广泛影响力的犹太理论家加布里尔·里瑟尔,揭露了布鲁诺·鲍威尔对犹太人解放与国家、社会、法、世界、民族等关系的严重误解,

---

[①] 《马克思恩格斯全集》第2卷,人民出版社,1957,第115页。

再次深入和拓展了他关于犹太人解放的现实内容的理解。

当布鲁诺·鲍威尔将废除宗教看作解决犹太人问题的唯一出路时,他的理论预设是,"犹太人和基督徒把他们互相对立的宗教只看做人的精神的不同发展阶段,看做历史撕去的不同的蛇皮,把人本身只看做蜕皮的蛇,只要这样,他们的关系就不再是宗教的关系,而只是批判的、科学的关系、人的关系。那时科学就是他们的统一。而科学上的对立会由科学本身消除"①。

布鲁诺·鲍威尔将人的发展史看作精神的发展史、将犹太人问题"科学"化的思路,与黑格尔的法哲学原理是一脉相承的。在《法哲学原理》中,黑格尔把人作为现实的个体的存在视为依附于国家这个"精神"的抽象物,他们"可以是国家的组成部分,也可以不是国家的组成部分";国家是一个无限的存在,是全体,而"全体之外,再无实在之物"。他强调个体的人必须通过与国家这个"无限的存在"结合,才有可能获得"自由"、得到肯定。同样,布鲁诺·鲍威尔在这里强调,犹太人解放问题必须转而求助于"科学"、归于"精神"才可能解决。显然,这个理论前设意味着,国家作为一个客观存在的"精神",是总体,现实的国家就是不完备的"非实在物";各个民族的犹太人问题在布鲁诺·鲍威尔这里变成了"具有普遍意义的问题";从历史尘埃中走过来的、生活在不同的国家、社会中的活生生的犹太人成为抽象的"人";充斥于犹太人日常生活的宗教失去了实际的意义,变成了抽象的"人"精神蜕变过程的一个环节;法的出发点是自由意志,其仅仅意味着人人都一般地享受自由的权利,因此它无非是"抽象法",是向道德、进而向精神过渡的中介;自由与"精神"成为同义语,人只有不涉宗教、没有民族、跳出社会、脱离国家,最后成为失去所有感觉和特性的抽象的"人",才可能获得自由。

(一) 犹太人解放与国家

加布里尔·里瑟尔在与布鲁诺·鲍威尔著作同名的《犹太人问题》里指出,布鲁诺·鲍威尔所谓的国家是"批判的国家",是全体,是唯一。与其对应的是普遍的,即"批判的、科学的"人性。因此,现实中存在的

---

① 《马克思恩格斯文集》第 1 卷,人民出版社,2009,第 23 页。

宗教不仅以排他性为本质，而且，从"批判的、科学的"人性来看，基督徒和犹太人不免都是"变节分子"。所以，"犹太人"和"基督徒"都必然被排除在国家之外，注定被"送上绞刑架"。

马克思极为赞同加布里尔·里瑟尔的观点。他指出，布鲁诺·鲍威尔把取消宗教、把无神论看作市民平等的必要条件，表明他对国家的"本质"还缺乏清晰的认识。在布鲁诺·鲍威尔看来，国家是宗教的敌人，犹太人的解放就是个人归于"批判的国家"，即精神蜕变的过程。因此，犹太教的现实存在就是对"批判的、科学的"人性的障碍，首先要铲除犹太教这个障碍，才有可能让犹太人获得解放。

显然，布鲁诺·鲍威尔将犹太人解放诉诸"科学"，将取消犹太教视为犹太人获得解放的不二出路，没有看到宗教的存在对于犹太人现实存在的实质性意义，没有理解犹太人宗教解放与他们作为"人的解放"的关系，"他也就必然合乎逻辑地要把实现解放的政治手段同实现解放的人的手段混淆起来"①，认为现代国家必须以废除宗教为前提。在这里，国家仍然如黑格尔所设，"是历史发展的最终目的，是绝对精神发展的最高阶段，是宇宙精神的体现，它是自觉的伦理实体，是实现了的自由"。它没有实在性，是一个理性的存在，它是自在的，不关乎个体的利益。对如此的"国家"而言，个人抛却现实存在朝向精神的发展，才是人的解放的全部含义。

马克思进一步指出，布鲁诺·鲍威尔把犹太人解放与宗教解放等同起来，这与他对自由的绝对理解是息息相关的。他向犹太人传布基督教关于精神自由、理论自由的教义，说"犹太人现在在理论领域内有多大程度的进展，他们就获得多大程度的解放；他们在多大程度上想要成为自由的人，他们就在多大程度上是自由的人了。"② 究其实，布鲁诺·鲍威尔所说的只不过是唯灵论的自由，是在观念的王国中才能享受到的自由，这样的自由与一切具体的、现实的生活中的自由完全是两码事。在《法哲学原理》中，黑格尔把自由看作意志的自由，自由意志构成了法的实体和规定性，而它必须经过抽象法、道德、伦理三个发展环节才能实现。可见，较之黑格尔将意志自由诉诸基于所有权的抽象法、诉诸人内心的道德戒律、

---

① 《马克思恩格斯文集》第 1 卷，人民出版社，2009，第 298 页。
② 《马克思恩格斯文集》第 1 卷，人民出版社，2009，第 297 页。

诉诸人与人之间的伦理关系的发展，总之诉诸现实事物对精神的浸润的自由观，布鲁诺·鲍威尔的自由观更是撇开了所有的实际事物，而把犹太人的自由建立在他们对精神的信奉程度和对思辨哲学的掌握程度上，这无疑是更加与世隔绝的自由观。

　　事实上，犹太教的经商牟利与基督教所谓的精神自由、理论自由绝非天然地对立，甚至宗教也绝不是德国建立现代国家的绊脚石。犹太人是群众的、物质生活的。国家之于犹太人，并不是布鲁诺·鲍威尔所谓的"批判的国家"作为总体之于犹太人作为个体的存在。犹太人不是被克服的对象，不是抽象的"人"发展路上的障碍，他们是在现实生活中受到种种束缚的活生生的人。因此，犹太人解放就是要通过变革其生存环境和条件，使其成为真正的人。在德国，犹太人解放首要的现实任务是让德国的犹太人摆脱专制的国家统治，获得"政治解放"。

（二）犹太人解放与社会

　　对于加布里尔·里瑟尔等人的意见，布鲁诺·鲍威尔一方面履行批判家的义务，拒绝对犹太人解放的不同层面、不同手段进行具体分析，用他的话说，"我已经完成了批判家的义务——我接下来不需要再完成别的义务——我已经批判了犹太人与不同国家（他生活于这些国家之中，并与其冲突）之间的关系，而且只需批判这种关系"[①]；另一方面，他又反过来攻击加布里尔·里瑟尔等人，说"批判的反对者之所以成为批判的反对者，是因为他们不仅用自己的教条主义的尺度来对待批判，而且认为批判本身也是教条主义的；换句话说，他们之所以反对批判，就是因为批判不承认他们的教条主义的区分、定义和托词"[②]；此外，他还不忘为自己辩解，声称"如果我在那本书里（在《犹太人问题》中）愿意或者可以越出批判的范围，我本来应当（！）谈论的（！）就不是国家，而是'社会'，因为'社会'并不排除任何人，只有那些不愿意参与社会发展的人才自己把自己从社会中排除出去"[③]。

[①] 聂锦芳、李彬彬编《马克思思想发展历程中的"犹太人问题"》，中国人民大学出版社，2017，第190页。
[②] 《马克思恩格斯文集》第1卷，人民出版社，2009，第298页。
[③] 《马克思恩格斯文集》第1卷，人民出版社，2009，第298页。

那么，布鲁诺·鲍威尔所言及的社会究竟是怎样的呢？

显然，思辨哲学的特质就是批判的教条，这是它的秘密所在。马克思解构了布鲁诺·鲍威尔对犹太人解放问题的"教条"式的理解，并借机揭露了这个秘密。他指出："绝对的批判"的思想和观点当中缺少特定的、现实的含义，所以，当人们要用现实事物去观照"批判"的观点的时候，实际上就是用自己的教条主义的尺度来对待批判。这是布鲁诺·鲍威尔对"批判"与"非批判"的区分——教条主义的区分，也是他对"批判"的教条主义的定义，同时也就是他在为其《犹太人问题》在解决犹太人现实问题方面所显示出的局限性辩护时准备的"托词"。因为，当布鲁诺·鲍威尔教条地区分了"本来应当做的事"和"实际做的事"的时候，这就表明，按照他的意愿，他本来是应当越出"批判的范围"来思考犹太人问题的，但无奈"绝对的批判""不愿意""不许可"自己越出思辨哲学的批判阵地，这才导致了他对犹太人问题的狭隘理解。

虽然是为自己辩解，但至少布鲁诺·鲍威尔在这里承认了犹太人问题有着更广泛的理解的可能性，这是一种群众性的想法，这样的想法是对思辨哲学的"批判"的绝对性的否定。布鲁诺·鲍威尔却将这种想法说成为迁就群众理解力而采取的必要的"适应行为"，这样的"托词"，除了是空洞的"批判的教条"什么也不是。

退一步讲，假如按照布鲁诺·鲍威尔的"托词"，用"社会"来替代"国家"，就能正确地找到解放犹太人的手段和途径吗？

诚如马克思所指出的，布鲁诺·鲍威尔对"社会"的定义也是教条的、虚妄的。因为他不是着眼于犹太人同市民社会的现实关系来谈社会的，他所谓的"社会"只是表面上不同于"国家"的一个概念，这个社会并不是犹太人真正生活于其间的现实的、物质的社会，这个"社会"当中的"人"不是生活在充满物质利益的社会中参与社会发展的人，"这些人"是"自己把自己从社会中排除出去的！"[1] 显然，布鲁诺·鲍威尔所谓的"社会"是排斥人的，也必定是排斥犹太人的。只不过，在基督教国家，犹太人由于宗教而被隔离于国家之外，而"批判"的"社会"虽然不强调宗教的对立，但在充斥着基督教精神的地方，犹太人必将难以生存下去，

---

[1] 《马克思恩格斯文集》第1卷，人民出版社，2009，第299页。

仍然会游离于国家之外。

事实上，现实的犹太人、不放弃犹太教信仰的犹太人并不会像布鲁诺·鲍威尔教条地推演出来的那样，由于"不愿意参与社会发展"而被"从国家中排除出去"。他们的与时俱进的、利己主义的本质，特别是经商的天赋，使得他们在市民社会更能如鱼得水，犹太精神没有违反历史，相反却通过历史保存了下来。在现代国家，犹太人解放的现实任务是进一步摆脱金钱对他们的束缚和禁锢，使他们的活动从单一的经商回归到自由自觉的人的活动。

（三）犹太人解放与法

在现实的"社会"中，人无论是作为公民还是作为个体，其人权是由"法"来规定的——作为公民的权力，作为个体的权利，以及限制和规范人的行为之法律。

布鲁诺·鲍威尔秉承"绝对的批判"的惯性思维，强调法在形式上往往是教条的，因而常常需要情感和良心的干涉、补充。加布里尔·里瑟尔对此提出反驳，说他没有"把法的范围以内的东西和法的范围以外的东西区分开来"①。马克思在此又一次认同加布里尔·里瑟尔的意见，批判了布鲁诺·鲍威尔对法的思辨理解。

马克思认为，在现代市民社会，人与人之间的关系受法律的规范。法律在形式上是教条的，但法的本质是它与人之间的统治与被统治的关系。法律之所以对人有效，并非因为它的教条形式是体现人本身的意志和本质的，而是因为法的本质即对人的统治，违反它就会受到惩罚。因此，法本身就要求要将其本质与形式区分开来，也就是把法的范围以内的东西和法的范围以外的东西区分开来，这可以说是法的主要教条之一。"这种区分的实际实现就构成法的发展的顶峰，正像宗教同全部世俗内容的脱离使宗教成为抽象的、绝对的宗教一样。"② 布鲁诺·鲍威尔没有区别法的抽象的本质与法的教条的形式，以为法的本质是由法的形式生成的，因而把"情感和良心"这些法以外的东西与法本身混为一谈，实际上是无视法的客观存在，将法纳入了他自己的思维当中，而在谈法的地方谈情感和良心，相

---

① 《马克思恩格斯文集》第1卷，人民出版社，2009，第300页。
② 《马克思恩格斯文集》第1卷，人民出版社，2009，第300页。

当于在谈法律教义的地方谈神学教义。

法对于犹太人来讲,意味着他们在基督教社会里争取到作为公民的权力,意味着犹太人作为人享有一般、自在的权利。他们既要得到他人的充分尊重,同时,在商业活动过程中,也要避免欺诈、犯罪等不法的行为,不侵害别人的人权。

(四) 犹太人解放与世界

布鲁诺·鲍威尔既主观地解释法,同时又主观地解释社会,实际上就是主观地解释世界。就像他认为法的形式决定和形成法的本质一样,他也认为现实世界是由"世界形式"——法的形式和社会的形式所决定和形成的,而"世界形式"又是由"批判"在思想上率先"准备"好了的。简言之,现实世界是按照"批判"关于世界形式的构想建立的,这是"批判"参与历史的方式。"批判准备了世界形式,甚至第一次准备了世界形式的思想。这种世界形式不单单是法的形式,而且是〈读者,请你提起精神来!〉社会的形式,关于这种形式至少可以说这么多〈这么少?〉:谁对它的建立毫无贡献,谁在它那里不凭自己的良心和情感来生活,他就不会感到在它那里就像在自己家里一样,也不可能参与它的历史。"①

马克思分析指出,"批判"所说的"世界形式不单单是法的形式,而且是社会的形式"可以有两种解释:其一,"批判"所建立的世界形式"不是法的,而是社会的"形式。按照布鲁诺·鲍威尔在前面的理解,新的世界形式是"社会的",而"社会"在他的头脑中只是思辨的、神学的代名词。所以,它所建立的世界形式无非也是思辨的、神学的,没有任何实际的意义。其二,"批判"所建立的世界形式是"法的",同时也是"社会的"。这样双重的世界形式不就是现今存在的世界形式,即现今社会的世界形式吗?"批判"居然在其对史前时代的思维中就准备了现今社会的形式,除了说它具有"划时代的力量"以外,也真的没有别的解释了!

总之,无论怎样来解释,布鲁诺·鲍威尔对于世界形式的理解,他所谓的"世界形式"都只不过是青年黑格尔派在自己的纯思维中建构的关于现实世界的虚幻的图景。准确地说,这是一个"绝对的批判"本着"精

---

① 《马克思恩格斯文集》第1卷,人民出版社,2009,第300页。

神"与"群众"的对立而建立起来的、与现实世界对立的"批判的世界",是"批判"的"社会"的"社会",而不是"群众的社会","群众"被从这里排除了,自然、现实的事物也不复存在,在其中生活着的只是"精神"、"批判"和思辨哲学家。"关于这种社会,批判除了讲'寓言教导'〔fabula docet〕,除了谈道德教化以外,眼下就再也不可能透露什么东西了。"①

事实上,犹太人所处的世界是充斥着基于所有权的法的、以金钱对人的统治为主要特征的物质世界。因此,在摆脱了专制国家的统治之后,犹太人解放的主要任务就是要致力于摆脱现代社会中物质力量的限制,使他们由"商品拜物教"的世界回归真正的人的世界,使这个世界当中人与人的最高关系不再停留于法的关系,而是以人的关系——用爱来交换爱,用信任来交换信任而体现出来。

(五)犹太人解放与民族

布鲁诺·鲍威尔凭着批判"划时代的力量"对"法"、"社会"乃至"世界"都作了纯粹思辨的解释。他断定,除了"精神"、"批判"和思辨哲学家,这个社会当中的其他人由于不能以思维来构建世界,所以都不能参与社会历史。加布里尔·里瑟尔反驳说,单凭精神的内在运动是不能形成历史的,除了理性外,历史还需有自然的、现实的因素,那就是各民族人民对自由的向往。"毋宁说,我们始终以最自然的要素,以亲兄弟之间千丝万缕的最直接感受,——以民族的骄傲,以对古老制度、对传承下来的风俗和对历史传统的奉献来看待对自由的热爱。"②

对此,布鲁诺·鲍威尔却以法国革命并没有彻底解决犹太人问题为由,断言民族性与自由是对立的——犹太人渴望自由而不愿放弃自己的民族性,基督教国家渴望"把犹太人打入政府的另册",使他们永远得不到自由,这便是现实世界对民族性的新的、确实具有决定性的判决:犹太人问题——宗教都是排他的——消灭宗教——各民族的衰亡。布鲁诺·鲍威

---

① 《马克思恩格斯文集》第 1 卷,人民出版社,2009,第 301 页。
② 聂锦芳、李彬彬编《马克思思想发展历程中的"犹太人问题"》,中国人民大学出版社,2017,第 190 页。

尔得出结论说:"各民族的未来——是——很——黑暗的!"① 而且大声疾呼:"命运可以任意决定一切;我们现在知道,命运是我们的创造物。"②

显然,"批判"在对"法"、"社会"乃至"世界"的纯思辨解释之后,又通过神学的曲折道路运用思辨逻辑创造了民族的命运,就像上帝以自己的意志创造了人一样。上帝把自己的意志赋予人,而"批判"把自己的意志赋予了民族的命运。上帝创造了人与自然之间的先在的和谐,而"批判"则创造了人与人之间的先在的不和谐,"批判"的功能和地位堪与上帝相媲美。同时,"批判"又把自己同心理学区别开来,并且超越了心理学的功能和意义——心理学只能使人具有成为某种东西的意志,而"批判"则使人具有成为某种东西的能力。马克思以嘲讽的口吻入木三分地揭了思辨哲学家的"老底"。

不难看出,当我们不惮琐屑对《神圣家族》中马克思关于犹太人问题的思考进行了细节甄别之后,就会发现其深意存焉:将犹太人的解放置于与国家、社会、法、世界、民族等的关系中进行考察,又辨析了思辨哲学在对这些关系理解上的误区,这样,《论犹太人问题》中关于"犹太人问题"的"世俗基础"和"现实的个人"的内涵至此便获得了全面的提升、拓展和深化,从而标志着马克思对这一问题解答的最终完成。当然,毋庸置疑,马克思在犹太人问题上的如此成就与其哲学思想所取得的进展直接相关。

---

① 《马克思恩格斯文集》第1卷,人民出版社,2009,第302页。
② 《马克思恩格斯文集》第1卷,人民出版社,2009,第302页。

第二章
人的异化的普遍化：从劳动异化论到社会关系异化论

在《1844年经济学哲学手稿》中，马克思借助"异化"概念分析了资本主义生产关系和在资本主义条件下工人的地位，并且创造性地阐释了异化的最新形态——"劳动异化"的含义（异化了的、外化了的劳动）及其后果（劳动者的自我异化和人与人之间的异化）。无疑，黑格尔和费尔巴哈的异化观对马克思有着深刻的影响，但从"劳动"的角度对此所做的分析却是前人很少涉及的。鉴于《1844年经济学哲学手稿》的巨大影响，长期以来，学术界基本上是将"劳动异化论"视为马克思"巴黎时期"①的主要思想来看待的，更有不在少数的论者用它来表达、阐发甚至等同于马克思一生的异化思想。但是，如果我们把《1844年经济学哲学手稿》与这一时期马克思的其他笔记和手稿整合在一起研究，就会发现，即使是在这期间一年多的时间里，马克思这一方面的思想仍然处于变化、发展之中，特别是他借阅读和摘录詹姆斯·穆勒的《政治经济学原理》一书（简称《穆勒评注》）的机缘所阐述的思想，明显把《1844年经济学哲学手稿》"第一笔记本"中所论述的"劳动异化论"发展成为"社会关系异化论"。不仅如此，在《神圣家族》中，马克思还在不断地扩展着这一概念的内涵，他开始用人同人的异化来对私有制及其包含的两个对立面——无产阶级和富有者、贫和富进行分析。从思想传承的逻辑看，没有从劳动异化论到"社会关系异化论"再到《神圣家族》把异化劳动视为无产阶级解放的中介环节，要过渡到《德意志意识形态》在历史唯物主义视角下对异化现象所做出新的分析，将是不可能的。

---

① 指从1843年10月到1845年1月马克思在巴黎生活的时期。

一 现代社会各阶层的收入形式映现出的生存境遇

谈及"异化",当代学者们通常首先做的是词源的考察①和思想史的梳理②,借以表明马克思与西方思想传统的承续关系,这在一定程度上当然也是必要的,但如果一味地倾力于此,最终将体现不出马克思对西方思想传统的真正超越。究其实,马克思不是根据既有的思想成果、观念形态抽象地谈论这一问题,而是基于对作为资本主义社会主体的工人、资本家和土地所有者的社会境遇和现实生存状况的分析而介入的。这已经完全超出了思想史、哲学史的视界。

《1844年经济学哲学手稿》笔记本Ⅰ分了3个栏目,标题分别是"工资"、"资本的利润"和"地租",这指的是资本主义社会中三种收入形式。通过对它们的剖析和比较,马克思揭示了这三种收入形式的所有者不同的命运。

(一) 以工资为其收入形式的工人

在资本主义社会中,工人不是人,而是商品。工人首要的属性就是他们的商品属性,他们作为商品的存在被归结为其他任何商品的存在条件。也就是说,工人存在的理由只能是被资本家购买去从事其他商品的生产。这时,一方面,社会生产由于工人的劳动而正常进行;另一方面,工人由于"幸运"地获得了劳动的机会,凭借劳动所得的工资,他也就获得了生存的机会。否则,找不到买主的那部分工人就要沦为乞丐或饿死。

生存着的工人的收入形式是工资,那么,怎么界定它的额度呢?"最低的和唯一必要的工资额就是工人在劳动期间的生活费用,再加上使工人能够养家糊口并使工人种族不致死绝的费用",即斯密所说的与"普通人"(simple man) 牲畜般的存在状态相适应的最低收入③。可见,在资本主义

---

① 诸如,"异化"的德文词 entfremdung 是英文词 alienation 的翻译,而 alienation 又源于拉丁文 alienatio。
② 通常要梳理出这样的线索:从古希腊哲学中出现的"苗头"到中世纪文献中的"萌芽",再到近代西方思想的逐渐形成,一直到德国古典哲学中异化被提到哲学高度的扩展和深化。
③ 《马克思恩格斯文集》,人民出版社,2009,第115页。

社会，工资是资本家和工人之间的敌对的斗争的结果，而在斗争当中，资本家一定是胜利者。对工人而言，工资所能带给他们的只有绝对的贫困。

马克思特别分三种情形具体分析了工人的生活境况。①当社会处在衰落状态时，工人遭受特别沉重的压迫，其痛苦必然是社会中最大的。②在社会财富增长的状态时，工人的贫困则具有错综复杂的形式。财富的增长即意味着国家的资本和收入增加，这时可能出现的情形：一是工人工资相应提高，这种情况下工人为了多挣几个钱而自动延长劳动时间，劳动的过度使其寿命缩短；二是资本家增加投资，在生产中越来越多地采用机器，使得工人日益依赖于机器，进行着极其片面的劳动，最终自己也沦为机器；三是资本家之间的竞争加剧，一部分先前的小资本家会因竞争而破产从而沦为工人阶级，致使作为商品的工人供过于求，因此，必然有一部分沦为乞丐或陷入饿死的境地。③社会财富达到顶点即完满状态时，工人的贫困持续不变。因为那时工资和资本利息都会很低，社会对工人的需求减缩，竞争难免，工人只能在贫苦中勉强维持生命。

总之，工人来到这个世界上，就不是以人的属性而是以物的属性出现的，他们生存的唯一状态就是为了资本的需要而付出自己的劳动，通过劳动从资本家那里得到工资。然而，工资给他们的不是作为人而是作为工人生存所必要的那一部分，不是为繁衍人类而是为繁衍工人这个奴隶阶级所必要的那一部分。因此，工人的命运如果不是由于失业而行乞或死亡，就必然是在劳动中被贬为机器，"变成抽象的活动和胃"，沦为资本的奴隶，永远挣扎在贫困线上。

（二）追求"资本的利润"的资本家

马克思把"资本"看作"对劳动及其产品的支配权力"，认为资本家利用资本来行使这种权力的过程，同时也是资本家本身生存状况的展现过程。

通常把资本与资金联系起来看待，但二者实际上是有差别的，只有当资本家手中的资金能够给他带来收入或利润的时候，才能称之为资本。因此，资本家的使命就是一定要让他手中的资本按照与此资本相当的比例获取利润。这个利润的大小仅仅取决于资本家所使用的资本的价值，而与资本家所付出的监督和管理的劳动没有关系，哪怕有时资本所有者的劳动几乎为零也是如此。

必须看到，确定资本的利润是一件困难的事情。它通常与资本家付给工人的工资和预付的原料成比例，而且与资本家所经营的商品的价格、同行的竞争程度、顾客的实际需要以及商品在储存和运输过程中的各种损耗都有关系。因此，资本家会尽可能保住最低利率，而尽力获取最高的利润率。比如，在投入一定资金的情况下，不付地租，同时把工人的工资降到最低；通过利用商业秘密、制造业秘密、限定生产的特殊地点和垄断等手段，"用堂堂正正的方式把市场价格保持在自然价格之上。"①

这样，资本的使命决定了资本家的使命。

第一，资本家会无视国家和社会的普遍利益，欺骗和压迫公众。由于受利率的驱使，资本家在考虑把资金投入哪个部门的时候，就从来不会考虑"资本的哪一种用途能推动多少生产劳动，或者会使他的国家的土地和劳动的年产品增加多少价值"，而且，诚如斯密所说，"利润率很自然地在富国低，在穷国高，而在最迅速地走向没落的国家中最高。"因此，这一阶级的利益绝不会同社会的利益完全一致，"他们的利益一般在于欺骗和压迫公众"。在这种情况下，"商品质量普遍低了、伪造、假冒、无毒不有"②。

第二，资本以竞争的方式积聚在大资本家手里，中小资本家由食利者变为企业家或者陷于破产。随着资本主义生产的发展，一方面资本的利润总是同资本的量成正比，因此，大资本要比小资本积累得快；另一方面，产品数量的增加意味着市场价格的降低，同时工资提高、利润下降，以至于除了最富有的人以外任何人都不能靠货币利息生活，资本家不得不把自己的资本投入实业或商业，在为占领市场而进行的激烈的竞争中，大资本家由于可以贱买也贱卖而不亏损、可以用大量的资本来补偿较少的利润、甚至可以容忍暂时的亏损而最终把小资本家的利润积累在自己手里，小资本家则完全被压垮。

马克思还进一步具体分析了资本家阶级内部不同的生存状况。小资本家由于竞争很可能破产而成为工人阶级中的一员，从而开始和工人一样的

---

① 《马克思恩格斯文集》第1卷，人民出版社，2009，第131~132页。
② 〔英〕亚当·斯密：《国民财富的性质和原因的研究》上卷，郭大力、王亚南译，商务印书馆，1972，第80页。

奴隶生活；而在竞争中由于掌握大量的资本占尽积累优势的大资本家，则成了"消费和生产的机器"，"他的生命就是资本，产品是一切"，而国家与社会的利益在他的眼里是微不足道的，从而他自己作为人，也是微不足道的！

（三）土地所有者的变迁

如果说工人是通过出卖自己以及自己的劳动来获得工资的，而资本家则通过对工人劳动及其产品的支配来获得利润，那么"土地所有者是这样一个阶级，他们的收入既不花劳力也不月劳心，可说是自然而然地落到他们手中的，而且用不着任何洞察力和计划。"①

从根本上讲，"土地所有者的权利来源于掠夺。"② 土地所有者在拥有了土地之后，就自然而然地来获取地租。一般地说，地租是土地所有者在把土地租给农场主使用的情况下，扣除或抵消了一切可以看作人的劳动产物的东西之后所留下的自然产物。但实际上，无论是对未经改良的土地，还是对用租地农场主的资金改良了的土地，抑或是对根本不能用人力来改良的土地，土地所有者都会按照同租地农场主在不亏损的情况下所能提供的数额相应的比例来收取地租。他们甚至在未曾播种的地方也要有所收获，对土地的自然成果也索取地租。

具体来说，"地租是通过租地农场主和土地所有者之间的斗争确定的"③。当决定租约条款时，土地所有者尽量使租地农场主所得的份额，仅够补偿他用于置备种子，支付劳动报酬，购买、维持耕畜和其他生产工具的资本，此外，还使他取得该地区农场的普通利润。这样的地租自然是一种垄断价格，是租地农场主在土地现状下所能支付的最高额。在这种垄断价格之下，土地所有者便有可能榨取社会的一切利益。首先，地租会随一国人口的增长而增加。其次，地租会随交通工具的改善、日益安全和多样化而增加。再次，社会状况的任何改善，包括每一项新的发明，工业生产原料的每一次新的采用，最终都会提高地租。最后，提高劳动生产率的各

---

① 〔英〕亚当·斯密：《国民财富的性质和原因的研究》，郭大力、王亚南译，商务印书馆，1972，第139页。
② 《马克思恩格斯文集》第1卷，人民出版社，2009，第142页。
③ 《马克思恩格斯文集》第1卷，人民出版社，2009，第144页。

种方法也能间接提高实际地租。

尽管土地所有者从社会那里获得了尽可能多的利益,但土地所有者的利益同社会的利益完全不一致,并且同租地农场主、雇农、工业工人和资本家的利益相敌对,同时一个土地所有者的利益同另一个土地所有者的利益也绝不会一致。在不断加剧的竞争中,大地产利用其资金上的优势以及对工人和劳动工具的有效使用、生产费用的节约和巧妙的分工等手段增加资本积累并通过对家畜之类食物的生产的垄断来调节其他大部分耕地的地租,并把它降到最低限度,其中最富有的人依靠地租生活。对小土地所有者而言,地租完全消失了,有的被大地产吞并,有的地产落入资本家手中,这样,资本家同时也成为土地所有者,一部分大土地所有者同时也成为工业家,较小的土地所有者则直接成为资本家。最终的结果是资本家和土地所有者之间的差别消失,社会只剩下两个阶级:工人阶级和资本家阶级。

我们看到,已经实现了对社会由"副本"批判向"正本"批判的转变,即由单纯的哲学分析向实证的政治经济学研究转变的马克思,"从当前的经济事实出发"所做的分析是多么具体、细致和深入。

二 劳动异化的具体表现形式及其实质

马克思分析了社会当中三大阶级的收入形式——工资、资本利润和地租,以及由此而决定的他们的经济生活,也初步意识到了在这种生活中人的"非人的"存在状态。当然,他也注意到了斯密的劳动价值学说,劳动是价值的唯一源泉,但是劳动创造出来的财富却不平等地以不利于工人阶级的比例分成了资产阶级社会的三个不同群体的收入。这促使他着手去评价他在读书笔记中记下的斯密言论的观点,他的研究超出了对斯密的工资、资本利润和地租等范畴的分析,得出了私有财产和异化劳动范畴,并把异化劳动范畴理解为资产阶级社会和整个阶级社会的最本质的范畴。

马克思从当时的经济事实出发,考察了工人同生产的直接关系,分析了在资产阶级条件下工人同由他所生产的产品、同他的生产活动,同类本质以及同其他人的关系,阐明了异化劳动范畴并说明了劳动同私有财产之间的本质联系,认识到了私有财产是异化劳动的产物、结果和必要的前提。

从总体上看，他认为异化有四种表现形式，而劳动的异化是最典型的形态。

首先是产品同劳动者的异化。即工人所生产的产品，"作为一种异己的存在物，作为不依赖于生产者的力量，同劳动相对立。""工人对自己的劳动的产品的关系就是对一个异己的对象的关系。"① 以至于他生产的产品越多，他自身的东西就越少；他创造的价值越多，他就越低贱；他的产品越完美，他自己越畸形；他把自己的生命投入对象，但这个生命已不再属于他而属于对象了。最终的结果是，工人通过劳动不仅生产一般的商品，而且生产作为商品的劳动自身和工人自身。因此，无论是要获得工作机会还是要获得生存资料，他都不得不沦为他的劳动产品的奴隶。当他出卖自己的劳动力成为工人时，才能维持自己作为肉体的存在，而也只有作为肉体而存在时，他才能是工人。

其次是劳动同劳动者的异化。产品是劳动、生产的总结，产品的异化必须放归于生产产品的实际的生产行为本身的异化当中来理解。产品的异化不仅意味着工人的劳动成为对象，成为对自己来说的外部的存在，而且这种劳动是与他相异的东西，在他的外部。不仅不属于工人自己，而且成为同他对立的独立力量。首先，劳动对工人来说是外在的东西，"不属于他的本质"。"他在自己的劳动中不是肯定自己，而是否定自己，不是感到幸福，而是感到不幸，不是自由地发挥自己的体力和智力，而是使自己的肉体受折磨、精神遭摧残"②。其次，他的劳动是"被迫的强制劳动"。这种劳动不是目的，只是手段。工人只能借此手段来满足他的除劳动以外的诸如吃、喝、生殖，至多还有居住、修饰等动物机能。最后，"对工人来说，这种劳动不是他自己的，而是别人的；劳动不属于他；他在劳动中也不属于他自己，而是属于别人。""这种活动是他自身的丧失。"③

特别是马克思以感性的语言陈述了迄今为止仍然存在的现代社会中劳动与工人的分离、富人与穷人的对立："劳动为富人生产了奇迹般的东西，但是为工人生产了赤贫。劳动生产了宫殿，但是给工人生产了棚舍。劳动生产了美，但是使工人变成畸形。劳动用机器代替了手工劳动，但是使一

---

① 《马克思恩格斯文集》第1卷，人民出版社，2009，第157页。
② 《马克思恩格斯文集》第1卷，人民出版社，2009，第159页。
③ 《马克思恩格斯文集》第1卷，人民出版社，2009，第160页。

部分工人回到野蛮的劳动,并使另一部分工人变成机器。劳动生产了智慧,但是给工人生产了愚钝和痴呆。"① 这是整部《手稿》中最精彩的段落之一,这样的描述在马克思以后的著述中也是不多见的。

再次是人的类本质同人的异化。产品同劳动者的异化、劳动同劳动者异化导致了异化的第三种表现形式——人的自我异化,即人的类本质同人的异化。类本质是对不同个体之间共同性的抽象,类生活是人作为人应该过的生活;就人来说,他不像动物那样是片面的存在物,而是普遍的、无限的存在物,是类存在物。一个种的全部特性、种的类特性就在于生命活动的性质,而人的类特性恰恰就是自由的自觉的活动。而作为人的类生活的生产劳动生活,在异化了的状态下,只不过是满足他的需要即维持肉体生存的必要的手段。就是说,异化劳动把类生活变成维持个人生活的手段,不仅使人自己的身体、在他之外的自然界,就连他的精神本质、他的人的本质都同人相异化。在这种仅仅作为手段的生产活动中,人自己的生命活动本身不再是自己的意志和意识的对象,他成了没有意识的存在物,由于这一点,他的活动变成了非自由的活动。这意味着,人具有的关于自己的类的意识,也会由于异化而改变,类生活对他来说也必然是手段。

最后是人同人相异化。"人同自己的劳动产品、自己的生命活动、自己的类本质相异化的直接结果就是人同人相异化。当人同自身相对立的时候,他也同他人相对立。凡是适用于人对自己的劳动、对自己的劳动产品和对自身的关系的东西,也都适用于人对他人、对他人的劳动和劳动对象的关系。"② 这是一个全面异化的世界,人丧失了正常的人的机能,如有音乐感的耳朵、能感受形式美的眼睛,总之,那些能成为人的享受的感觉,即确证自己是人的本质力量的感觉全部丧失了,包括没有音乐感的耳朵、没有食物形式的食物的抽象存在等。

这样,马克思一方面以社会中大量存在的事实和现象为依据,另一方面又根据逻辑对这些事实和现象之间的关系进行了概括和推导,使对异化的描述和分析达到了实证与逻辑、揭露与透视相互映衬的地步。

这里必须指出的是,人们习惯上把上述四种具体表现形式,均归结为"劳动异化",如果这是就其成因或后果而言,大体上也可说得通;但就实

---

① 《马克思恩格斯文集》第1卷,人民出版社,2009,第158~159页。
② 《马克思恩格斯文集》第1卷,人民出版社,2009,第163~164页。

际情形看，只有第二种可以明确为劳动异化，其他三种其实都是关系异化。

当我们把马克思同时写作的、大量表述和阐发其思想的"穆勒评注"贯通起来考察，就会发现这一时期马克思的理论视界和立论范围要大得多、复杂和深邃得多，只用"劳动异化论"来概括并不全面。

三 劳动异化导致的普遍的社会关系异化

根据马克思写作方式的不同、思想表述的差异，我们将其"巴黎时期"的著述分为两类：一类是马克思对同时代人以及前人著作的摘录和抄写，其中几乎没有他个人观点的详尽阐发，或者只有寥寥数语评论或批注，我们称之为"巴黎笔记"；另一类当中则有马克思自己大量的正面阐述和思想论证，或者即便由他人的议题引发，但他个人的议论却占了相当大的篇幅，我们称之为"巴黎手稿"。

"巴黎手稿"通常包括被称为《1844年经济学哲学手稿》的"三个笔记本"和"穆勒评注"。"穆勒评注"和"三个笔记本"的内容几乎可以说是紧密相关、逻辑上一以贯之的，只有把二者统摄起来才能展现马克思当时的思想全貌与理论的深度。著名的国际马克思文献研究和考证专家陶伯特在MEGA2第1部分第2卷的前言中曾指出，"穆勒评注"是"马克思大力利用穆勒的观点，在评价、解释并批判穆勒言论的基础上对笔记本Ⅲ研究的直接继续，同时以关于在笔记本Ⅰ、笔记本Ⅱ、笔记本Ⅲ中只是部分地谈到或者根本没有谈到的一些问题的独立的长篇论述，使这种继续达到了更高的质。"[①] 这是她在手稿编辑中一贯坚持的只看重实证材料而拒绝"思想推断"介入的必然判断。她认为，如果把马克思思想看成一个发展、变化的过程，把笔记本Ⅰ着重阐发的"劳动异化论"与"穆勒评注"着重阐发的"社会关系异化论"联系起来，就可以看出二者在思想逻辑上有一种前后相续的顺承关系，标志着马克思对资本主义社会复杂问题全面性认识的变化。而有了这些铺垫，马克思才深入下去，进一步探究异化的根源（私有制）以及扬弃异化的出路（共产主义）。

---

① MEGA2 Ⅰ/2, S. 89, 1982.

詹姆斯·穆勒的《政治经济学原理》提出，应把政治经济学划分为生产、分配、交换、消费四部分。马克思在巴黎期间对该书做摘录时匆匆掠过其中的"生产""分配"部分，而特别重视"交换"部分，穆勒原书中对货币的"交换"性质的讨论激发他对异化问题进一步探究，于是索性撇开了原书的叙述，开始了自己的阐发，论述了货币、信贷以及劳动异化、人的社会关系异化等问题；到"消费"部分，马克思只在开始摘录了穆勒原书中关于生产性消费和非生产性消费的区分的内容，接下来又撇开了穆勒的叙述，就私有制基础上的交换进行了阐发。这导致了他的"社会关系异化论"的产生。

对资本主义经济现象的分析，必然要关注到已经在社会上发挥着巨大作用的货币。但是，当时对货币本质的看法很不一致。马克思借用了穆勒的概念，认为货币的属性是人的"异己的中介"[①]。他特别分析了货币变迁过程中纸币的出现[②]以及"信贷业的兴起"这些指标性的事件和后果，指出，信贷关系是人与人的以货币为中介的交换关系。货币同人的异化、信贷业同人的异化，同时也必然是人与人关系的异化，也就是人的社会关系的异化。

马克思对国民经济学家以交换和贸易的形式来探讨人们的社会关系和人的本质的方式也表示一定程度的认同，并借此分析了交换的形成、特征、中介、本质等问题。但是，马克思认为国民经济学家总是把应当加以阐明的东西当作前提，他们把社会交往的异化形式作为本质的和最初的、作为同人的使命相适应的形式确定下来，是犯了本末倒置的错误。因此，和国民经济学家不同，他把在私有制条件下交换关系中呈现出来的人的社会关系的异化视为结果，而把《1844年经济学哲学手稿》中阐述过的异化劳动作为原因。质言之，他认为，异化劳动必然导致人的自我异化、人与人关系的异化以及各种社会关系的异化。这样，"穆勒评注"就既接续《1844年经济学哲学手稿》的思路，又将其引向了纵深。

异化劳动不仅使我们每一个人都否定了自己，而且同时也否定了另一个人，从而也就否定了人的社会关系：对我自己来讲，我的劳动不体现我

---

① 对这一问题的较为详尽的考察和分析，参见刘秀萍《〈穆勒评注〉再研究》，《马克思主义与现实》2011年第2期。

② 包括用汇票、支票、借据等纸质来充当货币的代表。

的个性和特点，我的产品也就不是我的个性和特点的对象化，因而在对产品的直观中就不能够感性地、直观地、确定地感受到我个人的乐趣，感受到我的本质的对象化。而且，我也意识不到我所创造的产品因被你享受和使用而与你的本质的需要相符合，也就无法确认你的思想和你的爱对我自己的本质的证实；对你来说，由于你使用的这个产品与我并没有本质联系，所以，你感觉不到我和你的本质联系，感觉不到我是你与类之间的中介，感觉不到我与你的社会联系。而在社会生活中，我们每个人都是生产者，也同时是消费者，我们在否定自己和别人的同时，也就否定了我们作为人的、社会的本质，是人的异化、人的社会关系的异化。

如果我们从人类劳动实践的结构来看，异化劳动又使得劳动结构的三要素——劳动者、劳动和劳动对象及它们之间的关系同时发生了异化。首先是劳动者的异化及其同劳动的偶然联系。穷困的劳动者成为社会需要的奴隶，他的劳动以满足社会的异己的、强制的需要为目的，这也是谋取他自己的直接生活资料的唯一途径，劳动对他来说只具有手段的意义；其次是劳动对象的异化及其同劳动的偶然联系。劳动对象也不是劳动者的主动选择，是社会的选择，并且是按照等价物的尺度去选择的。劳动产品与劳动者不再是直接消费和个人需要的关系，产品不再是劳动的自然产物，而本质上是社会选择的产物。

需要指出的是，除了劳动者的异化、劳动对象的异化和它们与劳动之间关系的异化以外，马克思还提出了劳动的异化所造成的一系列的相互异化，它们贯穿在生产、分配、交换、消费四个环节之中：在生产过程中，异化表现为劳动同它自身的分离、劳动者同资本家的分离、劳动同资本的分离；在分配过程中，异化表现为劳动、资本和地产彼此的分离，一种劳动同另一种劳动、一种资本同另一种资本、一种地产同另一种地产的分离，这又导致劳动同劳动报酬、资本同利润、利润同利息以至地产同地租的分离；在交换过程中，异化表现为劳动者同人的本质的分离、劳动者作为人与同样作为劳动者的他人的分离、劳动者同他的劳动产品的分离、不同的劳动者的产品之间的分离、价值同交换价值的分离、物同等价物的分离、货币与价值的分离；在消费过程中，异化表现为生产同消费的分离、这些相互异化的关系，不仅说明生产、分配、交换、消费这四个环节互相衔接、互相渗透、互相印证，共同构成商品生产的全过程，而且在对产品的直观中感性地因而是毫无疑问地感受到个人的乐趣；由于我的产品是我的本质的对象化，所以在你享受或使用我的产品的时候，我既感受到我的劳动满足了我自己的本质需要，又创造了与另一个人的本质需要相符合的物品。

劳动者个人的生命表现，也直接创造了消费者的生命表现，因此也就证实了劳动者的社会本质。

从"劳动异化论"到"社会关系异化论"，马克思对资本主义社会认识在不断地深化。他由穆勒原书中的议题延伸出来的分析不仅是对国民经济学的批判，同时也是他本人当时思想发展的真实记录。发生这种转换和变化对于刚刚转向政治经济学研究和资本批判、还徜徉在先贤和同道的著述及其所提供的分析思路中、尚未形成自己固定、完整而体系化的思考架构的马克思来说，其实是非常自然的事情。而更为重要的是，从思想传承的逻辑看，如果没有"社会关系异化论"作为中介，要过渡到《德意志意识形态》在历史唯物主义视角下对异化现象所做出的新分析，将是不可能的。

第三章
活在"秘密"中的"巴黎"人

马克思对人性的思考、对人的解放道路的探寻贯穿在他几乎所有的著述中。他积极参与德国犹太人问题大讨论，在《论犹太人问题》中揭示了犹太人问题的根本症结，又在《1844年经济学哲学手稿》和"穆勒评注"中通过对劳动的异化状况的分析透视了资本主义私有制下人的异化的普遍性。其后，在马克思恩格斯批判青年黑格尔派思辨哲学以建构他们的新唯物主义的《神圣家族》中，他在对青年黑格尔派成员塞利加·维什努的《欧仁·苏的〈巴黎的秘密〉》进行评论时，揭示了巴黎社会的秘密，不仅批驳了思辨哲学家用观念来把握现实社会的虚妄，也对下层人民的生活、命运和痛苦以及上流社会贵族阶层表面上道貌岸然、实际上男盗女娼等情形作了大量的披露和揭发，实证地表明了资本主义私有制对人性的摧残。

一 "批判的史诗"之"美学的小引"

《巴黎的秘密》是19世纪法国小说家欧仁·苏的代表作。这部100多万字的长篇小说，分上下两部，共52章，有着上百个人物，故事情节十分错综复杂。它以德国盖罗尔施坦公国的大公鲁道夫公爵微服出访巴黎、赏善罚恶为线索，通过对妓女玛丽花、宝石匠热罗姆·莫莱尔、女工路易莎、公证人雅克·弗兰、贵族夫人克雷门斯和萨拉·塞顿以及绰号为"笑面虎""操刀鬼""猫头鹰"的各种人物命运的描写，展示了贵族、下层贫民、罪犯三类人物的生活内幕和"秘密"，一定程度地反映了19世纪三四十年代巴黎的社会状况。

小说的内容大致是：盖罗尔施坦公爵鲁道夫曾同年轻、漂亮却充满心计的萨拉·塞顿小姐秘密结婚，生下一个女儿，后来发现了她的不忠，遂将其逐出自己的领地。为了缓解受骗后产生的抑郁之情，鲁道夫去周游世界，想奖善惩恶，帮助穷人，弄清楚使人类受苦遭难的罪恶根源。在佛罗里达，他从一个残酷的种植园主手里"解放"了一位混血姑娘塞西莉，回来后又将其许配给自己的黑人侍医。由于有着印第安人血液的塞西莉生性淫荡，又耻于与黑人结婚，鲁道夫不得不将她处以终身监禁。最后，鲁道夫来到巴黎。他不知道的是，此时，被他赶走的萨拉·塞顿也在这里，她靠公证人雅克·弗兰的帮助指派"校长"和"猫头鹰"跟踪侦察鲁道夫。一天，鲁道夫在一条下流街道游逛的时候，从一个号称"操刀鬼"的地头蛇手里把一位年轻女仆玛丽花置于自己的保护之下，而没有想到她就是自己的亲生女儿。在知道了这一点以后，他开始关心玛丽花的道德教育，把她委托给一位教士，这位教士后来使她做了忏悔和赎罪。同时，鲁道夫把"操刀鬼"收为自己的仆从，让这个人来对付"校长"和"猫头鹰"这两个恶棍。借"操刀鬼"的帮助，他抓住了"校长"，并且弄瞎了他的眼睛作为惩罚。接着他又惩罚了公证人雅克·弗兰，罪名是使玛丽花迷失了正路，因为公证人曾迫使玛丽花为了慈善的目的献出了自己的财产。玛丽花先是被送到布克伐尔的模范农场，然后做了忏悔并进了修道院，最后死在那里。

《巴黎的秘密》自1842年6月起在法国《评论报》上连载了一年多，引起了极大的轰动，甚至影响了当时法国人的日常生活。流风所及，"秘密"构成了时尚，"拷贝"作品诸如《巴黎的真秘密》《歌剧院的秘密》等大行其道。不只是在法国，在德国这部小说也获得了空前的成功：维干德在莱比锡出版的译本达11种之多；作家们还纷纷模仿它来进行创作，几个作家以"柏林的秘密"为主题的小说在1844年之后相继问世；对这部小说的评论也持续升温，青年德意志派作家泰奥多尔·蒙特在《现代文学》上发表评论，说欧仁·苏比乔治桑和巴尔扎克还要高明，因为他描写了人民的物质生活条件；施蒂纳则在《柏林月刊》上指出，欧仁·苏在小说中把人的解放诉诸基督教，不仅不能消灭贫困，还会妨碍受压迫者独立地寻求解放；早年的马克思恩格斯很关注这部小说，恩格斯指出，这部小说"以令人信服的笔触描写了大城市的'下层等级'所承受的困苦窘迫和道德破坏"①，而这正是小说所以能产生广泛社会影响的最重要的原因。

以上各种评论虽然是从不同的视角出发的，但都就小说的内容和意义表达了各自的见解。在1844年6月的《文学总汇报》第7期上，青年黑格尔派成员塞利加·维什努发表了《欧仁·苏的〈巴黎的秘密〉》一文，对法国作家欧仁·苏的长篇小说《巴黎的秘密》进行了评论。他不是去首先观照小说本身，而是采取了先入为主的方式，站在思辨哲学的立场上对小说进行了"再加工"，认为这部小说是对文明社会中"一切秘密"的揭露。马克思认为，塞利加·维什努的评论是对这部现实主义小说的一种"创造"性评判，小说作者所揭露的社会和文明的一切"秘密"在塞利加·维什努的笔下都变成了"思辨的秘密"。

马克思指出，塞利加·维什努在文章的开头就直接把欧仁·苏誉为"批判的批判家"，把《巴黎的秘密》崇奉为神祇似的作品，以"一个美学的小引"的形式把这部现实主义的小说"捧"成了"史诗"，"史诗创造这样一种思想：现在本身是无，它甚至不仅是（是无，甚至不仅是！）过去和未来的永恒的分界线，而且还是（是无，甚至不仅是，而且还是！）应该经常加以填充的、把永生和无常分隔开来的裂口……这就是'巴黎的秘密'的普遍意义"②。

显然，塞利加·维什努是在利用这个"小引"为青年黑格尔派思辨哲学对这部作品的评论定下一个基调，即他作为批判家对《巴黎的秘密》的批判，将要创作一部可以超乎现实之外、根据自己的观念需要随时可以增添情节的、虚构的文学作品——"史诗"。具有这种自我意识的他可能是一个诗人，而批判的一切组成部分都是他的"诗作"。他的诗作将是"自由艺术"的产物，也就是说，他可以任意地创造出在原本的小说中本来并不存在，而他认为需要存在、应该存在、可以存在的"崭新"的东西。从这个意义上讲，他对《巴黎的秘密》的批判将是"创世史诗"，也可以是"英雄史诗"。"创世史诗"将创造"绝对是从来还没有过的、崭新的东西"，像变魔术一样以《巴黎的秘密》为道具变幻出"批判"所需要的一切秘密——一个崭新的世界，并把所有的秘密都归诸历史与现实，从而显

---

① 《马克思恩格斯全集》第3卷，人民出版社，2002，第556页。
② 《马克思恩格斯全集》第2卷，人民出版社，1957，第68页。

示出"巴黎的秘密"的普遍意义,而在这种创造过程中,思辨哲学家将凭借其无所不能的创造才能成为大无畏的英雄,谱写出唯有青年黑格尔派思辨哲学才能够谱写出的"英雄史诗"。

如果说欧仁·苏先生的小说只能言说"过去",那么这部"批判的史诗"一定能言说"未来";如果说《巴黎的秘密》作为现实主义的文学作品,随着时代的变迁,其对社会的意义会逐渐式微的话,那么,经由塞利加·维什努的"批判的史诗",借助它所揭示出来的"普遍意义",这部小说必将"永生"。

1844年6月在青年黑格尔派所主办的《文学总汇报》第7期上,塞利加·维什努发表了《欧仁·苏的〈巴黎的秘密〉》一文,对法国作家欧仁·苏的长篇小说《巴黎的秘密》进行了评论,认为这部小说是对文明社会中"一切秘密"的揭露,并把小说中的各种事件变成了"思辨的秘密"。马克思在《神圣家族》中用大量的篇幅甄别这一原委,深刻地揭示出"以观念、精神来把握和解释世界"的"思辨哲学"是理解不了"巴黎的秘密"的。

二 罪犯世界的秘密——"制造""秘密"的秘密

《巴黎的秘密》主要表现的是19世纪三四十年代巴黎社会的下层贫民、贵族、罪犯这三类人的生活、命运和痛苦。小说第一部的前五章描写了在一个被叫作塔皮弗朗的最下等的小酒馆里发生的事情。这个小酒馆是巴黎人中的"渣滓"包括已经释放的劳役犯、盗窃犯、杀人犯等藏身或碰头的场所。盖罗尔施坦公国的鲁道夫公爵在此首次与有着甜美歌喉和善良心肠的妓女玛丽花、在最悲惨的贫困中还能坚持不做小偷的"罪犯"操刀鬼相遇,他们各自讲述了自己悲惨的身世。小酒馆里的故事反映的是繁华的现代都市"文明中的野蛮化现象"。

另外,小说还塑造了一个因使用假钞票、偷窃及凶杀等罪行而被判了无期徒刑的"校长",他成功越狱以后又继续作恶。第一部第十七章"处罚"描绘了鲁道夫在"一间挂着红幔帐的房间里"对其进行审判和处罚的过程。其实,鲁道夫为了从"校长"那里得到想要的秘密,先是诱使其行窃而捉住了他,然后又断然动用私刑,将"校长"的两眼弄瞎以让这个曾经罪恶地滥用自己的力气、"把善良的人抛进无边黑夜的人"也面对永世的黑暗,而不是将他移交司法机关。鲁道夫对"校长"的"处罚"显示的是"国家中的无法纪"状况。

还有,小说第一部第二十三章描述了"圣殿街上的一座房子"里住着的"一家穷人"的悲惨生活。穷苦而又正直的宝石匠热罗姆·莫莱尔有五个孩子,妻子残疾,岳母 80 高龄。由于老犯糊涂的老岳母弄丢了一粒钻石,宝石匠不仅丢掉了每天的工资、1100 法郎的储蓄,还借了毫无人性的公证人雅克·弗兰 1300 法郎作赔偿。从此,他们一家本来赤贫的生活变得更加悲惨。女儿路易莎被雅克·弗兰强奸并导致怀孕,可狠毒的雅克·弗兰反诬是她自己堕落才怀孕的,遂将其赶出门。终日恐惧再加上劳累,路易莎早产生下了一个死婴。雅克·弗兰仍然不放过她,以"杀死婴儿嫌疑"将其告上法庭。面对家人如此的遭遇,宝石匠无奈地发出"不……不……上天不公平"的呼喊。这显示的是善恶倒置的社会小人物如浮萍般飘荡的命运。

欧仁·苏在《巴黎的秘密》中描绘出的真实地发生在巴黎社会的这些现象,在塞利加·维什努那里却"获得"了"非同寻常的意义"。在他自谓"批判的史诗"的《欧仁·苏的〈巴黎的秘密〉》中,鲁道夫成了"批判的批判"的化身,肩负揭示"批判的秘密"的使命。因此,罪犯的存在、国家的无法纪与社会不平等这些再平凡不过的、再残酷不过的、再明白不过的现实,在塞利加·维什努的批判下,却成为一种神秘的存在,一种充满批判意味的"秘密"。这样,鲁道夫在塔皮弗朗小酒馆巧遇玛丽花和操刀鬼,其目的就是去发现"文明中的野蛮的秘密"。他算尽机关诱捕校长,并对他施以私刑,由此反映出的也一定是"国家中的无法纪的秘密"。他亲眼看到圣殿街上的莫莱尔一家的悲惨遭遇,也算是探寻到了秘密背后的秘密,即现代国家中的真正的现实与虚假幻象之间的对立,也即真正的道德和伪善之间的矛盾。而且,他眼中的"秘密之秘密"又并不限于巴黎社会的秘密、欧洲的秘密,更是成为"批判的秘密"。

究其实,《巴黎的秘密》中并无"秘密"可言。如果要说到秘密,那也只是在罪犯的巢穴的意义上才存在的。对于一般的巴黎人,或者说对于巴黎的警察来讲,罪犯的巢穴肯定是"秘密"的。为了发现这些秘密的场所,为了使警察能到这些偏僻的角落里去,需要做的也不过就是在巴黎最古老的地方铺设具有照明设备的宽广的马路就行了。欧仁·苏对罪犯的巢穴和他们的言谈进行描写,是因为这些巢穴和言谈是罪犯日常生活不可分离的一部分。所以,描写罪犯必然要描写到这些方面,正如描写情妇必然要描写到幽会密室、研究蜜蜂就少不了要研究蜂房一样。

欧仁·苏写作《巴黎的秘密》的时候,正是法国七月王朝时期①。当时社会贫富两极分化现象日益明显,阶级矛盾日趋激化,法律混乱,盗贼四起,广大劳动群众苦难加深,下层贫民挣扎在饥饿线上。在当时,旨在改变这种状况的圣西门和傅立叶的空想社会主义学说也非常盛行。因此,受社会现实和社会思潮的双重影响,欧仁·苏试图通过文学作品反映大众的苦难生活,同时希望在详尽、真实地描写受苦受难人民的不堪处境的同时,能够以情节的离奇来迎合读者"又害怕又好奇的心理",用独特的形式提出无产者的命运问题。这是他以《巴黎的秘密》命名作品的真实意图。

但遗憾的是,这部意欲揭示充满荒诞和罪恶的社会"秘密"、探究现代社会贫富对立的根本原因的作品,却只是用一种感伤主义的方式来观察社会问题,并且幻想着以揭穿"秘密"的方式引起富人的怜悯,企图用道德的纯洁性与宗教的关怀来解决人的问题,这显然是不现实的。欧仁·苏自称他的心是属于社会主义的,但同时也感叹道,自己对民间疾苦的观察和描写,不过是一种空想,其创作也无非是使傅立叶的学说得到通俗的阐明。他的小说涉及了无产者的命运问题,然而由于他还不了解资本主义社会的本质、内在矛盾和发展规律,所以未能揭示人们受苦受难的真正根源,而只是提倡一种基于阶级调和的社会改良。

以批判自居的塞利加·维什努却不了解上述明显的事实与症结,以思辨哲学的立场言说作者描写罪犯的"巢穴"和"言谈"的目的,认为作者探寻的并不是罪犯的巢穴,而是要研究罪犯们在这些无拘无束的、交往最活跃的地方作恶的动机和秘密。如果说《巴黎的秘密》是一部现实主义的"幻想"作品,或者说是一部幻想性的现实主义作品,那么,塞利加·维什努对这部小说的批判显然并没有抓住这一要害,而是额外赋予了小说一

---

① 亦称奥尔良王朝,1830~1848年统治法国的君主立宪制王朝,因国王路易·菲利普出自奥尔良家族而得名。始于1830年法国七月革命,1848年法国二月革命后被法兰西第二共和国取代。

种"无与伦比的特征"——"秘密"。而且,这所谓的"秘密"并不是这部小说所揭示的社会层面的秘密,也不是这部涉及社会主义议题的小说本身的秘密,而是隐藏在思辨哲学结构中的"批判的批判"的秘密。换句话说,塞利加·维什努的《欧仁·苏的〈巴黎的秘密〉》一文是思辨哲学的结构和秘密在分析巴黎社会问题时的又一次体现,是思辨的生命历程的一个环节。当他对《巴黎的秘密》进行批判性的叙述、将文明中的野蛮现象和国家法纪的不平等这些现实都看作"秘密"的时候,其思想活动的秘密其实早就在黑格尔哲学的思辨结构之中隐藏着。正如马克思所说:"塞利加先生对《巴黎的秘密》的论述就是对思辨结构的具体运用。"①

首先,作为批判的哲学家,塞利加·维什努是从现实世界中"制造"出"秘密"这一范畴的。与费尔巴哈把基督教关于投胎降世、三位一体、永生不灭等观念看作投胎降世的秘密、三位一体的秘密、永生不灭的秘密恰好相反,塞利加·维什努却把现实的、平凡的、人们已经或正在经历的东西变回为"秘密",而这个变换的过程更多地表现为对事实的歪曲甚至是颠倒。比如,大多数国家的信条一开始就规定富人和穷人在法律面前的不平等,但在《欧仁·苏的〈巴黎的秘密〉》一文中,塞利加·维什努却不顾客观事实,说"在法律和法官面前,所有的人不论富贵贫贱都一律平等。这一原理在国家的信条中占着首要的地位。"②

再如,宝石匠莫莱尔生活在七月王朝时期,1830年法国资产阶级革命后所通过的宪章是根本法,宪章规定即真理。所以,当时贫富间的质朴关系至少在英国和法国已经不再存在了,取而代之的却是阶级之间越来越尖锐的对立。欧仁·苏不理解阶级对立的根本意义,只是停留于贫富差别的层面借莫莱尔之口说出了贫富对立的"秘密",并且把路易十四时代市民阶级常说的"呵!但愿皇上也知道这一点!"改编成了"呵!但愿富人也知道这一点!"并借莫莱尔之口把它说出来。塞利加·维什努不仅没有对此提出异议,却就这一句话津津乐道,渲染莫莱尔是"十分诚实而清楚地"说出来的。随后,又添加了一句,"可是不幸得很,他们不知道贫穷是什么"③。事实上,"不幸得很",富人是非常确切地知道"贫穷是什么"

---

① 《马克思恩格斯文集》第1卷,人民出版社,2009,第276页。
② 《马克思恩格斯全集》第2卷,人民出版社,1957,第70页。
③ 《马克思恩格斯全集》第2卷,人民出版社,1957,第70页。

的。国民经济学就是从资产阶级的立场出发来研究怎样发财致富的学问，其传播的就是关于贫穷这种肉体贫困和精神贫困的非常详细的见解。为了保护资产阶级自己的利益，他们竭力要求把穷人的贫困状态保存下来，甚至他们很细心地计算出，穷人为了富人和自己本身的福利应该按什么比例通过各种死亡事件来减少自己这一阶层的人数。如果说欧仁·苏是由于软弱和妥协把时代主题弄错了，那么塞利加·维什努就是将错就错，正好利用欧仁·苏的错误来完成自己"制造""秘密"的使命。

很明显，塞利加·维什努是从现实世界"制造""秘密"的。为此，他往往要极力掩盖已经十分明了的事实，抑或是根据思辨哲学的要求竭力歪曲事实。这与费尔巴哈通过揭示基督教看不见、摸不着的人在生命历程中无法体验的神秘性来揭露在现实中宗教统治人的秘密、把被掩盖的东西揭露出来的宗教批判形成了鲜明的对照。

其次，塞利加·维什努"制造""秘密"的秘密在于"思辨的黑格尔结构"——将实体诉诸主体，诉诸内在的过程，诉诸绝对的人格。就像思辨哲学把苹果、梨等自然的果实中为大家所知道的、实际上是有目共睹的属性当作是其"发明"，并规定为一个抽象的"果实"，再让这抽象的理智创造出来的"果实"返回到现实的千差万别的平常的果实一样，塞利加·维什努先是把"文明中的野蛮"和"国家法纪的不平等"等说成"秘密"，实际上就是把这些现实中存在的现象规定为"秘密"这个范畴，接着他又让这个"秘密"按照思辨结构开始自己的"思辨的生命历程"。从这个意义上讲，塞利加·维什努对《巴黎的秘密》的批判，就是将思辨结构运用于其中各个细节的实验。他由抽象的理智出发又抛弃抽象回到现实的整个思维活动过程，不过是黑格尔式的"自我意识设定物性"的翻版。

黑格尔设定人＝自我意识，人的活动只是自我意识的活动，人的外化的、对象性的本质即物性也就只能是外化的自我意识。换句话说，"物性"是由自我意识设定的。而自我意识所设定的至多只是物性，即只是抽象物、抽象的物，而不是现实的物。同样地，塞利加·维什努把现实的关系消融在"秘密"这个范畴当中，而这个"秘密"无非就是外化的自我意识，是由塞利加·维什努"设定"而来的。当塞利加·维什努又转念将这个"秘密"变为实体的时候，比如他让伯爵夫人、侯爵夫人、浪漫女子、看门人、江湖医生、舞会、木门等成了"秘密"的生活表现，即把"秘密"变成了体现现实关系和人的独立主体的时候,也无非就是其思辨活动的继续,实质还是观念"制造"世界的行为。费尔巴哈曾说,在黑格尔那里,是精神自己在"表演",那么,在塞利加·维什努这里,也无非是在进行思辨的表演罢了。

不仅如此,与精神在黑格尔那里的表演相比,塞利加·维什努思辨的表演还体现出更加赤裸裸也更加肆无忌惮的特性来。

其一,在黑格尔那里,自我意识设定"物性"时是以现实事物作为比照的,因此,"物性"是抽象的物,是对现实事物的抽象。精神作为绝对主体所完成的过程,也是哲学家利用感性直观和表象从一个对象过渡到另一个对象时所经历的过程。从《哲学全书》来看,它是以质、量、度、本质、现象、现实性、概念、客观性、绝对理念、自然界、主观精神、客观精神、艺术、宗教、绝对知识等诸精神现象之间前后的扬弃关系来展开精神的自我实现过程的。扬弃了的质=量,扬弃了的量=度,扬弃了的度=本质,……扬弃了的艺术=宗教,扬弃了的宗教=绝对知识;《法哲学原理》的内容也是用同样的逻辑来构成的。黑格尔认为自由意志是法的本质,而抽象法、道德和伦理(家庭、市民社会、国家)是自由意志在不同形式和阶段上的体现,因此,扬弃了的抽象法=道德,扬弃了的道德=家庭,扬弃了的家庭=市民社会,扬弃了的市民社会=国家,扬弃了的国家=世界历史(自由意志)。我们看到,黑格尔把人的感性意识视为抽象的感性意识,同样把作为人的对象化的宗教、财富等异化了的现实,即人的本质力量的异化了的现实视为抽象的哲学思维的异化,最后,人通过对宗教、财富等的扬弃而实现了人的真正本质的现实的道路也被黑格尔视为只需在思维当中完成的过程。这样,在黑格尔这里,我们看到,现实的异化和克服现实异化的活动都是一种纯粹思维的思想运动:具体的人的活动变成了抽象思维的活动、人的现实的异化变成了抽象的异化、对于人的已成为异己对象的本质力量的占有,也就变成了那种在意识中、在纯思维中即在抽象中发生的占有,变成了对作为思想和思想运动的对象的占有。

与黑格尔的"设定"相比,塞利加·维什努是在"制造"。"设定"意味着黑格尔是将现实事物及其活动用思维、精神及其活动来代替,也就是说,思维、精神及其活动是依托于现实的,不是绝对主观的、任意的。而"制造"则是超越于现实事物、现实关系之上的,不在任何地方渗入现实的内容。因此，是绝对主体的自我活动。

其二，由于黑格尔那里的精神及其活动以现实事物及其活动为模板，所以他常常在思辨的叙述中把握住事物本身的、现实的内容，让人产生一种现实与思辨的混同感，即把思辨的阐述看作是现实的，又把现实的阐述看成是思辨的。比如，在黑格尔的《精神现象学》中，宗教作为自我意识的异化是要被扬弃从而被否定的，但同时它却在宗教哲学的形式下被保存和肯定下来，也就是说，在黑格尔那里，人的真正的宗教存在是宗教哲学的存在。同样，人的真正的政治存在是法哲学的存在，真正的自然存在是自然哲学的存在，真正的艺术存在是艺术哲学的存在，而真正的人的存在是哲学的存在。这样一来，一个人只有作为宗教哲学家、法哲学家、自然哲学家才算是真正信教的、参与政治生活的和自然存在的，只有作为哲学家才算是真正存在的，那么，现实的宗教信仰和现实的信教的人、政治生活和从政的人、自然存在的人就必然被否定了，现实存在的人就被否定了。但揭开黑格尔的神秘的面纱，我们仍然可以看到，人的自我存在是具体的、感性的，黑格尔把人设定为自我意识、设定为哲学存在，是一种虚假的设定，本质上是人的真实存在的一种形式。因此，人的哲学的存在仅仅是人的真正的存在的异己的表现，扬弃这种异己性即能确证人的存在本身。因此，"物性"在黑格尔那里就是思维活动的环节，是虚设的对象，"物性"被扬弃也是假象，其目的是对自我意识抽象的确证。思维及其运动即黑格尔的宗教。

较之于黑格尔隐蔽的、神秘化的批判，塞利加·维什努思辨的辩证法却显示出了"赤裸裸地表露出来的美"：巴黎社会所有的人和事都是"秘密"，而这秘密又与现实的人和事没有任何关联，它是思辨自由地从自身中先验地制造出来的。同时，这不具有合理的、自然的依存性的"秘密"，在塞利加·维什努看来是独属于思辨哲学的，其中哪怕是最偶然的和最独特的规定也被塞利加·维什努说成绝对必然的和普遍的规定。这表明，由思辨哲学"制造"出来的"秘密"，已经没有了对象的意义，而是变成了凌驾于现实之上、体现为超越现实的关系和人的独立主体。在这个意义上，马克思说，塞利加·维什努"登上了真正思辨的、黑格尔的高峰"[①]。

---

① 《马克思恩格斯全集》第2卷，人民出版社，1957，第75页。

以上的分析表明，面对黑格尔的哲学遗产，青年黑格尔派思辨哲学所做的工作不仅没有体现其苦心和尺度，更谈不上有什么推进和发展，就是在"传播"和"继承"的意义上讲也勉为其难。

三 上流社会的秘密——"秘密"的转移

将思辨自由地"制造"出来的"秘密"确立为形而上学独立主体的塞利加·维什努，又企图赋予"秘密"以殖意转换的本领，让其躲藏在无法进入的坚固的外壳中，以便他往后可以"尝试"去寻根究底，来显示思辨哲学的无穷力量。

《巴黎的秘密》通过叙述黑社会里杀人犯、强盗、抢劫犯等的生活，反映了下层人民的命运、痛苦，然后又通过对圣热尔门区舞会的描写，揭露了上流社会贵族阶层表面上道貌岸然、实际上男盗女娼的丑行。塞利加·维什努没有将罪犯世界的"秘密"和贵族社会的"秘密"分别加以考察，或者去探讨罪犯世界和贵族社会罪恶与虚伪背后的社会根源，而是用"秘密"范畴将它们统摄起来，认为无论是罪犯世界还是贵族社会，无非都是他的"秘密"的藏身之处。欧仁·苏小说中从罪犯世界到贵族社会场景的转换，也不过就是这一"秘密"使然，是真实的"秘密"本身为了要使自己能逃避考察而作出的"新的转变"。

如果说塞利加·维什努对于罪犯世界和贵族社会有什么不同见解的话，那也仅仅是在二者分别与"秘密"之间关系的意义上来谈的。小说场景的转换是"秘密"主使的，而在这个过程中，转换了的还有"秘密"与现实的相处方式：鲁道夫在罪犯的酒吧间和"一间挂着红幔帐的房间里"发现的"文明中的野蛮"的秘密和"国家中的无法纪"的秘密，呈现出一种绝对猜不透、完全不可捉摸、否定的特性，与"真实的""实在的""肯定的"文明和法纪是对立的；而在圣热尔门区的舞会上，当鲁道夫企图揭示"有教养的社会"的"秘密"的时候，这一"秘密"又与文明、与上流社会中的"教养"是一体的，是文明与教养"不可觉察的内容"，它变成了可以认识的、肯定的东西，成了巴黎社会的真正的本质。

显然，这所谓的"秘密"是塞利加·维什努自己为了证明思辨哲学的无所不能而设定的。他到下层社会人们的真实的、实在的悲惨处境当中去

"挖掘""秘密",让其以否定的方式存在,与肯定的东西相对立;他又在上流社会的虚伪与欺骗当中去"找寻""秘密",说它是肯定的对象,是渗入教养之中的。同时,他还将这前后两个版本的"秘密"都看作一个东西——思辨的"秘密"——真正的"秘密",为了不失其神秘性,这个"秘密"必须得显现出与人们所理解的"轻浮佻达、无拘无束、卖弄风情"不同的特性,通过不断转换方式潜藏起来,除了"批判"的哲学家外没有人可能发现它、认识它。

为了达到这个目的,塞利加·维什努又一次拿起思辨哲学的撒手锏,用"先验地构成"的基本方法先假设上流社会是有教养的社会,再通过对鲁道夫的神秘心理、秘密的爱情、舞会中的虚假等来揭穿"教养"背后的秘密,从而证明只有"秘密"——思辨的"秘密"——既不是巴黎社会本身的"秘密",也不是巴黎所能了解的"秘密",才是有教养的社会"不可觉察的内容",才是它的真正的本质。

所以,我们看到,塞利加·维什努并没有直接马上就去贵族的舞会上,而是依批判的意图事先做了工作。他假装提出几个实际上已经有了答案的问题:"普遍理性"是不是有教养的社会中"社交谈话"的话题?"是不是只有对人的爱的韵律和拍节"才使这个社会"成为和谐的整体"?"我们称之为一般教养的东西是否就是普遍的、永恒的、理想的东西的形式",也就是说,我们称之为教养的东西是否就是形而上学的想象的结果?当然,我们在《巴黎的秘密》中完全可以看见,这些问题的答案均是否定的:高贵的夫人们热衷于谈论的是如何享受和隐瞒婚外情而并不是"普遍理性",和谐的社会表象下荡漾的是欺骗与下流而非"爱的韵律和拍节",而社会的教养也绝对不可能如形而上学的想象一样完美。塞利加·维什努之所以提出这些问题,实际意在用提问题的方式给贵族社会加上一些莫须有的、压根就不可能具备的东西,以便于其后可以装模作样地去"发现"这些性质的不可能性,以此来证明"秘密"才是贵族社会的本质。这就是他的论证逻辑。

按照塞利加·维什努的安排,鲁道夫担负着揭示"秘密"的使命,是批判的使者。所以,走在去圣热尔门舞会路上的鲁道夫,就是"秘密"从平民社会转移到贵族社会的一种思辨的象征。《巴黎的秘密》之所以能够成为塞利加·维什努展示其思辨技巧的工具,客观的原因在于,虽然这部作品基本上是遵循现实主义创作路线的，无论是对平民社会中人们悲惨生活的描写，还是对贵族们虚伪和无耻行径的揭示，都是基于对十九世纪法国社会生活的观察和体验的文学创作，但其中对人物处理的虚幻化，还有某些十分曲折又过分离奇的情节，更有一些基于空想社会主义关于未来理想社会图景的描述，都容易让人产生云里雾里、不知所云的感觉。这些都为"批判"隐藏"秘密"提供了较为适宜的条件。比如，小说对盖罗尔施坦公爵鲁道夫的人物描写就给塞利加·维什努的批判提供了方便。鲁道夫是位公爵，虽然力主正义、赏善罚恶，但未能真正摆脱他长期在社会上层所养成的贪图享乐与刺激的生活习惯。他乔装打扮深入下层社会，又以公爵的身份接近社会上层。然而，身份与条件的特殊性并没有帮助他通过对社会两个悬殊层面形形色色的生活场景的对照，来探究整个社会贫富对立的根本原因，倒是叫他非常肤浅地得意于自己微服私访时的乔装打扮，感到自己以多面的伪装出入于各种不同的境遇中是极其有趣的："我觉得这些对照真够味。昨天我是一个画家，呆在费维街的一间小房子里画扇面；今天早上我以店伙的身分，用黑醋栗酒招待皮普勒太太；而今晚呢，我又是靠神的恩惠支配这个世界的一个特权者。"①

鲁道夫的性格与习性正好能够让塞利加·维什努浮想联翩："这里出现了魔术般的奇迹，在黑夜里阳光普照，在寒冬里显出春天的葱绿和夏天的繁茂。我们立即产生了这样一种心情：我们相信人们心中有神明存在的奇迹，尤其是当美妙和优雅使我们完全相信理想已经近在咫尺的时候。"②对现实事物由神明支配的绝对信仰，是作为"批判"的哲学家"批判的纯朴"的体现。马克思因此把鲁道夫称为"批判的乡村牧师"，并用歌德的《浮士德》第一部第六场《魔女之厨》中的诗句将塞利加·维什努异乎寻常的想象改写成了："我在地上的诸神中逍遥，／我的神识几乎已经缥缈！"深刻地讽刺了思辨哲学肆意篡改事实、试图竭尽思维的无限创造的做法。

就这样，肩负思辨的重任、怀揣思辨哲学梦想的鲁道夫，来到了圣热尔门，步入了塞利加·维什努用来诠释思辨的爱情的场所——大使公馆的花园里，接近了萨拉·塞顿伯爵夫人和克雷门斯·达尔维尔侯爵夫人，并"有幸""偷听"到了两位夫人的谈话。

---

① 《马克思恩格斯全集》第 2 卷，人民出版社，1957，第 78 页。
② 《马克思恩格斯全集》第 2 卷，人民出版社，1957，第 78 页。

这是《巴黎的秘密》上册第一部第二十六章"舞会"中的情景:萨拉·塞顿出身于苏格兰一个贵族家庭,除去惊人的俊美之外,她还有着多种少见的本领:既有动人的魅力,又有冷酷的灵魂,还有一种精细的机智和极度虚伪、专横的性格,而这一切又披着宽厚、热情、激烈等多种外衣。最重要的,她有着一颗奢望的野心,决心要戴上皇冠,成为一个皇后。为了实现这个梦想,她和哥哥决定先到德国试一下。他们首先来到了德意志联邦的盖罗尔施坦公国,并很快如愿以偿地获得了盖罗尔施坦公国大公鲁道夫的爱情,两人秘密结婚并生下了女儿玛丽花,也就是在小说一开头鲁道夫在塔皮弗朗小酒馆偶遇的那个唱歌的小妞。克雷门斯·达尔维尔也出身高贵,家境富裕,但性格气质与萨拉·塞顿完全不同,她"焕发最感人的和善,无法描绘的感染魅力",但对自己的丈夫却有一种不可克服的疏远心理,是鲁道夫在她心里唤起了爱的需要。两人秘密谈话,萨拉·塞顿怂恿克雷门斯·达尔维尔不忠于丈夫,鼓励她发生婚外情,自己则想以孩子为筹码,把盖罗尔施坦宫内的权力更加牢固地握在自己的手里。

此外,在《巴黎的秘密》第二十六章"舞会"中出场的,还有德·吕逊纳公爵夫人。她秀丽而时髦,而丈夫德·吕逊纳公爵虽然出身于法国最大的家族之一,但是其貌不扬,长着一个又粗又长的鼻子,爱吵闹,爱高声大笑,说话粗鲁,行为粗野,还爱报复。因此,她得不到内心的满足,就到婚外去寻找在婚姻中没有找到的爱情。

这三位上流社会夫人的共同之处在于,她们都是没有爱情的婚姻的牺牲品,婚姻对于她们来讲都是一种外表的东西,充其量是一种所谓的男女关系。婚姻生活中的爱情对她们说来始终是一个体会不到的秘密,她们为内心强烈的冲动所驱使,力图把这秘密揭穿。同时,秘密的爱情却使她们沉醉,因此,她们就把这隐藏在秘密爱情中的秘密,当作了爱情的"内在的、令人振奋的、本质的东西"。就像不敢在自己家里饮酒而又想痛饮的人,就到外面去寻找饮酒的"对象","因此"而沉醉于"秘密的饮酒",并把这当作饮酒的最高境界和本质一样。

这便是塞利加·维什努所竭力表达的东西:爱情的"本质"就是"秘密"。关于这一点,欧仁·苏在小说中也作了渲染。他认为,矫揉造作和玩弄手腕的癖性,故弄玄虚和诡计多端的倾向,是女人的本质特点、天生的僻性和主要的本能。神秘、猎奇、挫折、恐惧、危险尤其是被禁止的事物的诱惑力就是爱情的秘密，假如爱情去掉了担心、苦恼、困难、秘密、危险，那就只剩下了情人的躯壳，除此之外什么东西也没有了。有这样一个人，别人问他，你为什么不和你那个寡居的情妇结婚呢？他回答说，唉，这一点我当然也想过，不过结婚后，我不知道该到什么地方去过夜。欧仁·苏强调说，被禁止的事物的诱惑力构成爱情的"最大的魔力"，是人们去到婚外猎取各种爱情的根据。他引用傅立叶《关于普遍统一的理论》一书中的话说："在爱情中正如在商业中一样，禁令和走私是形影不离的。"①

爱情的"本质"是"秘密"，那么，这爱情的"秘密"何在呢？塞利加·维什努借牧师的嘴作出了否证式的回答：爱情"不是万绿丛中的林荫小道，不是月明之夜的自然的朦胧，也不是华贵的窗帘和帷幔造成的人工的朦胧。不是那竖琴和风琴的柔和而又令人着迷的乐声，不是禁物的诱惑力……"②。既然窗帘、帷幔、风琴这些"秘密的东西"都不可能是爱情的秘密所在，那么，这"秘密"的背后就必定还有秘密，而且它肯定是与这些物质性的东西不同的东西。塞利加·维什努指出："爱情中的秘密是令人激动、陶醉、着迷的那种东西，是情欲的威力。"③

怎么来解释"情欲"呢？众所周知，情欲的来源在生理上一是快速的血液循环，二是神经传达，这是情欲产生的物质基础。而在塞利加·维什努看来，我们不应该把情欲仅仅理解为神经的颤动、血管中的热流，而应该作更广义的理解，把它理解为精神力量的外观，理解为支配欲、虚荣心、求名欲等。总之，举凡"令人激动和陶醉"的东西都可以作为情欲的表征。回到《巴黎的秘密》的情节，他认为，萨拉·塞顿即情欲的代表。在这部小说中，萨拉·塞顿纯粹是个"理智"的人，但她具有的却是一种抽象、无情而冷酷的理智，利己主义构成了这个女人的根本特征。老奶妈要她相信其日后将"戴王冠"，她对此竟深信不疑，于是出去旅行，想借出嫁高人来达到目的。结果弄得不伦不类，竟把一个德国的小"诸侯"当作了"戴王冠的人物"。我们放下小说中伯爵夫人的生活道路被描写的是

---

① 《马克思恩格斯全集》第 2 卷，人民出版社，1957，第 83 页。
② 《马克思恩格斯全集》第 2 卷，人民出版社，1957，第 81 页。
③ 《马克思恩格斯全集》第 2 卷，人民出版社，1957，第 81 页。

否合理的问题不谈，仅就欧仁·苏所描写的这个人物来说，她的灵魂是"枯燥而冷酷的"，她的意向是"恶毒透顶的"，她的性格是"狡猾的"，她的矫揉造作是"高明的"。"爱情的火样的冲动从没有打动她那冷若冰霜的心；任何动人心弦的事件也不能改变这狡猾、自私而虚荣的女人的刻薄打算。"① 她的"虚荣心""骄傲"远不能成为情欲的形式，而是一种和情欲毫不相干的抽象理智的产物。

可见，塞利加·维什努所诠释的情欲突破了人性的范围，而进入了社会意识的层面，这是肯定的。但是，他在社会意识层面所揭示的爱情的"秘密"，与青年黑格尔派所看重的普遍理性、"真正的"爱情和意志力一样，是与"群众"的现实的爱情是对立的，是与现实的人的生活是对立的。所以，他认为，人们需要克制物质性的情欲而追求精神性的、理性层面的"情欲"，又认定真正的理性是信仰，真正的爱情是对上帝的爱，真正的意志力是基督的意志。由此来看，他之所谓爱情的"秘密"无非就是对爱情的一种宗教般的虔诚，就像思辨的基督徒的信仰一样，是上帝的爱和基督的意志使然。"不是为了肉欲，只因上帝曾经盼咐：你们要生养众多。"② 显然，塞利加·维什努对人的情欲的注解，表明情欲与人本身就不再是本质的联系，爱情的秘密归根结底在于宗教般的精神、观念，是对现实的人性的否定、排斥，是神性。

更进一步，从现实中发掘"神性"的塞利加·维什努又从巴黎迷人的女人、天使的化身中直接生发出"近在咫尺的理想"。他在批判地解释了"情欲"、剔除了情欲产生的现实条件和基础之后，又力图让情欲成为精神的专属品。为此，他还把欧仁·苏在《巴黎的秘密》里为了便于把上层贵族圈子里的人会集在一起所利用的舞会这一形式拿来渲染一番，并断言，法国作家一写到上流社会就要描写舞会，这与英国小说家一写到上流社会往往要描写打猎或乡间别墅一样，不可能是纯粹偶然的，而是体现了小说家们理解事物的方式的共性。

于是，塞利加·维什努又信马由缰地对跳舞作了思辨的演绎："跳舞是作为秘密的情欲的最普遍的表现。只有结成配偶才能得到的两性的直接接触即拥抱，在跳舞中是容许的。因为跳舞虽然从外表看起来能够得到快

---

① 〔法〕欧仁·苏：《巴黎的秘密》，成钰亭译，云南人民出版社，1981，第618页。
② 《马克思恩格斯全集》第2卷，人民出版社，1957，第82页。

感,而且实际上也是这样,但终究不能看做情欲的接触和拥抱。""因为,如果真的把跳舞看做情欲的接触和情欲的拥抱,那就不能理解,为什么社会单单对跳舞表示宽容,而一切类似的现象——如果这些现象在其他地方同样无所顾忌地表现出来——社会反而会给加上一个严重的罪名,认为这是不可原谅地伤风败俗和不识廉耻的行为,而冠以恶名并无情地加以取缔。"①

显然,塞利加·维什努对跳舞的看法也是纯粹思辨的,他关于跳舞不能够获得性的快感的判断并不客观。事实上,在巴黎的"雪蜜卢"跳舞的人,其泼辣大胆、毫无隐讳的作风,轻浮放荡的动作,包括那刺激感官的音乐,都会让人的情感激动起来,产生真切的甜情蜜意,此时此景中情欲的流露是自然的甚至是赤裸裸的。欧仁·苏在小说中并没有去描写跳舞者及其感受,塞利加·维什努所谓的"跳舞","不是康康舞,也不是波尔卡舞;他说的是一般的舞蹈,是只有在他那批判的脑盖骨下面才能跳的舞蹈这一范畴"②。他只是从思维出发来设计舞会、用思辨的"幻想"把舞会轻松地描写了一番。而他对跳舞的描述,也是从思辨出发,丝毫没有与实际的跳舞联系起来,就像被放开缰绳的马,按归天的老沃尔弗的精神对这种必然性所做的一连串的证明飞步狂奔起来。从这个意义上讲,他不是一个舞者,甚至不是一个对跳舞感兴趣的人,而是按照思辨哲学的规定,对跳舞"发生兴趣",就像他对罪犯的巢穴和言谈并无兴趣而又去描写这些一样,他只是一个对跳舞"富于幻想"的批判家。

这样一个"富于幻想"的批判家塞利加·维什努,不仅能够把鲁道夫幻想为一个思辨哲学家,让他去任意一个批评家需要隐藏秘密的地方进行"侦察",也能够把爱情的直接动力——情欲幻想为脱离身体接触的纯粹思维的活动,甚至能够让根本就没有出现在这个舞会上的混血姑娘塞西莉充当揭露"有教养的社会的秘密"的工具,说她才是"有教养的社会的被揭露了的秘密":"事实上,社交的声调和节奏的秘密,即这种极不自然的事物的秘密,是一种回复到自然的热烈的渴望。因此,像塞西莉身上所发生的这种情形给有教养的社会一种像电一样的影响,并获得极不平常的成就。对她这样一个没有受过教育的、只受自己的本性支配的、在奴隶中生

---

① 《马克思恩格斯全集》第 2 卷,人民出版社,1957,第 84、85 页。
② 《马克思恩格斯全集》第 2 卷,人民出版社,1957,第 85 页。

长起来的女奴说来,这种本性是生命的唯一泉源。她突然被送入宫廷,在那里的风俗习惯的强制下,她很快就识破了这些风俗习惯的秘密……她是绝对有力量驾驭这个环境的,因为她的力量,她的本性的力量像不可思议的魅力一样影响着周围的人,而在这个环境中塞西莉必然会走入歧途而放纵起来,但是在以前,当她还是奴隶的时候,正是这种本性使她拒绝了主人的一切卑鄙的要求,始终忠实于自己的爱情。塞西莉是有教养的社会的被揭露了的秘密。被压抑的感情最后终于冲破障碍而不可抑制地奔放出来……"①

从塞利加·维什努这段文字来看,我们一定认为塞西莉是这个舞会上的一个迷人的女人。但实际上,当巴黎举行舞会的时候,她正坐在德国的监狱里。在《巴黎的秘密》里,塞西莉的出场在第二十二章,聪明异常、从巴黎学成归来的黑人医生大卫在美国佛罗里达州的种植园里,发现并爱上了年仅十五岁的美丽的混血女奴塞西莉。可是这件事遭到了种植园主的阻拦,大卫被关入牢房,塞西莉被种植园主强暴。濒于死亡的两人被穆尔弗救出,来到德国。然而获得了幸福的塞西莉却觉得在欧洲与黑人结婚是可耻的,所以她选择了放荡,最终被关在碉堡里接受终身监禁。

如果说塞西莉姑娘身上有什么秘密的话,那就是,她是一个混血姑娘,她的血管里流淌着的是"印第安人的血液"。所以,她的情欲的秘密是热带般的炽热。因此,她对黑人医生的爱是"狂热"的;而当她被带到德国以后,在"欧洲人的世界"中,她又立刻迷恋于白人而"耻于同黑人结婚",身不由己地选择了放荡。与其按照欧仁·苏的说法她是属于"天生的堕落",倒不如说,混血姑娘本身就是强烈的情欲的化身更为确切一些。可见,塞西莉姑娘所能够揭示的恰恰是爱情的最原初的意义——生理学意义上的情欲,塞利加·维什努拿她来诠释"有教养的社会的被揭露了的秘密",把她说成绝对秘密的生命过程中的一个环节,纯粹是思辨哲学家的"幻想"。

把塞利加·维什努关于爱情的思辨构想与欧仁·苏的小说比较一下,就可以看到,塞利加·维什努从思辨出发所演绎出的爱情的秘密,实际上是利用了欧仁·苏所描述的上流社会爱情当中伪善的特点,把"提高到精

---

① 〔德〕塞利加·维什努:《欧仁·苏的〈巴黎的秘密〉》,转引自马克思、恩格斯《神圣家族》,《马克思恩格斯全集》第 2 卷,人民出版社,1957,第 86 页。

神力量的外观"的那种情欲赋予了本来是由物质力量决定的情欲的代表者。伪善在这里直接被转换为"神秘",其实是批判哲学家自己的欲望——用精神统摄一切——的思辨地实现。他用思辨的、神秘的方法来抛弃抽象,其实根本就没有抛弃抽象,只是在表面上越出了抽象的圈子而已。

至于论证的依据,比如为什么说只有上流社会才能代表有教养的领域,这恐怕也就只能是一个"秘密"了,它即便对巴黎的社会现实来说并不构成秘密,但也是巴黎的人们所不了解的秘密。塞利加·维什努把"秘密"设定成有教养的社会"不可觉察的内容",让其成了社会一切现实的真正本质,实际上是故弄玄虚,企图用概念来掩饰真实世界的现实状况,混淆视听,以达到思辨哲学以思维统领一切的目的。

我们看到,马克思在《神圣家族》中,借着法国作家欧仁·苏的长篇小说《巴黎的秘密》复杂、丰富和生动的情节,对塞利加·维什努的评论文章《欧仁·苏的〈巴黎的秘密〉》一文进行了猛烈的抨击。这一方面揭示了"以纯观念、精神理解和解释世界"的思维方式的虚妄和荒谬,将马克思对青年黑格尔派思辨哲学的批判引入到了新的层次,在另一个层面上,马克思把《巴黎的秘密》看作现实主义的作品,认为其情节可能是虚构的,但反映的现象和状况却是真实的。通过对巴黎社会中各个阶层的人的真实生活状况的透视,他对人性和人的现实存在做了进一步的思考。

第四章

"宗教的秘密"与人的"救赎"

在《神圣家族》中,马克思对资本主义社会中人性的痛苦与挣扎状况的思考典型地体现在他对《巴黎的秘密》中一个叫作玛丽花的妓女命运的分析上。在这里,他把"宗教的秘密"与人性的现实联系起来,详细地梳理了一个对生活充满了热情和希望的少女玛丽花一步步走向死亡的过程。

玛丽花是《巴黎的秘密》里的主要人物之一。充满人性特征和美好幻想的"雏菊"玛丽花迫于生活际遇和压力沦落为妓女,受人"拯救"走向了宗教,但最终,已成为修女的她却惨死在修道院里。宗教是她短暂的一生的向往和依托,但宗教到底带给了她什么呢?马克思根据玛丽花的遭际透析了宗教的实质与现实人性的关系。

一 充满人性的"雏菊"玛丽花

在《巴黎的秘密》中,欧仁·苏通过四个情景为我们呈现了一个充满人性的玛丽花的形象——一朵美丽善良、蕴藏着丰富生命力、含苞待放的"雏菊"。起初,她是巴黎许多坏人藏身、碰头的场所塔皮弗朗小酒吧老板娘的奴隶,"前额洁白纯净,天使般完美的椭圆脸蛋","喉音温柔、颤巍、调和,实在迷人","仿若在杀人的战场上开放着一朵美丽的百合花",因此,人们把她叫作"唱歌的小妞儿","玛丽花"也有"童贞女圣母"的意涵①。不幸的命运让她的遭遇极端的悲惨,虽然地位低下,但仍然保持

---

① 〔法〕欧仁·苏:《巴黎的秘密》上册,成钰亭译,云南人民出版社,1981,第13~14页。

着高尚的心灵、性格上的落拓不羁和人性中的优美,在非人的境遇中合乎人性地成长着。马克思通过几个典型的情节点出这一点。

情景一:在小酒馆里,当一个号称"操刀鬼"的地头蛇要挟她为其买单的时候,玛丽花严词拒绝,而后"操刀鬼"打了她一拳,她便拿起剪刀朝"操刀鬼"的肋骨猛刺了一下,并且坚强地说,"你别过来,否则我用剪刀挖掉你的眼睛","我没有惹你,你干嘛打人?"在这一场境中,外形纤弱的玛丽花表现出朝气蓬勃、精力充沛、生性灵活的品质,显现的是一个不屈服于暴力、善于捍卫自己权利的坚强女性的形象,而不是一只没有防御能力、任人宰割的"羔羊"。

情景二:在费维街罪犯们聚集的酒吧里,她向鲁道夫叙述了自己的生活经历。她从小被父母遗弃,不得不和一个叫"猫头鹰"的单眼瞎的老太婆一起生活,每天乞讨、挨打,最后还被拔掉了一颗牙。忍无可忍之下,她逃了出来,不幸又被当作小偷关进感化院,一直待到16岁。从感化院出来后,她本想做一个勤劳的、自食其力的人,但处境艰难、尴尬,又很少能得到机会和帮助,所以她没有去找工作,而是把在从感化院处理后赚得的300法郎统统花在游逛和装饰上,后来她虽然后悔了,可还是为自己辩解:"但是没有人劝告我呀"。她想做一个纯洁的人,但在无奈的生活际遇下被卖身于酒吧的老板娘,不得不在灾难中悲伤地过活;她想做个诚实的人,"真的,我想起过去就伤心……做个诚实的人想必是很好的",但是,她又感觉到,在那样的环境中,她要做个诚实的人太难了,"诚实,我的天!你说我有什么办法能够诚实!";她想做个坚强的人,"我决不哭鼻子",但她的生活充满悲苦,竟日"是很不愉快的";她想忏悔自己的过去,但根本没有渠道,只能不了了之,无奈地提出一条斯多葛派和伊壁鸠鲁派式的人性原则:"到头来,做过的事情就让它过去吧!"① 讲述自己悲惨经历的玛丽花是诚实的、内心坦荡的,又是一心向往纯洁与善意的,即使对于自己的过往她没有自觉地反省,有的只是身不由己的无奈。

情景三:当鲁道夫和玛丽花在郊外第一次散步的时候,鲁道夫问她:"不幸的孩子!意识到你如此可怜的处境,你应该经常想到……","想到死,对不对,鲁道夫先生?"玛丽花打断了他的话,"是的!我曾经不止一

---

① 〔法〕欧仁·苏:《巴黎的秘密》上册,成钰亭译,云南人民出版社,1981,第216页。

次地透过河岸的栏杆凝视着塞纳河……可是,过后我又转过来看着花,看着太阳……并且自言自语地说:河始终会在这里,可是我还没有满十七岁呵……谁会知道呢?""希望遇到一个好人,给我活做,让我能够摆脱奥格雷斯……这样一希望,仿佛就能使我得到安慰……我对自己说:'我的苦是受够了,但是至少我从来没有害过什么人……假使有人劝告过我,我也不至于落到这个地步!……'这样一想,就减少了难过……虽然自从我的小月季花死了以后,我难过得更多了。"① 这无疑是一个天性乐观、虽饱受生活的磨难仍对生活充满憧憬的小女孩。当鲁道夫帮助她离开自己以前无力摆脱的恶劣环境,来到大自然的怀抱中的时候,她便自由地表露出自己固有的天性,显现出小姑娘蓬勃的生趣、丰富的感受以及对大自然之美如此合乎人性的欣喜若狂。

情景四:鲁道夫许诺玛丽花,要带她到若尔日夫人的布克伐尔农场上去,那里将会有鸽房、马厩、牛奶、乳酪、水果等。这对于从来都"没有出过巴黎"、成天生活在"那间又脏又臭的小屋里"、自从到了"奥格雷斯家以后""就没有进过教堂"的玛丽花来讲,有一种渴望解放和临近解放时的"痛快"之感。当鲁道夫为她描绘了一个空中楼阁的时候,她天真烂漫地以为自己不幸的命运是自作自受,"过去所发生的一切都是因为我不会节省钱的缘故",甚至反过来规劝鲁道夫把钱存入储蓄银行。她觉得鲁道夫带她到若尔日夫人日常帮忙打理的农场去,是上天给她的恩赐。她没有对过往的生活进行反思,也没有对直接当下的生活进行思考,而只是幻想着愉快、光明的生活,也只有在这种幻想的比照下,她才想起了自己过去境遇的极端可怕。

这便是欧仁·苏展现给我们的生活在 19 世纪三四十年代巴黎社会的"雏菊"玛丽花的形象。《巴黎的秘密》之所以轰动一时,成为当时法国社会中最重要的"文化"事件之一,其原因就在于这部小说较为详尽、真实地描写了受苦难人民的生活,反映了他们贫困不堪的处境,叙述了他们一向被"上等人"所蔑视和践踏的苦处,正如恩格斯所指出的,这部小说"以显明的笔调描写了大城市的'下层等级'所遭受的贫困和道德败坏"②。

---

① 〔法〕欧仁·苏:《巴黎的秘密》上册,成钰亭译,云南人民出版社,1981,第 75 页。
② 《马克思恩格斯全集》第 1 卷,人民出版社,1956,第 594 页。

二 "救世主"的"救赎"之道

对于命运多舛仍然充满着鲜活人性的玛丽花,小说作者欧仁·苏并没有找到拯救她于悲惨生活的现实途径,而是满怀憧憬地把她交到了鲁道夫这个所谓"拥有"超乎寻常智谋的"救世主"的手上,把鲁道夫当作了玛丽花能且仅能抓住的"稻草",把鲁道夫所谓的"仁慈"看作了使玛丽花获得幸福的途径。然而,更为不幸的是,似乎可以洞察巴黎社会一切秘密的、具有过人的胆识和气力的、又是玛丽花的亲生父亲的鲁道夫,却选择了让玛丽花皈依上帝,在信仰世界中幻想着命运的改变,最终使得玛丽花走上了一条不归之路。

小说《巴黎的秘密》的情节还在延续。鲁道夫把玛丽花从罪犯云集的费维街小酒馆里带出来,又想办法把她送到布克伐尔农场,将其交给两个人来照看,一个是照顾她日常起居的若尔日夫人,另一个是布克伐尔教堂中的牧师拉波特神甫。若尔日夫人患有忧郁病、常感到不幸,且对宗教十分虔信,她告诉玛丽花,上帝保佑那些又爱他又怕他的人、那些曾经不幸并已经悔悟的人。由于玛丽花从来就没感受到爱,也没有爱过,所以,她打动了玛丽花,成了玛丽花事实上的教母。牧师拉波特则用教义来改造玛丽花,当他看到玛丽花因生活境遇翻天覆地的变化流露出忧郁的神情,而不是感到幸福快乐的时候,便持续不断地关心玛丽花,让她感受光彩的生活。

于是,刚刚脱离开悲惨的现实生活环境的玛丽花,欢欢喜喜、坦率天真、毫无设防地在农场开始了新的生活,但她对于过去的种种痛苦和屈辱的经历仍然讳莫如深,对过去生活中的污点感到羞愧和恐惧。特别是当她在农场里遇见佃户杜布勒伊太太的女儿克拉腊小姐的时候,"我也不知道是怎么回事……我憔悴的腮帮一感触到克拉腊娇嫩的小脸……我的脸羞得像火烫一样……我感到疚心……想起了自己……我!"她没有想到是,这样自然的、感性的情感却正好为老教士拉波特和她的教母若尔日夫人的宗教关怀留下了充足的空间。拉波特趁机给她以道德的启发,让她"领悟到"自己过去的卑贱处境,"与其说是不幸,还不如说是有罪……"[①]。而

---

① 〔法〕欧仁·苏:《巴黎的秘密》上册,成钰亭译,云南人民出版社,1981,第349页。

这样的表白又正中拉波特的下怀，他口气坚决地回应玛丽花："这实在没有办法！""就是品性最高尚的人，只要他在你被救出的污泥中呆过一天，出来后也会在额上留下一个洗不掉的污点……"至此，可怜的玛丽花只能伤心地说："那末，您看出我是命定该绝望的罗！"

这是拉波特对玛丽花宗教改造的第一步。他毫不留情地撕开了玛丽花过往的伤疤，然后决绝地宣布这个伤疤将会永久地留在她的额头上，因此，无论她做何等的努力，她都会是一个罪人。而且，她还必须有原罪的意识，痛苦与忏悔必定伴随着她的一生。其实，对玛丽花来说，这样的痛苦远远大于她仍旧沦落在过去的火坑里的痛苦，因为如果还是像过去那样的话，"也许贫困和毒打很快就断送了我的性命，而对于这种无论我怎样渴望也得不到的纯洁，我至少是可以毫不知道便了此一生的"①。

至此，从小受尽人世间种种痛苦和磨难的玛丽花在教母若尔日夫人和牧师拉波特的宗教关怀下变成了一个终身悔悟的罪女。

接下来，对于这个注定只能纠结于过去的不堪经历而倍感绝望的小女孩，拉波特教士在宣布她不可能完全撕掉过去可悲的印记的同时，又为她指明了唯一的出路，那就是期望全能的上帝以无限仁慈来帮助她，让她经过尘世的眼泪、忏悔、赎罪，去往能得到赦免和永恒的福佑的天堂。这样，在唯一济度世人的教堂里、在开始忏悔和赎罪的地方，自然的、感性的、充满着人性的玛丽花不得不放弃了作为人本应有的羞惭，接受了拉波特对希望超凡出世的解释以及人间万事万物必须受上帝摆布的观念，拜倒在上帝的绝对权威之下。然而，这一切对于天真烂漫的、对尘世还怀着深深眷恋的玛丽花来说，又都是被迫的。她被拉波特教士唤起了"自己有罪"这种意识，又被告知上帝会拯救她于罪孽的煎熬之中，但在她的意识里，上帝是虚无缥缈的，她所能想到的还是人世间她的"救星"鲁道夫，那个对她仁慈的人，她觉得只有这个人才能使她回到上帝那里去。

但是，有着基督教式的粗暴的拉波特教士，哪里肯让玛丽花轻易地摆脱罪孽感呢！他立即打破了玛丽花有违神道的幻想，说道："很快，你很快就会得到赦免，赦免你那深重的罪孽……主保佑一切行将堕落的人。"②他用虚幻的许诺来逼迫玛丽花在追寻上帝的路上更进一步。

---

① 〔法〕欧仁·苏：《巴黎的秘密》上册，成钰亭译，云南人民出版社，1981，第352页。
② 《马克思恩格斯全集》第2卷，人民出版社，1957，第219页。

同一与差异

事实上，表面上显示出对玛丽花极大的同情和关怀、又信誓旦旦劝慰玛丽花只要诚心赎罪，终会得到上帝护佑，对玛丽花过往的经历本来就是不能释怀的，他们早在自己的心中给玛丽花定了罪。俩人在私下谈话就提及，玛丽花是不能"嫁人"的了，因为没有一个男人有勇气从内心上接纳她那被玷污了的青春经历。更为根本的是，他们认为，"如果她有道德感的话，她是不会堕落的"，所以她根本不可能在此生赎补这么大的罪恶。她避免不了被社会唾弃的命运，就像那些直到半夜还在最热闹的街头叫卖火柴的七八岁的小女孩，最终逃脱不了被饿死、冻死的命运一样。可见，玛丽花的原罪是世俗观念来界定的。

更为不可思议的是，宗教使命的观念形式与人的救赎的现实问题的有效结合，居然会仅仅依托于宗教伪善的"循循善诱"。玛丽花无可逃脱的残酷命运本应归因于她所处的现实社会境遇，也有着如若尔日夫人和拉波特教士之流观念影响的现实因素，她内心的矛盾在于，一方面意识到今生今世永远摆脱不了良心的谴责和过去的罪愆，另一方面又觉得即使对上帝开诚布公也不可能赎罪或者获得谅解，这使她深感自己"好苦啊！"其实，玛丽花如此的现状和对这种状况的思考是完全符合人性的、也是合乎逻辑的。但拉波特却对她说道："恰巧相反，这是你的幸福，玛丽花，是你的幸福！主使你受到良心的谴责，这种谴责虽然充满了痛苦，但却是与人为善的。它证明你的灵魂有宗教的感受性！……你所受到的每一点苦难都会在天上得到补偿。相信我的话，天主一时把你放在邪路上，是为了以后让你得到忏悔的荣誉和赎罪所应有的永恒的奖励！所以，孩子，你要拿出勇气来！……支持、依靠、指导，你什么也不缺……"① 这就是宗教的伪善推导出的逻辑！丝毫不符合逻辑的逻辑。

归根结底，宗教的逻辑无非就是激起人的宗教情感——一种非感性的、非自然的情感，而这种情感的对象却是莫须有的、无形的。拉波特巧妙地利用了玛丽花对于大自然美的纯真的喜爱。在玛丽花傍晚送他回家的路上，拉波特指着黄昏之时一望无涯的天际，说它"几乎能使我们产生一种永恒的观念……"，并把玛丽花热爱大自然的秉性说成"易于感受自然之美"，而这又被视为宗教崇拜，"看到这造物之美在你心中，在你那长久

---

① 〔法〕欧仁·苏：《巴黎的秘密》上册，成钰亭译，云南人民出版社，1981，第354页。

丧失宗教感情的心中激起了宗教崇拜，我常常是深为感动的。"①

在拉波特的启发下，玛丽花彻底否定了自己以往对有形的自然之物产生的感觉，为自己曾经对自然现象的欣喜若狂感而万分惭愧，更进一步地，她为自己没有能够体味到晶莹清澈的太空与永恒的观念之间的联系而感到沮丧。她终于意识到，自己一切人性的表现都背弃了宗教，违背了真正的神恩，因此是离经叛道的、亵渎神灵的。她自感"罪孽深重"，她急迫地想要对拉波特教士"告白"，她亟须赎罪。

除了否定自己对自然之物的感性，玛丽花还否定了自己对现实的人的感觉，从而把自己与现实世界的联系彻底隔绝了。玛丽花原本对鲁道夫心存感激，因为是鲁道夫帮助她离开巴黎肮脏的小酒馆、离开非人的罪恶的生活，送她到农场、过上新的生活，也因此，她"曾经每一分钟都在想念着鲁道夫先生"。但是，在她得到来自拉波特教士的宗教启示以后，她便对自己对于鲁道夫、对于现实的、新的、幸福的生活的渴望表示怀疑，甚至是否定了。"我时常抬头望着天，但不是在那里找上帝，而是找鲁道夫先生，好向他道谢。是的，我在这一点上责备了我自己，我的神甫；过去我想念他比想念上帝为多；因为他为我做了唯有上帝才能做出的事情……我是幸福的，幸福得跟永远逃脱了大险的人一样。"② 可以看出，对于此刻的玛丽花来讲，她又非常矛盾地幻想着鲁道夫不仅是那个拯救她于悲惨现实生活的活生生的人，还是现实版的"上帝"，或者说，在玛丽花的思想深处，鲁道夫应该与上帝合一。因为上帝才是真正的"救世主"。

这就是玛丽花在生活中对于宗教理解和态度上的转变。如此的转变与自然、现实、感性、知识等均无关系，它不需要玛丽花的理性思考和实在努力，甚至不需要推理和论证，也不需要通过告白以祈求上帝的宽恕。"主已经向你证明他是仁慈的"，玛丽花要做的、她能够做的仅仅是"领悟"，领悟到自己的原罪和上帝的神恩，从而去赎罪、皈依，直到把自己的一切献给那个虚无缥缈的存在。她成了修女，宗教生活完全取代了她的世俗生活。她打心眼里为自己的"觉悟"感到庆幸，她把自己过去的不幸理解为罪孽，把对世俗生活的自然态度转化为超自然的观念，把拯救她的

---

① 《马克思恩格斯全集》第2卷，人民出版社，1957，第220页。
② 《马克思恩格斯全集》第2卷，人民出版社，1957，第221页。

人的恩惠体悟为上帝的仁慈，又把这一切都归功于若日尔夫人和拉波特教士的"教诲"，因为是他们"使我懂得了我的罪孽是无限深重的"[①]。

三　玛丽花最终被救赎了吗？

对于宗教的理解和态度发生转变之后，玛丽花的生活境遇如何呢？在小说中，我们看到：

首先，她由自己的"主人"变成了宗教观念的奴隶。在遇到鲁道夫之前，玛丽花虽然生活在悲苦与不堪的现实中，但在最不幸的环境中还知道在自己身上培养可爱的人类个性，在外表极端屈辱的条件下还能意识到自己的人的本质是自己的真正本质，还有能力说"我绝不哭鼻子"，有勇气与自己的过去说再见并憧憬自己的未来。可以说，这时候的她自己还是自己的主人。然而，当她把过去生活的不幸看作自己的罪孽，把自己的幸福定位于摆脱世俗的、自然的、人的感觉而拥有宗教的启示，把精神上的不幸看作最大的不幸，从而开始用基督教的观点来自我谴责的时候，她便成了"自己有罪"这种意识的奴隶。

其次，成为宗教观念奴隶的她丧失了作为人的本质的生活。本来是现代社会的污浊伤害了她，使她沦落为不洁的少女，但在与拉波特教士的交往中，在宗教的不断"洗礼"下，她自觉地把社会强加给他的不幸看成了她的宿命，而且认为一切的罪过都是自己的原罪。因此，她经常不断地忧郁自责，这成了她的义务——上帝亲自为她预定的生活任务，成了她存在的目的本身。她作为人的感觉，包括对自然之物的感觉、对人与人之间感情的体会、对日常生活的感知以及对未来幸福的期盼统统不复存在，取而代之在自我折磨、忏悔过去中度日，并且她把忍受这种折磨视为至高无上的"美德"和"荣誉"。

再次，向往着"美德"和"荣誉"的玛丽花却还是不能完全摆脱她那健全的天性。人性在她那里还在闪烁着哪怕是最后的、微弱的光，她的心还不免困惑于尘世的事情。当她和鲁道夫的父女关系得到确认，最终成为盖罗尔施坦郡主的时候，她向父亲说出了自己的心里话："我祈求上帝把

[①]《马克思恩格斯全集》第 2 卷，人民出版社，1957，第 221 页。

我从这些迷茫中解脱出来，让充满在我心中的单只是对上帝的虔诚的爱和神圣的希望，最后，我祈求上帝完全掌握着我，因为我想全心全意地皈依于他，但是我的这些祈求都落空了……他不听取我的祈祷……不用说，这是因为我对尘世的眷恋使我不配同上帝交往。"① 因此，在人性和神性之间徘徊与纠结，成了发生宗教转变之后的玛丽花日常生活的"新常态"。

最后，玛丽花"既然已经领悟到使她解脱非人的境遇是神的奇迹，那末她要配得上这种奇迹，她自己就必须成为圣徒。她的人类的爱必须转化为宗教的爱，对幸福的追求必须转化为对永恒福祐的追求，世俗的满足必须转化为神圣的希望，同人的交往必须转化为同神的交往"②。也就是说，她必须对尘世和世俗的事情完全死心，完全皈依上帝，这是她不二的选择。只有这样，她才能够得救，而上帝的仁慈才可以得到确认。

那么，完全脱离尘世，入了修道院，朝以继暮、旷日无间地活在悔悟当中的玛丽花得到上帝的护佑和救赎了吗？

在修道院中，鲁道夫想方设法让玛丽花得到了女修道院长的职位。起初她认为自己不够格，拒绝接受这个职位，但后来在前任女修道院长的劝说下，她同意接受了。然而，终于走到了离上帝最近的地方、终日可以与"美德"和"荣誉"相伴的玛丽花，却并不适应修道院的生活，"衰弱颓丧，脸色苍白，精神痛苦"。就在初修期满，第二天将正式发愿的前一夜，身体虚弱加之冬日天气的严寒，更有神经性的激动，玛丽花的生命终于走到尽头，寂然辞别了人世。把她送上宗教的审判庭的父亲鲁道夫这样说道："对她来说……死，也许更幸福。"

在宗教伪善的逻辑下，人性的救赎与生命的结束竟然是捆绑在一起的！小说中美丽的、心地纯洁的、会唱歌的玛丽花以她短暂一生的曲折经历表征了一个普通的底层民众希望从宗教中获得救赎的心理。亲生父亲鲁道夫先是把她遗弃，在一个偶然的机遇下又救她于悲惨的生活之中，同时，也是这个父亲，把她变为悔悟的罪女，再把她由悔悟的罪女变为修女，最后把她由修女变成一具死尸。在整个过程当中，我们看到，没有任何一个人能够取代上帝来改变玛丽花的命运，而上帝怎么样呢？"基督教的信仰只能在想像中给她慰借，或者说，她的基督教的慰借正是她的现实

---

① 《马克思恩格斯全集》第 2 卷，人民出版社，1957，第 223 页。
② 《马克思恩格斯全集》第 2 卷，人民出版社，1957，第 223 页。

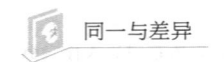

生活和现实本质的消灭,即她的死。"[①]

四 玛丽花命运的"观念"解读

《巴黎的秘密》不仅在法国引起巨大轰动,影响还扩展到德国。作为青年黑格尔派成员之一的塞利加·维什努(SzeligaVishnu)在 1844 年 6 月的《文学总汇报》第 7 期上发表了《欧仁·苏的〈巴黎的秘密〉》一文,对这部小说进行了评论,将其中所叙述的各种事件在观念的意义上(所谓"思辨的秘密")予以分析,认为小说的不凡之处就在于充分揭露了现代文明社会中的"一切秘密"。曾经也是青年黑格尔派成员的马克思,当时正处在与青年黑格尔派思辨哲学进行思想剥离的过程中,为此他与恩格斯合作撰写了《神圣家族》。其中设专章分析了《巴黎的秘密》以及塞利加·维什努的评论,马克思不仅对玛丽花命运做出了深入的思考,同时,更借此机会批驳了塞利加·维什努的思路,认为他的评判不过是站在思辨哲学的立场上对小说进行的"再加工",是一种自认为"创造"性的、实质上却是歪曲的评判。

塞利加·维什努认为,现实世界是由"普遍的世界秩序"所主导的,而思辨则是现实世界的打开方式。在他看来,玛丽花的一生是短暂的,但其生命的意义和价值却是无限的,而这种意义和价值就在于她"艺术地"诠释了"普遍的世界秩序"与现实的个人命运的"思辨统一。这是超越小说《巴黎的秘密》、连作者欧仁·苏也没有揭示出来的"秘密",是"思辨的秘密"。小说主人公鲁道夫的使命就是揭示这个秘密,而玛丽花——小说中彰显人性的"雏菊"则是这个秘密的践行者。从这个意义上说,玛丽花无疑成了思辨的"雏菊"。在塞利加·维什努看来,思辨的"雏菊"是对人性的"雏菊"的一种修正,这是他对"雏菊"的思辨的设计理念。我们将看到,在这种设计中,这朵思辨的雏菊无非"观念的体现"而已!

从玛丽花和鲁道夫的关系来看,当塞利加·维什努把玛丽花设计为"思辨的秘密"的践行者而把鲁道夫设定为秘密的揭示者的时候,二者的

[①] 《马克思恩格斯全集》第 2 卷,人民出版社,1957,第 224 页。

关系就出现了扑朔迷离的状况。玛丽花是"普遍的世界秩序"与现实的个人命运的思辨的统一，是"真正统一的整体"的体现。因此，按照塞利加·维什努的设计逻辑，她就是一切秘密的根源，是思辨的目的本身。鲁道夫作为秘密的揭示者，是手段，是以她为根据的。二者的关系是母亲与儿子的关系，即鲁道夫应该是玛丽花的儿子。而在小说里，鲁道夫不是玛丽花的儿子，却是她的父亲。显然，这里出现了塞利加·维什努设计"雏菊"的逻辑与小说中的人物设定之间的矛盾。这样的矛盾在塞利加·维什努看来却是《巴黎的秘密》中诞生出的一个"新秘密，即现在所孕育出的常常不是未来，而是早已衰逝的过去"。与此同时，他还为玛丽花在小说中作为女儿找到了思辨的辩解："一个孩子如果不也成为父亲或母亲，而是保持着童贞进入坟墓……那末他本质上……是一个女儿。"①

不能不说，把女儿看作她父亲的母亲，塞利加·维什努的这种思想同黑格尔的思辨是完全一致的。"在黑格尔的历史哲学中，和在他的自然哲学中一样，也是儿子生出母亲，精神产生自然界，基督教产生非基督教，结果产生起源。"② 这是思辨哲学固有的思维逻辑，是它把一切现实事物都视为观念的产物而导致的必然结果。

从玛丽花的早年经历来看，当塞利加·维什努把玛丽花设计为"真正统一的整体"的体现者的时候，她身上的善与恶却没有办法统一起来，因而也就失去了真正的人性。她是善良的，在非人的环境中生活，但她不曾害过任何人；她有着像太阳和花一样纯洁无瑕的天性；她很年轻，因此对未来和人生充满希望和朝气。这是她的本能、她作为人的愿望使然。但对于自己的生活境遇，她不认为是自己自由创造的结果，也不是她自己身上拥有的恶的本性的表露，而是觉得这一切都是别人强加给她的。这是她对社会、对人性的无知使然。玛丽花相信自己是善良的，又无法理解自己人性中恶的部分，因此就没有能够通过自己的努力避恶趋善，这是她之所以最后拜倒在上帝面前的原因。塞利加·维什努却将她出于本能和人的愿望的善良看作善的抽象观念，同样将她悲惨的生活经历看作由恶的观念所致，认为在"批判的""雏菊"玛丽花身上，"时代的普遍罪过、秘密本身的罪过"又构成了"罪过的秘密"。因此，她在本质上成了观念的代名

---

① 《马克思恩格斯全集》第 2 卷，人民出版社，1957，第 214 页。
② 《马克思恩格斯全集》第 2 卷，人民出版社，1957，第 214 页。

词，一定会被思辨玩弄于股掌之中，如此的她，在现实中当然只有死路一条。

　　从玛丽花遇到鲁道夫开始直到最后惨死的过程来看，当塞利加·维什努把玛丽花设计为"普遍的世界秩序"与现实的个人命运的思辨统一的时候，实际上是把现实的个人命运统一到"普遍的世界秩序"这个思辨哲学的抽象而虚幻的概念中去了。作为现实的个人的最后死亡，恰好衬托出抽象的"普遍的世界秩序"的最后"胜利"。鲁道夫拯救玛丽花于水深火热的罪犯穴巢之中，让她从此摆脱了因贫贱的物质生活而产生的痛苦，同时也开启了她更加痛苦的精神之旅：她"欢欢喜喜、坦率天真地"与拉波特教士接近，但拉波特貌似超凡出世，却有着"险恶的用意"。他在心中已经给玛丽花定了罪，所以他是笃定"要玛丽花赎罪"而去与玛丽花接触的。玛丽花按照拉波特的规劝变成了一个"痛改前非"的罪人；为了把玛丽花的错误变成背弃上帝的罪行，使她认识到自己的罪孽，从而进行忏悔和赎罪，拉波特教士仅用言语就成功地摧毁了她心中对大自然真诚的喜爱，把这种爱变成了一种宗教上的惊叹，使现实的人同宗教的关系在玛丽花身上真切地表现了出来：就人与宗教而言，绝不是一切自然的、可以用理性所把握的关系，而是人类的此岸世界与彼岸世界的关系，处在彼岸世界的上帝对人来讲是无限的、超自然的、超人类的。人祈求宽恕与上帝的仁慈之间绝不存在因果关系，表面上是人在请求宽恕，但实际上上帝的仁慈是先在的。意识到自己有罪的玛丽花只需观念一转，便一定会由衷地"感到自惭形秽"，摧毁自己自然的素质和力量，以便接受超自然的东西和基督教的恩赐。如果说，玛丽花在幼年和童年的苦难经历中还依然保持着晶莹清澈的人性的话，那么，此时沉浸在自由和痛快之中的她，显然已经完全丧失了作为人的感受与思考，被贬为适合神意的、基督教化的自然。她充满活力的、栩栩如生的自然的和精神的力量以及各种自然的天赋都化为灰烬，成为永恒性的观念，剩下的只有乖乖地接受上帝的洗礼。这便是宗教的伪善作祟的结果，"把人身上一切合乎人性的东西一概看做与人相左的东西，而把人身上一切违反人性的东西一概看做人的真正的所有"①。

　　最后，在塞利加·维什努看来，支配玛丽花的已经不是人的自我意

---

① 《马克思恩格斯全集》第 2 卷，人民出版社，1957，第 221 页。

识，而是基督教的宗教意识。她唯一拥有的只是用基督教的观念来谴责自己。当她将自己感觉自己卑下这样一种合乎人情的意识变成了感觉自己永远不可挽救这样一种基督教的、因而也是难以忍受的意识的时候，她的心灵就被罪孽深重的感觉所支配，这意味着她必将变成忏悔和赎罪的牺牲品。她穷途末路，唯有去到上帝跟前，请求上帝把她在尘世间受到的每一点苦难，都以"忏悔的荣誉和赎罪所应有的永恒的奖励"的方式补偿她。她的人类之爱转化成为宗教之爱，对尘世幸福的追求转化成对永恒福祐的追求，世俗的满足转化成对神圣的希望，同人的关系转化成同神的交往。总之，她把自己完全交给了上帝，只有彻底脱离尘世，进入修道院，在那里慢慢地枯萎和死去，她才有可能摆脱自己有罪的意识。这便是鲁道夫为玛丽花找到的唯一的得救之路。塞利加·维什努把玛丽花的生命称为"无辜的"存在、"短暂的"存在：她确实是无辜的，只是由于论证"普遍的世界秩序"的存在的需要，她的命运才被关注；她的生命过程也一定是短暂的，因为"普遍的世界秩序"必将永存，就像在宗教意识里"罪恶"是永存的一样。

　　从马克思的视角看，在小说《巴黎的秘密》中，欧仁·苏把玛丽花的命运归咎于鲁道夫善良而周全的"意志"，而没有深入探究这样一个十六岁的少女沦落为妓女的悲惨命运的社会根源，这反映了他同情弱者、拯救人性的愿望的虚幻性。而塞利加·维什努根据这些素材和情节，却把玛丽花的形象做了思辨的处理，使她的命运变成思辨的"批判"的产物，变成纯粹的观念的产物。这是他思考世界的方式导致的结果。在塞利加·维什努看来，"普遍的世界秩序"和现实世界的发展要结合为一个"真正统一的整体"，"就必须使两种因素——这个混沌世界的秘密同鲁道夫借以洞察和揭露秘密的明确、坦率和信心——在一个人身上互相冲突……雏菊也就执行着这个任务"①。这是塞利加·维什努在赋予鲁道夫以思辨秘密的揭示者的使命之后，又必然要诠释出的玛丽花人生经历中的思辨因素。虽然塞利加·维什努也称玛丽花为 Marienblume②，但其真实用意却是要她执行将"普遍的世界秩序"与现实世界具体地、思辨地统一起来的形而上学的使命，以证明思辨哲学所谓的"真正统一的整体"的存在与合理性。因此，

---

① 《马克思恩格斯全集》第 2 卷，人民出版社，1957，第 212 页。
② 这个德文词的含义是"雏菊"。

玛丽花的人生经历、她身上所隐藏的世俗世界的秘密，在塞利加·维什努那里不过只是为了能证明一点：个人力量的发展必然诉诸"普遍的世界秩序"。不仅如此，塞利加·维什努还用神学的逻辑对玛丽花进行了世俗的评价，"而她本人还是没有什么需要宽恕的"，"她怀着人所罕有的内心纯洁而与世长辞了"。我们看到，他放在玛丽花墓上的是一束教会辞令的枯萎、干瘪的花朵！在活生生的生命面前，"批判"的神学显得多么地无力和丑恶！

通过玛丽花命运的揭示，马克思揭示了"以纯观念、精神理解和解释世界"的思维方式和"以现实、历史和实践视角观照和把握世界"的"新哲学"在宗教本质和人的"救赎"方面的差异和逻辑，这对于重新理解马克思主义的宗教观及其丰富内涵具有重要价值。

长期以来，马克思被诠释为一个无神论者乃至反宗教的斗士，特别是他在《〈黑格尔法哲学批判〉导言》中所表达的"宗教是人民的鸦片"[①]的看法，被视为其思想与宗教决裂乃至绝缘的依据。然而，如果将马克思的思想还原到西方文化传统和社会发展的土壤之中，就会发现，他与宗教的关系其实是非常复杂的。一方面，中文语境中所理解的作为毒品的"鸦片"与马克思视宗教为"安妥"人的灵魂的麻醉剂和镇静剂的内涵之间有着很大差异；另一方面，曾经浸润在浓郁的宗教氛围中的马克思又感到，在人的现实生活中，宗教救赎之路其实是虚妄的，人的境遇的变革和人性的"救赎"只有通过实践才能完成。马克思在这里把"宗教的秘密"与人性的现实联系起来，致使他的讨论既与宗教关联，又不囿于宗教，而是突破和超越了宗教的视界，同时又达到了新的现实高度。这是马克思的宗教"批判"最深刻的体现。

---

① 《马克思恩格斯文集》第1卷，人民出版社，2009，第4页。

第五章

法国大革命与马克思对人的解放道路的探寻

对于人类发展来讲,法国大革命无疑是相当重要的历史事件。以色列史学家阿隆·康菲诺把法国大革命称作"根基性过去",认为它是代表一个时代的历史创新事件。"《人权宣言》和恐怖重新定义了政治和道德。大革命催生了从1789起决定现代欧洲和世界历史的思想和实践:自由主义、社会主义、女权主义、人权、总动员以及革命观念本身。大革命是关于民主和国家恐怖的第一次现代经验,因此被视为衡量现代历史的新标准。"①

马克思从《莱茵报》时期开始,一直到去世之前的1881年2月22日致纽文胡斯的信②,都对法国历史和大革命保持着关注和思考,这构成他一生思想建构最重要的参照和依凭之一。在继《论犹太人问题》《〈黑格尔法哲学批判〉导言》中通过从政治革命与人的解放的视角厘清了法国大革命的短期意旨与长远目标之后,又通过《神圣家族》中对法国大革命的"批判的战斗",借助对青年黑格尔派思辨哲学的批判,对其时代印记、活动方式、民族特征进行了"考察"和"解释",并且深入历史细节中对其中的人物更迭、曲折演变及原因进行了探究。直面青年黑格尔派思辨哲学对法国革命的"新考察",马克思已然表明了此时的他对法国革命的新的认知:"法国革命史在国家与市民社会的辩证法中行进"③。

---

① Alon Confino, "Introduction. Edge of the Past," in id., *Foundational Pasts*: *The Holocaust as Historical Understanding*, New York: Cambridge University Press, 2012, pp. 5-6.
② 参见《马克思恩格斯文集》第10卷,人民出版社,2009,第457~460页。
③ 〔法〕博勒:《马克思与法国大革命》,朱学平译,华东师范大学出版社,2016,第29页。

> 同一与差异

一 法国大革命及其世界历史意义

在欧洲近代史上,在英国革命、法国革命、美国革命、俄国革命等几场重大历史事件中,影响最大、讨论最多、争论最为激烈的,非法国革命莫属。法国革命之所以吸引包括马克思在内的众多人的注意,并引起人们的反复思考,并不是由于它发生在占欧洲当时总人口的 1/5 的法国,而是因为不论在哲学思想上或政治实践上,法国革命在几十年中一直反映和汇集了欧洲一切"有教养的人"的思想、忧虑和矛盾。"当法国革命者高呼热爱自由的时候,他们用的不仅仅是十八世纪法国哲学家的声音,同时也是用的 1688 年英国贵族和 1776 年美国革命者的声音。"①

法国大革命爆发于 1789 年 7 月 14 日,到 1794 年 7 月 27 日通过"热月政变"推翻了雅各宾派的集权统治而宣告结束。当然,还有学者认为,一直到 1830 年 7 月巴黎人民发动"七月革命",建立了以路易·菲利浦为首的七月王朝,至此法国大革命才彻底结束。

应该说,法国大革命是法国各种社会矛盾的集中爆发。首先是 18 世纪后期的法国社会结构的性质所导致的多阶层之间的矛盾。当时的法国社会大致有三个等级:僧侣是第一等级,贵族是第二等级,其余的人包括资产者、农民、无产者在内的市民、下层平民是第三等级。但是,这个阶层结构也不完全是固定的,特别是由于贵族的头衔是开放的,只要能够支付一笔款项买到贵族职位的人都可以成为贵族。据文献记载,从 1600 年到 18 世纪,法国贵族中约有 2/3 的人的头衔都是买来的。1700~1789 年,法国社会增加了约 5 万个新贵族。这种状况导致的后果是,一方面,第三等级中的富人们热衷于地产、买卖官职等投资,使得"资产阶级的"财富向"贵族的"财富转化,同时,他们认同贵族的价值观,与在他们压迫下靠双手劳动的人民大众又互相敌对;另一方面,一些没落的贵族对这些新贵族则十分不满,加之贵族本身也有投资商业、矿业、地产等行业,因此,在 18 世纪以后,虽然资产阶级的财富与贵族的财富之间的界限变得模糊,但资产阶级和贵族之间的冲突却依然日益严重。因此,革命前的法国社会

---

① 〔美〕罗伯特·E. 勒纳等:《西方文明史》,王觉非等译,中国青年出版社,2003,第647 页。

的矛盾远非资产阶级与贵族阶级之间的敌对和分裂，而是广泛存在于贵族与贵族之间、第三等级中的各个阶层之间。可以说，革命前的法国是在多个方面被贵族、职业僧侣和一部分企业家所"统治"的社会，多个阶层之间矛盾重重，且这些阶层的人对路易十六政府都严重不满。

其次，启蒙思想和自由观念借助新的传播手段获得广泛的传播。书籍出版，期刊、报纸的大量发行，使得洛克、伏尔泰、孟德斯鸠和孔多塞等启蒙思想家的政治理论被中产阶级等有文化的人理解和接受，使得上述矛盾与不满以更为具体的形式和内容呈现。其中，伏尔泰对特权机构的揭露、孔多塞对进步事业的信念、洛克和孟德斯鸠等维护私有财产、建立受到限制的王权的主张等更引发了极大的社会震动。

最后，法国经济的困难和财政的混乱所造成的民不聊生的状况是导致革命爆发的最直接的原因。在18世纪的大部分时间里，法国的物价普遍上涨，资本更多地被投向企业，农民和城市中的工商业者比工人更加艰苦，而购买力大大下降。到18世纪80年代末，他们的境况更加恶化：农业由于严重的干旱而歉收，地主为补偿急剧减少的利润而向其佃户收取更多的地租；城市贫民由于面包价格高涨而产生了绝望的情绪，他们是背井离乡来到城市找工作的，看到的却是比乡村中更为严重的失业现象；同时，由于路易十五时代的过参与战争又未能打赢而导致国库空虚，国债总量高达20亿法郎；贵族阶级，尤其是皇族奢华的生活大大加重了平民百姓的经济负担；财政的困难加之税收和开支制度的不完善，使得法国社会的经济状况和人民的生活境遇更加恶化。

上述情况由于路易十六政府的无能而呈现"覆水难收"的局面，终于导致巴黎人民起义。几经反复最终促使封建制度的残余被一扫而空，国民议会于1789年9月发布了"人权与公民权利宣言"，曾经反映在启蒙学者思想中的财产权和自由、安全、"反抗压迫"等，都被宣布为天赋权利。同时，言论自由、宗教容忍、出版自由、每个公民在法庭享有平等的待遇等被规定为不可侵犯的权利。最高主权属于人民，政府官员如有滥用权力的行为应予以免职。法国的革命力量一波一波地行进，一批人完成了特定阶段的历史使命，又被历史无情地淘汰，如此行进直到1830年7月革命的成功，至此法国大革命彻底结束。

法国革命不仅对法国，更对西方文明产生了巨大的影响，它所培育起来的自由、平等和民族情感等思想观念和制度在 19~20 世纪的欧洲甚至是美洲的社会发展中都发挥了重大的作用。自由，既作为体现在人民政治生活中的个人权利和义务的观念为人们所珍视，更体现在它所产生的社会改革实践之中；平等，即法律上的价值对等，表征的是理性的法律应当公平地应用于所有的人，而不论其出身和地位；而在法国人民目睹由公民组成的军队击退那些妨碍其获得个人自由和国家独立的攻击时产生的民族自豪感，作为法国大革命的一种遗产，也逐渐灌输到了那些曾经反对法国、后来反躬自省、意识到自己民族地位的人们心中。可以说，这三种观念已不再仅仅是思想，而是作为法律和行为方式深深扎根于欧洲的现实土壤之中。

二 政治革命与人的解放：短期意旨与长远目标

恩格斯在 1885 年为马克思的《路易·波拿巴的雾月十八日》第三版所写的序言中，曾经说明了马克思青睐法国史的原因："法国是这样一个国家，在那里历史上的阶级斗争，比起其他各国来每一次都达到更加彻底的结局；因而阶级斗争借以进行、阶级斗争的结果借以表现出来的变换不已的政治形式，在那里也表现得最为鲜明。法国在中世纪是封建制度的中心，从文艺复兴时代起是统一的等级君主制的典型国家，它在大革命中粉碎了封建制度，建立了纯粹的资产阶级统治，这种统治所具有的典型性是欧洲任何其他国家所没有的。而正在上升的无产阶级反对占统治地位的资产阶级的斗争，在这里也以其他各国所没有的尖锐形式表现出来。正因为如此，马克思不仅特别热衷于研究法国过去的历史，而且还考察了法国时事的一切细节，搜集材料以备将来使用。"①

恩格斯所言确凿。早在 1843 年 1 月《莱茵报》停办的时候，马克思就谈到，到国外去就是"想实现自己的写作计划"。9 月他在一封写给卢格的信中，更谈到了他即将离开德国时的思想和立场，他写道：未来的情况也许并不十分明朗，然而"新思潮的优点又恰恰在于我们不想教条地预期未来，而只是想通过批判旧世界发现新世界"②。本着这样的想法，马克思

---

① 《马克思恩格斯文集》第 2 卷，人民出版社，2009，第 468~469 页。
② 《马克思恩格斯文集》第 10 卷，人民出版社，2009，第 7 页。

在 10 月底迁居巴黎，开始了对于他的思想变革至关重要的一段岁月。

按照卢格的说法，马克思当时"头脑里有一项政治计划"，即"马克思想首先从共产主义的观点对黑格尔的自然法进行批判性的分析，然后写一部国民公会的历史，最后批判所有的社会主义者"①。这个说法不无道理。而且，我认为，马克思自己谈及的"写作计划"和卢格所说的"政治计划"实际上是一致的，或者说"写作计划"应该是"政治计划"的一部分：在长期的社会观察和理论创作中，马克思认识到了资本主义私有制的弊病，产生了让人们摆脱私有财产关系、回归人的本质的共产主义思想；而在落后的德国，马克思发表自己新的、进步的观点的愿望不能顺利实现，于是，他决心要到当时政治、经济、文化都比较发达的法国写作并发表自己的新观点、新思想。这些新思想的建构工作又着眼于两个方面：一是批判黑格尔的辩证法和整个哲学，从理论上为建立新世界奠定唯物主义的哲学基础；二是对现实历史进行考察，借鉴历史的经验，思考未来社会的走向。而这两者的结合所产生新的世界观，又必然要同形形色色的社会理论相碰撞、相融合，最后产生合乎理性的社会历史发展理论。

从马克思一贯的工作方式来判断，这样的计划应该是以他前面的研究和思考为背景的，而一旦他有了一个比较明确的计划，就会着手实施。早在 1842 年 7~8 月，为了批判黑格尔的法哲学和研究现代史（主要是法国革命史），马克思就已经读了一系列历史和哲学著作，并做了摘录。这其中包括路德维希的《近五十年史》、瓦克斯穆特的《革命时代的法国史》、兰克的《德国史》、汉密尔顿的《论北美》、卢梭的《社会契约论》、孟德斯鸠的《论法的精神》和马基雅维利的《君主论》。在阅读这些著作的同时，即在《神圣家族》写作之前马克思已经在《莱茵报》上发表《历史法学派的哲学宣言》，在《德法年鉴》上刊出致卢格的信、《论犹太人问题》、《〈黑格尔法哲学批判〉导言》，包括未完成和未发表的《黑格尔法哲学批判》，在《前进报》上发表《一个普鲁士人的〈普鲁士国王和社会改革〉一文》，这些文献中开始对法国大革命展开了详略不一的论述。特别地，他在分别写于 1843 年 9~10 月和 12 月的两篇文章《论犹太人问题》和《〈黑格尔法哲学批判〉导言》中，都对法国大革命进行了研究与思考。

---

① Ruge A. Briefwechsel und Tageblätter, ed. Berlin: P. Nerrlich, 1886. S. 342.

(一)《论犹太人问题》：犹太人的"政治解放"与"人的解放"

1842年11月，布鲁诺·鲍威尔在《德意志年鉴》上发表了论文《犹太人问题》，1843年又在《来自瑞士的二十一印张》中刊出《现代犹太人和基督徒获得自由的能力》，借此考察了德国当时的一个迫切问题——犹太人的解放。随后，他又在布朗施威克出版了《犹太人问题》一书，作为对这两篇文章内容的补充。这些文章和书中的观点引发了人们在报刊上的批评，马克思大致是在1843年秋季在克罗茨纳赫时写下了《论犹太人问题》，来回应布鲁诺·鲍威尔的观点的。《论犹太人问题》分为两个部分。一、布鲁诺·鲍威尔：《犹太人问题》1843年不伦瑞克版；二、布鲁诺·鲍威尔：《现代犹太人和基督徒获得自由的能力》(《来自瑞士的二十一印张》第56~71页)。显然，马克思这篇关于犹太人问题的文章是对应着鲍威尔的两篇文章之主题——展开论述的。其中，马克思关于法国革命的论述是在第一部分。在这里，马克思基于国家和市民社会之间的区分来谈犹太人的"政治解放"和"人的解放"的关系。

布鲁诺·鲍威尔认为，犹太人由于宗教的特殊性，不适于解放。犹太人只有首先摒弃犹太教，然后摒弃基督教和基督教国家，才能获得解放。与鲍威尔抽象地谈论人权不同，马克思是从现实历史当中真正存在过的人权出发来探寻犹太人能否拥有人权这个问题的。他指出，北美人和法国人是人权的发现者。从他们所享有的人权形式来看，"这种人权一部分是政治权利，只是与别人共同行使的权利。这种权利的内容就是参加共同体，确切地说，就是参加政治共同体，参加国家。这些权利属于政治自由的范畴，属于公民权利的范畴；而公民权利，如上所述，决不以毫无异议地和实际地废除宗教为前提，因此也不以废除犹太教为前提"[①]。显然，如果从政治权力的意义上来谈人权的话，信仰自由就是人权的题中应有之义。马克思列举了法国1791年人权和公民权宣言第10条、宾夕法尼亚宪法第9条第3款等法律条款来佐证他的观点。这些条款均把信仰的权利视为人的自然权利，规定任何人都不应该因为自己的信仰，即使是宗教信仰，而遭到排斥；任何人的权利在任何情况下都不得干涉信仰问题或支配灵魂。所

[①]《马克思恩格斯文集》第1卷，人民出版社，2009，第39页。

以,"人权这一概念中并没有宗教和人权互不相容的含义。相反,信奉宗教、用任何方式信奉宗教、履行自己特殊宗教的礼拜的权利,都被明确列入人权。信仰的特权是普遍的人权"①。

为了弄清问题,马克思将"人权"和"公民权"作了区分。在原始用语中,它们的表述分别是 Droits de l'homme 和 droits du Citoyen,其中,不同于 Citoyen 的 homme,是指市民社会的成员,不同于公民权的人权,Droits de l'homme 是指市民社会的成员的权利。从法国宪法的条款可以看出,这是一种利己的人的权利、同其他人和共同体分离开来的人的权利。其中 1793 年宪法第 2 条规定,人权是自然的和不可剥夺的权利,包括平等、自由、安全、财产;第 6 条又将自由规定为"做任何不损害他人权利的事情的权利";第 16 条则规定了"财产权"——财产权是每个公民任意地享用和处理自己的财产、自己的收入即自己的劳动和勤奋所得的果实的权利;第 8 条又规定,安全是社会为了维护自己每个成员的人身、权利和财产而给予他的保障;1795 年宪法第 3 条规定,平等是法律对一切人一视同仁,不论是予以保护还是予以惩罚。

人的自由和对这种自由的应用——财产构成了市民社会的基础。市民社会是以利己主义为特征的,"所谓的人权都没有超出利己的人,没有超出作为市民社会成员的人,即没有超出封闭于自身、封闭于自己的私人利益和自己的私人任意行为、脱离共同体的个体。在这些权利中,人绝对不是类存在物,相反,类生活本身,即社会,显现为诸个体的外部框架,显现为他们原有的独立性的限制。把他们连接起来的唯一纽带是自然的必然性,是需要和私人利益,是对他们的财产和他们的利己的人身的保护"。②因此,在市民社会中,每个人不是把他人看作自己自由的实现,而是看作自己自由的限制,黑格尔正是在这个意义上才把市民社会称为"需要和理智的国家"。

那么,即将扫除各种成员之间的一切障碍,建立法兰西共和国的法国,为什么要在 1791 年、1793 年两次将人权提上议事日程,而把公民身份、政治共同体贬低为维护这些人权的一种手段呢?是那些谋求政治解放的人意识不清醒,把目的和手段弄颠倒了吗?显然不是。1791 年和 1793

---

① 《马克思恩格斯文集》第 1 卷,人民出版社,2009,第 40 页。
② 《马克思恩格斯文集》第 1 卷,人民出版社,2009,第 42 页。

年的人权宣言明确指出，一切政治结合的目的都是维护自然的和不可剥夺的人权，政府的设立是为了保障人享有自然的和不可剥夺的权利。可见，法国革命已经认识到，不管在多么急迫的政治事件中，政治生活相对于市民社会生活来讲，都是手段，让市民社会成员享有利己的人权才是目的，这是无可置疑的。也就是说，法国的政治解放是以人的解放为归旨的。政治解放与人的解放关系的实质就在于：政治解放是推翻旧的、以封建主义为核心的社会；在政治国家存在的前提下，政治解放是人的解放的最后形式；但仅限于政治解放并不能完成人的解放的最终任务，它只是人追求自身解放的过程中所取得的一个阶段性成果。

（二）《〈黑格尔法哲学批判〉导言》：德国的"人的革命"

显然，马克思在《论犹太人问题》中对法国大革命的意义和局限的分析是非常独到而深刻的。而在稍后，他于1843年末写成的《〈黑格尔法哲学批判〉导言》中，马克思接着这个话题，从德国革命的问题、条件和可能性出发，在与法国革命的对比中，表明了德国式革命也必须具有属于"人的革命"的性质，期许德国的社会革命最终彻底带来人的解放。

如前所说，通过批判旧世界发现新世界，是马克思关注并下功夫研究法国革命的初衷。在法国，通过大革命，政治解放已经结出了果实，与此相比照，德国却几乎毫无作为，更有甚者，较之于1818~1820年"开明"的情形，1830~1840年的德国反而更为"反动"了。因此，在《〈黑格尔法哲学批判〉导言》中，马克思集中地思考了德国人的彻底解放问题，寄希望于德国也可以产生一场类似法国大革命又超越法国大革命的新的革命。他认为，德国落后的根本原因并不是德国犹太人的自私自利和热爱金钱，利己主义是现代资产阶级社会的总体特征。因此，人的解放的根本途径在于推翻现代的资产阶级，而并不仅仅是要谋求犹太人的政治解放。在德国，对宗教神学的批判基本上已经结束，德国哲学目前的任务是联系黑格尔的国家哲学和法哲学对德国的法和政治进行现实的批判。"真理的彼岸世界消逝以后，历史的任务就是确立此岸世界的真理。人的自我异化的神圣形象被揭穿以后，揭露具有非神圣形象的自我异化，就成了为历史服务的哲学的迫切任务。于是，对天国的批判变成对尘世的批判，对宗教的批判变成对法的批判，对神学的批判变成对政治的批判。"①

马克思认为，法国大革命给德国很深刻的启迪，但要走上彻底的革命的道路，德国的具体情况又与法国的情况有所不同。法国大革命究其实是"局部的纯政治的革命"，是资产阶级革命，是市民社会的一部分——既有钱又有文化知识的（或者说可以随意获得这些的）资产阶级解放自己，取得普遍统治。他们从自己的特殊地位出发，试图用自己的金钱和地位获得整个社会的认同，因此他们能够使自己被承认为整个社会的等级，利用一切社会领域来为自己服务。与此同时，他们又成功地把法国贵族和僧侣确立为其对立面，这样，当资产阶级成为解放者等级的时候，其对立面就毫无悬念地成为公开的奴役者等级。资产阶级代表着解放，有着积极普遍的意义，贵族和僧侣就被看作整个社会中昭彰的罪恶，显现的是消极的普遍意义。

而德国却不具备资产阶级革命的条件。德国旧制度将原则和阶级结合了起来，没有一个阶级处于统治地位，所有的原则和阶级都互相中立，没有一个阶级能够扮演社会总代表的角色。因此，德国公民就不能用法国的方式来实现，就不能是"纯政治的"革命。"对德国来说，彻底的革命、普遍的人的解放，不是乌托邦式的梦想，相反，局部的纯政治的革命，毫不触犯大厦支柱的革命，才是乌托邦式的梦想。"② 不经过法国式的政治解放而直奔人的解放的终极目标，这也许是理论上的悖论，然而，在德国却可能成为现实。彻底的德国革命，必然是人的解放。

我们看到，马克思参照着法国大革命而对德国革命的现实处境、实现途径和未来目标的思考，事实上进一步加深了对法国大革命的分析。

三 时代印记、活动方式与民族特征

《德法年鉴》之后，马克思的思想发展进入了一个新阶段。特别是在集中批判青年黑格尔派思辨哲学的《神圣家族》中，他继续了《论犹太人问题》里对布鲁诺·鲍威尔的《犹太人问题》的批判，又以法国大革命为议题，抨击了思辨哲学在这个问题上表现出来的虚妄而思辨的特征，借此

---

① 《马克思恩格斯文集》第1卷，人民出版社，2009，第4页。
② 《马克思恩格斯文集》第1卷，人民出版社，2009，第14页。

实现了其思想的变革。

青年黑格尔派思辨哲学的特征决定了他们即使是在研究现实世界、实际的社会历史时，也避免不了将真实的社会历史及其命运归结为"精神"与"物质"、"精英"与"群众"的对立。所以，必然地，无论法国大革命是怎样一个波澜壮阔、影响深远的历史事件，在他们那里也只能是头脑中的思想活动，是批判的幻想的"象征和虚象"。为了论证自己的观点，作为青年黑格尔派主将的布鲁诺·鲍威尔对法国革命进行了新的"考察"，就法国革命的时代背景、现实成果、失败原因等方面展开了分析和解释。显然，在这样的考察活动中，他所自命的"批判家"本身是主体，法国革命是客体，"考察"即"批判家"看待法国革命的手段和方法的展示。"批判家"正是以这样的方式为自己的思辨哲学辩护的；同时，"批判家"还别有用心地把这种考察的结论昭告天下，特别是警示愚昧的"群众"。

对于思辨哲学的所谓"批判"，马克思一一予以反驳。

布鲁诺·鲍威尔考察的第一个结论是，"法国革命是一种还完全属于18世纪的实验"①。在马克思看来，布鲁诺·鲍威尔用年代学的概念来分析法国革命毫无意义。法国革命爆发于1789年，到1794年7月27日的热月政变结束，它当然完全是18世纪而不是19世纪的活动。本来，思辨哲学家是最反感事实、真理的，如果非要说布鲁诺·鲍威尔抛出这种年代学上的毫无悬念的真理有什么意义的话，那就还是老一套，即证明以思维为唯一依据的思辨哲学始终占有着"一开始就不言而喻的"绝对真理。所以，与其说布鲁诺·鲍威尔是在考察，倒不如说他是在用"明如白昼"的事实来混淆视听，以给读者造成一种尊重历史事实的假象，好让他接下来的"考察"显得若有其事，实质上是把法国革命当作他的思想活动的幌子。另外，布鲁诺·鲍威尔这句话的言外之意或许在于，法国革命是18世纪的事情，对于19世纪的德国来讲，其经验已经过期，很难具有启示作用了。

布鲁诺·鲍威尔考察的第二个结论是，"法国革命所产生的思想并没有超出革命想用暴力来推翻的那个秩序的范围"②。马克思认为，相对于上

---

① 《马克思恩格斯文集》第1卷，人民出版社，2009，第319页。
② 《马克思恩格斯文集》第1卷，人民出版社，2009，第319~320页。

述第一个结论，这倒是值得去认真"考察"的。

首先，这里的"秩序"指的是国家制度，而"思想"和"制度"属于不同的范畴。布鲁诺·鲍威尔把法国革命看作纯粹的思想的冲突，把法国革命的失败看作思想的落后，因此，他实际上是把政治活动和思想活动混为一谈了。在任何情况下，思想都不能超出旧制度的范围，充其量它只能超出旧制度的思想范围。而且，就思想而言，它本身根本不能实现什么东西，而只能通过人的头脑、转化为人的实践活动的力量才能得到实现。换句话说，只有当思想摆脱其抽象性而有其现实的内涵，并且越出思想的领域而进入人的社会实践的领域时，才能谈得上是成功还是失败。表面上看，法国革命是资产阶级以平等和自由的思想为目标而进行的斗争，但实际上，法国革命是资产阶级与旧制度下的特权阶级之间的一场实际斗争，自由、平等思想的着眼点是资产阶级实际的物质利益，或者说，形式上的平等、自由思想是以实际的物质利益为内涵的。"'思想'一旦离开'利益'，就一定会使自己出丑"，而"'利益'，在最初出现于世界舞台时，在'思想'或'观念'中都会远远超出自己的现实界限。"① 如此看来，一向以思维见长的"批判家"，他们思辨的力量、其对法国革命进行思想方面"考察"的方法，也只是想"自己所想"罢了！布鲁诺·鲍威尔考察的并不是法国革命的思想建树，而是用自己的思想来"建树"法国革命的。

其次，客观地来考察法国革命就不难发现，它在思想方面已经产生了超出整个旧世界秩序思想范围的成果，那就是共产主义思想。早在1789年的市民革命中，一个由民主知识分子的代表所建立的社会小组（Cercle social），就已经有了这一思想的萌芽。社会小组的思想家克·福适就主张平均分配土地，限制过多的财产，并主张给予以有劳动能力的公民工作等。虽然革命以中期的勒克莱尔和雅克·卢、后期的巴贝夫密谋失败而暂时遭到失败，但共产主义思想并没有随之而消亡。1830年革命以后，在法国，这种思想又为巴贝夫的友人邦纳罗蒂所倡导，并且经过彻底的酝酿，成为新世界秩序的思想。这从另一方面说明了思想与实践的互动关系。

布鲁诺·鲍威尔考察的第三个结论是，"在这场革命消除了人民生活

---

① 《马克思恩格斯文集》第1卷，人民出版社，2009，第286~287页。

内部的封建主义界限以后，革命就不得不满足民族的纯粹利己主义要求，甚至煽起这种利己主义；而另一方面，革命又不得不通过对这种利己主义的必要补充，即承认一种最高的存在物，通过在更高的层次上确认那必须把单个的自私的原子联合起来的普遍国家制度，来约束这种利己主义"①。按照布鲁诺·鲍威尔的这种理解，法国革命取消了封建等级制度，个人不再受制于共同体，而是像单个的原子一样存在，以至于在社会中产生了个人的利己主义。而普遍国家制度的建立能够将自私的原子联合起来，从而约束和限制个人的利己主义。因此，国家-民族的利己主义就成为个人的最高存在。

在《论犹太人问题》之后，马克思在这里又一次面对国家与市民社会的关系问题。与布鲁诺·鲍威尔的理解不同，他认为，法国革命的真正意义并不在于民族主义的产生，而在于把确立个人在社会中的地位提到了社会的议事日程上来了。

具体来说，法国革命斩断了封建社会中使政治与市民社会不可分离地联结在一起的纽带，随着属于旧制度的同业公会被摧毁，个人与共同体开始出现分离的迹象，表现出市民社会的政治性质。特别是在1793年和雅各宾派专政时期，法国革命一方面显示出共同体凌驾于市民社会的特殊利益之上的新观念的绝对统治，另一方面，在现实中，市民社会又从政治中解放出来，并为利益不受限制的唯物主义开辟了道路，这意味着社会终将恢复被政治革命临时剥夺的、以利益为纽带的人的个体存在。可见，民族主义是普遍国家制度的必然产物，它否定了封建主义所体现的利己主义，但从封建专制制度中解放出来、获得政治解放的个人，实际上还没有作为真正的人而得到解放。也就是说，对于人来讲，最高的存在是在市民社会中的个体存在，法国革命让人从封建主义的桎梏下解放出来，但普遍的国家制度又给人加上了一个束缚，人的存在和发展仍然受到限制，人作为人并没有得到彻底解放。因此，普遍的国家制度想要在更高的层次上得到确认，民族想要在更高的层次上得到确认，就必须以人的解放为前提。马克思再次重申："人是人的最高本质"②，"最高的存在物却必须约束民族的利

---

① 《马克思恩格斯文集》第1卷，人民出版社，2009，第320页。
② 《马克思恩格斯文集》第1卷，人民出版社，2009，第11页。

己主义,即普遍国家制度的利己主义!"①

不仅如此,马克思指出,布鲁诺·鲍威尔把现实中的个人比作一个个的原子,这样的理解也是不妥的。原子是个体不假,但原子又不具备个体的所有特征,它的典型特性就是没有任何特性,因此也没有任何由它自己的特性所规定的、跟身外的其他存在物的联系。这样的存在必然是自我完备的,它没有需要、自我满足,相应地,它身外的世界是绝对的空虚,没有任何内容和意义。布鲁诺·鲍威尔以非感性的观念和无生命的抽象将市民社会中的个人设想为原子——与任何东西无关、自满自足、没有需要、绝对充实的、极乐世界的存在物,这只能是想象!现实的社会绝不可能是极乐世界:市民社会的每一个成员均是活生生的个体,均有属于自己的活动和特性,是感性的存在物。他们的感觉和特性构成他们的生活——需要及其满足。而恰恰是由于每个人的需要,把个体的存在和他以外的其他人的存在紧紧地联系在一起,每个人都必须要建立这种联系。为此,每一个个人都注定要成为他人的需要和这种需要的对象之间的牵线者。由此可见,在市民社会中,"正是自然必然性、人的本质特性(不管它们是以怎样的异化形式表现出来)、利益把市民社会的成员联合起来。他们之间的现实的纽带是市民生活,而不是政治生活"②。

所以,市民社会中利己主义的个人"不是超凡入圣的利己主义者,而是利己主义的人"③。作为利己主义的人,他们不是生活在天堂里,而是生活在现实的社会中,因此,他们就不可能像原子那样独立地、自足地存在,而是必须和别的个体、整个社会联系起来。而自然存在的、感性存在的个人,其特性和需要——市民生活是彼此连接起来的纽带,政治生活、国家是不具备如此的功能的。这也就是说,不是市民生活必须由国家来维系,恰恰相反,"国家是由市民生活来维系的"④。这既重申也更深化了马克思《黑格尔法哲学批判》中的见解。

---

① 《马克思恩格斯文集》第 1 卷,人民出版社,2009,第 320 页。
② 《马克思恩格斯文集》第 1 卷,人民出版社,2009,第 322 页。
③ 《马克思恩格斯文集》第 1 卷,人民出版社,2009,第 322 页。
④ 《马克思恩格斯文集》第 1 卷,人民出版社,2009,第 322 页。

四 革命进程中的人物更迭、曲折演变及其原因探究

布鲁诺·鲍威尔考察的第四个结论是,"罗伯斯比尔和圣茹斯特关于要造就完全按照正义和美德的准则生活的'自由人民'的伟大思想——例如,见圣茹斯特关于丹东罪行的报告及另一篇有关普遍警察制的报告——只是靠恐怖才得以维持一段时间,这种思想是一种矛盾,人民大众中的卑劣而自私的分子对这种矛盾是以怯懦和阴险的方式作出反应的,人们不可能指望这些人采取别的方式"①。简言之,他认为罗伯斯比尔和圣茹斯特政府的倒台,是因为他们的美德的理想和市民社会的利己主义之间的矛盾。具体地说,圣茹斯特关于"自由人民"应该完全按照正义和美德的准则来生活的思想,只有基于恐怖政策才能得以维持一段时间,而且这种思想是一种矛盾,因为在人民大众中总有一些卑劣而自私的人会以怯懦和阴险的方式来利用这种矛盾。此外对于罗伯斯比尔关于将公共的美德当作民主政府的根本原则的说法,他也持怀疑的态度。

而在马克思看来,由于布鲁诺·鲍威尔不理解国家与市民社会的关系,不理解政治革命与社会革命的关系,也就不理解法国革命失败的真正原因。他用民族的利己主义和个人的利己主义的矛盾来说明法国革命的失败,不是"考察"的结果,而是臆想。

首先,与费希特的"自我"的纯粹的利己主义相比,民族的利己主义并不"纯粹",相反,它参与了世界历史进程,因而显示出非常阴暗、掺杂着血和肉、自发的利己主义的特点。布鲁诺·鲍威尔所谈及的民族的利己主义的纯粹性只是相对于封建等级的利己主义而言的,在普遍国家制度建立以后,利己主义的实质就是个人在市民社会中以利益为中介的联合,民族政治必须用市民社会生活来维系,这才是思考现代社会问题的出发点。这样看来,思辨哲学试图证明以民族为内容的利己主义,比以某种特殊等级和团体为内容的利己主义更普遍或更纯粹,并以此作为"考察"法国革命的依据,岂不是太肤浅了!

其次,翻开法国大革命的历史,我们看到,当历史已经由奴隶制社会

---

① 《马克思恩格斯文集》第 1 卷,人民出版社,2009,第 322 页。

发展到资产阶级社会的时候,以奴隶制为基础的古典古代的民主共同体就为以被解放了的奴隶制即资产阶级社会为基础的现代唯灵论民主代议制国家所取代。现代资产阶级社会以资本主义私人占有为经济基础,商业竞争普遍化,人们以自由地追求私人利益为目的,政府无能为力或者无所作为,人的自然个性和精神个性都被异化了。在这种情况下,人权当然会成为普遍的诉求。但这种诉求的满足无论如何不能脱离资本主义生产关系,如果仅仅从人性出发,着眼于单个的个人的自然特性和精神特性,是万万行不通的。法国"人权"宣言当中的人,由于他们所处历史阶段的国民经济状况和工业状况迥异于古典古代,他们就再不会是古典古代共同体的人。在现代资本主义生产关系的条件下,热衷于并且追捧古希腊和古罗马的政治形式,完全模仿古典古代的政治形式来建构资本主义社会的政治体系,也只能是幻想。归根结底,不能历史地看待国家、不能唯物地分析社会,总之,思想不能与时俱进才是法国革命失败的根本原因。

布鲁诺·鲍威尔考察的第五个结论是,"在罗伯斯比尔倒台以后,政治启蒙和政治运动就迅速向成为拿破仑的俘获物这个方向发展,因此拿破仑在雾月十八日之后不久就能够说:'有了我的地方行政长官、宪兵和僧侣,我就可以利用法国来做我想做的一切了。'"①

马克思认为,布鲁诺·鲍威尔没有客观地把握法国革命进程,尤其是拿破仑革命的历史作用。拿破仑革命只是史诗般的法国大革命史之中的终结篇,即使他掌握了政权、军队和宗教的力量,也不可能左右和创造法国历史。事实上,无论是罗伯斯比尔,还是拿破仑,任何幻想与暴力,都不能成为历史的创造者,创造历史的是活生生的社会生活。

政治启蒙和政治运动并不是法国革命的基础和目的,罗伯斯比尔的倒台、拿破仑政变的历史意义也并不是政治启蒙运动的终结,而是使政治启蒙运动改变了原来耽于幻想、热情洋溢的方式,开始以现实的、实在的方式得到实现。罗伯斯比尔撇开现代资产阶级社会的特征,幻想在18世纪的法国建立一种古罗马式的民主制,而当他无法逾越现代民主制所蕴含的抽象平等与作为资产阶级社会之特征的实际不平等之间的鸿沟时,就不惜使用恐怖和暴力来强推政治对社会的统治。然而,现代资产阶级的生产关系

---

① 《马克思恩格斯文集》第1卷,人民出版社,2009,第324页。

不以他的意志为转移，在冲破了封建专制的桎梏和恐怖手段的压制之后，取得了符合于它的经济关系和政治形式之后，它开始堂而皇之地登上了社会大舞台。在热月党建立的督政府统治时期，资产阶级生活方式迅速兴起，人们纷纷抱着发财致富的渴望创办商业和工业企业，欣喜地享受着新的资产阶级生活带来的鲁莽、放荡、无礼又令人陶醉的感觉；土地得以被查清，封建的土地结构被打破，新的所有者满怀激情在自己的土地上精心地耕作；获得了自由的工业也第一次活跃起来。总之，以资产阶级为中坚力量的资产阶级社会获得了生机勃勃的活力，资本主义生产关系主宰了社会，在资本主义社会生活中获得和享受人权已经不再是理论的主张，而是成为现实的任务。

拿破仑打破了罗伯斯比尔不合时宜的政治幻想，意识到了现代国家的本质以及国家应该对资产阶级的利益所负的责任，但不幸的是，他仍然没有切实地负起这个责任来。这表现在他既承认现代国家是以资产阶级社会的顺利发展和私人利益的自由运动为基础的，但与此同时，又不把市民生活看作目的，而是把国家看作目的本身，市民社会仅仅是国家的"司库"、屈从于国家的下属。如此纠结的观念致使他用帝国专制这种行政形式的恐怖、用不断的战争来代替不断的革命，用对国家本身的膜拜取代了德性。

不可避免地，在罗伯斯比尔倒台、拿破仑政变过程中法国资产阶级所获得的胜利果实，也因出于政治目的的需要而进行的不断的劳民伤财的战争又被销毁掉了。资产阶级社会最重要的物质利益连带政治利益，都成了拿破仑恐怖主义的牺牲品：拿破仑革命虽然通过对外侵略掠夺，扩大了资本市场，使法兰西民族称霸欧洲，但他的宗旨始终是国家至上、政治至上，社会经济基础及其发展在他那里始终只是手段。一旦自由资本主义的发展与拿破仑的政治利益发生冲突，那么牺牲资产阶级的事业、享乐、财富、牺牲资产阶级社会的商业和工业的利益，就成为他必然的选择；不仅如此，拿破仑在鄙视资产阶级社会物质利益的同时，还在意识形态的层面上把资产阶级社会当作国家的对头。在他那里，不是市民社会"决定"国家，而是国家"决定"市民社会。他曾在枢密院宣称，不容许大土地所有者随便耕种或不耕种自己的土地，又制定计划让国家掌管货物运输从而支配商业。应该说，在拿破仑进行的革命的恐怖主义与新生的自由资产阶级的斗争中，尽管自由资产阶级占了上风，但它在拿破仑那里并没有获得应有的社会地位与尊重。正因为如此，法国的商人才策划了首次动摇拿破仑权势的事件，巴黎的证券投机商们人为地制造饥荒，迫使拿破仑把向俄国的进攻几乎推迟了两个月。

拿破仑的对外战争最初具有保卫法国革命果实、反对封建复辟的性质，但是随着战争的不断扩大，拿破仑统治欧洲的野心越来越大，战争的非正义性、侵略性成为主要方面，给被侵略国带来了巨大的灾难，激起了反法斗争和反对拿破仑帝国的民族解放战争。1814年法兰西帝国结束，波旁王朝复辟，法国人民又处在波旁王朝的奴役之下。从以上的事实来看，从1789年开始的法国革命的生命史，到1830年并没有结束。可以说，直到1830年，自由资产阶级才真正地明确了自己在社会发展中的作用和意义，自此，现代资本主义社会才在法国开启了发展的历程。

总之，拿破仑革命所俘获的并不是政治启蒙和政治运动，而是自由资产阶级的新生，以及相应的政治形式。换句话讲，拿破仑的雾月十八日政变是法国革命的一个历史的分界点，在这一点上，法国革命的两股潜在势力发生了逆转，这之前凸显的是雅各宾党的革命恐怖主义及其政治主张，而这之后资产阶级及其政治主张登上了历史舞台成为主角。

如果说，自由资产阶级在拿破仑时代再一次遇到了革命的恐怖主义，那么，由于波旁王朝企图重新恢复封建专制制度，它对资产阶级利益的遏制就比拿破仑更加猖狂。因此，对于资产阶级来说，它在波旁王朝时代"再一次遇到了反革命。"所以，马克思说，到1830年，政治启蒙之后的自由资产阶级，才终于实现了它在1789年的愿望，这时的他们放弃了实现普遍的国家制度的要求，也不再把实现人类的最终解放当作自己的目的，而是要力求实现它自己的特殊阶级利益。1830年的立宪的代议制国家，也不再被理解为国家理想，而仅仅被看作资产阶级独占权力的正式表现，是对资产阶级的特殊利益的政治上的承认。

马克思历史观的变革不是思辨逻辑演绎、推论的结果，也不是对形形色色的社会现象、事件进行直观而得出论断的过程，而是通过对思想史和社会发展中的重大问题给予持续而深入的考察、追踪、深思而做出的理性的选择。这其中对法国历史特别是法国革命史的研究与思考，构成一条非常鲜明的线索。借此马克思逐步认识到，把历史仅仅看作观念的活动而不是群众的经验的思辨哲学，是不能理解历史，也不能正确解释历史的。

第六章
从资本经营活动中引发的对工人阶级命运的思考

恩格斯曾经说过:"当我1844年夏天在巴黎拜访马克思时,我们在一切理论领域中都显出意见完全一致,从此就开始了我们共同的工作。"① 认真梳理马克思恩格斯的理论成果,不难发现,他们共同的工作即在于剖析资本社会、探寻人的解放的出路。他们在理论观点上基本一致、哲学方法上相互认同,但在天性、知识与能力方面又形成互补。这使得他们的合作达到了完美与极致。

我们看到,和马克思一样,工人阶级命运和出路也是恩格斯毕生探讨的重要课题。尽管他分析和思考这些问题的方法与马克思有所不同,但《英国工人阶级状况》从人类历史的时间长河中寻找对无产阶级现实状况和未来出路的理解,在马克思主义发展史上具有多方面的理论贡献:它以人学的视角来关切工人阶级的起源和发展、从制度层面来探讨工人阶级处境及其出路、从唯物史观角度分析现代社会政治经济结构,这些都与马克思的致思路向基本接近。毋庸置疑,《英国工人阶级状况》代表着马克思主义探究工人运动的最高成就,是"世界工人运动中的名著"。

在全球化时代,资本仍然是"塑造"世界最重要的力量,如何认识和理解这种新的情势下工人阶级的境况、地位和使命必然成为一个回避不了的关键问题。我们认为,即便在全球化时代,恩格斯的分析框架和思路也仍然具有重要的现实价值。站在新的时代高度,缅怀经典作家对于现代社会问题的探究和思想发展史的贡献,对于今天坚持和发展中国特色社会主义具有重要意义。

---

① 《马克思恩格斯文集》第4卷,人民出版社,2009,第232页。

一 长期关注和思考工人状况的产物

马克思主义是与对资本社会的批判和工人阶级解放之路的探寻紧密联系在一起的,而实现这一使命和意旨的前提,是对资本社会的结构及工人阶级的状况进行准确的把握和深入的透析。《英国工人阶级状况》就是恩格斯用"实际调查和资料考证"方式写成的论述工人阶级在资本主义制度下的社会地位、斗争历程和历史使命的重要著作,是世界工人运动史上的名篇。

《英国工人阶级状况》不是灵感触动而突兀写就的,而是恩格斯长期关注和思考工人阶级命运的产物。

恩格斯1820年出生在普鲁士王国莱茵省巴门市的一个工商业世家,家境优渥,但他在上中学时就格外关注伍珀河谷边上贫困潦倒的工人。后来恩格斯被迫经商,可以说身处资产者的行列,却放弃了这一阶层的"社交活动和宴会、波尔图酒和香槟酒"①,来到受压迫、遭诽谤的工人中间,为的是对工人阶级的真实处境有切身的体验,寻找导致他们贫困的原因,并维护他们的利益。1842年底,他被父亲安排到资本社会最典型的英国资本主义工厂制度最完善的曼彻斯特学习经商方法,用了21个月的时间与工人亲身交往,发现工人阶级贫困不堪的生活与英国工业的发展、资产阶级对财富的追逐有着必然的联系。1844年9月,他和马克思在巴黎见面后回到巴门,决定暂时放弃写作英国社会史著作的计划,利用他在英国搜集到的完整的并为官方的调查所证实的必要材料,对英国工人阶级的生活状况进行了专门的研究,写成了《英国工人阶级状况》一书。

《英国工人阶级状况》1845年5月在莱比锡出版德文第一版。恩格斯写了序言并用英文写成《致大不列颠工人阶级》,出版后恩格斯又写了《对英国工人阶级状况的补充评述》;1887年在纽约出版英文第一版,美国版加有附录,序言是恩格斯后来写的并译成德文发表的题为《美国工人运动》的文章;1892年英文第二版在伦敦出版,恩格斯根据美国版附录写了英国版序言;同年,德文第二版在斯图加特出版,恩格斯为这一版写了序

---

① 《马克思恩格斯文集》第1卷,人民出版社,2009,第382页。

言。所以，全书内容依次分别为：《致大不列颠工人阶级》、"序言（德文第一版）"、"导言"、正文的11个部分以及附录。其中，正文的11个部分分别是："工业无产阶级"、"大城市"、"竞争"、"爱尔兰移民"、"结果"、"个别的劳动部门狭义的工厂工人"、"其他劳动部门"、"工人运动"、"矿业无产阶级"、"农业无产阶级"以及"资产阶级对无产阶级的态度"。附录有5个文件，它们分别是《对英国工人阶级状况的补充评述》、《美国版附录》、《美国版序言》、《英国版序言》和《德文第二版序言》。

二 工人阶级命运的历史透视

《英国工人阶级状况》从人类历史的时间长河中寻找对无产阶级命运的理解。

（一）工业革命催生了无产阶级的产生和发展，也开创了真正的"人"的历史

18世纪后半期，蒸汽机和棉花加工机的发明推动了英国的工业革命，推动了整个市民社会的变革，也使得英国成为无产阶级发展的典型国家。工业革命之前的工人生活很惬意和舒适——工人没有失业的困扰、拥有空闲时间、生活所需也有保障，但即使是这样，也根本谈不上是真正人的生活：他们被置于宗法关系下，缺乏人应该具有的主体性；他们的生活是片面的、刻板的，而不是丰富的、活跃的；他们的活动是独立的但不是自由自觉的活动。总之，他们"只是一部替一直主宰着历史的少数贵族做工的机器"[①]。工业革命使这种情况发展到极致，工人失去一切财产，失去了劳动力以外的任何获得生计的保证，失去了独立活动的自由，完全变成了附属于资本家的简单机器。但同时，极端低贱的社会经济地位也迫使他们力求摆脱那种受动的、没有任何生气的、独立活动的生活方式，重新去思考、去争取自己作为人应有的地位：工人发明纺织机，改进机器动力，用自己的发明和劳动创造了英国的伟业，以蒸汽为动力的机器大生产取代手

---

① 《马克思恩格斯文集》第1卷，人民出版社，2009，第390页。

工劳动成为工业的主要生产方式；大批工人从农村涌入城市，从此远离"美好的旧时代"，过着只能靠不断出卖劳动力为生的昨天挣得的今天就吃光的日子；社会的一切差别均化为工人和资本家的对立，工人阶级第一次真正成为居民中的一个固定的阶级。他们意识到了自己的处境，也日益意识到必须从对共同利益漠不关心的状态下走出来，联合起来去争取自己的利益。工业革命开创了真正的"人"的历史，这是工业革命的历史意义。

（二）资本主义私有制导致了无产阶级的悲惨命运，也塑造了他们的社会性格

无产阶级的形成和发展与工业的发展是同步的。新的工业把财产集中到少数人手里，工人也被看作一笔供资本家使用的资本而集中起来，资本家以工资的名义付给他利息。财产的集中、人口的集中催生了大工厂城市的形成。"这些大城市的工业和商业发展得最充分，所以这种发展对无产阶级造成的后果在这里也表现得最明显。"① 他们居住在城市中条件最差的工人区，从事强制性的劳动，缺乏最必需的生活资料，疾病丛生，精神困顿，道德被破坏。那些不甘于慢慢饿死、也不想立即自杀的工人，只能选择从资本家那里抢回维持自己生命所需的东西。酗酒、纵欲、粗暴、抢劫和蔑视社会秩序，"最明显最极端的表现就是犯罪"②。这些社会现象的发生是工人对自己非人的生存状况、对这个社会的不公正的应对，工人道德世界的"破坏"恰恰是他们精神的觉醒，他们不再在思想、感情和意志表达方面成为资产阶级的奴隶。可以说，大工业和大城市为无产阶级社会性格的养成提供了契机。大城市将社会机体的疾病变成了急性病，从而使人们发现了这种疾病的真实性质和治疗的正确方法；大工业用私人利益、金钱关系消灭了工人和雇主之间的宗法关系的最后痕迹，使工人清醒地意识到了自己的地位和利益，认识到了自己的贫困处境应该诉诸资本与劳动的敌对性的相互对立。此外，爱尔兰移民的到来不仅加深了工人和资产阶级之间的鸿沟，而且他们热情和生气勃勃的气质也改变了英国人的纯理智的冷静的性格，使英国工人阶级具有了不同于英国资产阶级的思想和观念、习俗和道德原则、宗教和政治，

---

① 《马克思恩格斯文集》第1卷，人民出版社，2009，第407页。
② 《马克思恩格斯文集》第1卷，人民出版社，2009，第443页。

正是这样的无产阶级将塑造英国的未来。

（三）无产阶级的阶级斗争推动了历史的发展，也赋予了社会主义新的生命力

不能像人一样地思想、感觉和生活的，又集沉着理智与热情奔放的性格于一身的英国工人阶级，必须设法摆脱这种非人的状况以表现自己人的尊严。面对本应对工人的贫困负道义责任却用他们的财产和掌握的国家政权来维护自己利益的资产阶级，工人只能选择与他们进行敌对性斗争。无产阶级斗争的第一种形式就是犯罪，这是最早、最原始和最没有效果的一种形式；工人阶级作为一个阶级来反抗资产阶级的最早形式是以暴力破坏资本家的机器，但这依然是孤立、片面、局限于制度的一个方面的；随着工人得到自由结社的权利，工会开始建立起来。面对资本家的贪婪、暴行和歧视，工会往往通过派代表与资本家谈判、罢工等方式来达到规定工资、限制招收学徒、用救济金援助失业工人等目的。但这种反抗总是个别的、分散的、不自觉的；宪章运动是"世界上第一次广泛的、真正群众性的、政治上已经成型的无产阶级革命运动"①。整个工人阶级在宪章运动旗帜下向资产阶级的政权进攻，向资产阶级用来保护自己的法律围墙进攻。然而，由于宪章派没有明确的阶级意识，又把争取作为手段的政治权力当作运动的目的，资产阶级窃取了斗争利益，宪章运动最终失败了；宪章派意识到应该把"社会幸福"当作革命的最终目标。"宪章运动和社会主义接近是不可避免的。"② 英国社会主义有广泛的现实基础，却对改变现存社会关系的一切途径持否定态度。因此，英国社会主义采取革命的而不是改良的法国立场，或者说"法国共产主义以英国方式的再现，"③ 无产阶级真正成为英国的统治者，才能赋予英国社会主义新的生命力。英国的政治和社会的发展也将向前推进。

三 卓越的理论贡献和重要的实践价值

将《英国工人阶级状况》置于马克思主义发展史上，可以看出，它有

---

① 《列宁选集》第3卷，人民出版社，2012，第792页。
② 《马克思恩格斯文集》第1卷，人民出版社，2009，第470页。
③ 《马克思恩格斯文集》第1卷，人民出版社，2009，第473页。

多方面的理论贡献。

首先，以人学的视角来关切工人阶级的起源和发展。在《致大不列颠工人阶级》的结尾，恩格斯谈到，他是从"真正符合人这个词的含义的人"①的视角来观察和思考英国工人阶级的状况的。英国人是"统一而不可分的"人类大家庭的成员，而这个大家庭此时均处在私有财产的统治之下。他希望通过揭示英国工人阶级生活的屈辱状况的典型意义，来探讨资本主义私有制下人的普遍的生存境况。所以，他虽然认为工人悲惨的生活状况是英国工业革命的结果，却客观地估价了英国工业革命对人的解放的意义：尽管工业革命前的工人还不是无产者，其社会地位比现在的工人阶级要高一些，但无论从他们的意识、活动还是能力方面都与"真正的人"相差甚远。而工业革命虽然使工人沦为"现实的无"——没有了生活的基本保障，失去了独立活动的空间，自由活动被贬低为手段，但与此同时，他们作为人的主体性却被激发了出来，他们不得不去创造新的生产力，不得不去改变他们的社会关系，不得不去思考和争取自己作为人应该有的社会地位。工人阶级的状况是一切社会运动的真正基础和出发点。无产阶级革命为工人搭建了展示人的存在方式的大舞台，在这里，他的公开敌人资产者成为他的对象，工人通过对象化——仇恨和反抗把自己最动人、最高贵、最合乎人性的特点展现出来。另外，也把拜倒在金钱之下的资产者从可怜的奴隶状态下解放出来，这便是无产阶级革命对"人"的发展的历史意义。

其次，从制度层面来探讨工人阶级处境及其出路。在1844年初写成的《国民经济学批判大纲》中，恩格斯在对国民经济学进行评述时就指出，国民经济学没有把对私有制合理性的探讨当作理论前提，因此它是资本主义私有制的理论表现，掩盖了资本主义生产方式的矛盾。而工人阶级的状况是这种矛盾最尖锐、最露骨的表现，他在1844~1845年撰写《英国工人阶级状况》，其目的就是揭示这个矛盾。"我将给英国人编制一份绝妙的罪行录。我要向全世界控诉英国资产阶级所犯下的大量杀人、抢劫以及其他种种罪行……"②这部书不仅详尽地罗列了工人阶级在物质、精神、道德各个层面的状况作为资产阶级的罪证，还揭示了工人遭受非人待遇的社会

---

① 《马克思恩格斯文集》第1卷，人民出版社，2009，第384页。
② 《马克思恩格斯文集》第10卷，人民出版社，2009，第23页。

根源,指出正是资本主义社会政治制度和经济制度把工人置于这种境地。资产者"每个人都是国民经济学家"。他们把工人当作"资本""劳动""手",而不是"人"。工人被强制出卖自己的劳动力,他们的劳动是非自愿的生产活动。这一切造成了工人极度不稳定的生活状况和道德上的堕落。资产阶级不仅为了自己的利益千方百计地剥削无产阶级,而且还作为政党,甚至作为国家政权来反对无产阶级。法律首先就是为了保护有产者反对无产者而制定的,他们还利用国家来对付无产阶级,同时尽量使自己不受国家监督。在1892年的"德文第二版序言"中,恩格斯更是做出了"工人阶级处境悲惨的原因不应当到这些小的弊病中去寻找,而应当到资本主义制度本身中去寻找"的论断①。恩格斯强调,资产阶级的利益就在于剥削工人,并且用他们手中的财产和他们掌握的国家政权所能提供的一切力量来维护自己的利益。因此,工人阶级想要摆脱非人的现状,必须和资产阶级本身的利益做斗争,必须推翻资本主义私有制,夺取资产阶级的国家政权。

最后,从唯物史观角度分析现代社会政治经济结构。恩格斯在1885年10月8日著的《关于共产主义者同盟的历史》中,回顾了他和马克思早年分别独立地创立历史唯物主义若干基本原理,并在此基础上共同创立历史唯物主义的历程。"我在曼彻斯特时异常清晰地观察到,迄今为止在历史著作中根本不起作用或者只起极小作用的经济事实,至少在现代世界中是一个决定性的历史力量;这些经济事实形成了产生现代阶级对立的基础;这些阶级对立,在它们因大工业而得到充分发展的国家里,因而特别是在英国,又是政党形成的基础,党派斗争的基础,因而也是全部政治史的基础。"② 很显然,恩格斯在《英国工人阶级状况》中已经用物质利益来分析和探讨英国社会的政治矛盾和经济问题了。他指出,"归根结底"资产阶级的"唯一的决定性的因素还是个人的利益,特别是赚钱"③,厂主对工人的关系不是人和人的关系,而是纯粹的经济关系。不仅是各个资产者为了自己的利益千方百计地剥削无产阶级,整个资产阶级还作为政党甚至作为国家政权通过立法、议会等方式来反对无产阶级。无产阶级是不受国家和

---

① 《马克思恩格斯文集》第1卷,人民出版社,2009,第368页。
② 《马克思恩格斯文集》第4卷,人民出版社,2009,第232页。
③ 《马克思恩格斯文集》第1卷,人民出版社,2009,第477页。

社会保护的。因此,恩格斯预言:"阶级分化日益尖锐,反抗精神日益深入工人的心中,愤怒在加剧,个别的游击式的小冲突正在汇集成大规模的战斗和示威,不久的将来,一个小小的推动力就足以引起山崩地裂。"①

还必须注意到,《英国工人阶级状况》并不是一部单纯的理论著作,而是有更重要的现实考量和当代价值。

从写作此书的现实考虑看,一方面,恩格斯意在推进德国无产阶级革命的进程。"工人阶级的状况是当代一切社会运动的真正基础和出发点,因为它是我们目前存在的社会灾难最尖锐、最露骨的表现。"② 19世纪的德国,经济和社会的变革大大落后于英国,现实的关系还不足以直接推动无产阶级革命,而社会主义者又更多地从理论前提出发,对现实世界了解得太少。所以,恩格斯认为,描述英国工人阶级状况,让德国人了解实情,对于目前的德国来说尤其具有重大的意义。他指出,德国和英国的社会制度从根本上说是相同的,在英国造成无产阶级贫困和受压迫的那些根本原因,在德国也同样存在,而且长此以往也一定会产生同样的结果。英国工人阶级的状况具有典型的形式,表现得最为完备。也只有在英国,才能搜集到完整的并为官方的调查所证实的必要材料。因此,"揭示英国的贫困,也将推动我们去揭示我们德国的贫困"③,它将推动德国无产阶级为争取自己的生存权、自己的利益而斗争,而这也是全人类共同的事业。

另一方面,恩格斯也力图肃清德国社会主义理论中的一切空想和幻想。与英国、法国不同,德国因为没有强大的无产阶级和革命的小资产阶级,因而不具备社会主义的社会基础。一些先进的资产阶级分子也热情地参与政治,但德国的社会主义者更多地把费尔巴哈对宗教批判的指导原则应用到对资本主义制度的批判中,主张通过劳动组织、教育、训练以及友爱的普及来改造环境,使人获得对于自己真正本性的意识,社会问题失去了阶级的性质而被归结为意识形态的斗争了。恩格斯与德国的共产主义运动有密切的接触,他认识到,必须使德国的社会主义和工人运动结合起来,通过对工人阶级生存状况的细致深入的描述,唤醒德国工人阶级的阶级意识,揭露资本主义社会的根本矛盾,消除博爱主义者和空想主义者在

---

① 《马克思恩格斯文集》第1卷,人民出版社,2009,第498页。
② 《马克思恩格斯文集》第1卷,人民出版社,2009,第385页。
③ 《马克思恩格斯文集》第1卷,人民出版社,2009,第386页。

共产主义问题上的不切实际的幻想。实际上，在对英国经济、社会和政治状况的越来越细致的分析中，恩格斯也越来越接近了关于历史的唯物主义理解。《英国工人阶级状况》这部书的完成，实现了他在1844年9月初在巴黎和马克思的约定，那就是在共同完成《神圣家族》之后，"再写几部独立的著作，在那些著作里，我们——当然是各自单独地——将正面阐述自己的观点，从而也正面阐述自己对现代哲学学说和社会学说的态度"①。

《英国工人阶级状况》作为"世界社会主义文献中的优秀著作之一"②，在当代仍然具有重要的现实价值。当今世界尽管进入了全球化时代，虚拟经济发挥着越来越重要的作用，但是实体生产仍然是社会发展最强大的力量，这种情况下，工人阶级始终是社会发展的主力军。较之于资本主义社会，我国工人阶级的地位发生了根本性的变化。诚如习总书记所指出的："工人阶级是我国的领导阶级，是我国先进生产力和生产关系的代表，是我们党最坚实最可靠的阶级基础，是全面建成小康社会、坚持和发展中国特色社会主义的主力军。"③ 可见，工人阶级是社会历史实践的主体，是实现中华民族伟大复兴的中国梦的中流砥柱。在这个意义上，恩格斯当年高度重视工人阶级的社会地位、历史使命和未来作用分析，对于全球化时代我们观察阶级问题和坚持中国特色的社会主义仍然具有重大的指导意义。

---

① 《列宁全集》第24卷，人民出版社，2017，第277页。
② 《列宁全集》第24卷，人民出版社，2017，第277页。
③ 《习近平谈治国理政》，外文出版社，2014，第45页。

第七章

社会主义各种"非科学"形态的"人性"基础及思路批判

马克思恩格斯对人性的思考、对人的解放道路的探寻不仅体现在他们对资本社会全面而深入的分析和批判当中,也同样体现在他们为变革现实、开创人类未来而提出的科学社会主义理论中。

《共产党宣言》是马克思恩格斯[①]探索人的解放道路、思考未来社会的典型文献,第一次集中而透彻地阐述了马克思恩格斯共同创立的崭新的世界观,宣示了社会历史观的伟大变革和科学社会主义理论的诞生。恩格斯在1894年为《新纪元》周刊创刊所作的题词中引用了《宣言》第二部分《无产者和共产党人》中的最后一句话:"代替那存在着阶级和阶级对立的资产阶级旧社会的,将是这样一个联合体,在那里,每个人的自由发展是一切人的自由发展的条件",并强调说,这句话最能代表马克思和他关于未来社会主义纪元的基本思想[②]。应该说,恩格斯的这句话明确了《共产党宣言》的人学内涵。

我们看到,在《共产党宣言》中,马克思恩格斯对资本社会进行了分析和批判,提出"资产阶级的灭亡和无产阶级的胜利是同样不可避免的"

[①] 在文献学意义上,《共产党宣言》是一组"文本群",包括了作为初稿的《共产主义信条草案》《共产主义原理》,作为定稿的《共产党宣言》四章内容和七篇《序言》,其中两个初稿是由恩格斯执笔的,定稿由马克思在初稿基础上修改并最终完成,两篇序言(1872年德文版、1882年俄文版)由马克思和恩格斯联合署名,五篇序言(1883年德文版、1888年英文版、1890年德文版、1892年波兰文版、1893年意大利文版)则由恩格斯单独署名,为了简略起见,本章梳理的内容就标明是由马克思恩格斯阐述的。

[②] 《马克思恩格斯文集》第10卷,人民出版社,2009,第666页。

的著名论断。不仅如此,他们还着眼于未来社会的构想,对社会主义的文献进行了清理,针对不同形态的社会主义派别——"封建的社会主义"、"小资产阶级的社会主义"、"德国的或'真正的'社会主义"以及"保守的或资产阶级的社会主义"和"批判的空想的社会主义和共产主义"等各种理论主张进行了梳理和批判。这其中,呈现出他们对人的解放的理解。

一 封建的"僧侣式的"社会主义

"至今一切社会的历史都是阶级斗争的历史。"① 在欧洲,从封建社会到资本主义社会的发展过程中,经历了资产阶级与封建贵族的斗争。在现代资产阶级取得政权以后,法、英等国的封建贵族,在政治上没有了对抗资产阶级的能力的情况下,所能做到的便是在理论上抨击现代资产阶级社会。这样,他们对代替资本主义的未来社会——社会主义的描述和预设也表现出了基督教禁欲主义的色彩。这种封建的社会主义的特征有以下几点。

第一,没有真正理解社会形态更替规律。它不能理解,资本主义代替封建主义是历史发展的必然进程,现代资产阶级是封建主义的必然产物。因此,它不能在历史观层面上对现代资产阶级社会代替封建社会作出判断和审视。这致使它对现代资产阶级的批判,没有明确的政治目的,而是带有诅咒的性质,幻想着在现代资产阶级遭遇厄运的情境中封建贵族复辟的可能性。这样的基本立场注定了封建的社会主义的基调是对封建社会的哀悼,尽管其打着关心工人阶级利益的旗号,言辞有时也能击中资产阶级的要害,但总的来看,"半是挽歌,半是谤文,半是过去的回音,半是未来的恫吓"② 的封建社会主义不能着眼于历史发展方向,即使在言辞上也多是老调重弹、事后诸葛,徒有诋毁和诽谤,不见对未来社会坚定的信念。

第二,缺乏坚定的政治立场。由于不理解社会历史的进程,封建贵族不能理解现代无产阶级的产生、现状和未来可能的出路。封建主只是看到

---

① 《马克思恩格斯文集》第2卷,人民出版社,2009,第31页。
② 《马克思恩格斯文集》第1卷,人民出版社,2012,第423页。

了在资产阶级的剥削之下无产阶级的贫困处境,看到了无产阶级和资产阶级的对立。然而,他们却知其然而不知其所以然。他们不明白,现代资产阶级和现代无产阶级是一对孪生子,他们都是封建所有制的必然产物。无产阶级和资产阶级的对立、无产阶级成长为推翻资本主义私有制的力量,是资本主义私有制代替封建所有制这个社会历史进程的必然结果。所以,当封建主打着工人阶级的旗号,去和资产阶级进行斗争的时候,他们并没有坚定的政治立场,而是怀揣着自身的私利,去责备资产阶级,"唱唱诅咒他们的新统治者的歌,并向他叽叽咕咕地说一些或多或少凶险的预言"①,以达到"泄愤"的目的。事实上,声称维护无产者利益的封建主真正维护的是自己的利益,他们在无产阶级斗争中所做的只不过是蛊惑宣传而已。

显然,封建的社会主义不具备对未来社会发展科学预测的理论基础,也根本没有能够发现现实的人在资本主义社会的异化状态,所以,它不是着眼于人类走向更加进步的社会形态来批判资本主义私有制的,而是以保全自身的利益为导向,仅在言辞上表达了对资产阶级的怨愤和控诉,而根本没有触及现实的社会关系。表面上看,他们和无产阶级的利益一致,激烈反对私有财产,反对婚姻,反对国家,但这仅限于说教。"为了拉拢人民,贵族们把无产阶级的乞食袋当做旗帜来挥舞。但是,每当人民跟着他们走的时候,都发现他们的臀部带有旧的封建纹章"②,人民的利益只不过是封建贵族给自己的保守、自私和倒行逆施贴上的一道体面的标签而已。从这个意义上讲,封建社会主义就像基督教的社会主义一样,只不过是给社会主义涂上了一层禁欲主义的色彩,或者也可以说,给禁欲主义涂上了一层社会主义的色彩。

二 小资产阶级"浪漫的"社会主义

在现代资产阶级社会,资本及其逻辑成为社会的主宰。在工商业不很发达的国家里,封建贵族虽然生活条件日益恶化,但还在新兴的资产阶级身旁勉强生存着。而在现代文明已经发展的国家里,则形成了一个新的小

---

① 《马克思恩格斯文集》第2卷,人民出版社,2009,第54页。
② 《马克思恩格斯文集》第2卷,人民出版社,2009,第55页。

资产阶级。由于资本的利润同资本的量成正比,小资本没有大资本积累得快。面对资本家之间日益扩大的、激烈的竞争,小资本家资本总量小,加之资本中流动资本和固定资本之间的比例偏小,这样,小资本的流动资本总额比大资本就要小得多。因此,这个新形成的小资产阶级面临着的就是被大资本吞并的现实。随着大工业的发展,他们甚至觉察到,他们很快就会完全失去他们作为现代社会中一个独立部分的地位,被竞争抛到无产阶级队伍里去。摇摆性成了这个阶级的特有属性。

阶级属性的摇摆性同时也意味着,小资产阶级会患得患失,在对待私有财产制度的立场上摇摆不定。一方面,他们与封建主不同,并不想完全回到封建社会;另一方面,他们又没有办法突破旧的所有制关系的框架。因此,他们从小资产阶级的立场出发来批判资产阶级,就形成了小资产阶级的社会主义。法国政治经济学家、经济浪漫主义奠基人西斯蒙第的学说即小资产阶级社会主义的代表。

西斯蒙第认为,英国古典政治经济学以财富为研究对象,强调社会生产是为生产而生产。资本家为利润拼命扩大生产,而小生产者的破产和社会分配不公却会使广大人民收入不足,收入不足必然会使消费不足,人得不到享受和发展。而社会应该以人的消费为主导,消费先于生产、生产服从消费。因此,应该用国家政策调节社会经济生活,以避免经济自由主义给社会带来的灾难。为此,西斯蒙第提出了他的小资产阶级经济浪漫主义的思想体系。他主张用中世纪行会手工业和宗法式农业的原则和规范来组织社会经济,把城乡中的资本主义企业都分散成为众多的小农场和小作坊,从而节制资本及其逻辑在社会中的绝对权力;他力求建立符合于小生产者利益的社会以代替资本主义社会,希望把宗法式的农民经济和城市手工业理想化,并把它和资本主义经济对立起来;他企图将他的理想诉诸法律,要求法律在资本家和工人之间实行"完全合理的裁判",以保证工人能够分享利润,弥补私人利益的主导给社会带来的不幸。

以西斯蒙第为代表的小资产阶级社会主义的积极的、进步的意义在于,它揭穿了资产阶级经济学家的虚伪的粉饰,透彻地分析了资本主义生产关系的矛盾和症结,尤其是这种生产关系与人的享受和发展的对立等。至于他们代表小资产阶级和小农的思想感情和经济要求所提出的要国家采取措施在现代社会中"恢复旧的所有制关系和旧的社会,或者是企图重新把现代的生产资料和交换手段硬塞到已被它们突破而且必然被突破的旧的所有制关系的框子里去"① 的办法,又显然带有自我欺骗的、空想的性质。最终只能在以后社会历史的发展中"变成了一种怯懦的悲叹"。

三 德国的"哲学幻想"的社会主义

封建贵族的社会主义呈现出僧侣式的基调,小资产阶级的社会主义徒有浪漫,但总的来看,这两种社会主义又都是在封建主和小生产者实际地同资产阶级的斗争中产生的,是同资产阶级的统治作斗争的文字表现。换句话说,封建的和小资产阶级的社会主义理论都是有社会现实基础的。但是,一旦这些文献与德国的哲学家、半哲学家和美文学家的哲学幻想结合起来,它们就"完全失去了直接实践的意义,而只具有纯粹文献的形式",② 使得德国的社会主义成为一种哲学的玄思。

马克思恩格斯针对德国的社会现实指出,现代德国制度"低于历史水平",是"时代错乱"。③ 当德国人还在政教合一的专制统治下呻吟的时候,在政治生活上,法国人已经在致力于争取人权、公民权,开创了人的政治解放的道路。而在经济生活上,英国人经由工业革命开始了意义深远的社会革命,力图挣脱私有制对人的束缚。因此,在政治和经济落后的德国,著作家的唯一工作,"就是把新的法国的思想同他们的旧的哲学信仰调和起来,或者毋宁说,就是从他们的哲学观点出发去掌握法国的思想"。④

显然,离开现实社会生活,仅在观念领域虚构未来社会的图景,德国社会主义者对法国社会主义者思想的这种掌握,只能是一种赋予思辨特征的"翻译"。⑤ 他们把1789年7月14日法国群众攻克象征专制统治的巴士底狱、释放七名犯人、取得法国大革命初步胜利的事实,看成一般"实践理性"的要求。而法国资产阶级着眼于实际的物质利益,以平等和自由为目标而进行的斗争,资产阶级与旧制度下的特权阶级之间的一场实际斗争,也被他们视作纯粹的意志、本来的意志、真正人的意志的规律。可

---

① 《马克思恩格斯文集》第2卷,人民出版社,2009,第57页。
② 《马克思恩格斯文集》第2卷,人民出版社,2009,第57~58页。
③ 《马克思恩格斯文集》第1卷,人民出版社,2009,第6、7页。
④ 《马克思恩格斯文集》第2卷,人民出版社,2009,第58页。
⑤ 马克思恩格斯在《神圣家族》中曾有"赋予特征的翻译"的表述。

见,德国社会主义者用思辨的力量来"考察"法国革命,进而来"建树"社会主义理论的做法,不过是"在法国的原著下面写上自己的哲学胡说"罢了。他们所谓的"行动的哲学""真正的社会主义""德国的社会主义科学""社会主义的哲学论证"等,是悬浮在云雾弥漫的太空的"哲学幻想"。其具体表现在以下两方面。一是消解了政治革命的意义。法国大革命是采用暴力手段来摧毁君主专制统治的,矛头直指国王、贵族和宗教的权力。它是资产阶级反对封建专制统治、自由资产阶级反对资产阶级的斗争,是全新的天赋人权、三权分立等民主思想在欧洲确立的过程。而在德国思想家看来,法国革命的目标只是追求"真理",法国人民长达数年从攻占巴士底狱到热月政变的浴血奋战只是为了实现抽象的"人的本质"。法国革命重大的政治意义被消解了。二是遮蔽了人的现实性。德国思想家将法国革命过程中一个阶级反对另一个阶级的斗争诠释为"法国人的片面性",同时又把法国人"真实的要求"——人的本质的利益转化为"真理的要求"。可见,这样的真理并不具有真实性,而他们所谓的真理也排除了人的因素。人的全面性被诠释成了人的抽象性,"人"不属于任何阶级,没有现实利益可言。其实,这样的人在现实世界根本不存在。

总之,德国幻想式的社会主义纯粹是"自炫博学的天真"。一方面,它与社会现实生活相脱离,不明白法国的社会主义思想是以现代的资产阶级社会以及相应的物质生活条件和相当的政治制度为前提的。因此,也就不明白,在德国,由于不具备法国社会的物质条件和政治条件,德国人应该走适合自己国家实际情况的社会发展道路,而不是做法国社会主义理论的应声虫。另一方面,它又看不到德国的自由主义运动,即普鲁士的资产阶级反对封建主和专制王朝的斗争对于德国人政治解放的意义,继而从理论上去推动这种斗争,而是采取了诅咒的办法——"诅咒自由主义,诅咒代议制国家,诅咒资产阶级的竞争、资产阶级的新闻出版自由、资产阶级的法、资产阶级的自由和平等,并且向人民群众大肆宣扬,说什么在这个资产阶级运动中,人民群众非但一无所得,反而会失去一切"[①]。

很明显,德国思想家在低于时代水平的社会条件下奢谈社会主义,宣布德意志民族是模范的民族,德国小市民是模范的人,仍然没有摆脱思辨

---

① 《马克思恩格斯文集》第2卷,人民出版社,2009,第59页。

哲学以观念来统摄现实的特征。无论是"诅咒"也好，还是"扮靓"也罢，其"永恒真理"之空洞与荒唐是不可避免的。表面上，它是对未来社会的构想，但实际上，它是维护旧制度、直接反对社会主义的。

四 资产阶级"改良的"社会主义

如果说，封建主、小资产阶级和德国观念论思想家所理解和诠释的社会主义是从各自的立场出发，将矛头指向了在现代社会进程中出现的资产阶级，那么，资产阶级的社会主义则是以保全资产阶级本身的利益为出发点，强调以改良的方式作用于社会，认为只要在经济和社会领域采取一些举措以消除社会弊病，便能既保障资产阶级的生存，又保障无产阶级的利益。

法国小资产阶级社会主义者、无政府主义奠基人之一蒲鲁东是资产阶级"改良的"社会主义的典型代表。他反对任何形式的暴力革命，提出"用文火消灭私有财产"。其主要的论点有以下几点。

第一，工人运动（主要是罢工和工人同盟）和暴力革命根本无益于社会的发展，只会带来流血和灾难。工人同盟这个问题的实质就是"劳动组织"问题。而劳动作为文明的首要条件，就像工场组织、军队组织、救济组织和战争组织等一样，它一经存在就具有了某种程度的组织。所以，"劳动正在自发地组织着"，"既不是说必须去组织它，也不是说它已经组织起来了"[1]。而且，真正的劳动组织是"工场"，劳动是依靠分工、机器、竞争和垄断等一系列经济范畴在经济矛盾的体系中自发地组织起来的，而工人同盟并非上述经济范畴本身的产物，它自然也不是劳动组织的有效形式。从在这个意义上讲，工人同盟并没有必要性。同样，诉诸强力和横暴的暴力政治革命的实质就是"动乱"，不能实现任何改革。而"通过经济的组合把原先由于另一种经济组合而逸出社会的那些财富归还给社会。换句话说，在政治经济学中使财产的理论转过来反对财产"[2]才是通往未来

---

[1] 〔法〕蒲鲁东：《贫困的哲学》上，余叔通、王雪华译，商务印书馆，2010，第55~56页。
[2] 〔苏〕卢森贝：《政治经济学史》第3卷，郭从周、北京编译社译，生活·读书·新知三联书店，1960，第218页。

社会形态的康庄大道。

第二，旨在提高工资的罢工行为并不能解决贫困问题。表面上看，工人之所以贫困，是由于他们出卖劳动力所得的工资数额太少，以至于他们的生活只能维持在牲畜般存在的水平。然而，工资必须要以社会总产品的数量为前提，具体数额只是一种货币表现或数学指数，是工人阶级每天为再生产而消费的各种财富组成要素之间的比例性，是价值比例性关系的一种表现，是综合价格。因此，在社会总产品的数量增加以前，单方面提高工资意味着发给生产者以超过其生产量的产品，这显然是一种矛盾的做法，对改善工人的生活水平没有作用。即使是在少数生产部门内提高工资，也会造成社会产品的比例性关系失调，从而引发产品交换的普遍混乱，总之就是加剧贫困。只有社会全部产品完全按其中所包含劳动的价值直接交换即价值的按比例构成，才是解决贫困问题的途径所在。

第三，未来社会只能是资产者和无产者的和解与利益一致。蒲鲁东反对工人联合中的激进或暴力行为，但并不否定工人联合的必要性。在他看来，资产阶级是"有史以来最勇敢、最精明的革命者"，"十九世纪革命的原则提出者和奠基人"①。相比之下，工人由于缺乏头脑和思想而处于半开化状态，没有足够强烈的改善生活条件的愿望，这既是他们生活贫困的结果，又是无法摆脱贫困的原因。所以，工人阶级本身不具有政治能力，他们只是政治生活中"刚诞生的婴儿"，只能是被动地接受垂死的资产阶级的各种政治幻想。因此，只有资产阶级才能帮助工人认清经济矛盾体系中的现实，在劳动互助中实现联合，从而维护本身的利益。无产阶级只有在资产者所统治的美好的世界里，达成与资产者的和解，共同为将到来的革命事业而努力。

从蒲鲁东的观点可以看出，资产阶级的社会主义理论的核心是在资本主义生产关系的基础上实行改良。它强调经济关系的改变，但肤浅地把私有财产看成劳动的创造物，把以人的活劳动形式存在的私有财产和以资本形式存在的私有财产当作彼此无关的东西。换句话说，蒲鲁东不理解私有制下劳动与资本的关系。因此，他的改良主义在私有财产的本质面前是无能为力的。所以，这种观点就显示出了"愿意要现代社会的生存条件，但

---

① Proudhon, Les Confessions d'un révolutionnaire pour servir à l'histoire de la Révolution de Février. Garnier frères, Paris 1929, p. 93.

是不要由这些条件必然产生的斗争和危险""愿意要现存的社会，但是不要那些使这个社会革命化和瓦解的因素""愿意要资产阶级，但是不要无产阶级"①的特点。在资产阶级所渲染的未来社会图景中，在他们关于自由贸易、保护关税、单人牢房的社会治理体系中，无产阶级的利益被解说成与资产阶级利益相一致。究其实，"它不过是要求无产阶级停留在现今的社会里，但是要抛弃他们关于这个社会的可恶的观念"②。

五 空想的"体系化"的社会主义

"空想的"社会主义是随着无产阶级革命的不断发展而出现的。早在法国资产阶级革命中，巴贝夫等就表达过代表无产阶级利益的要求"完全平等"、建立排挤私人经济的"国民公社"的设想。但很显然，他们并不理解私有财产的本性是贪财欲和忌妒心，但也正是这种本性所导致的竞争，推动着私有财产关系不断由较低阶段向较高阶段的发展，当然也必然推动消灭私有财产的运动的发展。所以，他们企图通过遏制私有财产对财富的无限追逐，把贫穷和较低的需求作为特定的标准，让"占有"代替"竞争"，从而否定私有财产，其结果只能是"对整个文化和文明的世界的抽象否定"。这种社会主义只是把劳动和资本提高到想象的普遍性高度——一边是共同性的劳动，另一边是共同性的资本，并没有从消灭资本和劳动的对立关系的意义上理解社会主义。因此，马克思恩格斯指出，"对私有财产的最初的积极的扬弃，即粗陋的共产主义，不过是私有财产的卑鄙性的一种表现形式，这种私有财产力图把自己设定为积极的共同体"③。

在无产阶级革命的最初时期，出现了圣西门、傅立叶、欧文等人的体系化的社会主义。他们都力求建构一个科学体系来探求社会发展的规律，希望这些规律能指导世界历史的发展，能创造无产阶级运动的物质条件，"社会的活动要由他们个人的发明活动来代替，解放的历史条件要由幻想的条件来代替，无产阶级的逐步组织成为阶级要由一种特意设计出来的社

---

① 《马克思恩格斯文集》第2卷，人民出版社，2009，第61页。
② 《马克思恩格斯文集》第2卷，人民出版社，2009，第61页。
③ 《马克思恩格斯文集》第1卷，人民出版社，2009，第185页。

会组织来代替"①。

圣西门认为，资本主义社会不是自然的永恒的社会，而是旧的封建制度和未来社会之间的一个"中间的和过渡的体系"，亟须彻底改造。以普遍劳动为原则的实业制度是人类最美好的社会制度，其区别于资本主义制度的一个重要特征是有计划地组织整个社会生产。傅立叶指出，迄今为止人类社会的发展经历了蒙昧、宗法、野蛮和文明四种制度，而资本主义文明制度也仅仅是社会发展过程当中的一个阶段。他主张以"和谐制度"来代替资本主义制度。这个"和谐制度"是一种工农结合的社会基层组织，叫"法朗吉"。欧文主张把劳动和教育结合起来，建立一个和谐社会。他对当时很多资本家过分注重机器而漠视人的做法提出强烈批评，提倡人本管理，并提出每一个国家的最高利益在于教育下一代，进行德、智、体、美、行全方位的教育。

圣西门、傅立叶、欧文等社会主义理论体系均意在为工人阶级争取利益，消除社会不平等。总的来看，他们的侧重点基本都集中在私有财产的主体存在形式上，试图通过"普遍"劳动、"愉快"劳动、"人性化"劳动的方式消解私有财产对人的统治。但不难看出，他们都没有重视私有财产的客体存在形式，即没有从资本的存在及其运行逻辑来分析社会不平等的原因，没有从劳动与资本的敌对性对立关系来理解私有财产。而是抽身于私有制社会的两个对立的阶级以外、以隔靴搔痒的姿态来"发言"。其"空想"症结有三。

首先，不能唯物地认识无产阶级解放的条件。他们同情无产阶级，但不理解无产阶级革命的意义。因此，他们热衷于对未来社会进行幻想性的描绘，且执着于通过向统治阶级呼吁达到自己的目的，希望自己的体系化的主张——消灭城乡对立、消灭家庭、消灭私人营利、消灭雇佣劳动、提倡社会和谐、把国家变成纯粹的生产管理机构等铺平通向未来美好社会的道路。然而，他们终究不明白，是社会存在决定社会意识，无产阶级的解放必须诉诸工业的发展所带来的物质条件，也离不开在私有财产的发展过程中无产阶级作为人的主体能力的提高。还有，无产阶级在政治运动中才展示出自身的最具人性的特征，并且成长为同一切有产阶级相对立的、有

---

① 《马克思恩格斯文集》第 2 卷，人民出版社，2009，第 62~63 页。

自己的利益和原则、有自己的世界观的独立的阶级。"阶级斗争越发展和越具有确定的形式,这种超乎阶级斗争的幻想,这种反对阶级斗争的幻想,就越失去任何实践意义和任何理论根据"①。

其次,不能辩证地看待无产阶级的历史使命。他们看清了无产阶级受苦最深的现实,认为无产阶级的苦难、无产阶级与资产阶级的对立是现实社会的不和谐因素,因此,他们都意在为无产阶级争取利益。但是,他们都没有看到,无产阶级成为一个阶级是私有制生产关系、劳资对立发展的结果,而这个阶级与资产阶级的政治斗争——无产阶级革命则是推动世界历史发展的主要动力。他们"已经把关于德国伟大的哲学家及其创立的辩证法的记忆淹没在一种无聊的折中主义的泥沼里",而事实上,"唯物主义历史观及其在现代的无产阶级和资产阶级之间的阶级斗争上的特别应用,只有借助于辩证法才有可能"②。

最后,不能有效地指导社会实践。空想社会主义体系的创始人所设计的理论体系以及改良社会的计划在许多方面是革命的,但总的来讲,他们的体系和计划没有建立在辩证唯物主义认识论的基础上,因而这些体系和计划同历史的发展是成反比的、是反动的。在实践上,往往可以看到,信奉他们主张的人所组成的宗派总是反动的,这些人无视无产阶级的历史进展,比如英国的反对宪章派;激烈地反对工人的一切政治运动,比如英国的欧文派;企图削弱阶级斗争,调和对立,比如法国的傅立叶派;呼吁资产阶级发善心和慷慨解囊,比如法国的反对改革派。显然,这些空想社会主义理论的信徒或者是反动的,或者是保守的,已经远离了人类社会的发展方向。

六 马克思恩格斯对未来社会的构想

从以上的梳理可以看出,伴随着人类社会由封建主义到资本主义的历史进程出现的各种社会主义派别,要么是基于个人或派别利益评判现实社会状况,主张历史倒退,使社会回到旧的生产方式中去;要么是立足于唯心主义的哲学基础观照人类历史,虚构未来社会蓝图,将改良作为否定资

---

① 《马克思恩格斯文集》第2卷,人民出版社,2009,第64页。
② 《马克思恩格斯文集》第3卷,人民出版社,2009,第495~496页。

本主义的方法；要么是割裂理论与实践的关系寻求社会"变革"方案，诉诸理性原则，把永恒正义的从外面强加于社会。总的来看，这些社会主义理论都批判了资本主义的生产方式及其对人的生存与发展的异化后果，但是，它们又都没有从这种生产方式的本质上思考问题，因而也就必然找不到否定这种生产方式的根本途径。恩格斯指出，这些社会主义理论是不成熟的，而"不成熟的理论，是同不成熟的资本主义生产状况、不成熟的阶级状况相适应的"①。

马克思恩格斯对形形色色的社会主义理论的关注和了解始于他们在《莱茵报》时期。自此之后一直到整个《资本论》及其手稿写作阶段，马克思都没有停止对这个重要问题的思考。在研究与批判、汲取与超越以往社会主义理论的基础上，他以辩证的思维方式，深入剖析了资本主义生产方式的实质，又在新的唯物主义哲学的高度上准确把握了资本主义生产方式下"劳资对立"所产生的无产阶级和资产阶级斗争的必然性，提出了通过无产阶级革命，消灭阶级对立，从而消灭资本主义私有制的理论，使得对社会主义的认识达到了科学的程度。

一方面，马克思恩格斯指出，"自我异化的扬弃同自我异化走的是同一条道路"②。资本主义是人类历史进程中的一个环节，这是它在一定历史时期存在的必然性。同时，随着人类社会的进一步发展，它也会被新的生产方式所替代，这是它灭亡的必然性。另一方面，资本主义生产方式必然灭亡的内在机制在于这种生产方式的内在本质，即资本主义私有制本身决定的劳动与资本的绝对对立。这种对立是由资本家无偿占有工人的劳动而引起的。工人为了生存，把劳动力作为商品卖给资本家，资本家除支付给工人劳动力的价值以外，将劳动力产生的剩余价值悉数收入囊中，这种剩余价值归根结底构成了资产阶级手中日益增加的资本量由以积累起来的价值量。这样，与其他的社会主义者不同，马克思恩格斯通过剩余价值理论的发现，弄清楚了同资本主义生产方式密不可分的资本剥削原理，也就深刻地认识到了在这种生产方式下"劳资对立"的内在本质。因此，马克思恩格斯的科学社会主义不是天才人物的偶然发现或主观构想，而是植根于社会生产方式和交换方式的变更的哲学、时代的哲学，即资本主义经济制

---

① 《马克思恩格斯文集》第 3 卷，人民出版社，2009，第 528 页。
② 《马克思恩格斯文集》第 1 卷，人民出版社，2009，第 182 页。

度的理论产物。消灭剥削、消除劳资对立，才是通向未来社会的途径，而这必将诉诸无产阶级革命。

需要指出的是，在全球化时代，马克思恩格斯在创立科学社会主义理论过程中对各种"非科学"形态的社会主义的批判仍然具有重大的现实意义。尽管已经进入了21世纪，较之马克思恩格斯的时代，世界已经发生了相当大的变化，然而社会体系仍存在结构性的"内部联系"，"资本"仍是支配世界最重要的力量，资本主义的症结和痼疾不仅没有消除，反而更为隐蔽、更为扩大了。在这种情况下，要摆脱危机、超越资本，无论是思想理论方面的建构还是现实实践方面的推进就显得更为艰难。尤其是，作为反资本主义的社会思潮，本书所梳理的诸如"封建的社会主义"、"小资产阶级的社会主义"、"观念论的"或"'真正的'社会主义"、"保守的或资产阶级的社会主义"和"空想的社会主义和共产主义"等在当代都有不同形式的表现，再加上大量信息的涌入，交流手段的便捷，经常出现众声喧哗、真假难辨的状况。很多貌似"公正"、"道义"、非理性地固守单一价值观的论者，极端幼稚和不负责任地为解决现实问题指方向、开药方，极端论思维和非理性情绪泛滥，它们甚至成为一种"公害"，不仅完全于事无补，相反常常会混淆视听、扰乱秩序、延缓甚至妨碍问题的解决。现今社会多么需要像马克思恩格斯那样站在历史唯物主义的高度顺应世界趋势、深究历史真相、理性评估现实、热忱探索未来的思想巨匠。因此，面临盘根错节的现实问题，重温《共产党宣言》对资本主义、对各种"非科学"形态的社会主义思潮的批判，也有利于新时代马克思主义的发展。

第三部分 政治经济学的"转向"及深化研究

第一章

恩格斯在马克思"政治经济学转向"中的作用

马克思恩格斯一生都是与政治经济学研究、对资本社会的批判联系在一起的。"政治经济学转向"对于马克思一生思想的发展具有特别重要的意义。我们知道,马克思在波恩大学和柏林大学期间学习的专业是法学,同时致力于文学创作和哲学研究,还特别重视历史的学习。这些学科的理论资源构成了他思想起源期广博而深厚的专业背景。但是,后来马克思大半生最重要的工作却是《资本论》的写作,他是以深刻的资本批判而确立其卓越的历史地位的。19 世纪以降,资本在现代"市民社会"中运行并展示其强大的功能与绝妙的逻辑,而对其充分的讨论则成为"政治经济学"研究的重大课题。正因为如此,马克思的理论探索从"《莱茵报》—《德法年鉴》时期"逐步开始了"政治经济学转向"。认真审视当时复杂的思想图景以及马克思思想的变化,我们发现,恩格斯在其中起了很关键的促进作用:他早期对资本社会的观察和思考既为马克思解决"苦恼的疑问"提供了方向性启示,也为马克思最初的政治经济学研究提供了基本思路;恩格斯的《国民经济学批判大纲》这篇在政治经济学"这门科学方面内容丰富而有独创性的著作"与马克思以往擅长的历史学、政治学的逻辑批判不同,它从经济学入手,直接引入现实要素,将国民经济学各个范畴放在资本主义经济运行的现实之中去考量,揭示了资本主义社会运行的内在矛盾。这样的研究方法无疑给了马克思以很大的启示;《英国状况》和《英国工人阶级状况》对资本主义私有制社会的观察和思考则为马克思的政治经济学研究提供了新的视角。

诚如德国伍珀塔尔恩格斯故居暨早期工业化展览馆前负责人埃伯哈

特·伊尔纳（Eberhard Illner）博士所说，在这一过程中，"没有恩格斯就没有马克思。"①

一 恩格斯早期对资本社会的观察和思考

1820年11月28日，弗里德里希·恩格斯出生在普鲁士王国莱茵省巴门市。莱茵省是德国工业最发达的地区，巴门是德国著名的工业城市之一。恩格斯的曾祖父和父亲都是莱茵省工业化的著名开拓者，父亲老弗里德里希·恩格斯经商有道，在国内外创办了三家公司。

为了让恩格斯日后能很好地管理企业，1834年秋，他被父亲送到普鲁士最好的学校之一埃尔伯费尔德文科中学接受教育。优渥的家境给恩格斯提供了博览群书、思想自由驰骋的天地，但同时也使他对家乡伍珀河流域的社会状况和不平等的现实产生了疑问：上学路上看到的那些蓬头垢面、衣衫褴褛、一天到晚累得直不起腰、生活却依然极度贫穷的工人，与包括自己家人在内的心安理得地过着舒适而富裕的生活的资产者，这两个群体的反差之间有没有内在关联呢？

如此的疑问和思考随着恩格斯之后职业生涯的变化进入了新的层次。按照父亲的规划，他高中没有毕业就进入了家族公司工作，半年后，又被派往当时德国最大的商港之一不来梅学习经商。在那里，他发现，商人们把一种咖啡豆称为"优质、中等、普通的多米尼加咖啡豆"，人们"每买10粒好咖啡豆就捎带得到4粒坏豆、6颗小石子和四分之一洛特的脏东西、土等等"②。这让他首次具体地感知到了，"商业的秘密"即在于"欺诈"。

1842年，恩格斯又被父亲安排出国，到资本运作最成熟的英国曼彻斯特，在"欧门—恩格斯"公司做办事员兼襄理，学习那里先进的经商方法。英国的生活给恩格斯以非常深刻的印象。不久，恩格斯就发现，"这个城市建筑得如此特别，人们可以在这里住上多少年，天天上街，可是，

---

① 中央党史和文献研究院信息资料馆：《德国恩格斯故居前负责人埃伯哈特·伊尔纳博士访问中央党史和文献研究院并作报告》，http：//www.dswxyjy.org.cn/n1/2019/0830/c427195-31328825.html。
② 中央编译局：《恩格斯画传》，华东师范大学出版社，2005，第22页。

如果他只是出去办自己的事或散步，那就一次也不会走进工人区，甚至连工人都接触不到。"① 显然，这种把工人区和资产阶级所占的区域极其严格地、有系统地分开的设计是资产者基于自身的利益考量而精心所为。他们热衷于快快地发财、街道的整洁、城市的美好，却也清楚地知晓：与此同在的必然是工人阶级不堪入目的生活状况。更为甚者，他们还把这一切视为理所当然和顺理成章的。有一次，恩格斯和一个资产者同路，便对他谈到曼彻斯特的伪善的建筑体系和工人区可怕的居住条件，岂料那位资产者静静地听完这一切，走到拐角上和恩格斯告别时却说，"但是在这里到底可以赚很多钱"② 这让恩格斯非常愤怒，他意识到，在资产阶级看来，世界是为金钱而存在的，工人阶级贫困不堪的生活与资产阶级对财富的追逐息息相关。那么，资本社会真正起决定作用的力量是什么呢？不应该就是经济因素吗？

为了进一步确定自己的认识，帮助处于非人境况中的工人找到出路，恩格斯在曼彻斯特放弃了资产阶级的社交活动和宴会，用了21个月的时间与工人亲身交往，亲自感受他们的痛苦和欢乐；他还参加了曼彻斯特的"共产主义者会堂"，倾听普通工人的讲演；同时，他和空想社会主义者罗伯特·欧文领导的社会主义派别建立了联系，并为该派的《新道德世界》周报撰稿，介绍欧洲大陆上的空想社会主义、共产主义思想和工人运动；他还经常参加宪章运动的集会，给运动的机关刊物《北极星报》撰稿，并结识了运动领导人。1843年，恩格斯又到伦敦会见了工人秘密团体正义者同盟的领导人。这些丰富而具体的社会活动使他更加确信："所谓的物质利益在历史上从来不可能作为独立的、主导的目的出现，而总是有意无意地为引导着历史进步方向的原则服务。"③

除此之外，恩格斯还利用只有在英国才能搜集到的完整的并为官方的调查所证实的必要材料补充自己的观察，更是钻研了以亚当·斯密和大卫·李嘉图为代表的英国政治经济学，阅读了以昂利·圣西门和沙尔·傅立叶为代表的法国空想社会主义著作。对材料的分析加之广泛深入的科学研究，使得恩格斯由出于人道主义的道德义愤、澎湃高涨的政治热情上升

---

① 中央编译局：《恩格斯画传》，华东师范大学出版社，2005，第43页。
② 《马克思恩格斯全集》第2卷，人民出版社，1957，第565页。
③ 中央编译局：《恩格斯画传》，华东师范大学出版社，2005，第49页。

到对世界历史发展和资本所主宰的社会整体结构的思考:"迄今为止在历史著作中根本不起作用或者只起极小作用的经济事实,至少在现代世界中是一个决定性的历史力量;这些经济事实形成了产生现代阶级对立的基础;这些阶级对立,在它们因大工业而得到充分发展的国家里,因而特别是在英国,又是政党形成的基础,党派斗争的基础,因而也是全部政治史的基础。"① 这种认识在当时对资本社会的透视中是非常独到和深刻的。

在1843年9月底10月初到1845年3月前后一年半的时间里,恩格斯先后完成了《国民经济学批判大纲》《英国状况》《英国工人阶级状况》等著述的写作,将他的思考提升到新的水准。更为宝贵的是,他的这些思想观点和理论建树对届时正处在"政治经济学转向"过程中的马克思起到了至为关键的促进作用。

二 恩格斯为马克思解决"苦恼的疑问"提供了方向性启示

早于恩格斯两年出生的马克思,其一生的思想始终处于不断探索、深化和拓展之中。他从小受到启蒙主义、理性主义的熏陶,大学阶段又受到青年黑格尔派自我意识哲学的影响。但在为《莱茵报》撰稿和参与编务的过程中遭逢了诸如"新闻出版自由""林木盗窃法""摩泽尔地区贫困问题"等一系列具体现实问题之后,他却不得不意识到,这些各不相同的问题背后反映了相同的事实:现实世界与自由理性是背离的,普遍理性不能主宰现实的国家。相反,支配着不同等级和个人的立场、言论和行为的,却是现实的物质利益。那么,各个不同的社会等级借以出发的自身利益具体是什么呢?而"在一个为不同利益所支配的世界里,普遍的自由何以可能?"这便是马克思后来在《〈政治经济学批判〉序言》中讲到的他在《莱茵报》时期的一个"苦恼的疑问"。为了解决这一"疑问",马克思进行了艰苦的思考和探索。

一方面,他期望在大量历史文献中探寻自由理性和现实境遇之间矛盾的症结及其解决之径。在退出《莱茵报》后的大半年时间里,马克思在克罗茨纳赫研读了24本著作和一系列文章,分别就法国、波兰、意大利、英

---

① 《马克思恩格斯选集》第4卷,人民出版社,2012,第202页。

国、德国、瑞典和美国的历史以及相关国家的理论著作和宪法史做了五本详细的摘录笔记。借助于对历史的考察，他发现，在现实的国家生活中，社会关系扭曲、政治国家违背普遍理性、财产关系使人丧失自由、法律反而成为对人权的侵犯，如此种种都应该归咎于政治国家社会结构的异化；另一方面，马克思又试图通过对黑格尔《法哲学原理》的研读和批判，思考政治国家的异化及其扬弃。按照黑格尔的理性国家观，立法者本应是普遍理性的体现者，是普遍利益和公众自由的维护者，作为政治国家代表的立法机构本应体现出它的理性、普遍性和尊严。但现实却是，当国家政治权力遭遇私人利益时，结果并不是代表普遍理性的政治国家支配代表私人利益的市民社会，而是市民社会支配政治国家。政治国家不是自由理性的体现者，却是物质利益的奴隶。

显然，习惯于历史和理论的批判方式、通过宏大而深入的理论反思在本质上把握现实问题症结的马克思已经意识到，"政治国家没有家庭的自然基础和市民社会的人为基础就不可能存在。它们对国家来说是必要条件。"[①] 但是，对于"市民社会"的结构特别是其中的经济关系的状况和实质，此时的马克思还没有深切的理解。

而在这时，恩格斯不仅对资本主义的社会现实已经有了比较深刻体悟，更开始通过反思当时业已成熟的国民经济学来探求新的理解思路和解决方案，其最重要的初期成果是《国民经济学批判大纲》。

《国民经济学批判大纲》一方面奠定了批判国民经济学的基础，另一方面确立了从被压迫被剥削群众的立场出发来批判资本主义制度的方向。在文章中，恩格斯不仅指明了政治经济学研究对于探究当代资本主义的重要性，更考察了这门科学的产生和发展的历史，同时站在新的立场上透析了政治经济学的基本范畴。

恩格斯认为，政治经济学的产生是商业扩展的结果，政治经济学的演变过程是同商业和私有制的发展相联系的。他扼要地考察了重商主义、A. 斯密、D. 李嘉图、J. R. 麦克库洛赫、J. 密尔等人的学说，指出国民经济学的这些理论从某种程度上揭示了资本社会的要素及其机制，但相同的症结在于掩盖了资产者对劳动人民的掠夺。

[①] 《马克思恩格斯全集》第3卷，人民出版社，2002，第12页。

为此，恩格斯重新审视了国民经济学的内容，对其中的关键范畴如价值、地租和竞争等做了批判性分析，并将这些范畴放在资本主义商品经济运行中进行了现实的考察，揭露了这些范畴本身在面对现实时所蕴含的矛盾。在他看来，私有制所产生的第一个结果是商业，因此也就必然会出现商品的价值及与其相关的一些范畴，如工资、利润和地租等。在资本主义经济制度下，两方面的积累是并存的：一方面是财富的积累；另一方面是贫困的积累。集中是私有制所固有的规律，随着资本集中和积聚的发展，私有者的人数越来越少，少数大私有者和广大无产阶级群众之间的鸿沟则越来越加深。"竞争建立在利益基础上，而利益又引起垄断；简言之，竞争转为垄断。另一方面，垄断挡不住竞争的洪流；而且，它本身还会引起竞争。"① 这事实上揭示了资本主义社会阶级结构的根本特征。

最后，恩格斯还分析了经济危机问题，明确说明危机是由资本主义社会本身决定的，是一种违反人们意志和意识而实现的必然性。因为在这个社会里，生产的进行是为了赚钱，而不是为了满足需要，所以生产的扩大必然周期地被需要的缩减所打断。随着资本主义的发展，危机必然是一次比一次更普遍、一次比一次更严重。在资本主义制度下经济规律只能通过生产的周期性破坏才能表现出来。

显然，恩格斯的《国民经济学批判大纲》这篇在政治经济学"这门科学方面内容丰富而有独创性的著作"与马克思以往擅长的历史学、政治学的逻辑批判不同，它从经济学入手，直接引入现实要素，将国民经济学各个范畴放在资本主义经济运行的现实之中去考量，揭示了资本主义社会运行的内在矛盾。这样的研究方法无疑给了马克思很大的启示。

对此，我们还可以通过简要的文献考证来说明。

《国民经济学批判大纲》思想的酝酿和初稿的撰写在1843年的9月底或10月初到11月中旬，初稿写完后恩格斯寄往巴黎。由于与卢格一起在积极筹办《德法年鉴》，马克思很快就看到了，文章的思路与观点给他正在"苦恼"地进行着的思考和写作有很大的帮助。11月底马克思接续前面的工作写了《论犹太人问题》，12月又撰写了《〈黑格尔法哲学批判〉导言》一文。在《论犹太人问题》中，马克思把"犹太人的宗教的基础本

---

① 《马克思恩格斯文集》第 1 卷，人民出版社，2009，第 73 页。

身"界定为"实际需要，利己主义"，并且指出消除其"经验本质，即经商牟利及其前提"①，《〈黑格尔法哲学批判〉导言》更区分了"联系副本即联系德国的国家哲学和法哲学来进行的"与"联系原本"即政治经济学两种探讨社会的方式②，之后他逐渐放弃了撰写《黑格尔法哲学批判》的计划，走上了政治经济学研究之路。从这两篇显示着马克思由以历史探寻和理论批判的方法来观照现实世界转向直接对现实社会进行社会结构分析的致思路向转变的文章中，不难看出受到《国民经济学批判大纲》观点的影响。1844年1月在恩格斯对该文进行润色、定稿之后，三篇文章同时发表在2月出版的《德法年鉴》上③。

总之，如果说过去在诸如对关于林木盗窃法辩论等分析中，马克思也曾经意识到研究政治经济学的必要性，那么恩格斯的这篇著述更是让他感到了这种研究的重要性和紧迫性，而其中非常必要的和重要的方向性启示更直接促成了他的"政治经济学转向"。

三 恩格斯为马克思最初的政治经济学研究扩展了视野

马克思转向政治经济学研究的最初成果是《1844年经济学哲学手稿》（以下简称《手稿》）。在差不多与《论犹太人问题》同时写作的《手稿》"序言"中，马克思把《国民经济学批判大纲》称为"天才大纲"，给予了很高的评价。当然，从《手稿》的写作过程及议题、马克思恩格斯之间的交往情形以及这期间恩格斯的理论创作来看，拓宽了马克思最初的政治经济学研究视野的，除了《国民经济学批判大纲》，至少还应包括恩格斯写于1844年1月初到2月初、同年8月31日、9月4日、9月7日和9月11日刊载于《前进报》的《英国状况》，还有写于1844年9月至1845年3月、1845年5月出版的《英国工人阶级状况》，这两篇著述中恩格斯对资本主义私有制社会的观察和思考都为马克思提供了新的视角。

根据我们考证，《手稿》最早完成于1844年11月④。1844年8月底到

---

① 《马克思恩格斯文集》第1卷，人民出版社，2009，第52、55页。
② 《马克思恩格斯选集》第1卷，人民出版社，2012，第2页。
③ 对这一问题的详细梳理请参见刘秀萍《马克思"巴黎手稿"再研究》，中国人民大学出版社，2013，第19~20页。
④ 参见刘秀萍《马克思"巴黎手稿"再研究》，中国人民大学出版社，2013，第15页。

9月初，马克思与恩格斯在巴黎会面，朝夕相处10天，就各自的思考展开了极其详尽的交流和讨论。那时，恩格斯的《英国状况》已经发表，《英国工人阶级状况》也酝酿成熟，即将进入写作状态。可能的情形是，在他们的交往和叙谈中，马克思和恩格斯就《英国状况》有过交流，也基本知晓了《英国工人阶级状况》的写作目的、主要思想乃至结构设计。我们看到，《手稿》所讨论的诸多议题及观点，都与恩格斯这些著述有一定的关联。

（1）《手稿》自谓是以批判"国民经济学"、建立自己的政治经济学说为目的的，这一意旨受益于恩格斯。

《手稿》文本由三个笔记本组成。从原始顺序版来看，笔记本Ⅰ的创作是分5个阶段进行的，其中的"异化劳动和私有财产"部分是马克思在第五阶段的创作文稿。与前面四个创作阶段基本是分三栏写作的方法不同，在这一部分马克思并没有分栏，而是在整张纸上通贯来写的。而且，格式的不同对应的内容的表述方式也不尽相同，前面部分大多是马克思的摘抄，而这一部分是长达6页的马克思自己的论述。那么，在写作格式与表达方式上有着如此差异的"异化劳动和私有财产"部分与笔记本Ⅰ前面的部分，它们的写作时间及写作的思路就很可能也是有差异的。再联系笔记本Ⅰ写作的时间表来看，马克思先是在1844年4~5月撰写了笔记本Ⅰ中的"工资、利润、地租和劳动异化"部分，但没有写完，5~6月他又续写了一部分。而最后到11月底，他才对这部分内容做了完结。所以，马克思在笔记本Ⅰ第五创作阶段撰写"异化劳动和私有财产"部分的时候，应该是在11月底，即在他与恩格斯巴黎会面之后，这部分的写作也就应该是吸收和借鉴了恩格斯著述中的观点的。

在《国民经济学批判大纲》中，恩格斯认为，国民经济学的产生是商业扩展的自然结果，它代替了简单的不科学的生意经，却出自商人的彼此妒忌和贪婪之中。而事实上，假如经济学完全彻底地以贪婪和诈骗为原则，那就会葬送商业；经济学在18世纪发生了革命。新的经济学，即以亚当·斯密的《国富论》为基础的自由贸易体系，对过去的经济学进行了批判，将人道精神、理性、道德等概念在经济学中展开，证明了人道也是由商业的本质产生的。但是，在斯密驳斥旧的重商主义体系、提出劳动价值论、否定旧经济学中的不道德时，他并没有解释，人道精神在私有制下的商业中何以可能的问题。也就是说,它根本就"没有想去过问私有制的合理性的问题"①。因此,新的经济学至多能说是前进了半步;同样的,在斯密之后的经济学家,如李嘉图、麦克库洛赫和穆勒等,也没有能够把分析私有制的合理性问题当作经济学的前提,而只是阐述了私有制的各种规律。因此,恩格斯指出,要通过研究国民经济学的基本范畴,揭露国民经济学的矛盾和经济学家的伪善。

马克思在《手稿》"异化劳动和私有财产"部分一开始就指出:"我们是从国民经济学的各个前提出发的。我们采用了它的语言和它的规律。"但是,"国民经济学从私有财产的事实出发。它没有给我们说明这个事实。它把私有财产在现实中所经历的物质过程,放进一般的、抽象的公式,然后把这些公式当作规律。它不理解这些规律,就是说,它没有指明这些规律是怎样从私有财产的本质中产生出来的。""我们不要像国民经济学家那样,当他想说明什么的时候,总是置身于一种虚构的原始状态。这样的原始状态什么问题也说明不了。国民经济学家只是使问题堕入五里雾中。他把应当加以推论的东西即两个事物之间的例如分工和交换之间的必然关系,假定为事实、事件。神学家也是这样用原罪来说明恶的起源,就是说,他把他应当加以说明的东西假定为一种具有历史形式的事实。"② 这是马克思在最初的政治经济学研究阶段、在研读了众多国民经济学家的著述并按照自己的理解摘录了关于工资、利润、地租的相关论述之后,对国民经济学的概括认识和反思。也表明了他自己要通过批判"国民经济学"来建立自己的政治经济学说。显然,马克思从"国民经济学"的议题出发,继承并批判"国民经济学"以建立自己的政治经济学说的致思方向受益于恩格斯。

(2)《手稿》充满了对处于异化状态下的工人处境的同情和对无产阶级革命的期待,而恩格斯的《英国工人阶级状况》为此提供了大量感性的材料。

出身于工商业世家、但从小对穷人和富人之间的差距有强烈感受的恩格斯,以他"亲身观察"和"亲自交往"所获得的一手资料,以及从英国的报纸和书籍中搜集到了完整的、必要的"可靠材料",写成了《英国工

---

① 《马克思恩格斯文集》第1卷,人民出版社,2009,第57页。
② 《马克思恩格斯文集》第1卷,人民出版社,2009,第155~156页。

人阶级状况》这部名著。在这部书中,恩格斯着眼于英国工业革命的大背景,详尽地考察了在大机器生产条件下工业工人、煤矿和金属矿的工人、农业工人的居住、饮食、医疗卫生状况及其所导致的可怕的健康状况,还有他们的精神状况,如教育状况、道德状况等。他认为,英国工业革命最重要的产物是英国无产阶级。他们居住在城市中条件最差的工人区,缺乏最必需的生活资料,"他们几乎全都身体衰弱,骨瘦如柴,毫无气力,面色苍白,由于患有热病,他们身上除了那些在工作时特别用劲的肌肉以外,其他肌肉都是松弛的。几乎所有的人都消化不良,因而都或多或少地患着忧郁症,总是愁眉苦脸,郁郁寡欢。他们的衰弱的身体无力抵抗疾病,因而随时都会病倒。所以他们老得快,死得早。"[1] 这样的生存境况又导致了无产阶级精神和道德世界的"破坏"。教育设施和人口数目比例极不相称,只有少数人才能去学校就读。而"资产阶级对工人只有一种教育手段,那就是皮鞭,就是残忍的、不能服人而只能威吓人的暴力。"那么,生活中没有任何乐趣的"无产者有什么理由不去偷呢?"[2] 他们必然会道德堕落——要么是酗酒、纵欲、粗暴、抢劫和蔑视社会秩序,"最明显最极端的表现就是犯罪"[3]。

在令人寒颤的健康状况、教育状况、道德状况下,英国无产阶级"是不会感到幸福的;处于这种境况,无论是个人还是整个阶级都不可能像人一样地思想、感觉和生活。因此,工人必须设法摆脱这种非人的状况,必须争取良好的比较合乎人的身份的地位。"[4] 在恩格斯看来,工人阶级的状况也就是绝大多数英国人民的状况,英国无产阶级的状况具有典型的形式,其贫困和痛苦表现得最为完备。而这一切贫困和痛苦都起因于新的工业,以及由新的工业产生的工人和资本家的对立。因此,工人阶级必须去和那些直接靠工人的贫困发财的工厂主阶级的利益作斗争,去和那些应该对这种贫困负道义上的责任、却不愿意承认工人的贫困正是其所致的资产阶级作斗争。只有构成一个同一切有产阶级相对立的、有自己的利益和原则、有自己的世界观的独立的阶级,才能推进民族的发展。

---

[1] 《马克思恩格斯文集》第1卷,人民出版社,2009,第418页。
[2] 《马克思恩格斯文集》第1卷,人民出版社,2009,第428页。
[3] 《马克思恩格斯文集》第1卷,人民出版社,2009,第443页。
[4] 《马克思恩格斯文集》第1卷,人民出版社,2009,第448页。

《手稿》的论证逻辑大体是先陈述工人阶级非人的生存状况,然后揭示出产生这种状况的原因是私有财产关系,最后指出扬弃私有财产关系、人的本质复归之路——共产主义。我们看到,马克思在笔记本Ⅰ创作的前四个阶段并没有对工人阶级非人生存状况的具体描述,只是按照私有制社会三种不同的收入形式——工资、利润、地租的分类,从各个经济学家的著述中分别摘录了相关的论述,自己撰写的部分也大都是简洁的评论、判断和大致的想法。那么,之前没有较多的与工人阶级亲自接触的经历、又致力于和正在践行从"原本"出发来分析和解决社会问题的马克思,在"异化劳动和私有财产"部分一开始宣布"我们且从当前的国民经济的事实出发"的时候,立即就得出"工人生产的财富越多,他的生产的影响和规模越大,他就越贫穷。工人创造的商品越多,他就越变成廉价的商品。物的世界的增值同人的世界的贬值成正比"①的精辟结论。这其中,就一定不能缺少对工人阶级生活工作状况的感性的、直观的材料的掌握!很可能的情况就是,他在8月底9月初与恩格斯会面过程中,通过恩格斯的描述,较为详细地了解了英国工人阶级的生存状况。应该说,恩格斯《英国工人阶级状况》为擅长于精深思考、理论升华的马克思提供了大量感性的材料。在此基础上,马克思引入了哲学的"异化"概念,对工人阶级的生存状况做出了更为深入的分析。他认为,工人以工资为收入形式的"谋生劳动"是强制性的而非自愿的、作为人的享受的劳动,即"异化劳动"。因此,要改变工人的生存状况,就要消灭劳动的异化性质,也就需要消除资产阶级社会的"劳资对立"。由对人的异化状态的反思进而过渡到对私有制社会结构的批判,这是马克思理论的独到之处。

(3)贯穿《手稿》的主线是对私有财产的批判,但这种批判是以客观地理解私有财产的历史作用为前提的,这与《英国状况》中恩格斯的思路相当吻合。

恩格斯于1844年1月初撰写了《英国状况·十八世纪》。在这篇文章中,恩格斯考察了18世纪英国社会发展的历史。他指出,18世纪是人类从基督教造成的那种分裂涣散的状态中联合起来、聚集起来的世纪,虽然没有解决贯穿于人类历史的实体与主体、自然与精神、必然与自由的对

---

① 《马克思恩格斯文集》第1卷,人民出版社,2009,第156页。

立，却使对立的双方在针锋相对中得到了充分的发展，而这恰恰是消灭这种对立、人类走上解放道路的必要步骤。因此，在18世纪，产生了普遍的革命。而由于不同的民族特性，革命在不同的民族那里表现出了不同的样态。信仰基督教唯灵论的德国人经历的是哲学革命，信仰古典古代唯物主义的法国人是政治革命，而将日耳曼语民族和罗曼语民族两种对立的民族特点合于一身的英国人，卷入了一场更广泛的革命，即社会革命。"社会革命才是真正的革命"①，它不声不响，但影响巨大，涉及人类知识和人类生活关系的任何领域。它是现代英国各种关系的基础，是整个社会运动的动力。

显然，恩格斯是以黑格尔否定之否定的哲学思维方法来理解18世纪英国革命的。恩格尔在《精神现象学》中讲到，客体即主体，主体是能动的灵魂，推动事物不断超越自身，而客体又不是静止不动的东西，而是包含内在的"不安"，要否定自身和发展自身，要突破重围。整个现实世界都可以被看作它按照一定程序一步步地创造出来的。恩格斯指出：英国人身上两种对立的民族性，决定了他们"英国人怀着持久的内心不安——一种无法解决矛盾的感觉，这种不安促使他们走出自我而行动起来。矛盾的感觉是毅力的源泉，但只是外化了的毅力的源泉，这种矛盾的感觉曾经是英国人殖民、航海、工业建设和一切大规模实践活动的源泉。"②

《手稿》的论证思路与此相当吻合。贯穿《手稿》的主线是对私有财产制度的批判。马克思指出："自我异化的扬弃同自我异化走的是同一条道路。"③ 资本主义私有制以财富的形式感性地呈现出以往人类发展的成果，是对此前阶段的发展的否定，而共产主义又是对资本主义私有制的否定，"是自觉实现并在以往发展的全部财富的范围内实现的复归。"④ 并且，"共产主义是作为否定的否定的肯定，因此，它是人的解放和复原的一个现实的、对下一段历史发展来说是必然的环节。"⑤ 可见，马克思也将人类社会的发展诉诸否定之否定的过程，资本主义取代粗陋的公有制是人类文明进步的一个环节，而资本主义私有制下人的异化存在又显示着社会内部

---

① 《马克思恩格斯文集》第1卷，人民出版社，2009，第87页。
② 《马克思恩格斯文集》第1卷，人民出版社，2009，第90页。
③ 《马克思恩格斯文集》第1卷，人民出版社，2009，第182页。
④ 《马克思恩格斯文集》第1卷，人民出版社，2009，第185页。
⑤ 《马克思恩格斯文集》第1卷，人民出版社，2009，第197页。

包含的"不安",而正是这种"不安"推动着社会突破私有制的局限,走向共产主义,更走向美好的未来。

　　私有财产是以物的形式表现出来的,但私有财产的本质是对劳动的占有,是对人的"统治",或者说"奴役"。恩格斯在《英国状况·十八世纪》中就认识到,英国社会革命提供了个人本身的主体性长足发展的契机和途径。资本主义私有制下工业的发展打破了宗教、教会对人的束缚,又解除了政治、国家加在人身上的枷锁,利益被升格为对人的统治。人不再是人的奴隶,人变成了物的奴隶,这意味着,人通过金钱的统治完成了外在化,而这正是实现人的解放的必由之路。在笔记本Ⅱ中,我们看到,马克思也是着眼于私有财产的主体本质——作为主体、作为人的劳动来谈对私有制的否定的。私有财产是人的异化存在的根源,共产主义作为对私有财产的扬弃,也就是要继扬弃宗教、国家对人的统治之后扬弃"物"对人的统治,使人"像人一样地思想、感觉和生活"。① 同样,这样的扬弃也不可能是完全的、绝对的否定,而是要充分肯定私有财产发展进程中所创造的人类文明的积极成果,并以这些成果所奠定的物质文明和精神文明为基点,来开拓出一个更加符合人性的、也更加富强与文明的未来社会。

　　以上的梳理和分析表明,在马克思思想发展的历程中,恩格斯是一个不可或缺的因素。就思想起源期的情况看,两人自小成长的环境、思想形成的路径、思维习惯和特点不尽相同,恩格斯对具体问题的细致观察、对实证材料的高度重视,为研究现代社会奠定了扎实的感性基础,当它们为擅长哲学思考和理论分析的马克思所关注的时候,不仅有助于其"苦恼的疑问"的解答,更预示着超越这一基础进而使对"资本"问题的探究跃迁到新的高度成为必然。然而,再回到本文开头伊尔纳博士的评论,"没有恩格斯就没有马克思",或许在此之后,我们应该加上这样的表述才更为完整:"没有马克思也就没有恩格斯。没有他们的互补合作,我们今天就不会对他们有任何了解。"②

---

① 《马克思恩格斯文集》第 1 卷,人民出版社,2009,第 448 页。
② 中央党史和文献研究院信息资料馆:《德国恩格斯故居前负责人埃伯哈特·伊尔纳博士访问中央党史和文献研究院并作报告》,http://www.dswxyjy.org.cn/n1/2019/0830/c427195-31328825.html。

第二章

恩格斯对资本社会结构和工人阶级状况的透析

在马克思转向政治经济学研究并在《1844年经济学哲学手稿》中阐述资本社会人的"异化"问题、剖析私有财产前后,恩格斯在1844~1845年撰写了《英国工人阶级状况》。与马克思理论创作的情形略有不同,恩格斯的《英国工人阶级状况》是他用了21个月的时间,通过亲身观察和亲自交往直接了解英国的无产阶级的社会存在状况,同时又以必要的可靠的材料补充自己的观察而写成的。这部书以确凿可靠的事实、生动具体的材料展现了工人阶级在资本主义制度下惨遭剥削和压迫的情景,揭示了工人遭受蹂躏的社会根源是资本主义私有制,并明确指出,工人阶级的社会地位必然会促使他们奋起抗争,推翻资本主义统治,实现创建新社会的任务。恩格斯在现实层面上对英国工人阶级状况的叙写,为马克思从哲学与历史的高度批判资本主义提供了宝贵的实证材料。

需要说明的是,尽管《英国工人阶级状况》是恩格斯早期关注和思考工人阶级命运的产物,是他在1844年用"实际调查和资料考证"方式写成的,并于次年在莱比锡首次出版了德文第一版;但即便置于恩格斯一生社会实践和思想发展的进程中,它也堪称其最具代表性的作品之一。恩格斯十分重视此书的推广、补充和再版,既专门用英文写作了《致大不列颠工人阶级》向国外介绍,又随着新的观察和思考写了"补充评述",更在经过40余年资本社会的变迁和工人运动的发展之后,于1887年在纽约出版了英文第一版,于1892年在伦敦出版了英文第二版、在斯图加特出版了德文第二版,他还特别为这些新版加入了"附录"、撰写了"英国版序言"和"德文第二版序言",指出"这本青年时期的著作""毫无使我羞愧的地方","我现在原封不动地把它重新献给读者"①。因此,就完整的文献构成看,《英国工人阶级状况》不仅包括正文 11 个部分("工业无产阶级"、"大城市"、"竞争"、"爱尔兰移民"、"结果"、"个别的劳动部门狭义的工厂工人"、"其他劳动部门"、"工人运动"、"矿业无产阶级"、"农业无产阶级"以及"资产阶级对无产阶级的态度"),而是一个由《致大不列颠工人阶级》、"序言(德文第一版)"、"导言"、正文和"附录"(包括 5 个文件:《对英国工人阶级状况的补充评述》、《美国版附录》、《美国版序言》、《英国版序言》和《德文第二版序言》)等部分组成的文本群。可以说,它代表着马克思主义探究工人运动的最高成就,也不折不扣地成为"世界工人运动中的名著"。

一 工人作为"阶级"的产生及其世界历史意义

现代意义上的工人作为一个"阶级"的形成经历了一个漫长的过程。那么,恩格斯是以什么样的视角和标准来观照这一过程并作出阶段性的划分的呢?

恩格斯在 1845 年 3 月 15 日所写的《致大不列颠工人阶级》中,说明了他写作《英国工人阶级状况》的意图:"我看到你们仰慕一切伟大的美好的事物,不论它是不是在你们祖国的土地上培育的。我确信,你们不仅仅是英国人,不仅仅是单个的、孤立的民族的成员;我确信,你们是认识到自己的利益和全人类的利益相一致的人,是伟大的人类大家庭的成员。对你们作为这样的人,作为这个"统一而不可分的"人类家庭的成员,作为真正符合人这个词的含义的人,我以及大陆上其他许多人祝贺你们在各方面的进步,并希望你们很快获得成功。"② 显然,恩格斯是从"真正符合人这个词的含义的人"③ 的视角来观察和思考英国工人阶级状况的。他希望通过揭示英国工人阶级生活的屈辱状况的典型意义,来探讨资本主义私有制下普遍的人的生存境况。所以,虽然认为工人悲惨的生活状况是英国工业革命的结果,但他客观地估价了英国工业革命对人的解放的意义:工

---

① 《马克思恩格斯文集》第 1 卷,人民出版社,2009,第 365 页。
② 《马克思恩格斯文集》第 1 卷,人民出版社,2009,第 383~384 页。
③ 《马克思恩格斯文集》第 1 卷,人民出版社,2009,第 384 页。

业革命催生了无产阶级的产生和发展,也开创了真正的"人"的历史。这是他考察工人阶级的起源和发展的人学视角。

工业革命之前的工人正直而又平静,他们的生活很惬意和舒适。首先,工人无须过度劳动,也没有失业的威胁。工人住在城市近郊的农村,在自己家里纺纱织布,产品的数量基本满足本地市场的需求,或者出售到竞争并不激烈的国外市场。所有工人都有工作。其次,工人的物质状况良好,且有一定的社会地位。由于没有激烈的竞争,产品稳定销售,工人的收入是有保障的。他们不仅能挣得所需要的东西,而且多半能够积蓄一点钱。最后,工人拥有自由时间,可以自由活动。在远不到 8 小时或 12 小时的工作之余,工人们可以租一小块地,到自己的园子或田地里做些有益于健康的工作,还能够参加有益健康的娱乐和游戏,孩子则在农村的新鲜空气中自由自在地生长。

即便如此,恩格斯认为,这种生活"到底不是人应该过的"①,或者说,过着这样的生活的人还谈不上是"真正的人"。这是因为,其一,他们缺乏人应该具有的主体性,而将自己置于宗法关系下。人们首先服从于乡绅,把他视为天然尊长,好的当家人,因而也就成了自己的主人。向他讨主意,请他来公断争议。在家庭中,则是服从父母,婚前发生性关系也不是出于自己的自然需求,而仅仅是在双方都已经把结婚看作道义上的责任时才发生。其二,他们的生活是片面的、刻板的,而不是丰富的、活跃的。他们附近没有酒馆和妓院,顶多只是有好的啤酒和良好的秩序的小饭馆,因而谈不上有自觉的道德意识;他们和城市隔离,从代理商那里间接取得工资;他们租小块地来耕种,大部分人本来就和农民有着直接的联系,没有处在纯粹的雇佣关系之中,在他们的生活环境中没有激烈的波动。其三,他们从事的活动还不是自由自觉的活动,作为人的感觉和特性不能全部实现。他们的生活范围只限于自己的织机和小小的园子,因此,无论是五官感觉、精神感觉还是实践感觉都极度贫乏,不会读写和思考,不问政治,不搞密谋,不动脑筋,不理解人与人的关系,热衷于体育活动,没有宗教意识和阶级意识。……总之,他们"只是一部替一直主宰着历史的少数贵族做工的机器"②。不消说,工业革命之前的历史是工人作为

---

① 《马克思恩格斯文集》第 1 卷,人民出版社,2009,第 390 页。
② 《马克思恩格斯文集》第 1 卷,人民出版社,2009,第 390 页。

人的"史前史"。

18世纪后半期，蒸汽机和棉花加工机的发明推动了英国的工业革命，工厂代替了手工业，工厂机器的使用，以及作为动力的蒸汽的使用已经开始普及，资本和财富迅速增长。这又推动了整个市民社会的变革，给社会结构带来了深刻的变化：贵族影响消失，在大资产阶级主宰下的工业和商业得到发展，依赖于手工作坊的中等阶级、手工业者和小工厂主日趋衰微，无产阶级人数更加迅速地增长。英国成为无产阶级发展的典型国家。

工人作为阶级的产生意味着工人作为人的历史的开启。"像法国的政治一样，英国的工业和整个市民社会运动把最后的一些还对人类共同利益漠不关心的阶级卷入了历史的旋涡。"① 工人沦为了"现实的无"——失去一切财产，失去了劳动力以外的任何获得生计的保障，失去了独立活动的空间，自由活动被贬低为手段，完全变成了附属于资本家的简单机器。极端低贱的社会经济地位也迫使他们力求摆脱那种被动的、没有任何生气的、独立活动的生活方式，重新去思考、去争取自己作为人应有的地位：工人发明纺织机，改进机器动力，用自己的发明和劳动创造了英国的伟业，以蒸汽为动力的机器大生产取代手工劳动成为工业的主要生产方式；大批工人从农村涌入城市，从此远离"美好的旧时代"，过着靠不断出卖劳动力为生的"昨天挣得的今天就吃光"的日子；社会的一切差别均化为工人和资本家的对立，工人阶级第一次真正成为居民中的一个固定的阶级。他们意识到了自己的处境，也日益意识到必须联合起来去争取自己的利益。在这个过程中，他们无论是从意识、活动还是能力方面都向"人"迈进了一步。工业革命开创了真正的"人"的历史，对人的解放具有里程碑的意义。

二 资本社会中工人阶级的"异化"处境

"工业革命对英国的意义，就像政治革命对法国，哲学革命对德国一样"②，其最重要的产物是英国无产阶级。包括工业工人、煤矿和金属矿工人、农业工人和爱尔兰人在内的工业无产阶级布满了整个英国。由于新的

---

① 《马克思恩格斯文集》第1卷，人民出版社，2009，第390页。
② 《马克思恩格斯文集》第1卷，人民出版社，2009，第402页。

工业把财产集中到少数人手里，工人也被看作一笔供资本家使用的资本而集中起来，资本家以工资的名义付给他利息。财产的集中、人口的集中催生了大工厂城市的形成。"这些大城市的工业和商业发展得最充分，所以这种发展对无产阶级造成的后果在这里也表现得最明显。"[①] 恩格斯详细地考察了在大工厂城市居住的工业无产阶级在身体、智力、道德方面的状况，入木三分地刻画了他们的异化存在。

首先，工业无产阶级时刻都在遭受"社会谋杀"，恶劣的空气、居住、饮食和心理条件使他们不能保持健康，被过早地送进坟墓。在伦敦，250万人的肺和25万个火炉挤在三四平方德里的面积上，呼吸和燃烧所产生的碳酸气滞留在街道上，工人呼吸不到足够的氧气。在曼彻斯特，工人居住的地方是与资产者工作和生活的区域隔离的。工人区聚集了一切能污染空气的东西：腐烂的肉类和蔬菜、垃圾和死水洼、被污染的河流，甚至污物和粪便，加之没钱安装自来水，这个区域变得肮脏无比，空气污浊不堪；工人要么住在下面冒水的地下室，要么住在上面漏雨的阁楼，潮湿的屋子里每一个角落都住着人，夜间呼吸的空气几乎让人窒息。病人和健康人睡在一个屋子里甚至一张床上；由于生活水平和知识水平的限制，工人无从知晓合适饮食的规定，又不得不继续吃劣质的、掺假的、难消化的食物。尤其是小孩，工人既没有钱也没有时间给自己的孩子弄到比较合适的食物，于是，他们就给孩子喝烧酒，甚至食鸦片；这个社会使他们产生最激烈的情绪波动——恐慌、忐忑、难以平静，没有正常和舒缓的心理享受。

被社会剥夺了必要生活条件的工人们百病丛生：伦敦污浊的空气使人们或轻或重都患有肺结核。由于住宅的通风、排水和卫生的恶劣状况，加之从精神上的不安和忧虑引起了伤寒，而逼仄的住宿条件又加速了这种传染病的蔓延。在最需要营养的时候只能吃半饱的、消化不良的孩子十分虚弱，必然患严重的瘰疬和佝偻病。更为严重的是，工人出不起看医生的费用，生了病的工人不可能请高明的医生来诊治。因此，他们只好不看病，或者不得不求助于收费低廉的江湖医生，服用从长远来看弊大于利的假药，给孩子则服用鸦片等。

[①] 《马克思恩格斯文集》第1卷，人民出版社，2009，第407页。

如果说缺衣少食又极度不稳定的生活，糟糕的病体让工人遭受肉体的痛苦，那么，酗酒又使相当大的一部分工人健康状况恶化。筋疲力尽的强制性的劳动、烦闷和抑郁的心情、没有任何乐趣的日常生活，当然也有周围环境的影响、教育的缺乏等原因，致使大部分工人都不能不沉湎于酒。"酗酒成了一种现象，成了一定条件作用于一个没有意志的、至少是面对这些条件时变得毫无意志的对象所必然产生的、不可避免的后果"①。

这一切所引起的后果就是工人的身体普遍衰弱。他们往往骨瘦如柴，毫无气力，面色苍白，愁眉苦脸，郁郁寡欢。老得快，死得早。而且，不同等级的房屋和街道的死亡率完全不等，恩格斯援引医生霍兰提供的统计数字：在曼彻斯特，"二等街的死亡率比一等街高18%，三等街比一等街高68%；二等房屋的死亡率比一等房屋高31%，三等房屋比一等房屋高78%；而糟糕的街道经过改善以后，死亡率就降低了25%。"② 而另一份关于工人阶级卫生状况的报告显示：1840年，利物浦上等阶级的平均寿命是35岁，商人和收入较好的手工业者是22岁，工人、短工和一般雇佣劳动者只有15岁。贫困与死亡之间的正比关系令人唏嘘。更为残忍的是，如此高的死亡率主要是由于工人阶级的幼儿的死亡数字很高。

其次，工业无产阶级接受不到理性的、精神的和道德的教育，他们精神上无所寄托，道德堕落。学校教育方面的情况，一是资产阶级害怕工人受教育不能给他们带来好处，所以政府用在公共教育的预算经费及其微小。英国的教育设施稀少而且很差，教师缺乏知识及道德方面基本素养。义务教育徒有虚名；二是正处在学龄阶段的儿童和青年工人由于工作劳累，没有精力和条件学习；三是纯世俗的教育基本被宗教所代替，而由于各宗教教派热衷于激起教派之间的仇恨和狂热的迷信，所以教育的内容局限于对异教教义的辩驳，无法理解的教条和神学的奥义代替教育本应有的理性和精神进入孩子们的脑海里。在这样的情况下，工人们顶多认识几个字母，不会写字，不能阅读，一个17岁的男孩不知道2×2等于多少，对外面世界一无所知，其实也不理解教士们费尽心机给他们讲的天国的问题。

与学校教育的缺乏和畸形形成鲜明对照的是，工业无产阶级被推向一

---

① 《马克思恩格斯文集》第1卷，人民出版社，2009，第416页。
② 《马克思恩格斯文集》第1卷，人民出版社，2009，第420页。

无所有境地的社会现实却给了他们"一种实际的教育"。这种教育使他们十分清楚地知道自己的利益和全民族的利益,也知道资产者主张废除谷物法是为了资产阶级的特殊利益,更能深刻地了解尘世的政治和社会问题,并且把这些在大庭广众之下说出来。问题也正在于,这种实际的教育和社会为工人提供的畸形的学校教育同时集中在工人身上,就不能不使工人感到"莫名其妙和格格不入"。

面对因教育错位而陷入窘境的工人,资产阶级却把他们当作无理性的动物,他们"对工人只有一种教育手段,那就是皮鞭,就是残忍的、不能服人而只能威吓人的暴力。"在资产阶级的皮鞭下勉强生存的工业无产阶级,实际上只有两个选择:一个是被驯服,另一个是被激怒。而作为保持着合乎人性的意识和感情的他们,一定不会做出前一种选择,那样就真的变成了牲口了。那些不甘于慢慢饿死、也不愿意以自杀的方法摆脱贫困的工人,只能抱着对资产阶级的仇恨,从资本家那里"抢"回他们创造的却被资产者拿走而奉为圣物的"财产"。在这个过程中工人阶级的表现即"道德堕落"。酗酒、纵欲、蔑视社会秩序,最明显、最极端的表现就是犯罪。

"道德堕落"对工人阶级来说是"十分自然的"。当除自己的两只手以外什么也没有的工人完全受各种偶然事件的支配,即使是用两只手也不能为自己挣来最低限度的生活的时候,他们的生计就像不停地赌博一样极端不稳定,内心也随之失去了稳定的依托。只能过一天算一天,听天由命,玩世不恭。加之,他们为了谋生长时间地、不间断地重复着琐碎的纯机械性的操作,这种劳动对他们来讲不是作为人的活动的享受,而是"一种最残酷最带侮辱性的折磨",分工又把这种折磨增强了好多倍。这样一个生活朝不保夕的阶级,这样一个只能感受到劳动的痛苦的阶级,又有什么理由、什么兴趣使自己具有远大的目光,过"有节制的"生活,为了将来的享乐而牺牲眼前的利益呢?

于是,酗酒和纵欲成了工人的"常态"。1837年的英格兰,纳消费税的酒竟高达7875000加仑;1840年的格拉斯哥,每10幢房子就有一家酒馆;在发了工资、收工也比平时略早一些的星期六晚上的曼彻斯特,总会有一大批东倒西歪的或躺在水沟里的醉汉呈现出各种粗野的形态,甚至还有抱着小孩的母亲给怀抱中的婴儿喝酒。阿什利勋爵在1843年2月28日下院的演讲中断言,这个阶级每年花在喝酒上的钱大约2500万英镑。除酗酒外,许多英国工人的另一大恶习是纵欲。在伦敦街头,每天晚上有4万个妓女为了生存不得不向过路人出卖自己的肉体,对于工人来讲,追逐女人就是资产阶级留给他们的仅有的自由和乐趣。而对于资产阶级来讲,则是一无所有的妓女淫荡和放纵的始作俑者,引诱妓女满足的是他们的无止境的占有欲。

大工厂城市的形成使这一切变本加厉。恶习和寻欢作乐在大城市布下了诱人的天罗地网,无论是有钱人还是穷人都不可避免地遇到恶习的引诱和犯禁享乐的诱惑。

显然,酗酒和纵欲、眼前的享乐并不能实际地改善工人的生活状况,他们的经济状况更加糟糕,内心苦痛依然不得解除,而唯一能给他们安慰的家庭也随即问题丛生——贫穷、夫妻口角、孩子无人管教。因此,这个受到社会秩序敌视的阶级,就更加不尊重这个社会秩序。当那些使工人道德堕落的环境和条件产生了比平常更强烈更集中的影响的时候,工人必然走向犯罪。不列颠民族是世界上罪犯最多的民族。从内务部每年公布的"犯罪统计表"中可以看出,在英格兰和威尔士,从1805年到1842年的37年中,犯罪的数字增加了六倍。这些犯罪集中在无产阶级人数众多的大城市,罪犯基本上都目不识丁,因缺少某种东西而犯了"侵犯财产"罪。

总之,工业无产阶级无论是身体状况、精神状况和道德状况都是可悲的,他们的存在呈现出异化的特征。人是对象性存在物。他直接地是自然存在物,所以他需要通过现实的、感性的对象表现和确证他的本质力量;人又是"人的"自然存在物,是自为地存在的存在物,他因具有自我意识而区别于其他存在物,激情和热情是他的本质力量的实现。工业革命用金钱关系消灭了工人和雇主之间的宗法关系的最后痕迹,确立了私人利益在整个社会中的主导地位,资本成了统治人的唯一力量。强制劳动把工人变成像水一样缺乏意志的东西;同时也剥夺了工人的一切自由时间,他不能在大自然中获得感官享受,更不用说从事精神活动了。因此,酒和女人就成了他们的激情和热情作用的对象,犯罪的对象则是"财产"。对象简单到了这样一种程度,意味着工人作为人的本质力量几乎丧失殆尽。然而,工人道德世界的"破坏"也是一种证明,证明工人对他们所处的非人境地的不满和对自己的地位和利益的强烈诉求。证明他们不再在思想、感情和意志表达方面也成为资产阶级的奴隶,证明他们总有一天要把自己从资产阶级的奴役下解放出来。

三 在斗争中成长的工人阶级

正如黑格尔在《精神现象学》中所说:"有生命的实体,只有当它是自我建立的运动时,……它才是真正作为主体的存在,或换个说法也一样,它才是真正现实的存在。……因此,真实的东西就是它自己的形成过程"①。工业无产阶级的产生与发展就是实体向主体转化的过程。经过工业革命,工人否定了自身还不是"真正的人"的存在状态,开创了他们作为人的发展历程。同样地,处在异化的生存状况下的工人,这个"真正现实的存在",也必然会否定自身,突破资产阶级统治的重围,改变他们不能像人一样地思想、感觉和生活的生存状况,争取良好的比较合乎人的身份的地位。从这个意义上讲,工业无产阶级通过工人运动把自己从"非人"的境地解放出来的过程和工人阶级的产生过程一样,都是工人作为人自我建立的运动,是现实的人形成人的过程。

"工人阶级的状况是当代一切社会运动的真正基础和出发点。"② 当工人发现资产阶级把他当物品、当牲口而不是当人来对待的时候,他们心中就产生了对资产阶级的仇恨。资产阶级出于自己的利益剥削工人,是致工人于非人化存在境地的敌人,但他们拥有财产、掌握着国家政权,根本不会从道义上对工人的贫困负责。因此,除了对资产者展开公开的斗争,工人没有别的出路。工人对资产阶级的反抗在工业发展后不久就已经开始,并经过了不同的阶段。

工人反抗资产者的第一种形式是犯罪。金钱是这个世界的上帝,财产是神圣的。但工人辛苦工作创造的财富却让资产者去享受,自己却穷到完全不能满足最起码的生活需要,处境悲惨,食不果腹。所以,财产的神圣性对工人来说自然不存在了。他们不得不去偷,以蔑视一切社会秩序的方式从资产者那里拿回属于自己的一份。但是,这种单枪匹马的最原始的反抗方式,触及不到现存的社会制度,却极易被社会的强大势力所压倒,很

---

① 〔德〕黑格尔:《精神现象学》[句读本],邓晓芒译,人民出版社,2017,第11页。
② 《马克思恩格斯文集》第1卷,人民出版社,2009,第385页。

难产生效果。

工人作为一个阶级来反抗资产阶级的最早形式是以暴力破坏资本家的机器。工业革命初期,工人把苦难生活归咎于机器的使用,于是他们联合起来,捣毁工厂,砸碎机器。但是,且不说以机器的使用为前提的大工业取代手工业是社会发展大势所趋,工人破坏一个地区或者一个工厂的机器,并不能改变工业革命的进程。况且,机器是物,其背后的资本主义生产关系才是导致工人悲苦现状的真正原因。因此,这种方式是孤立、片面的。

以工会组织的方式来反抗资产阶级是行之有效的。1842 年,下院议会废除了禁止工人进行联合的一切法令,工人得到了自由结社的权利,工会很快遍布全英国。在这之前,这种方式往往是秘密的,也没有显著的效果。工会利用集体的力量通过谈判、罢工、总罢工等公开的方式来达到保护工人利益的目的:先是规定工人工资。工会同资本家谈判,争取一个大家都得遵守的工资标准。这个标准是按雇主所获利润的多少来定的,而且每一种职业的工资保持同一水平。如果达不到要求,就宣布罢工。不仅如此,工会还力图保证工人免受失业的煎熬。限制招收学徒能够让工人有足够的工作岗位,且工资水平不致降低。再者,工人一旦失业,工会就用救济金来援助他们。工会收取会费,设专职处理具体事务,尽量给失业工人找到谋生的工作,还试图建立全国总工会来增强行动的能力。

然而,在实际的斗争中,由于劳动的雇佣性质,工会的具体举措只能作用于比较微小的、个别的情况。工会的历史充满了工人的一连串的失败,只是间或有几次个别的胜利。大多数罢工都是以工人吃亏而告终,也不免发生了一些极端狂野的事件。但无论如何,"这些工会及其组织的罢工的真正意义,在于它们是工人消灭竞争的第一次尝试。""资产阶级的统治正是建立在工人之间的竞争上,即建立在由于一些工人和另一些工人的对立而产生的无产阶级的分裂上。"① 所以,为了反对现存制度,粉碎资产阶级的统治,需要工人真正地联合起来,采取更多的行动。

19 世纪 30~50 年代中期的宪章运动是"世界上第一次广泛的、真正群众性的、政治上已经成型的无产阶级革命运动"②。1837 年,"伦敦工人

---

① 《马克思恩格斯文集》第 1 卷,人民出版社,2009,第 454 页。
② 《列宁选集》第 3 卷,人民出版社,1995,第 792 页。

协会"提出了致国会的请愿书,力求以无产阶级的法律来代替资产阶级的法律,次年以"人民宪章"的名义公布。人民宪章要求实行普选权并为保障工人享有此项权利而创造种种条件。从此,英国无产阶级开始作为一支独立的政治力量登上了历史舞台,揭开了同资产阶级争夺政治权力的斗争的序幕。整个工人阶级在宪章运动旗帜下向资产阶级的政权进攻,向资产阶级用来保护自己的法律围墙进攻。

宪章运动曾掀起过3次斗争高潮。第一次是1838~1839年,在请愿书上签名的有128万人;第二次是1842年,签名者多达330万人;第三次是1848年,签名的有197万人。在第二次斗争高潮中,除了原有的要求外,工人们还提出了废除《新贫民法》、提高工资、缩短工时等要求。各地工人纷纷集会,群起响应。但是,三次请愿均遭到了国会的否决。广大工人随即进行罢工,并进行示威游行,致使许多工厂和市政陷于瘫痪。罢工遭到了英国政府的镇压,运动领袖被抓捕。1848年以后,宪章运动进入低潮。其衰落的原因在于英国工商业垄断的加强、工人阶级政治上的不成熟,以及英国资产阶级用超额利润收买英国"工人贵族",造成了英国工人阶级中机会主义倾向的增长,这种倾向增长的表现就是工联领袖放弃了对宪章运动的支持。

我们看到,无产阶级革命为工人搭建了展示人的存在方式的大舞台。在这里,资产阶级成为他们除机器之外的又一活动对象,通过对象化——仇恨和反抗,工人把自己最动人、最高贵、最合乎人性的特点展现出来了。这便是工人运动对"人"的发展的历史意义。其一是维护和释放了人性。工人在犯罪、暴力、罢工、立法等活动中倾注了他们作为人的力量和热情,用最丰富的感情代替了单一的对私有财产的尊重。他们不再沉默,而是作为不仅具有劳动力并且具有意志的人出现,把自己对人的尊严、感觉、思想、生活等诉求公开展示给社会,并且宣布,他们是人,不应该让他们去顺从环境,而应该让环境来适应他们。其二是为英国人的民族性增添了新的色彩。英国人纯理智的冷静的性格为人认可,但也因此被认为安于资产阶级的统治,不能干革命。然而,在运动中,在频繁发生的罢工中,工人能够长达数月地忍受饥饿和匮乏,而且只有在任何反抗都已无济于事并已失去意义的时候才向暴力让步,这显示了他们特有的坚毅、果敢、不可战胜的英勇气概。与其说是英国的民族性在工人身上消失了,倒不如说是工人阶级重塑了英国的民族性。工人阶级在运动过程中所形成的不同于英国资产阶级的思想和观念、习俗和道德原则、宗教和政治，是英国未来发展的希望。其三是明晰了人的发展的社会目标。英国无产阶级革命与法国彻头彻尾的政治革命不同，他们认识到政治只是为资产阶级社会的利益而存在的，因此，他们直接将斗争的矛头指向资产阶级而不是政府，而且暂时只用和平方式进行。即使是一些粗暴和野蛮的行为，都只是工人为了改善自己的生活状况而进行的反抗，因此仍然具有社会革命的性质。"人民宪章"提出的目的是"以无产阶级的法律来代替资产阶级的法律"①，虽然形式上纯粹是政治性的，但其六条内容却不局限于政治方面，而是显示了宪章运动所特有的社会性质。"宪章运动并不是有关你们获得选举权等等的政治问题，宪章运动是饭碗问题；宪章的意思就是住得好，吃得好，喝得好，工资高，工作日短。"② 传教士斯蒂芬斯所说的这句话恰到好处地诠释了宪章派对运动的定位和理解——"政治权力是我们的手段，社会幸福是我们的目的"③。

四 对资本社会和工人阶级未来的持续思考

在工人运动中，工人展示了他们身上最具人性的特征，成长为同一切有产阶级相对立的、有自己的利益和原则、有自己的世界观的独立的阶级——无产阶级。这个阶级在宪章运动中致力于人的发展的社会目标，摆脱贫困，改善工人的社会存在状况。但是，他们并没有意识到，只要资产者手里还掌握着政权，这个社会目标是不可能实现的。工人们为改善整个生活状况、表现人的尊严而进行的反抗，诸如力图消除自由竞争、限制十小时工作、要求合理的工资和地位的保证、废除新济贫法 34、极端愤恨废除谷物法的拥护者等，尽管都直指危害他们利益的事物，但他们还没有意识到，剥夺了自己必要的生活条件、把自己置于非人的境地的，归根结底是资本主义社会，是资本主义制度本身。"社会知道这种状况对工人的健康和生命是多么有害，却一点也不设法来改善这种状况。社会知道它所建

---

① 《马克思恩格斯文集》第 1 卷，人民出版社，2009，第 463 页。
② 《马克思恩格斯文集》第 1 卷，人民出版社，2009，第 465 页。
③ 《马克思恩格斯文集》第 1 卷，人民出版社，2009，第 470 页。

立的制度会引起怎样的后果，因而它的行为不单纯是杀人，而且是谋杀"①。

恩格斯在《英国工人阶级状况》中已经透过工人阶级的生存状况看到了背后的社会制度因素。英国工人阶级的悲惨生活境遇与资产阶级对无产者的剥削是一个问题的两个方面，其根源在于资本主义私有制。

从根本上说，资产阶级的"唯一的决定性的因素"是个人利益，特别是赚钱，一切生活关系都以能否赚钱来衡量。他们对自己的工人是否挨饿，是毫不在乎的，只要他自己能赚钱就行。与工人的关系也不是人和人的关系，而是纯粹的经济关系。"一切关系都用商业术语、经济范畴来表现。需求和供应，需要和提供，supply and demand，这就是英国人用来判断整个人生的逻辑公式。"② 这是资产阶级的"国民经济学"；对资产阶级来说，无产阶级是必不可少的，而为了使无产阶级就范，他们就利用国家来对付无产阶级，政党、国家政权、法律、议会等都是他们反对无产阶级的武器，无产阶级不受国家和社会保护。这是资产阶级的"政治学"；主张让来"赴大自然宴会"却找不到空着的餐具的穷人"滚蛋"的马尔萨斯人口论，以及由此产生的把穷人收容到被称作"济贫法巴士底狱"的习艺所——伙食比最穷的就业的工人吃的还要差，而工作却更繁重的新济贫法，均是资产者最心爱的理论。理论宣布有着勤劳的双手的穷人是"过剩人口"，是罪犯，把习艺所当作惩罚犯人的监狱。这等于公开宣布无产者不是人，不值得把他们当人对待。这是资产阶级的"社会学"。

《英国工人阶级状况》这部书虽然在1845年已经完成，但是恩格斯对工人阶级状况的关注及对资本主义私有制社会的观察和思考一直没有停止。在其后40多年的历程中，恩格斯每每根据社会历史发展的现实，完善和修正自己的理论，这使得他对工人阶级的发展和出路有了新的、更加全面的思考。

《英国工人阶级状况》出版不久，恩格斯就意识到，既然他在这部书中描述了资产阶级和无产阶级之间的相互关系并以此来证明无产阶级反对资产阶级斗争的合法性、必然性，是对资产阶级的起诉，那么，对于这样

---

① 《马克思恩格斯文集》第1卷，人民出版社，2009，第409页。
② 《马克思恩格斯文集》第1卷，人民出版社，2009，第478页。

关乎阶级之间相互关系的重大结论、这个斗争的原则,他就应该提供一些令人信服的证据。为了弥补书出版时由于篇幅的考虑而没有更多地引用观察所得的事实的遗憾,他写了"对英国工人阶级状况的补充评述"。不仅如此,为了保证他的结论的时效性,他更是引用了一些在他离开英国后才发生的并且在此书出版后才得知的事实,希望用这些事实来证明,政治斗争仍然是工人阶级争取应有的社会地位、维护人的尊严、获得人的发展的"必需的适当的手段"。

在1886年他为这部书的美国版所写的附言中,恩格斯谈到,40多年过去,资本主义经济迅猛发展,在英国,各方面的情况与1844年的时候也大不一样了。当初工厂主惯用的"那些琐细的哄骗和欺诈手段""那种小器的额外勒索",总之那些"使工人命运恶化的小的病痛",在汉堡、柏林、曼彻斯特这些大工业城市已经没有了市场。因为对拥资百万的工厂主来说,同条件较差的同行竞争,加快资本的集中才是至关重要的。这就要求他们避免不必要的纠纷,节约时间和劳动,所以,他们学会了对正义和仁爱让步、默认工联的存在和力量甚至把罢工——发生得适时的罢工——看作实现自己目的的有力手段。可以说,资产阶级掩饰工人阶级灾难的手法又进了一步,和平和协调的局面出现了,商业道德发展到了一定的水平。而法国、德国,尤其是美国,正在日益摧毁英国的工业垄断地位,已经达到了与1844年英国工业大致相同的发展阶段。虽然美国工人阶级所处的外部环境和英国工人很不相同,但由于移民的大量涌入,美国本地的雇佣工人能比较容易"退出"雇佣劳动、上升到较高的社会阶梯的状况已经一去不复返了。随着工业的急速发展,大量的资本和大片的土地越来越快地集中到少数有产者手中,美国本地的雇佣工人——雇佣工人中的"贵族"和移民一起日趋形成了一支固定的无产阶级队伍。"资本主义制度的趋向是要使社会彻底分裂成两个阶级——一方面是少数的百万富翁,另一方面是广大的雇佣工人群众"①。而且,无论在英国或美国,"都是同样的经济规律在起作用,所以产生的结果虽然不是在各方面都相同,却仍然是属于同一性质的。"② 所以,资产阶级的"国民经济学"依然实用,除了自己的劳动力以外一无所有的工人为了生存受雇于资产者,为他们创造剩余

---

① 《马克思恩格斯全集》第21卷,人民出版社,1965,第296页。
② 《马克思恩格斯全集》第21卷,人民出版社,1965,第295页。

价值，而资产者占有全部生产资料和消费资料，因此就无偿地把工人创造的剩余价值装入自己的腰包。社会的这两个部分的对立是资本主义制度本身的产物。尽管工人阶级的生活状况、精神状况和道德状况在40年中有了不少的改善，各个国家的工人生活条件和境况也不尽相同，但他们受奴役、受压迫的命运没有改变，其中的原因"应当到资本主义制度本身中去寻找"①。消灭资本主义私有制，工人才有可能摆脱这种命运，即如恩格斯在《英国状况》中所说的，"社会革命才是真正的革命，政治的和哲学的革命必定通向社会革命"②。

既然工人阶级的解放有赖于社会革命，而社会革命又必须以政治斗争为手段和前提。那么，在当时英国的情况下，可行的就是二者的结合和互相补充。"宪章运动和社会主义接近是不可避免的"③"社会主义和宪章运动的融合，法国共产主义以英国方式的再现，……只有实现了这一点，工人阶级才会真正成为英国的统治者"④。恩格斯认为，只有真正的无产阶级社会主义能且必定能在英国工人解放的历史上发挥重要作用。从1848年到1868年，英国的商业和工业空前高涨，英国工人阶级在一定程度上分沾过这一垄断地位的利益，虽然这些利益在工人中间分配得极不均匀——取得绝大部分的是享有特权的少数，但广大的群众有时也能沾到一点。因此，从欧文空想社会主义灭绝以后，英国再也没有过社会主义了。然而，随着英国工业垄断被打破，整个英国工人阶级，连享有特权和占据领导地位的少数在内，都将失去这些利益，将跟其他各国工人弟兄处于同一水平上。在1886年写的"'英国工人阶级状况'美国版附录"中，恩格斯预言，这种情况必然导致社会主义重新在英国出现。在"'英国工人阶级状况'1992年英国版序言"以及"'英国工人阶级状况'1992年德文第二版序言"中，恩格斯就颇为欣喜地指出，"不用说，现在的确'社会主义重新在英国出现了'，而且是大规模地出现了。"⑤ 但实际的情形是，不管是自觉的社会主义和不自觉的社会主义，散文的社会主义和诗歌的社会主义，工人阶级的社会主义和资产阶级的社会主义，都仅仅停留于体面的、懒散

---

① 《马克思恩格斯文集》第1卷，人民出版社，2009，第368页。
② 《马克思恩格斯文集》第1卷，人民出版社，2009，第87页。
③ 《马克思恩格斯文集》第1卷，人民出版社，2009，第470页。
④ 《马克思恩格斯文集》第1卷，人民出版社，2009，第473页。
⑤ 《马克思恩格斯文集》第1卷，人民出版社，2009，第378页。

的说教，令人不满。与此形成鲜明对照的是马克思创立的科学社会主义。科学社会主义是无产阶级社会主义，不再用人道主义来调和两个互相斗争的阶级的利益，而是旗帜鲜明地从工人阶级利益出发，强调阶级的对立和斗争，把消灭私有制当作社会发展的必然环节。恩格斯也明确地表达了他对社会主义的期许——"伦敦东头的觉醒"，他指出，和6年前不同，伦敦东头的"新工联"彻底抛却了"旧工联"雇佣劳动制度万古长存的理念，致力于对资本主义私有制的颠覆，虽然困难重重，但社会主义实践必定是19世纪末最伟大最有成果的事件之一，它将载入工人解放的史册。

至此，我们可以看出，无论是梳理工人作为"阶级"的产生及其世界历史意义、剖析现代工业无产阶级的异化处境，还是关注工人阶级在反抗资产阶级的斗争中的成长、探索工人阶级的未来出路，《英国工人阶级状况》可以说达到了那个时代最为深刻、完备的程度，使其成为世界社会主义文献中的优秀著作之一，即便在当代，它的分析框架和思路也仍然具有重要的现实价值。当今世界尽管进入了全球化时代，虚拟经济发挥着越来越重要的作用，但是实体生产仍然是社会发展最强大的力量，这种情况下，工人阶级始终是社会发展的主力军。以我国来说，较之于19世纪的西方资本主义社会，工人阶级的经济地位发生了根本性的变化，作为社会历史实践的主体，他们自认成为实现中华民族伟大复兴的中国梦的中流砥柱。诚如习总书记指出："工人阶级是我国的领导阶级，是我国先进生产力和生产关系的代表，是我们党最坚实最可靠的阶级基础，是全面建成小康社会、坚持和发展中国特色社会主义的主力军。"[①] 在这个意义上，恩格斯当年对工人阶级的社会地位、历史使命和未来作用的分析，对于全球化时代我们观察阶级问题和坚持中国特色的社会主义必然具有重大的指导意义。

---

① 《习近平谈治国理政》，外文出版社，2014，第45页。

第三章
恩格斯论贸易政策与工人阶级的斗争策略

对于恩格斯来说，对资本社会的分析与对工人命运的探讨是毕生的课题。除了《英国工人阶级状况》以外，他还在与马克思合著的以批判青年黑格尔派思辨哲学为主旨的《神圣家族》中论述了"废除谷物法"的贸易政策，并从"十小时工作日"的实际案例出发来展开自己对工人阶级的现实处境及其斗争策略的思考。

《神圣家族》马克思执笔的部分是这部文本的主体，恩格斯执笔完成的有前三章、第四章的第一、二部分、第六章第二部分 a 小节和第七章第二部分的 b 小节。在第二章中，恩格斯驳斥了茹尔·法赫尔关于10小时工作日和废除谷物类关税等制度不会有助于改变工人的生活和命运的看法，认为10小时工作日制度有利于对外竞争，进而可扩大英国的工业和贸易，而废除谷物关税则会促进英国市场的扩大，这都是进步的措施。

法赫尔1820年出身于玉格诺教徒的家庭，是后来德国争取贸易自由运动的主要代表人物之一，从1861年起是普鲁士议会的议员。他虽然没有到过英国，但对于这个国家有深刻的研究，在二十四岁时就发表了关于英国问题的著作。他是《文学总汇报》撰稿人当中为数不多的有才能的人物，发表了许多很精辟的文章。应该是出于对法赫尔才能方面的肯定和尊敬，与对待其他人的做法不同，恩格斯针对法赫尔及其《英国的迫切问题》用了很大的篇幅来进行分析与批判。

连续刊登在《文学总汇报》第7、8、9三期上的《英国的迫切问题》论述了废除谷物关税和实行十小时工作日的后果。由于当时恩格斯手中只有1~8期，因此，他没有考察这篇文章的最后一部分，在这一部分中，法赫尔叙述了李嘉图的理论，认为国际关税协定由于各国间的竞争而不得不形同空文，因而应该代之以进口关税。还有与此有关联的法赫尔的另一篇文章《柏林的救贫事业》，也因刊在第9期，恩格斯没有看到。

针对法赫尔发表在第7、8期上的文章，恩格斯先是指出了法赫尔批判的批判在历史和社会方面诸多判断与真实的历史和实际之间的明显的出入，表明了"批判的历史"肆意妄为之本质，然后将焦点集中在废除谷物关税和实行十小时工作日两个相互关联的问题上，仔细而深入地辩驳了法赫尔的理解，也更加凸显了自我意识哲学在社会历史领域的局限与荒唐。

在《文学总汇报》第7期第4页上，法赫尔就开始了他批判的历史观的阐述，恩格斯一一进行了分析：在真正的历史中，工业城市是在工厂出现之后才形成的。而在批判的历史中，在还远没有工厂之前，像曼彻斯特、波尔顿和普累斯顿等就已经是繁荣的工业城市了；在真正的历史中，是由于哈格里沃斯的珍妮纺纱机和阿克莱的水利纺纱机被运用于生产，才有了棉纺织业的发展，而在棉纺织业的发展过程中，克伦普顿利用珍妮纺纱机的原理通过改进发明了骡机。而批判的批判却想当然地把克伦普顿的骡机说成是珍妮纺纱机和水利纺纱机的思辨的统一；在真正的历史中，水利纺纱机和骡机的发明与水力在这些机器上的运用是紧密相连、几乎同时的，但在批判的批判的历史中，水力的这种运用却不仅没有和水利纺纱机、骡机的发明联系在一起，反而被当作完全不同的东西，把这种运用的时间放到了比纺纱机较晚的时代；在真正的历史中，蒸汽机的发明比纺纱机的发明要早，而批判的批判把蒸汽机的发明时间推后不说，还肆意地把蒸汽机发明当作所有这些机器发明当中的最高成就；在真正的历史中，是由于英国的商品出口才使得利物浦和曼彻斯特两个城市之间发生了商业联系，而批判的历史则把两个城市的联系、进而它们之间的商业往来说成是英国商品出口的原因。同时，批判的批判又把商品从曼彻斯特运往大陆中途经过的赫尔说成是利物浦。

在历史领域任意否定历史事实，主观臆造，颠倒先后、因果、黑白的法赫尔，在活生生的社会实践面前，其伎俩也是如出一辙。例如，实际的情形是，英国工人的工资从最低的1.5先令到最高的40先令，中间分为很多等级，可在法赫尔的批判中却只有一种工资——11先令；机器代替手工劳动的事实，被法赫尔说成了机器代替思维；实际上，在英国是允许工人为提高工资而联合起来的,而法赫尔的批判却否定了这一条;在英国有许多群众的政党,而法赫尔不但没有提及这些政党,而且杜撰出了一个根本没有过的群众组织——"工厂党";实际发生的紧张又繁重的工厂劳动引起各种职业病的事实,也被法赫尔信誓旦旦地予以反驳:"过分的紧张不会妨碍劳动,因为出力的是机器"[1];法赫尔还赋予机器以意志,认为工人之所以随着机器的节奏来工作,是受机器的意志支配的结果。

诸多历史与现实问题上映现出的法赫尔批判的批判与真实的存在之间的巨大差异,充分印证了恩格斯对批判的批判之本质的基本判断:除了"给自我意识大效其劳"[2]外,对于解决英国的社会问题毫无用处。从根本上讲,社会历史的真实存在与批判的批判就是不相容的。因为批判的批判的根基在于将自我意识的活动从现实世界分离出来,强调的是思维活动的自足性,并把其自满自足、自圆其说和自成一家的特质视为高贵与纯粹,以此与现实世界的卑微、群众的卑贱形成比照。因此,现实的、以活生生的群众为主要的物质推动力量的人类社会的进步与发展在批判的批判的历史观中就是莫须有的,群众性也是它所不能容忍的。以它自己"自由地处理自己的对象"[3]的特质,它必然需要将历史从群众性中解脱出来,也就必然要离开真实的社会实践与历史本身。反过来也一样,追溯历史,它从来也不可能是按照批判的愿望和指导而产生。那么,如此风马牛不相及的双方想要生拉硬拽地在一起,批判的批判除了在真实的存在面前大喊一声:"你知道吗?你应当如此这般地产生!"[4]之外,就不可能再有别的可行的办法了。

以下我们分析在废除谷物法和实行十小时工作日问题上恩格斯与法赫尔不同的见解。

一 废除谷物法

废除谷物法是英国历史当中的一个重大事件。1815年,英国的土地占

---

[1] 《马克思恩格斯全集》第2卷,人民出版社,1957,第14页。
[2] 《马克思恩格斯全集》第2卷,人民出版社,1957,第13页。
[3] 《马克思恩格斯全集》第2卷,人民出版社,1957,第13页。
[4] 《马克思恩格斯全集》第2卷,人民出版社,1957,第13页。

有者为了保持高额地租同时抬高谷物价格，颁布了旨在限制甚至禁止从国外输入谷物的所谓谷物法，这引起了工业资产阶级以及当时还受资产阶级领导的人民的激愤，曼彻斯特的几个大厂主为了削弱地主的经济和政治地位，降低谷物价格，从而降低工人工资，于1838年底创立了"反谷物法同盟"，要求贸易完全自由，废除谷物法。这场斗争由于1846年关于废除谷物法的法案的通过而告结束。

对于这个事件，恩格斯列举了法赫尔提出的以下五个方面的注解：第一，工人不给反谷物法同盟捐献基金，只是由于贫穷的缘故；第二，一旦谷物法被废除，农民生活负担减轻，农民短工就一定会同意减低工资，也就是会支持工业资产阶级；第三，英国工厂里一天工作十六小时；第四，英国必然会垄断世界市场；第五，英国的工业资产阶级和工人阶级都不理解私有财产的意义，因而不能充分估计私有财产的发展给工人阶级带来的后果。同时，他又一一作了针锋相对的反驳。

首先，工人之所以不支持反谷物法、不为反谷物法同盟捐款，实际上反映了工人对这个组织的反感以及对宪章运动的拥护，而不只是与他们自身的贫穷有关。废除谷物法运动的动因是英国工商业资产阶级的私利，是否允许进口谷物从根本上讲是工业资产阶级和土地贵族之间为了各自的利益而进行的斗争。乍看起来废除谷物法会降低谷物价格，给工人带来更多的直接的好处，但随着运动的深入，工人已然识破了"反谷物法同盟"的真相，认识到因废除谷物法而获益的只是资产阶级，而不是人民。所以，工人转而把摆脱贫穷、提高生活质量的愿望寄托在能够带给他们应有的政治权力以及适当的工资水平的宪章运动上面。他们把反谷物法同盟看作唯一的敌人，在一切公众的集会中坚决地把主张废除谷物法的人从讲坛上轰走，使反谷物法同盟不敢在英国的任何一个工厂城市举行公众的集会。在废除谷物法同盟募集款项的时候，对他们深恶痛绝的工人当然不会为他们捐款，这一点厂主是意识到了的，但还没有把厂主和工人区分开来、进而不能从各自的利益出发思考问题的法赫尔对此自然不能理解。

其次，法赫尔仅按照经济学的原理推断出，废除谷物法的实施会使谷物价格降低，因而工人的生活资料价格降低，工资也必然会降低。但实际的情况是，工人的生活已经到了一贫如洗的地步，如果工资再降低，就免不了要饿死。

再次，随着19世纪二三十年代英国工业革命的完成、英国的商业和运输业的发展，英国工业无产阶级力量壮大起来，并且有了取得政治权力的诉求。他们逐渐意识到自己在大工业生产中的重要性，同时又意识到自己的劳动未能得到相应的报酬，也认识到靠个人的努力无法在大工业制度下争得应有的物质改善和社会地位。爆发于30~40年代的宪章运动，其目的是工人们要求取得普选权，以便有机会参与国家的管理，从而通过政治变革来提高自己的经济地位。当时的英国法律明确规定，工人的工作时间不得超过12小时，所以，争取十小时工作日的立法限制的斗争，就成为宪章运动的主要主题之一。法赫尔居然坦言英国工厂里一天工作16小时纯属无稽之谈。

又次，其时由于市场竞争，美国、德国和比利时已经超过英国而成为世界大工厂，这是不争的事实，法赫尔企图让英国保持世界工业与商业的垄断地位，只能是囿于思维世界的幻想罢了。

最后，大工业的发展必然带来的财产的集中以及对工人造成的后果，即私有财产的充分发展及其社会后果，对于无论是英国的工业资产阶级还是工人阶级来说，都已经作为十分明白的事实摆在他们的面前了。从宪章运动中工人阶级认识到劳动是财富的唯一来源，要求劳动者对于自己的劳动果实享有优先权来看，是如此；从社会主义者主张推翻私有财产的统治，建立新的社会秩序的详尽论述中来看，是如此；甚至是从卡莱尔、艾利生和盖斯克尔等托利党人和辉格党人的著作当中来看，也是如此。法赫尔不顾事实所做出的断言是站不住脚的。

恩格斯认为，从最后结果来看，废除谷物法确实不失为一个进步的措施。随着谷物的输入，工人工资将降低，生产费用就会减少，工业资产阶级便可以来相应地扩大市场，这样一来就减少了工人之间的竞争，与谷物的价格比较起来，工人的工资多少总比现在要高一些，他们的贫困状况也必然有所缓解。

二 实行十小时工作日

英国工人不满法律规定的一天十二小时工作时限而争取十小时工作时限立法的斗争，是恩格斯重点关注并且重点剖析的另一个问题。

英国工人阶级从18世纪末开始争取用立法手段限制工作日,经过30年的斗争,1847年6月8日英国议会通过了十小时工作日法案,将妇女和少年的日劳动时间限制为10小时,此法案1848年5月1日起作为法律生效。由于工人的不懈斗争,英国议会不得不每年扩大这一法律的应用范围。土地所有者出于反对工业资产阶级斗争的需要,在议会中维护这一法案,其代表是"托利党人慈善家"艾释黎勋爵。

在这个问题上,恩格斯也就法赫尔的两个观点进行了批驳。

其一,法赫尔把十小时工作日法案仅仅看作是肤浅的中庸的措施,同时又把托利党人艾释黎勋爵看作是"立宪活动的忠实的反映"[①]。恩格斯则指出,十小时工作法不失为一种原则的进步,纵然这种进步在目前阶段是极其微弱的,但它不论是对于厂主、宪章派、还是土地占有者都具有不容忽视的意义。十小时工作时限立法通过以后,许多英国工厂主并不遵守这项法律,他们寻找各式各样的借口把工作日从早晨5时半延长到晚上8时半。显然,对于工时的任何立法限制,都会因缩短工人的劳动时间而减少绝对剩余价值的生产,有损于工业资产阶级的利益,也就必然要为英国工业敲起丧钟;对于宪章派来讲,十小时工作日法案不仅是一个重大的实际的成功,而且还是一个原则的胜利:以由社会预见指导社会生产为实质的工人阶级政治经济学理论战胜了以供求规律的盲目统治为实质的资产阶级政治经济学,资产阶级政治经济学第一次在工人阶级政治经济学面前公开投降了;而对于土地所有者,十小时工作日法案的意义则是不言而喻的:废除谷物法宣布了资本为英国的最高权力,土地所有者失利于工业资产阶级,立法限制工作日给了工厂主致命一击,这在工业资产阶级与大土地所有者之间的斗争中无疑是助了后者一臂之力。

至于法赫尔所谓的托利党人艾释黎勋爵是"立宪活动的忠实的反映"之说,则显而易见是无稽之谈。宪章运动是英国的激进民主改革者——包括下层资产阶级和工人阶级为争取自己的利益而进行的政治活动,其提出的基本要求包括:男子普选权,秘密投票制,废除下院议员的财产资格限制,每年举行议会选举,下院议员带薪制,选区平等。作为托利党人的艾释黎勋爵怎么能够站在其对立面,忠实地反映立宪活动呢?

[①] 《马克思恩格斯全集》第2卷,人民出版社,1957,第15页。

其二，法赫尔认为十小时工作日法案是在下院民主讨论通过的。恩格斯则指出，英国宪法的荒诞性是显而易见的。在1783~1832年的英国，托利党在政治上的优势地位几乎是牢不可破的，其在议会中是多数党。几个世纪以来，议会一直代表了英国主要财产阶层——土地所有者的利益。三分之二的下院议员不是直接由国家中最富有的土地所有者提名，就是间接地归功于他们的庇护。许多选举下院议员的议会选区，是由土地所有者控制的。他们利用自己在当地的经济势力，甚至是直接的贿赂迫使候选人关心他们的利益。如此的英国选举政治本身是腐败的，不仅如此，各选区代表数量也不平等，更为重要的还有，只有大约1%的人才有选举权。无疑，十小时工作法案的通过，绝不可能是"全院委员会"所为，只能是代表托利党利益的少数人以限制工业资本家的利益来维护自身的利益为目的的操作。

对以上两个问题的分析表明，批判的批判对英国工业革命的历史进程及政治民主化进程的把握是大失偏颇的，不能客观地看待土地所有者、工业资产阶级、工人阶级各自的利益，也就不能充分地理解诸如废除谷物法、宪章运动及十小时工作日法案对于不同利益群体的意义所在。

恩格斯接着指出，出于同样的原因，法赫尔也没有能够很好地理解辉格党人詹姆斯·格莱安爵士十小时工作制与机器使用寿命之间关系的论述。

虽然托利党竭力宣称，下院议会所制定的这个法案很好地照顾到了与土地财产利益一致的国家总体利益，但是，新兴的工业资产阶级并不同意土地所有者的这些论点。他们积极要求改革下议院中的代表制。1832年改革法通过以后，作为托利党的政治对手，辉格党在格莱安勋爵的领导下，提出了一项修改这个国家古老选举结构的法案，其威力直逼托利党在议会中的地位。他们宣称，资产阶级在议会中代表自己利益的同时，也能够代表工人阶级的利益。

如果工厂的机器每天工作十二小时，其寿命大约是十二年，那么，当工作时间缩短为十小时的时候，机器会不会随之延长其使用寿命呢？对此，詹姆斯·格莱安爵士的解释是，这完全是不可能的。因为机器必然会按工作时间缩短的比例加快速度，在这样的情况下机器的磨损时间仍然正好是十二年。而当法赫尔在《文学总汇报》第8期第32页上引证这段话时，他硬是把格莱安爵士用英语写成的这段话批判地翻译成了：不管工厂的机器每天工作十小时或十二小时，工厂的机器大约可用十二年，所以十小时法案使资本家不可能通过机器的工作在十二年里再生产出投入这些机器的资本。

事实上，十小时工作法的实施，给工业资本家当然会带来相对剩余价值的减少，而由于机器每天少工作 1/6 的时间，它的使用年限自然会延长，这又会在相对剩余价值的减少的同时，使得资本家的绝对剩余价值有所增加，格莱安爵士将十小时工作制与机器使用寿命之间关系作如此的论述，实际上是为工业资产阶级的利益作辩护、为辉格党代言的。

可见，法赫尔并没有能恰如其分地领会格莱安爵士的意图，或者说他根本就无意于从现实当中发现并解决问题，他所运用的仍然是批判的批判惯用的伎俩，先是"制造"格莱安爵士从来没有说过的话，而后又"制造"出驳倒格莱安爵士错误的假象，以此来证明自己的聪明，就像其通过"制造"自己的对立物即群众的愚蠢来证明自己的聪明一样。如果说，法赫尔在对待格莱安爵士时是无中生有、任意处置、不惜置其于不顾而抬高自己的话，那么他在对待约翰·罗素勋爵时则表现得过于宽宏大量，不但认真数说了这位活跃于 19 世纪中期的辉格党政治家在任英国首相期间锐意改革、领导工厂建立起十小时工作日的功绩，还硬是将改变国家制度的形式和选举制度的意图全部赋予了他。这个约翰·罗素勋爵无所不能的本事不正是批判的批判家才具有的吗？这样看来，好像是政治家约翰·罗素勋爵在最近一周内骤然间就变成了批判的批判家了。

在大力批判批判的批判无视现实状况、从思维本身出发诠释现实问题，从而导致它对英国历史事件的偏颇甚至是颠倒的理解的同时，恩格斯也注意到了批判的批判在思辨的范围内所得出的某些基本符合客观实际的结论，这些结论对工人阶级及工人运动的意义的把握和评价具有积极的意义。比如：

法赫尔描述了工人为了要求实行十小时法案，曾一次又一次地举行集会，一次又一次地请愿，使得工厂区的每一个角落都笼罩着一种两年来从来没有过的激愤的状况，从而驳斥了英国工人对工作时间的立法限制这一问题只表现了"部分的关心"的说法；法赫尔还描述了宪章运动爆发后，工人把反谷物法同盟看作唯一的敌人，在一切公众的集会中坚决地把主张废除谷物法的人从讲坛上轰走,使反谷物法同盟不敢在英国的任何一个工厂城市举行公众的集会的状况,从而澄清了工人以为废除谷物法会给他们带来更多的直接的好处,以至于他们会把这些摆脱贫穷、争取自己应有的权利的愿望寄托在废除谷物法上面的说法;

事实上,废除谷物法也好,宪章运动也罢,乍看起来,都有着对工人阶级利益的考虑,实际上其背后无非两个集团即政治集团与利益集团,也就是政治力量与土地所有者和工业资本家之间的斗争。工人在讨论十小时工作日时,以及在讨论类似的问题时,几乎经常得到托利党人的支持,即是这个原因。土地和工厂所有者集团作为政党的最彻底的表现和顶点,虽然人数不多,政治权利也完全一样(少数贵族除外),但却代表着私有财产最广泛的权利与最根本的性质,从对工人的欺骗和利用的意义上讲,土地和工厂所有者集团又是和政党集团绝对同一的。

第四章

马克思对私有财产关系本质的探究

与恩格斯深入到实际中去了解"英国工人阶级状况"不同,马克思是从对古典政治经济学的研究出发开始自己批判资本社会的思想征程的。在马克思长达四十余年对现代社会的考察和批判中,财产关系是贯穿其间的核心议题之一。早在介入政治经济学研究之前的"《莱茵报》-《德法年鉴》时期"的著述尤其是"克罗茨纳赫笔记"中,他就明确地意识到了财产关系是理解现代社会结构和历史发展的重要线索。刚刚由对现代社会的"副本"批判转入"原本"批判的马克思,面对错综复杂的现代社会,现象与本质难辨,历史与现实纠结,这促使他对各经济要素的分析不得不展开宏观背景的考察、结构化的剖析和大跨度的思考,这在作为这一时期最重要的思想产物和建构的《1844年经济学哲学手稿》中可见一斑。我们看到,马克思在这部著作中所涉及的问题,包括工资、资本的利润、地租、劳动、需要、货币、分工、竞争、交换等等,乃至对异化的思考、对共产主义的论证,都是在以私有财产为特征的资本主义生产方式这个大背景下进行讨论的;而在对这些问题的思考和讨论中,也展示了马克思对私有财产关系的充分理解。

一 私有财产的起源及普遍本质

"巴黎时期"马克思对私有财产的理解的独特性,首先就反映在他对私有财产起源问题的探讨上。

马克思不认同国民经济学家的观点,即把私有财产看作一个无须说明的必然性的事实,并以此来作为整个经济学的基础;他也不赞成国民经济学家的做法,即从私有财产的事实出发,把私有财产在现实中所经历的物质过程放进一般的、抽象的经济学公式里,并把这些当作规律。在对让·巴蒂斯特·萨伊的《论政治经济学》所做的摘要中,他就写了如下的评注:"私有财产是一个事实,国民经济学对此没有说明理由,但是,这个事实是国民经济学的基础";"没有私有财产的财富是不存在的,国民经济学按其本质来说是发财致富的科学。因此,没有私有财产的政治经济学是不存在的。这样,整个国民经济学便建立在一个没有必然性的事实的基础上。"①

显然,在马克思看来,私有财产并不是一个可以当作前提的事实,而是应当加以阐明的东西,也就是说我们不能再从国民经济学的各个前提出发,而必须要从现实社会生活出发,去探讨私有财产关系是如何发生的、它具有什么样的本质、它的发展又有着怎样的规律等问题,否则我们的经济学研究就像神学家用原罪来说明恶的起源一样,把应当加以说明的东西假定为一种具有历史形式的事实。这样做的结果只能使复杂的社会问题堕入云雾之中,而经济学也会置身于一种虚构的什么问题也说明不了的原始状态而无所作为。

当然,马克思并没有对国民经济学理论持绝对的全盘否定的态度。他对资本主义经济、社会各个方面问题的剖析,都是在对与他同时代的其他经济学家的理论进行了充分解读和严密论证的基础上进行的。他在《手稿》序言中就曾说过,"我的结论是通过完全经验的、以对国民经济学进行认真的批判研究为基础的分析得出的"②。在对私有财产起源的探讨上也是如此,他研读了让·巴蒂斯特·萨伊的《论政治经济学》、亚当·斯密的《国民财富的性质和原因的研究》和詹姆斯·穆勒的《政治经济学原理》等著作并作了摘要,在这些著作里,他看到资产阶级政治经济学自觉地或不自觉地着眼于资本家的福利,把劳动和资本的统一、工人和资本家的统一视为经济学的前提和基础,只认识到劳动是价值的源泉,却不考察处在劳动过程中的人——工人同劳动的直接关系,因而掩盖了异化劳动的事实。于是他从现实的经济事实出发,用长篇论述详细分析了资本主义社

---

① 《马克思恩格斯文集》第 1 卷,人民出版社,2009,第 783 页。
② 《马克思恩格斯文集》第 1 卷,人民出版社,2009,第 111 页。

会条件下的异化劳动。在这之后,他又进一步分析得出,异化的劳动过程不仅使工人自己的活动同自身相异化,同时也使与他相异的人占有非自身的活动。换言之,工人的异化劳动不仅生产出他对作为异己的、敌对的力量的生产对象和生产行为的关系,而且还生产出一个对劳动生疏的、站在劳动之外的他人对他的生产和他的产品的关系,以及他对这个他人的关系。也就是说,透过异化劳动得以看到两种关系:"工人对劳动、对自己的劳动产品和对非工人的关系,以及非工人对工人和工人的劳动产品的关系。"① 这就是私有财产关系。

因此,仅仅作为维持人本身生存的手段、而不再是作为自己的生命活动、自己的本质的人的、被非自身的人占有的劳动——异化劳动是私有财产关系产生的直接原因,私有财产作为异化劳动的物质的、概括的表现,是异化劳动、异化的生命、异化的人这些概念的自然推论。在现实实践中,它们是资本主义社会一切经济行为的基础;在理论上,它们又共同构成国民经济学一切范畴(买卖、竞争、资本、货币等)与规律的理论前提。

显然,私有财产的秘密就存在于人的身上、存在于人的异化劳动之中、存在于异化劳动与人的关系之中。因此,异化劳动将给人和社会带来怎样的财产,这样的财产与真正人的财产和社会的财产有着怎样的关系,或者说,处于异化劳动状态中的人与真正的人有着怎样的关系,这个关系就将构成私有财产的本质。

人是对象性存在物,他只有凭借现实的、感性的对象才能表现自己的生命。因此,劳动——对自然界的现实的、感性的占有,就是他表现和确证自己的本质力量的基本途径,劳动的过程即是外化的过程。在劳动中,人将自己的本质力量外化于劳动对象,在对象中创造出他的作品、表现着他的生命现实。一方面,这个外化的过程,是人占有自然界、占有劳动对象、占有劳动产品从而凸显人的感性存在、自然存在、对象性存在、现实存在的过程,同时由于这些作品被别人占有而获得了别人的本质力量的认同,这个过程又是人凸显自己的类存在与社会性的过程。另一方面,当人通过自己的劳动改变甚至是支配自然界的时候,他往往就会放弃生产的乐

---

① 《马克思恩格斯文集》第 1 卷,人民出版社,2009,第 168 页。

趣和对产品的享受。为了提高社会的劳动生产力、增进社会的财富、促使社会日益精致，劳动者之间形成了分工。这意味着劳动对象越来越局限于某一个小的范围、劳动方式越来越单一、劳动者的劳动能力也越来越弱直至变为依附于资本家的机器，因此劳动者的劳动就不再是将自身的本质力量外化于自然物的过程，它的目的仅仅在于增加财富，因而是"有害的、造孽的"，此时的劳动产品也就不再是他的本质力量的对象化而必然作为一种异己的力量同他相对立。同时人对自身的这种异化的关系又必然对象化、现实化为他对他人的关系：他的劳动给别人带来享受和生活乐趣，他的产品属于别人。这时，"占有表现为异化，自主活动表现为替他人活动和表现为他人的活动，生命的活跃表现为生命的牺牲，对象的生产表现为对象的丧失，即对象转归异己力量、异己的人所有"①。总之，外化转化为异化。

在这里我们看到，作为人的对象化、外化活动的劳动可以分解为两个相互制约的组成部分：外化和异化。而且，实际上"它们只是同一种关系的不同表现，占有表现为异化、外化，而外化表现为占有，异化表现为真正得到公民权。"② 作为对象性存在物，人需要通过劳动将自己的本质外化，通过占有自己的劳动产品来实现自己的本质；而随着他本质力量的不断强大，劳动产品的不断增多，特别是当劳动的社会性质显现而分工和交换成为必需的时候，这样的外化过程又必然演变为异化的过程。这个异化的过程即一个人不断把自己的劳动、自己的产品从自己本身让渡于社会的过程，他失去的是自己作为人的本质，得到的则是公民权。在这个意义上讲，私有财产是人类发展进程中的必然产物，它并不是游离于人之外的东西，它就是人与人的关系。

这样的关系所导致的首先是人的活动的异化、人自己的劳动产品同自己的异化、人的本质的丧失；同时，在这种异化关系对象化、现实化于人与他人的关系中的时候，人同他人在本质意义上的相互联系也随之消失殆尽；而对于他人来讲，虽然拥有了别人的劳动、产品以及由这些产品带来的享受和乐趣，但在异化过程中，每个事物本身都成了不同于它本身的另一个东西，活动也成为另一个东西，因此，它所带来的就不仅仅是工人的

---

① 《马克思恩格斯文集》第1卷，人民出版社，2009，第168页。
② 《马克思恩格斯文集》第1卷，人民出版社，2009，第168页。

包括生命、能力、热情在内的人的财产的丧失，而且对于非工人来讲，他的人的、社会的财产也同时丧失掉了，总之，异化的结果是"一种非人的力量统治一切"①。

因此，作为异化劳动的必然产物和结果的私有财产，它的普遍本质也就在异化劳动带来的财产与真正人的财产和社会的财产的关系中、在处于异化劳动状态中的人与真正的人的关系中显示出来了，那便是：颠覆产品与人的关系、颠覆人与人的关系，从而颠覆属于人的真正意义。

那么，起源于异化劳动的私有财产，它的普遍本质又是通过怎样的形式才表现出来的呢？

二　私有财产关系的三种表现形式

马克思认为，"私有财产的关系是劳动、资本以及二者的关系"②，即它"潜在地包含着作为劳动的私有财产的关系和作为资本的私有财产的关系，以及这两种表现的相互关系。"③ 具体来讲，私有财产关系可以分解为工人与他的财产——劳动的关系、资本家与他的财产——资本的关系以及工人与自己的劳动、与产品、与资本家之间的关系、资本家与工人、工人的劳动、工人的产品的关系。

私有财产关系的表现形式之一是工人与他的劳动的关系。

马克思指出："私有财产的主体本质，私有财产作为自为地存在着的活动、作为主体、作为人，就是劳动。"④

在经济思想发展史上，对财富、财产的主体本质的认识经历了一个漫长的过程。货币主义和重商主义仅仅把获得货币和积累货币当作目的本身，因此他们不去关注生产，而是不惜任何代价去追逐货币，由货币的积累构成的财产是在人之外的一种状态，只具有对人来说的对象性的本质；重农主义又把全部财产归结为土地和耕作，把耕种这种农业劳动当作是唯一的生产的劳动，只有通过耕种土地才作为财产对人而存在，所以现实的

---

① 《马克思恩格斯文集》第1卷，人民出版社，2009，第233页。
② 《马克思恩格斯文集》第1卷，人民出版社，2009，第177页。
③ 《马克思恩格斯文集》第1卷，人民出版社，2009，第172页。
④ 《马克思恩格斯文集》第1卷，人民出版社，2009，第178页。

财富来源于劳动，在这里实际上可以隐见到财富的主体本质。但一来重农主义对劳动的狭隘认识否定了工业，二来它把土地看作不依赖于人的自然存在，把农业这种特殊的劳动看作全部财富的来源，这里的劳动就并不是一般意义的财富的主体本质，而只是地产的主体本质，因此对财富的主体本质的认识是不彻底的；现代工业的发展使得包含着地产的工业资本成为完成了的私有财产的客观形式，劳动和财富随之都具有了一般的含义，以亚当·斯密为代表的"启蒙国民经济学"把生产的发展是社会财富的基础、劳动是人自己的主要原则，财富的主体本质才被真正地揭示出来。恩格斯以及马克思都认为，亚当·斯密扬弃了财富的外在的、无思想的对象性，把人本身设定为私有财产的规定，从而揭示了私有财产的主体本质，就正如宗教改革者路德扬弃了外在的宗教笃诚，把僧侣移入世俗人心中，从而使得宗教变成人的内在本质一般，因此，他们把亚当·斯密称作国民经济学的"路德"。

然而，马克思同时也指出，以劳动为原则的国民经济学虽然在表面上承认人、承认人的独立性、人的自主活动等，事实上不过是彻底实现了对人的否定而已。因为，如果说货币主义和重商主义使得人同私有财产的外在本质处于紧张关系之中的话，那么这种关系还仅限于人与自身之外的存在的东西之间，也即这种关系是人与他的外化了的对象的关系；而经过重农主义到国民经济学，则把人与私有财产的紧张关系移入了人本身，这样的一种关系就成为人的本质，换句话讲，人本身成为这种关系的本质。这样做的结果是，当他们把劳动和财富等同、混同起来，十分片面地，也更加明确和彻底地发挥了关于劳动是财富的唯一本质的论点的时候，将无法解释这个论点与现实经济现象之间的矛盾，比如，地租——一种个别的、自然的、不依赖于劳动的私有财产和财富的存在形式的存在。不仅如此，工业的发展也将证明，让私有财产代替人本身作为主体，其后果必然是对人的本质的误读，人的需要、人的特性都会因此而被模糊与消解。共产主义就是要扬弃私有财产，也就是要扬弃作为某种非存在物的人，从而达到对人的本质的真正占有，向合乎人性的人的复归。

在私有制条件下，工人不是作为人、而只是作为单纯的劳动人的抽象存在。他拥有的唯一的资本就是劳动，工资是他的劳动作为资本的利息。工人被资本家雇用后，就成为一种活的资本，不幸的是，他也因而成为贫困的资本：只要他哪怕是一瞬间不劳动，他便会失去自己的利息、失去自己的生存条件，这便是劳动作为资本的条件。因此，工人的劳动，作为对自身、对人和自然界因而也是对意识和生命表现来说的人的活动的生产，成了完全异己的活动。对作为工人的人，他的人的特性只有在这些特性对异己的资本来说是存在的时候才存在，也就是说，工人只有在向资本家提供劳动的时候，即他的存在、他的生命成为商品的时候，他作为人才存在。概言之，人只是劳动人。"这种劳动人每天都可能由他的充实的无沦为绝对的无，沦为他的社会的从而也是现实的非存在。"①

私有财产关系的另一个表现是资本家与他的资本的关系。

资本是私有财产的客体属性。"工人只有当他对自己作为资本存在的时候，才作为工人存在；而只有当某种资本对他存在的时候，他才作为资本存在。"② 当工人完全失去自身、劳动成为他唯一的资本的时候，同时也意味着资本家用自己的资本把他的劳动据为己有，工人的劳动成了资本家活的、能动的、自由的资本。

如果仅就给私有财产的所有者带来利益而言，土地所有者所拥有的土地连带资本家所拥有的不动产也可以称为资本。但如果这样，工业和农业、资本和土地、利润和地租、这二者和工资、私有的不动产和动产之间的差别，就不是基于事物本质的差别，而只是历史的差别。地产是私有财产的第一个形式，工业在历史上最初仅仅作为财产的一个特殊种类与地产相对立。这时，无论是农业劳动、还是工业劳动，都还具有表面上的社会意义以及现实的共同体的意义，劳动的意义更多地体现在劳动的内容方面，因此还没有抽象为一般劳动；更多地存在于各自的生产方式当中，而没有达到完全自为的存在的地步，没有成为获得自由的资本。所以，资本和劳动之间的对立还没有真正形成，资本的本质在这里也就不能真正体现出来。随着租地农场主的出现，过去那种把主要工作交给土地和耕种这块土地的奴隶去做的农业被它们之间通过竞争以产业形式牟利的"一种真正工业的农业"所取代，耕作土地的奴隶转化为雇佣工人，土地所有者经由租地农场主实际上转化为工厂主、资本家，只有这时，他的经济上的存在，他的作为私有者的存在，才具有了实质性的意义。同时，这个过程也

---

① 《马克思恩格斯文集》第1卷，人民出版社，2009，第172页。
② 《马克思恩格斯文集》第1卷，人民出版社，2009，第170~171页。

必然促成"获得自由的、本身自为地构成的工业和获得自由的资本"①。"一切财富都成了工业的财富,成了劳动的财富,而工业是完成了的劳动,正像工厂制度是工业的即劳动的发达的本质,而工业资本是私有财产的完成了的客观形式一样。——我们看到,只有这时私有财产才能完成它对人的统治,并以最普遍的形式成为世界历史性的力量。"②

我们看到,马克思在科学地理解私有财产的主体本质、理解劳动的同时,也着意去揭示资本——具有客体属性的私有财产的主体意蕴。他认为,财富的本质就在于财富的主体存在,它的客观内容仅具有形式上的意义。"没有资本,地产就是死的、无价值的物质"③,尽管"土地所有者炫耀他的财产的贵族渊源、封建往昔的纪念(怀旧)、他的回忆的诗意、他的耽于幻想的气质、他的政治上的重要性等等",而且颇为自豪地说:"只有农业才是生产的。"④ 然而在历史的进程中他终于发现,最初从农业中被释放出来的奴隶——工业及其运动所孕育的自由资本,已经站在自己的对立面,并且变成了目空一切的、获得自由的、发了财的胜利者,而正是这个胜利者才"发现并促使人的劳动代替死的物而成为财富的源泉"⑤。可见,资本的以往形式——土地和不动产,只见物不见人,无法显现资本的贪婪、老于世故、孜孜不息与精明机敏的魅力,只有动产——人的劳动与物的有机结合,才是符合资本本性的"现代的合法的嫡子"⑥,才是资本家获得的自由的、完成了的资本。

在这里,资本作为私有财产的客观物质形态,它的真正有意义的内容只是工人的劳动。作为劳动者的工人是失去自身特性的抽象的劳动人,劳动对象也失去了一切自然属性和社会特征,劳动本身也被抽象为一般劳动。所以,作为资本的人的活动的对象的生产,就完全失去了它的现实内容,同一个资本在各种极不相同的自然的和社会的存在中达到了同一。这样的私有财产就丧失了自己的自然的和社会的特质、因而也丧失了一切政治的和社会的幻象,就连即使是表面上的与人的关系也消失殆尽了。

---

① 《马克思恩格斯文集》第 1 卷,人民出版社,2009,第 173 页。
② 《马克思恩格斯文集》第 1 卷,人民出版社,2009,第 182 页。
③ 《马克思恩格斯文集》第 1 卷,人民出版社,2009,第 176 页。
④ 《马克思恩格斯全集》第 3 卷,人民出版社,2002,第 285 页。
⑤ 《马克思恩格斯文集》第 1 卷,人民出版社,2009,第 176 页。
⑥ 《马克思恩格斯文集》第 1 卷,人民出版社,2009,第 175 页。

私有财产关系的第三种表现为劳动和资本二者的关系。

无论是作为工人私有财产的失去自身的人之劳动，还是作为资本家私有财产的一般劳动之资本，都是马克思对私有财产的表现所作的理论分析，它们分别从人的活动的生产和人的活动对象的生产两个方面显示出私有财产关系的主体特征和客体属性及其在本质上的主体统一性。而在现实实践中，劳动和资本二者的关系又总是不可分割的。工人与自己的劳动、与产品、与资本家之间的关系和资本家与工人、工人的劳动、工人的产品的关系是二者关系的具体而丰富的展现。从历时态来看，这种关系又经历了统一、对立，又到二者各自同自身对立的过程。

起初，资本和劳动是统一的。劳动作为人的外化活动，也是他作为人的能动的资本，劳动产品是他的人的特性的对象化。随着产品的增多、分工的出现，人的劳动不再完全是他自身的外化活动，他的劳动产品也不再完全是其特性的对象化，而是作为以自然物形式存在的资本归其所有，用来交换以满足其另外的需要。在这样的情况下，人的劳动呈现出异化的状态，劳动产品作为资本和劳动分离开来，但增多的产品给人所带来的更多的资本会增进劳动者的劳动能力、改善劳动条件，扩大劳动对象的范围，从而促进和推动人的劳动的发展；同样，人的劳动的发展又将带来更多更好的劳动产品，促进资本的增加。

二者的对立归因于资本主义生产关系的发展。工人的劳动是被资本家随意支配的，只有当资本家必然或者任意地想到把他的劳动作为资本的时候，资本对于他才存在，资本的存在对工人来说就是他的存在、他的生活，并且这样的资本会以一种对他来说无所谓的方式规定他的生活的内容。在劳动过程中，他的"占有表现为异化，自主活动表现为替他人活动和表现为他人的活动，生命的活跃表现为生命的牺牲，对象的生产表现为对象的丧失，即对象转归异己力量、异己的人所有"①。而对于资本家来讲，工人的劳动作为资本的意义仅在于带来利息，资本进行生产的真正目的不是一笔资本养活多少工人，而是它带来多少利息，鉴于工人的工资是资本和资本家的必要费用之一，而且工资和资本利息之间成反比例关系，因此，资本家通常只有通过降低工人的工资才能增加收益，以至于付给工

---

① 《马克思恩格斯文集》第1卷，人民出版社，2009，第168页。

人的工资与其他任何生产工具的保养和维修，比如为了保持车轮运转而加的润滑油具有完全相同的意义。显然，在工人那里表现为外化、异化的活动的东西，在资本家那里也都表现为外化、异化的状态。不仅工人把资本家看作自己的非存在，资本家也把工人当作自己的非存在，每一方都力图剥夺另一方的存在。资本来购买工人的劳动，工人的劳动成为资本家的财富的活的源泉，成为完成了的资本。

当资本主义生产关系发展到它的顶点和最高阶段的时候，劳动和资本的对立关系也就达到了极端。劳动与资本二者不仅完全敌对起来，而且各自又走向了同自身的对立。资本家的资本，拥有着对劳动及其产品的支配权力，这个权力除了要保证资本自身的完全收回以外，还要保证它的付出获得一定的利息，这其中便包括货币的利息和与利息成比例的利润，追逐最大利润率是资本的使命。由于资本的利润同资本的量成正比，因此，竞争并且将分散的资本积聚在少数资本家手中就成为获得更大的利润率的唯一途径。在这个过程中，较小资本的资本家完全成为牺牲品，甚至会沦为工人阶级。另外，作为资本的要素的劳动，是利润的源泉，资本家必须为此支付费用，而即便是最低限度的支付也会使资本的总收入减少，所以，工资也被资本家看作是资本的牺牲。因此，资本作为私有财产的客观物质形态，其真正有意义的内容——劳动，却被看作对资本本身的损害，资本由此走向了与自身的对立。

工人的劳动，连同工人完全被资本所支配，工人本身成为资本，他的存在完全依赖于劳动、依赖于资本的运用和富人的兴致。在劳动过程中，工人又生产出了和工人、资本家都相互异化的产品，还生产出精神上和肉体上非人化的存在物——不道德的、退化的、愚钝的工人和资本家。劳动这种生命活动、这种生产生活本身对工人说来不再是作为人的需要，而只不过是用来换取工资以维持肉体生存的手段。因此，作为私有财产的主体本质的劳动，在现实生活中失去了它对于真正人的意义而只是与工资相对应，在这个意义上，工人又是商品——能生产其他商品的商品，作为商品的人与真正人的对立同时意味着劳动与自身的对立。

三 私有财产关系发展的社会后果

从马克思关于私有财产关系的三种表现形式的分析可以看出，私有财产关系是资本主义生产方式的必然产物,是异化劳动发展的结果。并且,随着资本主义生产关系的充分发展,私有财产与异化劳动的关系又变成了相互作用的关系:"私有财产一方面是外化劳动的产物,另一方面又是劳动借以外化的手段,是这一外化的实现。"① 正如作为人类理智迷失的结果的神在后来转而成为人类理智迷失的原因一样。特别是当私有财产发展到"最后的、最高的阶段"的时候,这种相互作用的关系更是充分地暴露出来,并导致以下几个方面的结果。

其一是人的对象异化为非人的对象。人是对象性的存在物,因而也是肉体的、有自然力的、有生命的、现实的、感性的、社会的存在物。他的全部的本质力量要通过现实的、感性的对象表现出来。这就等于说,人有作为自己的本质即自己的生命表现的对象;确切地说,人只有凭借人之外的对象、自然界、感觉等现实的、感性的对象才能表现自己的生命。而为了追求自己的对象的本质力量,人又要以自己的激情、热情,通过自己的对象性关系,即通过自己同对象的关系——视觉、听觉、嗅觉、味觉、触觉、思维、直观、感觉、愿望、活动、爱,——来占有对象,从而占有自己的全面的本质。

私有财产关系的发展首先使得工人被剥夺了最必要的对象——不仅是生活的必要对象,而且是劳动的必要对象。自然界、感性的外部世界是工人的劳动得以实现、工人的劳动在其中活动、工人的劳动从中生产出和借以生产出自己的产品的材料。在狭义上,则提供维持工人本身的肉体生存的生活资料。但工人越是通过自己的劳动占有外部世界、感性自然界,这个世界就越不成为他的劳动的对象,也越不给他提供直接意义的生活资料。因此,他首先作为工人,其次作为肉体的主体,才能够生存。工人成了自己对象的奴隶。工人在劳动对象中耗费的力量越多,他亲手创造出来反对自身的、异己的对象世界的力量就越强大,他本身、他的内部世界就越贫乏,归他所有的东西就越少;凡是成为他的劳动产品的东西,就不再是他本身的东西。在这个过程中,他自己越来越没有价值、越来越低贱、越来越畸形、越来越野蛮、越来越无力、越来越愚钝,总之越来越成为自然界的奴隶。

---

① 《马克思恩格斯文集》第1卷,人民出版社,2009,第166页。

与工人不同的是，资本家是依靠对资本权力的运用来表现自己的生命的。毋庸置疑，基于对资本利润的无限贪婪，资本家会无视国家和社会的普遍利益，欺骗和压迫公众。这样，他所创造的利润越高，即他的对象的力量越大，他的非人化的特性——不道德、退化和愚钝越是增长；另外，资本以竞争的方式积聚在大资本家手里，中小资本家会由食利者变为企业家或者陷于破产。其中小资本家很可能破产而成为工人阶级中的一员，从而开始和工人一样的奴隶生活，也开始和工人一样地失去自己作为人的对象；而在竞争中由于掌握大量的资本占尽积累优势的大资本家，则成了消费和生产的"机器"，他的生命就是资本，产品对他来说成了一切，资本越是壮大，他自己作为人的本质力量，越是微不足道！

　　其二是人的劳动转化成异化劳动。私有财产和异化的结果不仅表现在人的对象上，还表现在人的劳动上，劳动的目的与指向、过程与意义以及结果与价值都发生了极大的转化，颠覆了人的劳动的意义。

　　从劳动的目的与指向看，人的劳动是人的内在的、必然的需要，因此，劳动是本能的劳动；是"个人的自我享受""天然禀赋和精神目的的实现"，即个人存在的积极实现，而不仅仅是"是劳动者的直接的生活来源"，作为主体的人是劳动的出发点；异化劳动则是外在的、偶然的需要，因此，劳动是直接谋生的劳动，是为了得到生活资料、为了生存。人之外的物支配人的劳动目的。

　　从劳动的过程与意义看，人的劳动的过程就是生命的过程，劳动属于自己，因此劳动是自愿的，是真正的、活动的财产。劳动又是自由的生命表现，在劳动中的人通过劳动肯定自己的个性和特点，因此充分发挥自己的体力和智力。这样，劳动对人来讲是生活的乐趣，他在劳动中感到幸福、自在、舒畅，是作为社会的、现实的人而存在。如此的劳动是人的能动的类生活，人在劳动中运用人的机能，活动是能动；异化劳动对工人来说是外在的东西，不属于他的本质，因此是被强制的，劳动属于别人。人在劳动中不能表现自己的个性和特点，因此在劳动中否定自己，丧失自我，限制和压抑自己的体力和智力。这样，劳动对人来讲是一种痛苦，他在劳动中感到不幸、不自在、不舒畅，劳动是活动的假象，人在劳动中是单纯的劳动人的抽象存在。如此的劳动使得类生活对人来说成了手段，人在劳动中运用动物的机能，活动是受动，劳动是抽象的、简单的机械运动。

从劳动的结果与价值看，人的劳动产品体现自己的存在同时也体现自己为别人的存在，同时也就是这个别人的存在，而且也是这个别人为自己的存在。因此，人的劳动生产人——他自己和别人，是人的社会性的真正实现。这时，产品是劳动者的本质的对象化，它由于双重地肯定了劳动者自己和另一个人，也就肯定人的类本质。人的一切肉体的和精神的感觉通过劳动产品获得对象性实现，劳动产品是人的价值和人的权力的体现；异化劳动的产品同劳动者自身分离，产品越多，人能够消费的越少，创造价值越多，人自己越没有价值、越低贱，产品越完美，人越畸形，所创造的对象越文明，自己越野蛮。因此，人由劳动人的"充实的无沦为绝对的无，沦为他的社会的从而也是现实的非存在"①。这时，产品与作为人的劳动者自身相对立，也同作为人的他人相对立，是对人的类本质的否定。当作商品生产出来的还有既在精神上又在肉体上非人化的存在物——劳动人，人变成了没有感觉和没有需要的存在物。所以，劳动的结果意味着人的价值的丧失和人的无权。

其三是人的需要幻化出多重矛盾。在私有制条件下，由于劳动的异化、人的对象的异化，使得人的需要也发生异化，呈现出诸多虚幻的矛盾：

首先是别人的需要与自己的需要的矛盾。作为对象性存在物，人的本质力量要通过人的对象化活动及其产品展现出来，这是他作为人本身的需要。因此，新的活动方式、新的产品就必然是他的由本质力量产生的新的需要。在私有制下，工人的劳动过程成为最抽象的机械运动，同时被剥夺了必要的生活对象和劳动对象，因此，除了维持最必要、最悲惨的肉体生活以外，工人无论在活动方面还是在享受方面就再也没有别的需要了。资本家也不例外，在他把工人的需要归结为维持最必需的、最可怜的肉体生活的时候，他同时也用禁欲主义圈牢了自己，自我克制成为他的基本教条："你越是少吃，少喝，少买书，少去剧院，少赴舞会，少上餐馆，少思考，少爱，少谈理论，少唱，少画，少击剑，等等，你积攒的就越多，你的那些既不会被虫蛀也不会被贼偷的财宝，即你的资本，也就会越多"②

---

① 《马克思恩格斯文集》第1卷，人民出版社，2009，第172页。
② 《马克思恩格斯文集》第1卷，人民出版社，2009，第226~227页。

显然，资本家的一切激情和一切活动都湮没在发财欲之中了，对资本利润的无限追逐是资本家仅有的全部的需要。

然而，极力限制工人的需要和克制自己的需要的资本家，却不断地扩大产品的数量，不断地把新的产品当作欺骗人和掠夺人的新的潜在力量，并且指望着别人产生越来越多的需要，期盼着别人由于新的需要、追求一种新的享受而处于一种新的依赖地位，做出新的牺牲，甚至是陷于新的经济破产。这样他才能不断地满足自己对资本利润的无止境的需要。

其次是需要的精致化与粗陋化的矛盾。在生产者为了"去爱的邻人的口袋里诱取黄金鸟"，总是机敏地幻想着怎样去刺激别人的享受能力、甚至是病态的欲望，就像宦官向自己的君主献媚一样，一再地促使人的需要增长的同时，他们还需要使得满足需要的资料精致化，例如奢侈的酒店、考究的生活，以利于他们对利益的最大需求。但与这种精致化形成对照的则是：工人作为人的需要，比如新鲜的空气、明亮的居室、甚至动物的最简单的爱清洁习性等，就不再成其为需要了，他的任何一种感觉不仅不再以人的方式存在，而且不再以非人的方式因而甚至不再以动物的方式存在。人又退回到洞穴中，只吃马铃薯，而且只是破烂马铃薯，最坏的马铃薯，以最粗陋的方式（和工具）去劳动等，这意味着人对需要的牲畜般的野蛮化，同时也是需要的最彻底的、粗糙的、抽象的简单化。一切超出最抽象的需要的东西——无论是被动的享受或能动的表现，都被认为是奢侈的。

具有讽刺意味的是，相对于富人的考究的需要来说，工人的粗陋的需要却是一个大得多的收入来源，"伦敦的地下室住所给房产主带来的收入比宫殿带来的更多，就是说，这种住所对房产主来说是更大的财富，因此，用国民经济学的语言来说，是更大的社会财富。"①

最后，还有对货币的需要与对产品的需要的矛盾。产品作为人所生产的对象，它所包含的是生产产品的人的本质力量，同时，由于它满足了另外一个人的需要而又是这个人本质力量的印证。因此，它是人与人关系的纽带、是人的社会性的载体。但在私有制社会，每个人所创造的产品都是对他自己利己需要的满足，与自己的本质力量相分离，从而对于他人来讲

---

① 《马克思恩格斯文集》第1卷，人民出版社，2009，第229页。

也只是异己的力量，产品的世界就是奴役人的异己的王国，新的产品只是这个王国里新的潜在力量、对人来讲的新的奴役。每一种产品都是人们想用来诱骗他人的本质即他的货币的"诱饵"，人对产品的需要只是相互欺骗和相互掠夺的需要，而不是对产品满足自身某一特性的需要。对于这样的需要的满足，货币较之产品更加方便与实用。因此，归根结底，国民经济学所产生的真正的、唯一的需要是对货币的需要。

对于货币来讲，它是量的存在物，量是它"唯一强有力的属性"。而人的需求程度会随着货币的量的增加而日益增长，所以无度和无节制是货币的真正尺度，也是私有制社会中人的需要的真正尺度。

第五章

财产关系：现代社会的"斯芬克斯之谜"

在《1844年经济学哲学手稿》中，马克思强调私有财产关系是国民经济学一切论述的前提，更是首次通过大量篇幅专门对私有财产关系进行了缜密思考，甄别了私有财产关系的起源、本质、表现形式及其社会后果等问题，这对于他当时的思想建构具有重要的意义。但随着思考的进一步深入，马克思发现，关注和考察财产关系固然是理解现代社会的必要条件，而以什么样的方式来关注才是问题之关键。换言之，解开这一现代社会的"斯芬克斯之谜"，必须对把握和理解财产关系的方法加以讨论。这里特别需要指出的是，马克思并不是在《资本论》及其手稿写作时才进行这样的讨论的，事实上，从一向不被研究者重视的《神圣家族》开始，马克思就借助蒲鲁东当时颇为轰动的著作《什么是财产？》以及青年黑格尔派成员埃德加尔·鲍威尔发表在1844年4月出版的《文学总汇报》第5期上的对此发难的文章《蒲鲁东》，以第三者的立场较为清晰地阐明了解决这一问题的基本点和思路。他的思考表明，蒲鲁东对这一问题的探究有突破，但局限性仍然存在；而以埃德加尔·鲍威尔为代表的思辨哲学由于思维方式的错位对此复杂问题几乎毫无贡献。尽管较之于后来的《资本论》，这种讨论还是初步的、属于起始点上的，但是从中所昭示的马克思政治经济学的研究方向和特征却是不应忽略的。

一 蒲鲁东在财产关系问题上的突破及其局限性

"在论战中鲜明地表达自己肯定的观点"是马克思恩格斯《神圣家族》

理论创作活动的一个重要特征。然而，无论是阐发自己的观点，还是对论敌观点和思想的分析与批判，马克思都首先遵循一个原则，即"对任何科学的最初的批判都必然要拘泥于这个批判所反对的科学本身的种种前提"①。也就是说，关于对象的任何评论必须严格根据对象本身所涉及的议题、内容和前提来进行，这是探究问题、撰写著述的通行规则。蒲鲁东的《什么是财产？》这部著作是根据国民经济学的观点来批判国民经济学的，所以，马克思认为，要想批判蒲鲁东，就要充分了解蒲鲁东在国民经济学批判方面所作过的工作，包括其著作中所涉及的重农学派对重商主义学说的批判、亚当·斯密对重农学派的批判、李嘉图对亚当·斯密的批判以及傅立叶和圣西门的著作等等，这是保证评论的客观、中肯而到位的必要条件，也是探究财产关系必须注意的方法论原则。

从这个原则出发，马克思指出，埃德加尔·鲍威尔的《蒲鲁东》一文脱离了具体的国民经济学议题，也根本没有了解蒲鲁东著作的特点及其理论意义，而是通过"赋予特征的翻译"②和"批判性的评注"③两种手段来责难蒲鲁东，致使这种批判没有进入内部，没有涉及原本丰富的内容、深刻的社会性质和意义，从而曲解了蒲鲁东对财产关系所做的界定和分析，这样也就不能如其所自诩的那样真正使这一问题获得正确的理解和解决，更无法超越蒲鲁东。

原因何在呢？在对蒲鲁东的《什么是财产？》做了认真的研读和数次深入细致的思考④之后，马克思指出，这部书在国民经济学发展史上具有不可忽视的价值。这主要体现在两个方面：

首先，在这部书中，蒲鲁东对私有财产进行了"第一次具有决定意义的、无所顾忌的和科学的"批判的考察，如此的考察"第一次使国民经济学有可能成为真正的科学"⑤。在这个意义上讲，蒲鲁东的《什么是财产？》

---

① 《马克思恩格斯文集》第 1 卷，人民出版社，2009，第 255 页。
② 蒲鲁东的《什么是财产？》是用法文发表的，埃德加尔·鲍威尔则是用德文来表述其观点的，他利用两种文字的差异做了很多带有自己特点的译介，马克思称之为"赋予特征的翻译"。
③ 埃德加尔·鲍威尔在对蒲鲁东《什么是财产？》中的观点进行阐述和解释时往往不完整地叙述清楚就进行否定性评论，马克思称之为"批判性的评注"。
④ 仅在《1844 年经济学哲学手稿》中，马克思就先后 6 次提及蒲鲁东。
⑤ 《马克思恩格斯文集》第 1 卷，人民出版社，2009，第 256 页。

之于现代国民经济学的价值堪与西哀士的《什么是第三等级?》之于现代政治学的价值相媲美。

其次,这部书"不是以限于局部的方式把私有财产的这种或那种形式描述为国民经济关系的扭曲者,而是以总括全局的方式把私有财产本身描述为国民经济关系的扭曲者"①。质言之,就是说它从总体上揭露了财产关系本身的非人性质,从而结束了国民经济学把私有财产关系当作合乎人性的和合理的关系却无法摆脱这种理论假设同作为经济学基本前提的私有财产之间总是相互矛盾的尴尬局面,从而对国民经济学的既有理念和体系进行了一定程度的解构。

蒲鲁东之前的国民经济学家总是把私有财产关系当作合乎人性和理性的关系,然而,无论在现实生活中还是在具体研究中,他们往往都明显地意识到,其学说和观点总是与作为经济学基本前提的私有财产发生着冲突和矛盾。比如,工资作为与消耗在产品上的劳动相称的份额,好像与资本的利润彼此共处于最友好、互惠而合乎人性的关系中,但后来却发现,二者实际上却是最敌对、相反的关系;工资的数额也是一样,乍看起来,它是由自由的工人和自由的资本家自由协商来确定的,但仔细思考就会明白,工人只是被迫同意资本家所规定的工资,而资本家则是"被迫"把工资压到尽可能低的水平,"强制"代替了立约双方的自由,受资本家操控和受资本操控,双方都是不自由的;价值起初是由物品的生产费用和社会效用来确定的,这似乎是合理的,但后来却发现,价值纯粹是偶然确定的,无论与生产费用还是社会效用都没有任何关系;举凡商业和其他经济关系方面的情形,都是如此。

看到这些矛盾,国民经济学家是怎么做的呢?他们揭露矛盾的主要方式是攻击私有财产的某些个别形式和具体表现,而不是针对私有财产的全部、私有财产的本身,他们把这些个别形式和具体表现斥责为本来合理的工资、价值、商业的伪造者和经济秩序的破坏者。比如,亚当·斯密攻击某些资本家,德斯杜特·德·特拉西攻击个别银行家,西蒙·德·西斯蒙第攻击某个工厂制度,李嘉图攻击土地所有制,而几乎所有近代的经济学家都攻击非产业资本家,即仅仅作为消费者来体现私有财产的资本家。

---

① 《马克思恩格斯文集》第 1 卷,人民出版社,2009,第 257 页。

检视这些矛盾以及国民经济学家所选择的错位的思想斗争，马克思认为，症结在于，他们总是按"人"的方式来解释经济理论，而忽略的正是国民经济学的基本前提——私有财产关系的非人性。这与神学家以宗教的超人性为基本前提而又经常按"人"的方式来解释宗教观念的做法如出一辙：就像神学家总在宣扬其宗教观"以人为本"一样，经济学家们也总要格外维护经济关系上的合乎人性的外观；相应地，如同神学家在宗教观念与宗教实践中不免经常陷入窘境，国民经济学家也总是不自觉地在经济理论与经济行为的矛盾中徘徊不已。当国民经济学家企图按照人的方式来解释经济关系时，却总是发现，现实的经济关系在大多数情况下恰恰是同人性有区别的。这种矛盾及由此而形成的困惑始终伴随着他们，使得他们在推进理论的道路上踉跄而行。

蒲鲁东则从一般权利的观点考察了私有财产关系。他认真地审视了经济关系的合乎人性的外观，揭示出了其违反人性的现实，在这两者鲜明的对照中，他祛除了笼罩在国民经济关系上的人性的假象，而确定了国民经济关系的非人性的现实。这样，蒲鲁东就终结了存在于国民经济学家中的矛盾与窘迫的状态，对国民经济学的既有理念和体系进行了一定程度的解构。

当然，马克思并不是一个彻头彻尾的"蒲鲁东派"。他后来在称赞蒲鲁东这部著作"无疑是他最好的著作……如果不是由于内容新颖，至少是由于论述旧东西的那种新的和大胆的风格而起了划时代的作用"的同时，又指出一个似乎与以上分析不一致的判断："在严格科学的政治经济学史中，这本书几乎是不值得一提的。"[①] 这是什么意思呢？这恰是他对在某些方面超越了国民经济学的蒲鲁东所达到的程度的不满。在马克思看来，蒲鲁东只是从一般权利的视角来考察了私有财产，而没有从政治经济学的视角，即把私有财产作为生产关系的总和来进行分析。比如，他还没有像恩格斯发表在《德法年鉴》上的《政治经济学批判大纲》那样，把私有财产的各种形式，如工资、商业、价值、价格、货币等等，看作私有财产的形式，从而通过这些形式的社会表现来批判私有财产，而是用这些国民经济学的前提来反驳国民经济学家，那么，纵然他看到了私有财产本身与国民

---

① 《马克思恩格斯文集》第3卷，人民出版社，2009，第17页。

经济关系的扭曲关系,纵然他揭露了私有财产关系本身的非人性,但终究还未能彻底摆脱国民经济学的藩篱和视界,整体超越国民经济学。

二 思辨哲学在财产关系问题上何以毫无贡献?

转而我们来看埃德加·鲍威尔在这一问题上的思路。

《蒲鲁东》开篇第一句话就是:"我对蒲鲁东的观点的阐述,从评定它的著作《什么是财产?》开始"①。显然,埃德加·鲍威尔是在宣称,他是要说明蒲鲁东《什么是财产?》这部著作的观点及其特征。然而,通篇来看,《蒲鲁东》一文压根没有涉及经济学的问题,更没有理解蒲鲁东的著作及其观点对于国民经济学的意义,即把私有财产的实质问题看作对国民经济学至为关键的问题。因为在他看来,经济学的理论无关紧要,蒲鲁东对国民经济学的批判也不是批判的重点,他所感兴趣的无非是观念而不是现实。那么,蒲鲁东将私有财产这个概念突出出来,作为建构现代国民经济学和法学的瓶颈问题,当然是正中埃德加·鲍威尔的下怀的。事实上,正如前文所指出的,蒲鲁东的贡献是有限度的,他虽然探讨了私有财产的实质,但确实没有能够彻底超越国民经济学而有更新的发现,他所起的作用不过是泄露了思辨哲学所讳莫如深的秘密罢了。诚如埃德加·鲍威尔所说:"蒲鲁东发现了某种绝对者,发现了历史的永恒基础,发现了为人类指引方向的神,它就是公平。"② 在这里,他所指的公平不是公平的现实而仅仅是公平的观念。

马克思认为,蒲鲁东之所以被思辨哲学所利用,或者说为思辨哲学宣扬的观念主宰一切的观点提供便利,是因为身为法国人的蒲鲁东在1840年写作的时候,其思想并没有达到1844年德国思想发展的水准。纵然他和许多法国作家的观点相对立,但由于他们共同的局限而没有达到对国民经济学的实践批判,因此,他们都不约而同地为思辨哲学提供了方便,使后者可以笼统地说明两种截然相反的观点的共同特征。其实,只要严格遵循蒲鲁东自己所提出的观点,即公平通过对自身的否定而得以实现,就足以可以走出历史上的这个"绝对者"的观念;但蒲鲁东本人却没有得出这样彻

---

① Edgar Bauer, *Proudhon*, Allgemeine Literatur-Zeitung (April 1844), H. 5, p. 37.
② Edgar Bauer, *Proudhon*, Allgemeine Literatur-Zeitung (April 1844), H. 5, p. 40.

底的结论,那么,这只能说他终究还是一个"观念论者",应当归咎于他生为法国人却受到德国人影响这种可悲的情形。

这样,以批判神学见长的思辨哲学就把蒲鲁东也视为了神学的对象了,以他相信公平、提出历史上的绝对者为契机,在"宗教观念"上大做文章。埃德加·鲍威尔说:"每一种宗教观念的特点都是把这样一种情况奉为信条:两个对立面中最后总有一个要成为胜利的和唯一真实的。"① 更进一步,埃德加·鲍威尔还离开讨论的对象和话题,把"批判"和"群众"设定成两个对立面,并规定思辨哲学的"批判"要作为唯一的真理战胜"群众"。以这样的标准来检视蒲鲁东,他把公平当作绝对者,奉为历史上的神,这显然与思辨哲学是相违背的,于是,他就犯下了更不公平的过错,因为公平的批判已经非常明确地为自己保留了这个"绝对者"、这个历史上的"神"的地位。

这样,埃德加·鲍威尔对蒲鲁东的批判一方面因缺乏学科根基而没有可靠性,另一方面不过是借对蒲鲁东的著作及其议题而进一步阐发其观念至上论,所以也谈不上对现代财产关系为什么会成为理解现代社会的"斯芬克斯之谜"这个难题有任何实质性的贡献。

为了把这一问题探究得更加清楚从而有利于自己以后正面观点的表达,马克思紧接下来针对埃德加·鲍威尔的一段话做了重点分析。埃德加·鲍威尔断言:"贫困、贫穷的事实使蒲鲁东片面地进行了一些思考;他认为这个事实是同平等和公平相抵触的;这个事实使他有了自己的武器。于是,对于他,这个事实就成了绝对的、合理的,而财产存在的事实则成为不合理的了。"②

蒲鲁东确认了贫困现象在社会中的真实存在,并从公平观念出发来检视贫困的社会现实,他发现,贫困的事实是与公平理念相抵触的,这说明贫困与私有财产就成了互不相融的两种存在。而埃德加·鲍威尔却认为,蒲鲁东的这种理解是不合理的,应该把贫穷和私有财产这两个事实合而为一,这样才能认清二者的内在联系,"使它们成为一个整体,并且根据这个整体本身探询其存在的前提"③。

---

① Edgar Bauer, *Proudhon*, Allgemeine Literatur-Zeitung (April 1844), H. 5, p. 40.
② Edgar Bauer, *Proudhon*, Allgemeine Literatur-Zeitung (April 1844), H. 5, p. 40.
③ Edgar Bauer, *Proudhon*, Allgemeine Literatur-Zeitung (April 1844), H. 5, p. 40.

在马克思看来，埃德加·鲍威尔对蒲鲁东的批判没有抓住要害，从而不能准确地理解蒲鲁东基本思路及其积极意义。他认为，国民经济学的根本缺陷就在于，没有对私有财产这个历史现象做出论证，没有认识到私有财产与人的存在之间的复杂关系，却先入为主地断定私有财产的运动会给人民带来财富，事实上，这不但在理论上存在以诡辩代替逻辑的错误，就后果而言，还是替私有财产做辩护。蒲鲁东的积极意义正在于，他率先从充满矛盾的私有财产本质表现得最触目、最突出、最令人激愤的事实出发，即从贫穷困苦的事实出发，质疑了国民经济学关于私有财产的存在的必然性和合乎人性的前提，最终得出了否定私有财产的结论。

由此来看，埃德加·鲍威尔的批判不足以否定蒲鲁东的理论贡献，相反，倒是暴露了思辨哲学的局限性：不了解、也不顾社会现实存在的财产和贫穷的事实，而是一味地动用自己的想象来反驳蒲鲁东所表明的真实的事情。其实，蒲鲁东强调贫困的事实与公平理念之间的矛盾，只是就理想与现实的差距与割裂而言的，他并没有否认贫穷和财产这两个事实之间存在的内在联系，相反，合理的逻辑在于，正是着眼于这种内在联系的存在，着眼于私有财产与贫困之间的因果联系，他才要求废除私有财产，以便消灭贫困。不仅如此，在这个前提下，蒲鲁东还详尽地描述了资本的运动造成贫困的过程。

与此相映成趣的是埃德加·鲍威尔的做法。他将贫穷和富有看成一个整体，目的不是去探讨贫困与财产关系之间的关系，不是去挖掘贫困的社会根源，却是"向这个整体本身探询其存在的前提"。换言之，贫困与私有财产的一体性，并不是埃德加·鲍威尔发现的，因为思辨哲学从来不屑于做这类琐碎的事情；而是他预先"设定"的，因为从臆想出发回到臆想本身，是思辨哲学一贯擅长的思路，它先设定了这个"整体本身"，而这种设定本身就是这个整体存在的前提。所谓的"探寻"只不过是思维的又一个自我循环和游戏罢了。

所以，与其说埃德加·鲍威尔是在用思辨的方法将贫困和财产两个事实合并为一个"整体"来探寻其存在的前提，倒不如说，他就是用真正神学的方式在这个"整体"之外寻求其存在的前提。也就是说，埃德加·鲍威尔思考和讨论的对象已经不是蒲鲁东所指的贫困和私有财产，也不是它们二者产生的原因，而是他自己作为思辨哲学家所创设出来的另一个完全不同的对象。更确切地说，他的思辨活动是在他自称正在研究的那个对象之外的。如果说蒲鲁东是基于现实当中贫困与私有财产的对立来探讨问题的话，那么，思辨哲学则把这种对立转化成了基于事实的批判和纯粹思辨的批判两个方面的对立。现实当中的对立在埃德加尔·鲍威尔的批判中悄然隐退，取而代之的只有两种思维的对立。思辨哲学作为认识凌驾于对立的两个极端之上，实际上除了创设"整体本身"，然后又去消灭这个所谓的整体之外，它再不可能有所作为了。

马克思还从思维方式上深刻地揭示了思辨哲学企图通过思辨来解决现实问题的根本特征。

埃德加尔·鲍威尔对蒲鲁东的著述的解读自然是以青年黑格尔派的观点为依据的，在指认蒲鲁东此书是其本人自我意识的体现的前提下，他把贫困和富有看成是一个整体——绝对观念的体现，并宣告其是历史的唯一创造因素，历史上的各种对立从绝对观念里产生，消灭这些对立的行动也从绝对观念里产生。除了思辨哲学，任何对有产和无产的实证分析都是对它们的亵渎。如此一来，有产和无产就被当作了批判的思辨的两个对立面而受到了形而上学式的尊崇。只有思辨哲学的手才能触动它们而又不犯亵渎圣物的过错。资本家和工人甚至都不应该过问他们自己的相互关系。

埃德加尔·鲍威尔认为，蒲鲁东因强调贫困的事实更胜于私有财产，所以更加关注的是受压迫的穷人、"无产者"，并且自谓自己必须要为他们而写作。在埃德加尔·鲍威尔看来，以这样一种方式理解世界，蒲鲁东就把人类社会的一个方面（贫困）绝对化了，并且把它变得具有支配性的意义。正因为要与蒲鲁东相区别，埃德加尔·鲍威尔就必须把关于社会的诸多概念视为主导性的，坚持它们的主导地位，从这些概念开始演绎和解释社会。那么，这些概念包括什么呢？在埃德加尔·鲍威尔的理解中，当然只有自由、平等这一类范畴了。他认为，当语言所表达的思想领域被穷尽的时候，语言自然就会死亡。所以，在时下社会中，也就只有自由、平等之类的概念存在了。

埃德加尔·鲍威尔根本没有想到的恰恰是，不是思辨哲学所用的概念而正是他的关于对立面的批判会受到抨击，在他心里，观念是神圣的，没有人敢来亵渎这些圣物，只有是思辨哲学自己才有资格对自己提出异议。具有讽刺意味的是，思辨哲学在德国已近枯竭，因此，思辨哲学用来表述其思想的语言已经死亡，或者说还没有产生。知晓这一点，或许我们就能理解在青年黑格尔派群体中，在分析和透视现实时，为什么赖哈特会提出要花费功夫琢磨一下各国文字的不同表述，而遵循这样的思路法赫尔辨析了英语，而埃德加尔·鲍威尔在《蒲鲁东》中则处理了法语。概言之，他们企图挽救思辨哲学，而挽救的方式仍然是思辨哲学的——无非是想创造一种新的批判的语言罢了。

三 马克思探究财产关系及其相关问题的思路及其意义

在剖析了思辨哲学在财产问题上的症结后，马克思对这个问题发表了自己的见解。他认为，贫困和财产无疑是两种对立的东西，批判把这两种东西合成为一个整体，也未尝不可。问题在于，"整个对立无非是对立的两个方面的运动，整体存在的前提正是包含在这两个方面的本性中"①，因此，应该像蒲鲁东那样去研究形成整体的现实的运动，即资本的运动怎样造成贫困，才是思考和解决财产关系及其相关问题的应有思路。

首先，马克思分析了贫困和财产在矛盾共同体中所处的地位。

在私有制社会，贫困和私有财产是两种现实存在的形态，它们共同构成一个矛盾的整体。那么，在这个矛盾共同体中，它们各自处于什么样的地位呢？

对于私有财产来说，它是"得到自我满足的私有财产"，也就是说，它作为财富，不得不保持自身的存在，同时也必须保持自己的对立面——贫困的存在，这是矛盾的肯定方面。而对于贫困来讲，它作为不合理的现实必然会被消灭，相应地，使贫困成为现实的对立面——财产也会被消灭。这又是矛盾的否定方面。在这个意义上讲，私有财产是矛盾统一体内部的不安定因子，是已被瓦解并且正在瓦解着自身的私有财产。

其次，马克思揭示了无产阶级与有产阶级在矛盾体中的不同作用。

在私有财产的世界里，贫困与财产的对立反映在社会群体上就是无产阶级与有产阶级的对立。那么，有产阶级的存在就必然会有无产阶级的存在，而无产阶级要消灭自身，就不得不消灭有产阶级。

---

① 《马克思恩格斯文集》第1卷，人民出版社，2009，第260页。

不管是作为有产阶级还是无产阶级，就人的本质来说，都是人的自我异化。所不同之处是矛盾双方在这种异化中不一样的境遇以及由不同的境遇所引发的不同的生活感受。有产阶级因为拥有财产，所以感到自己是幸福的、被肯定的，因而它把这种异化看作自身强大的证明，并在这种异化中获得人的存在的外观；而无产阶级则因为一无所有，感到自己是悲惨的、被蔑视的，并在其中看到自己的无力和非人的生存现实。在这样的境遇中，无产阶级必然会产生如黑格尔所说的"在被唾弃的状况下对这种被唾弃的状况的愤慨"①，这是由无产阶级作为人的本性与它所遭遇的被决然否定的生活状况之间的矛盾所决定的。

所以，虽然是一个整体当中互相对立的两个方面，但二者的地位、倾向、生活目标又是完全不同的：有产阶级是保守的方面，无产阶级是破坏的方面；有产阶级意在保持相互对立，无产阶级则倾向于去消灭这种对立。

因此，当私有财产的发展致使无产阶级作为无产阶级，也就是当无产阶级充分意识到自己在精神上和肉体上的再也无法忍受的贫困，当无产阶级意识到自己非人化到不得不自己消灭自己的时候，它便会成为在私有财产运动中唯一的能推动其走向瓦解的力量。可以说，这是无产阶级的历史使命。这个使命是由无产阶级作为雇佣劳动者为别人生产财富、而为自己生产贫困的必然性所决定的，也是由有产阶级因为产生无产阶级而给自己做出的判决。而且，无产阶级和有产阶级作为对立的双方只能是共生共灭的，即在无产阶级完成这个历史使命之后，唯一可能出现的结果是，无产阶级本身以及制约着它的对立面——私有财产都趋于消灭。

最后，马克思还阐明了无产阶级如何在实际斗争中发挥作用。

被剥夺了一切属于人的东西甚至是属于人的东西的外观的无产阶级，其社会生活达到了非人性的顶点。他们唯一拥有的是不可避免的、无法掩饰的、绝对不可摆脱的贫困。极端的贫困生活的逼迫和由此被激起的愤怒，加之在理论上逐渐形成的自觉意识，使得他们会起来去反对这种违反人性的现象，去解放自己。

无产阶级意识到，要想自己解放自己，就必须消灭它自己本身的生活

---

① 《马克思恩格斯文集》第 1 卷，人民出版社，2009，第 261 页。

条件，而无产阶级的生活条件又是由整个现代社会的生活条件所决定的，而私有财产的统治，才是造成现代社会生活的整体的异化、形成无产阶级赖以生存的、达到违反人性顶点的一切生活条件的根源。所以，无产阶级要解放自己，就必须消灭造成现代社会的非人化生活的基础，即私有财产。

消灭私有财产的目标并不是无产阶级暂时提出来的，身为无产阶级而解放自己的行为，以及无产阶级的使命，也并不存在任何形而上学的解释。正是在经受了那种严酷到极点、使人倍受折磨的异化劳动之后，无产者才逐渐意识到自己解放自己的必要性和必然性，也逐渐确立了自己的目标。可以说，无产阶级的目标和它的历史使命"已经在它自己的生活状况和现代资产阶级社会的整个组织中明显地、无可更改地预示出来了"①。马克思特别指出，在当时，英法两国的无产阶级中有很大一部分人已经意识到自己的历史任务，并且不断努力使这种意识更加明确起来。当然，这个目标也绝不是暂时的，只要社会上存在私有财产的统治，就会有无产阶级的存在，无产阶级也就会产生解放自己的需求、目标。它由于是历史地生成的，也必然是长期存在的。

马克思还重新回到蒲鲁东和埃德加尔·鲍威尔的语境，借助蒲鲁东关于贫困与财产矛盾的思考和埃德加尔·鲍威尔对这个问题的批判，明确阐述了他分析这些问题的思路。他认为，贫困与财产的对立不能仅仅归结为一个抽象的整体，"整体"的对立两方面的本性就是其现实性，"整体"的存在首先是贫困与财产这些现实的对立的存在，二者之间的对立是由私有财产世界产生的，这个世界也是现实的世界。从这一点上看，马克思与蒲鲁东有一致性。但他在认同蒲鲁东从现实出发分析问题的做法的同时，又进一步阐述了私有财产运动的客观规律性，指出为事物的本性所决定的私有财产的发展将会产生无产阶级自己解放自己、有产阶级被消灭以及私有财产本身被瓦解的必然性。

可以看出，这里马克思用非人性来刻画私有财产、用人的异化来揭示"整体"中对立两方面——贫困和富有以及无产阶级和有产阶级的生存状况与社会处境，是他在"巴黎手稿"集中论述异化问题后思想上的又一次

---

① 《马克思恩格斯文集》第1卷，人民出版社，2009，第262页。

提升。"巴黎手稿"中的马克思,还是在抽象的概念体系中分析异化劳动和私有财产的关系,这一著述所着重论述的异化劳动也更多地带有抽象的性质。但在《神圣家族》中,异化劳动已经具有了很多的现实的内容。比如,马克思用私有财产统治下的雇佣劳动来解释无产阶级生存条件之恶劣的原因,用理论上的自觉意识和由绝对贫困而引发的对自己生存状况的愤慨二者的结合来揭示无产阶级能够而且必须自己解放自己的现实基础。这样《神圣家族》就成了马克思的异化思想由《1844年经济学哲学手稿》走向《德意志意识形态》以及《资本论》必不可少的中间环节。

我们知道,马克思的政治经济学研究和《资本论》手稿写作的时间长达四十余年。早在《莱茵报》时期的政治评论(1842~1843)、《1843年通信》(1843)、《黑格尔法哲学批判》(1843)、《论犹太人问题》(1843)所思考的国家与市民社会的关系就触及这一问题。从《神圣家族》(1844)、《关于费尔巴哈的提纲》(1845)开始,包括《德意志意识形态》(1845~1846)在内的对唯物史观体系的建构,在新的哲学高度上更深入地阐述过这一问题。而《共产党宣言》(1847)、"伦敦笔记"(1850~1853)和他中年时期撰写的一大批时事评论都论及私有财产的发展和变迁,尤其是从《资本论》及其手稿(包括其中的《1857~1858年草稿》、《政治经济学批判(第一分册)》(1858~1859)、《1861~1863年手稿》、《1863~1867年手稿》(1863~1867)、《资本论》第一卷(1867)、《资本论》第一卷法文版(1872~1875)、《资本论》第二卷(1885)、《资本论》第三卷(1894)、《剩余价值学说史》(1905~1910))对资本过程和逻辑的批判,以及晚年通过俄国社会发展道路问题的文献(1877、1881、1882)、"历史学笔记"(1870年代末~1880年代初)、"人类学笔记"(1879~1882)对东方和古代发展道路的思考,都可以看出,对私有财产的探究贯穿着马克思一生的思考轨迹和理论创作的始终。

第六章
资本社会的形成、逻辑与后果

当马克思开始了"政治经济学转向",并将资本确立为其理论研究的真正"本题"之后,每一步思想进展,无不留下他对资本与人、资本与社会、资本与历史关系的思考,而在这过程中他和恩格斯合著的《共产党宣言》是不容忽视的重要环节。但按照通常的印象和理解,《共产党宣言》是世界上第一个无产阶级政党组织——"共产主义者同盟"的纲领,意在阐明党的宗旨、主张、依靠力量、具体策略、发展状况和奋斗目标。事实上,如果深入到文本的具体内容,就会发现,从1847年11月开始到1848年1月,马克思受"共产主义者同盟"第二次代表大会委托,在恩格斯前两稿的基础上正式起草《宣言》时,不仅有"周详的理论和实践"的基本诉求,而且更在由四个部分构成的正文的第一部分"资产者和无产者"中,用了占全文三分之一多的篇幅梳理资本主义的产生与演变过程,分析和论证资产阶级在人类历史中的革命作用及其历史局限性,进而做出了"资产阶级的灭亡和无产阶级的胜利是同样不可避免的"[①] 的准确判断。这其中都渗透着他对资本及其逻辑的深邃思考,构成了《资本论》写作的"前奏曲"。不辨析二者之间的内在关联,就不能更到位地理解和把握马克思的资本理论及其发展。

一 西欧社会历史的变革与资本的生成

正如恩格斯所说的,在唯物辩证法看来,"不存在任何最终的东西、

---

① 《马克思恩格斯文集》第2卷,人民出版社,2009,第43页。

绝对的东西、神圣的东西；它指出所有一切事物的暂时性；在它面前，除了生成和灭亡的不断过程、无止境地由低级上升到高级的不断过程，什么都不存在。"[1] 换句话说，世界上所有的事物都应该被当作过程来看待，这就是辩证的思维方式。我们看到，在《宣言》中，马克思恩格斯就是将资本诉诸人类历史的演进，把资本主义当作历史发展的过程、环节来看待的。在对西欧社会历史变革的梳理中，他们阐明了资本的生成逻辑。

（一）封建行会与最初的资产阶级分子的产生

公元 10 世纪以后，随着西欧农业生产的迅速发展，农业产品除了满足农民和封建主需要外，还可以提供给从事工商业活动的人。于是，手工业技艺提高，商业活动也活跃起来，手工业者和从乡村逃出来的农奴建立起了大大小小的新城市；封建主也不满足于自己庄园提供的产品，为了获得更多的东方商品和奢侈品，他们在自己的领地上招徕手工业者和商人，建起小的城市；同时，原来在罗马帝国时期已经衰落和被破坏了的旧城市也开始复兴。随着新旧城市的建立和复兴，城市居民逐渐形成。

最初的市民由来自农村的农奴和手工业者以及渐次聚集来的专业商人所构成。来到城市的农奴不仅依然受封建主管辖，并担负赋税和劳役，而且还要面临城市人口的大增所带来的手工业者彼此间的竞争以及他们的产品与农村手工业产品的竞争，商人则需应对由于社会秩序不宁而带来的经商风险。公元 12~13 世纪，这些市民为了巩固在城市中的地位，按照不同行业组织了行会。一个行会包括匠师、帮工、学徒三个等级。学徒经过 3~5 年升为帮工；帮工经过 2~3 年可以升为匠师，独立开业。匠师是作坊主、行东、具有重要权势的行会成员，有自己的作坊和生产工具，他们参加劳动，但对学徒、帮工有程度不同的剥削。

当站在封建行会等级制度顶端的行会会员选举出若干人组成领导机构的时候，这些人便成为行会的上层分子。14 世纪后，市民等级进一步分化。至 15 世纪，西欧城市居民已分化为上中下三层：上层为城市贵族；中层为富裕的行东和商人，即作为现代资产阶级前身的最初的资产者；破产的小行东、帮工、学徒、短工和其他贫民组成居民的下层，即作为现代无

---

[1] 《马克思恩格斯文集》第 4 卷，人民出版社，2009，第 270 页。

产阶级前身的平民。18世纪以后，随着资本主义生产关系的发展，市民逐步分化为资产阶级、无产阶级、小资产阶级和城市贫民。

（二）工场手工业与工业的中间等级的形成

封建行会是以排除竞争为指导原则的。对内是用一切办法来为所有会员提供平等的机会，对外则是为本行业取得垄断地位。因此，行会在建立的初期保护了城市手工业的存在与发展。

15世纪以后，随着封建经济的急速发展，商品交换也广泛起来，商人和资产者对财富的追求、对金银的渴望致使他们把眼光从金银资源有限的西欧转向东方。而多桅快速帆船的出现、中国的罗盘针的使用等技术上的新发现，使得远洋航行成为可能。新航路开辟，把世界各个地区连在一起，拓展了人类的活动空间和范围，打破了以往世界各个地区互相隔绝和孤立发展的局面。"美洲的发现、绕过非洲的航行，给新兴的资产阶级开辟了新天地。东印度和中国的市场、美洲的殖民化、对殖民地的贸易、交换手段和一般商品的增加，使商业、航海业和工业空前高涨，因而使正在崩溃的封建社会内部的革命因素迅速发展。"①

世界市场的形成，通商和贸易范围的扩大，为产品的交换提供了更为广阔的空间，也产生了对产品的极大需求。这就要求劳动生产率的大幅提高，而分工是提高劳动生产率最主要的力量。但在行会制度下，各行会之间的分工是非常少的，行会内部各劳动者之间则根本没有什么分工。因此，封建的或行会的工业经营方式对分工的限制使得这种经营方式已经不能满足世界市场对产品的需求。新的、有利于分工和交换的工业经营方式的产生势在必行。

分工和交往的交互作用，随即引起了各城市间在生产上的新的分工，每一个城市有一个占优势的工业部门。不同城市之间的分工的直接后果又导致超出行会制度范围、摆脱行会束缚的生产部门的建立。除此以外，不同民族之间的普遍交往、人口的集中和资本的不断积累也促进了工场手工业的产生。各个作坊内部的分工出现了，各种行业组织之间的分工消失了，工场手工业的经营方式代替了封建行会的经营方式，工业的中间等级

---

① 《马克思恩格斯文集》第2卷，人民出版社，2009，第32页。

取代了行会匠师。欧洲大西洋沿岸工商业经济繁荣起来，促进了资本主义的产生和发展。

(三) 现代大工业与现代资产阶级的兴起

社会分工是提高劳动生产率、推动社会进步的有力手段和基本方法。劳动者通过分工可以节约生产成本、节省学习专业操作的时间和费用、积累简单劳动的经验。更为重要的，社会分工还能够引起劳动工具的分化、专门化、简化，这是机器出现的工艺的、物质的前提之一。因此，分工引起的劳动工具的变革和机器的发明，必然会加速历史进程。恩格斯把分工、水力特别是蒸汽力的利用，机器装置的应用，称为从19世纪中叶起"工业用来摇撼世界基础的三个伟大的杠杆"[①]。

随着蒸汽机和棉花加工机的发明而开始的英国工业革命，使大机器生产代替了手工劳动，大机器工业代替了手工业，机器工厂代替了手工工场，社会生产力产生了巨大飞跃。由纺织业革新引起的系列变革，促使新兴工业部门兴起。不仅如此，大工业还建立了由美洲的发现所准备好的世界市场。日益扩大的世界市场使商业、航海业和陆路交通得到了巨大的发展，交通的便利，交往范围的扩大又反过来促进了现代大工业的发展。大工业生产的迅猛发展又带动了农业技术革新和资本主义大农业的兴起与发展，同时还大大推动了科学技术与文化的发展。

现代大工业的发展还引起了整个社会的深刻变革。资本在社会中的力量日益增强，庞大的机器工厂、密集的产业工人、革新的工具设备甚至是科学技术水平的提高无一不诉诸资本。因此，资本作为"对他人劳动产品的私有权"[②]，不但直接影响着社会生产力的发展程度，而且决定着社会关系的形成；它本身不仅是社会的经济基础中最为根本的因素，而且主宰着社会的上层建筑的运行。

资本的权力也同样支配着资本家本身，支配着他运用这种权力去获取最高的利润率、最大的利润。为了达到这个目的，资本会采取积累、分散、再积聚的生成方式。一方面，只有当资本分散在许多人手中的时候，才能产生竞争，而资本之间的竞争会扩大各种资本的积累；另一方面，只

[①] 《马克思恩格斯文集》第1卷，人民出版社，2009，第406页。
[②] 《马克思恩格斯文集》第1卷，人民出版社，2009，第129页。

有通过多方面的积累才可能形成许多资本,而多方面的积累必然转化为单方面的积累。大资本会按其量的大小相应地比小资本积累得快。所以,在私有制的统治下,积累就是资本在少数人手中的积聚。这是资本的自然选择。

因此,在工业革命所开启的时代,由于资本权力的推动,工业中产生了百万富翁、一支一支产业大军的首领和现代的资产者,从事手工业的小资产阶级破产了,个体手工业工人被从市场上排挤出去了,"'美好的旧时代'的人数众多的小中间阶级已经被工业摧毁,从他们当中一方面分化出富有的资本家,另一方面分化出贫穷的工人。"① 如果说,"在过去的各个历史时代,我们几乎到处都可以看到社会完全划分为各个不同的等级"②,那么,在资本主义时代,"阶级对立简单化了。整个社会日益分裂为两大敌对的阵营,分裂为两大相互直接对立的阶级:资产阶级和无产阶级。"③

显然,资本的生成、现代资产阶级的产生,是在长期的历史发展过程中生产方式和交换方式的一系列变革的结果。

二 资本逻辑及其塑造的世界

现代资产阶级的产生,意味着作为权力而存在的资本,在资本主义的社会关系中成为主体性的存在。它会按照自己的逻辑展开运动,而资本逻辑是资本主义社会最根本的逻辑。整个社会系统中所有的要素及其相互之间的关系都会在资本这束"普照的光"的照耀下呈现自己独特的色彩。

(一) 资本通过提高生产力加速了人类文明的进程

资本最根本的逻辑就是对利润的无限追逐,这致使它必然要在社会劳动里最大限度地挖掘生产力。"资产阶级在它的不到一百年的阶级统治中所创造的生产力,比过去一切世代创造的全部生产力还要多,还要大。"④通过生产力的革命、生产关系的革命,进而全部社会关系的革命,资本

---

① 《马克思恩格斯文集》第1卷,人民出版社,2009,第406页。
② 《马克思恩格斯文集》第2卷,人民出版社,2009,第31页。
③ 《马克思恩格斯文集》第2卷,人民出版社,2009,第32页。
④ 《马克思恩格斯文集》第2卷,人民出版社,2009,第36页。

"按照自己的面貌为自己创造出一个世界"①,这是一个拥有新的人类文明的世界。

首先,人口的集中带来城市的繁荣。在工业革命以前,工人基本都散居在城市近郊农村,在自己的家里进行生产。本地市场几乎是唯一的市场。现代大工厂的建立,不仅使生产资料聚集在少数人的手里,大工厂生产又把大批的劳动人口集结起来:许多工人在一个建筑物里共同劳动;住得也集中,一个中等规模的工厂附近也会形成一个村镇;为了满足这些工人的种种需求,手工业者、裁缝、鞋匠、面包师、泥瓦匠、木匠都搬到这里来了;面对越来越集中的工人,工作岗位会供不应求,于是,工资就下降,新的厂主会搬到这里来。于是村镇变成小城市,小城市变成大城市。大城市交通便利,因此生产资料的来源和劳动产品的销售渠道通畅;劳动力准备充足,有利于开办新企业;即使是农村工厂由于工资较低而获利较多,但在农村建立的每一个新工厂都包含工厂城市的萌芽。人口的这种集中也完全以同样的方式发生在商业中。总之,大工业对人口集中的强烈诉求促使农民大批地来到城市,脱离了农村生活的愚昧状态。

其次,生产资料的集中使国家摆脱了孤立。工场手工业阶段的生产基本上是地方性的生产,劳动资料取自当地。资本开拓了世界市场,机器大工业所加工的原料好多都可以从极其遥远的地区获得。原材料的丰富和充足,加之生产工具的改进,使得产品价格低廉。当大工业生产的价格低廉的产品被便利的交通工具送往极其遥远的国家和地区去消费、去满足除本国以外的其他一切国家的人们的需要的时候,生产和消费都成为世界性的了。不仅如此,物质方面的普遍交往必然伴随着精神方面的普遍交往,各民族的精神产品通过世界市场得以传播,成为世界各民族公共的"财产"。"过去那种地方的和民族的自给自足和闭关自守状态,被各民族的各方面的互相往来和各方面的互相依赖所代替了。"② 于是,在资本的推动下,野蛮民族的仇外心理被现实需要的满足消解了,未开化和半开化的国家不得不开始采用资本主义的生产方式,渐渐加入了"文明国家"的行列。

最后,政治的集中推动新型政治形态的发展。资本主义私有制关系代

---

① 《马克思恩格斯文集》第 2 卷,人民出版社,2009,第 36 页。
② 《马克思恩格斯文集》第 2 卷,人民出版社,2009,第 35 页。

替了封建的所有制关系，不仅破除了束缚生产的桎梏，极大地发展了生产力。而且人口的集中、生产资料的集中、财产的集中，必然会产生政治的集中。"各自独立的、几乎只有同盟关系的、各有不同利益、不同法律、不同政府、不同关税的各个地区，现在已经结合为一个拥有统一的政府、统一的法律、统一的民族阶级利益和统一的关税的统一的民族。"① 资产阶级在经历了封建主体制下的被压迫等级、法国公社里的自治团体和意大利与德国的城市共和国以及法国君主专制下的第三等级、工场手工业时期专制君主国中同贵族抗衡的阶级的发展历程之后，随着大工业和世界市场的建立，凭借着资本的权力，成为现代代议制国家里独立的统治力量，打着自由竞争的名号，建立了以交换价值为基础的所有权、自由和平等的"三位一体"的政治文明。

（二）资本依照利益交往原则刷新了人与人之间的关系

"人的本质是人的真正的社会联系。"② 工业革命前的工人散居在城市边缘的农村，在自己的家里做工，有限的产品委托给流动的代理商在本地的市场出售。人与人之间的关系除了天然的宗法关系——听命乡绅，服从父母，敬畏上帝以外，就是基于自己小小私利的相互间既无竞争又无欺骗的其乐融融的"伙伴"关系。

资本主义创造了人类历史上生产力急速发展的奇迹。同时，资本也无情地斩断了束缚人们的封建羁绊，刷新了社会关系。"它使人和人之间除了赤裸裸的利害关系，除了冷酷无情的'现金交易'，就再也没有任何别的联系了。"③ 这表现在：其一，交往中介的货币化。在人的世界里，人与人之间交往的中介应该体现人的特征，交换应该是相同特质之间的交换。比如，只能用爱来交换爱，只能用信任来交换信任。但在资本的世界里，利己主义成了交换价值的准绳，货币成了人与他人之间的唯一的牵线人和中介。其二，交往本质的异化。交往中介的货币化，直接导致交往本质的异化。在人的世界里，交往这一人的实践活动是以人的本质力量为依托的。比如，如果你想得到艺术的享受，那你就必须是一个有艺术修养的

---

① 《马克思恩格斯文集》第 2 卷，人民出版社，2009，第 36 页。
② 〔德〕马克思：《1844 年经济学哲学手稿》，人民出版社，2000，第 170 页。
③ 《马克思恩格斯文集》第 2 卷，人民出版社，2009，第 34 页。

人。而当货币作为普遍牵线人成为交往的不二中介的时候，人的尊严就转化为交换价值，交往活动就不再依托人的本质力量来进行，人的所有特性和任何对象都可以和其他任何即使与它相矛盾的特性和对象相交换。这种交往活动甚至赋予个性以与它们的特性相矛盾的特性，使一切人的和自然的特性变成它们的对立物。总之，通过这种交往活动，不是确证了人的本质力量，而是消解了人的本质。

在这个不以人的关系为特质的世界里，职业对于人的意义也被消解了。人作为自然存在物，因其具备特殊的天赋和能力而选择其所从事的职业——医生、律师、教士、诗人或者学者等，故每一个人的职业应该是其本质力量的独特的表现方式。但在资本世界里，从事不同职业的劳动者都被归结为雇佣劳动者，每个人都在"出租自己的劳动"，"佣人——工钱；工人——工资；职员——薪金或报酬。"[①] 向来受人尊崇和令人敬畏的职业的神圣光环，在货币背景下都黯然失色了。在以血缘为联系的本来温情脉脉的家庭成员之间，由于各自的利己主义打算，也呈现出冷冰冰、相互利用的关系。

（三）资本引起的急速变革激发了人的主体性

存在于人身上的天赋、才能和欲望是人在自然存在物意义上的能动性。然而，作为人的对象世界而存在的自然界，其直接呈现出来的自然对象并不是直接同人的存在相适合的。人必须在实践中变革人与自然关系，让自然界在现实上成为人的实践活动的对象。这是人的自为性，是人超出自然存在物，成为人的自然存在物的特性，是人在人的自然存在物意义上的能动性，是自为性的能动性，是真正的人的能动性——人的主体性。

在封建的所有制关系下，农奴与封建主是人身依附关系。农奴承担各种各样的税收，并且不能自由离开所耕种的土地。封建主掌握着武器和法庭，用暴力保证其经济剥削。在这样的情况下，虽然农奴在封建主压迫下竭力劳作，但其活动是完全被动的，谈不上目的性、创造性。所以，农奴在劳动中表现出来的是极端的怠惰——劳动者的低能与消极、劳动资料完全依赖于自然界的馈赠、劳动工具鲜有改进。

---

① 转引自《马克思恩格斯文集》第 1 卷，人民出版社，2009，第 127 页。这是经济学家贝魁尔《社会经济和政治经济的新理论》中的论点。

资本社会为人的实践活动、人的主体性的发挥提供了平台。资本以自由竞争为基础，因此，"生产的不断变革，一切社会状况不停的动荡，永远的不安定和变动，这就是资产阶级时代不同于过去一切时代的地方"①。身处这样一个急速变革的社会，人们不得不使尽浑身解数不断适应新的生活状况、建立新的社会关系，并确立与新的关系相适应的观念和见解。在社会物质生产活动和精神生产活动中，人的主体性被激发出来了。

这首先表现为人的对象世界的不断拓展与丰富。一方面，资本开疆破土，人们也在越来越大范围的对象世界里进行自己的生产实践。另一方面，资本唤起了科学的一切力量，机车、铁路、电报、自动走锭精纺机等，推进了劳动工具和方法的极大改进。昭示着人类对自然力的征服，人们开始驾驭自然力，在越来越丰富的自然界实现人的意志。

对象世界的丰富和发展与人的主体性的发展是同一件事情的两个方面。在人们改造自然、创造属于自己的自然物质对象的同时，人的本质力量也大大地增强了。埃及金字塔、罗马水道和哥特式教堂是人类在物质层面所取得的成就，而资本社会中人的主体性的不断生成和极大提高，则是人类在人性层面所取得的成就。这是人的自然史的伟大成就，是人性的进步与奇迹。如果说公元4世纪上半叶到5世纪日耳曼部落中的西哥特人进行大规模的民族迁徙对摧毁罗马帝国的奴隶制度和推动西欧封建制度的产生起了重要的作用，11~13世纪的"十字军"前后共八次对别国的征讨在一定程度上促进了东西方经济文化的交流，那么，资本在人的活动方面所取得的成就，其对人的内在力量的肯定、对人的主体性的推动和促进作用，则是人的世界的革命，是人的发展意义上的远征。

把人类的发展史既看作是人的物质生产发展的历史，又是人的本质形成与发展的历史，这是马克思哲学方法论的体现。正如他在对黑格尔的辩证法和整个哲学进行批判时明确提出的，他的哲学"既不同于唯心主义，也不同于唯物主义"，而是同时"把这二者结合起来"，是"彻底的自然主义或人道主义"②。在这里我们又一次看到，这种独特的唯物主义哲学是他既区别于一般的唯物主义又区别于人本主义的看待事物和处理问题的思维方式。

---

① 《马克思恩格斯文集》第2卷，人民出版社，2009，第34页。
② 《马克思恩格斯文集》第1卷，人民出版社，2009，第209页。

三 "资本"童话的幻灭

人类社会的历史演进是一个否定之否定的过程。资本主义私有制对封建所有制的否定，加速了人类文明的进程，又使得人与人之间的关系发生了变化，激发并提升了人的主体性和能力。但与此同时，资本主义私有制所表现出的对抗性质，在它的发展过程当中，就孕育着它的对立面。马克思指出，"自我异化的扬弃同自我异化走的是同一条道路"[1]，"几十年来的工业和商业的历史，只不过是现代生产力反抗现代生产关系、反抗作为资产阶级及其统治的存在条件的所有制关系的历史。"[2] 当资产阶级的生产关系和交换关系发展到严重束缚日益强大起来的生产力和发达的工商业的时候，当资本逻辑显现出它太过狭窄的视野和不加限制的利益诉求，因而容纳不了它本身所造成的财富的时候，私有财产的普遍本质决定的周期性的商业危机就导致整个资本主义社会爆发"社会瘟疫"。这个疫情是资本不可控的，"资产阶级用来推翻封建制度的武器，现在却对准资产阶级自己了。"[3]"资本"的童话幻灭剧开幕了。

现代无产者的出场。现代无产者是在资本逻辑的推动下产生的。至今有文字记载的全部历史都充斥着阶级和被压迫阶级的对立。然而，在资产阶级作为统治阶级的社会里，由于资本和劳动的分离，现代的工人甚至不能像曾经在农奴制度下挣扎的农奴和在封建专制制度的束缚下的小资产者一样，能够勉强维持他们奴隶般的生存条件。现代的工人是一无所有的劳动者。因此，他赖以生存的条件便是找到工作从而得到工资来维持生存；而要想有工资来源，前提是他必须有幸能被资本家需要，即他们的劳动能够增殖资本。这一切又取决于整个社会生产的需求状况。简言之，在资本社会，工人就是一种商品，会受到竞争的一切变化、市场的一切波动的影响。因此，现代的工人并不能够"随着工业的进步而上升，而是越来越降到本阶级的生存条件以下。工人变成赤贫者，贫困比人口和财富增长得还

---

[1] 《马克思恩格斯文集》第1卷，人民出版社，2009，第182页。
[2] 《马克思恩格斯文集》第2卷，人民出版社，2009，第37页。
[3] 《马克思恩格斯文集》第2卷，人民出版社，2009，第37页。

要快。"① 现代的工人即是无产者。

无产者处在非人化的现实境遇当中：其一，劳动的异己性。劳动应该是人的生命活动，而生产生活是产生生命的生活。然而，当劳动力成为商品的时候，劳动对人来说就变成了维持肉体生存的需要的一种手段。工人只有作为工人才能维持自己作为肉体的主体，才能够生存。他的劳动是强制劳动，因此是非人的活动。他在自己的劳动中不是肯定自己，而是否定自己。这种劳动不是他自己的自主活动，而是他自身的丧失。其二，工资额的极端减少。工人在强制劳动中获得的仅是最低的和唯一必要的工资额，几乎只限于维持工人生活和延续工人后代所必需的生活资料。资产者彼此间日益加剧的竞争以及由此引起的商业危机，使工人的工资越来越不稳定。而且，由于资本无节制地追逐相对剩余价值和绝对剩余价值，工人在创造越多的资本增值的时候，工资也就越减少。其三，自由的丧失。"一个种的整体特性、种的类特性就在于生命活动的性质，而自由的有意识的活动恰恰就是人的类特性。"② 为了提高劳动生产率，资本家把生产费用的大部分用来推广机器和实行越来越细化的分工，工人则成了机器的单纯的附属品，智力和体力都得不到自由的发挥，只能做极其简单单调的工作。工人成了劳动的奴隶、机器的奴隶。加之，大工业使得工人挤在工业资本家的大工厂里劳动，按照严格的流程被组织起来，每日每时都受各个经营工厂的资产者本人的奴役、受监工的奴役和监视。工人失去了作为人的自由，在劳动中不是自由地发挥自己的体力和智力，而是使自己的肉体受折磨、精神遭摧残。

无产者作为阶级登上历史舞台。18 世纪后半期，资本和财富的迅速增长，推动了整个市民社会的变革，为无产阶级的产生准备了条件。

处在劳动的异化状态、拿着最低限额的工资、失去作为人的身心自由的现实境遇当中的工人，失去一切财产，失去了劳动力以外的任何获得计生的保障，已经沦为了"现实的无"。他们把劳动力出卖给资本家，就意味着他们形式上是劳动者，而实质上只是作为现代化大生产的劳动工具而存在。工业越发达，他们作为辅助劳动工具的特征越为明显。这些人不仅

---

① 《马克思恩格斯文集》第 2 卷，人民出版社，2009，第 43 页。
② 《马克思恩格斯文集》第 1 卷，人民出版社，2009，第 162 页。

要受到工厂主公开的、无耻的、直接的、露骨的剥削,而当他们领到了用现钱支付的工资的时候,资产阶级中的另一部分人——房东、小店主、当铺老板等等又都会对他们进行进一步的压榨。无产者整个的生活越来越没有保障。

除了现代工人,还会有更多的人不断加入无产者的队伍。由于资本的利润同资本的量成正比,大资本比小资本积累得快,因此会造成资本单方面的积累。单方面的积累又导致资本家之间的激烈的日益扩大的竞争。在激烈竞争中,较之于小资本,大资本中流动资本与固定资本的比例会更大,而且流动资本的总额也比小资本大得多,从而获得更多的利润。同时,大资本还会对劳动工具采用某种组织方法,从而使固定资本发生相应的积聚和简化,再使利润增加。这必然导致中小资本的持有者——小工业家、小商人和小食利者——因为他们的小资本不足以经营大工业,经不起较大的资本家的竞争而沦为无产者。而大资本不断改进的工业生产方法又把那些原来凭自己的手艺过活的手工业者和农民逼进了无产者的队伍。而在不断被补充的现代无产者队伍中,由于具体劳动之间差别越来越小,工资也到处都降到同样低的水平,这使得无产者队伍内部的利益、生活状况也越来越趋于一致。

不断扩大的无产者队伍、异化的劳动、越来越趋同的悲惨生活状况,不断地消解着无产者作为人的意义:大工业对手的操作所要求的技巧和气力越少,工人作为人的能力的多样性与个性已经没有意义;作为个体特征的性别和年龄,在社会化大生产面前也不值一提,甚至女工和童工由于工资较低更受资本家的青睐;由于没有财产,他们和妻子儿女的关系再不是正常大家庭成员间的关系;现代的工业劳动、资本压迫,在任何国家都没有差别,这使无产者失去了任何民族性;隐藏在法律、道德、宗教背后的也全都是资产者的利益。

可见,资本推动下的大工业的发展,产生了以"现实的无"为标志的无产者群体。随着这个群体人数的增加和力量的日益增长,以及对这种力量的意识的产生,单个工人和单个资产者之间的冲突越来越具有两个阶级的冲突的性质。社会的一切差别均化为无产者和资本家的对立,无产阶级第一次真正成为居民中的一个固定的阶级。

无产阶级的产生意味着工人作为人的历史的开启。"像法国的政治一样，英国的工业和整个市民社会运动把最后的一些还对人类共同利益漠不关心的阶级卷入了历史的旋涡。"①

无产阶级斗争形式的演化。无产阶级反对资产阶级的斗争是和它的存在同时开始的。在斗争中，无论是斗争主体还是斗争的方式都发生了变化，因而斗争的成果也发生了变化。

斗争主体从个人、群体到集体的变化。最初，无产阶级斗争的主体是单个的工人。然后是某一工厂的某些工人，或者是某一地方的某一劳动部门的工人，斗争的对象则是直接剥削他们的单个资产者。随着斗争的进行，工人们自发地形成越来越扩大的阶级联合。最后，是在政党的指挥下集体进行斗争。

斗争方式从分散到结盟的变化。在无产阶级斗争以分散在全国各地并为竞争所分裂的群众为主体的阶段，工人将阶级矛盾诉诸与他们的生活处境直接相连的物质性实体，采取捣毁机器、烧毁工厂、毁坏那些来竞争的外国商品的办法进行斗争。工人最早的大规模集结则是由于资产阶级政治斗争的需要。资产阶级为了达到自己的政治目的，利用整个无产阶级同他们的敌人做斗争，也就在客观上为无产阶级创造了结盟斗争的机会。而当工人意识到了自己的非人的处境，也意识到只有联合起来才能更有效地争取到自己利益的时候，他们便开始成立反对资产者的"工人联合会"来保卫自己的工资，甚至建立了经常性的团体。进一步地，大工业所造成的日益发达的交通工具又把各地的工人彼此联系起来，使得许多性质相同的地方性的斗争汇合成全国性的斗争，汇合成阶级斗争。而一切阶级斗争都上升为政治斗争。

斗争成果从暂时胜利到实质胜利的变化。单个的工人以单枪匹马的方式直接针对个别资本家的最原始的反抗方式，极易被社会的强大势力所压倒，很难产生效果；为了争取工资而自发地联合起来的工人斗争，有时也得到胜利，但这种胜利只是暂时的。因为在这个阶段上，无产者不是同自己的敌人做斗争，而是同自己的敌人的敌人做斗争，在这种条件下取得的每一个胜利都是资产阶级的胜利。只有当无产者组织成为阶级，建立政党，无产阶级斗争才取得了实质性的胜利。这种组织在不断的斗争实践

---

① 《马克思恩格斯文集》第 1 卷，人民出版社，2009，第 390 页。

中，会变得一次比一次更强大、更坚固、更有力，在政党领导下的无产阶级斗争也才取得越来越丰硕的成果。

总之，无产阶级是大工业本身的产物。"资本"的童话幻灭剧的上演，意味着其本身体现着资本社会内部所有冲突的无产阶级来到了世界历史舞台的中央。当舞台的聚光灯打在无产阶级身上的时候，我们看到了，无产者身上具有的政治斗争的经验、素养是在他们被卷入资产阶级为反对贵族、反对同工业进步有利害冲突的那部分资产阶级、反对一切外国的资产阶级的政治斗争的过程中才获得的。我们看到了，无产阶级阵营的启蒙的、进步的思想观念很多地也来自那些被无奈地抛到无产阶级队伍里的中小资本家。我们也看到了，无产阶级队伍中也加入了资产阶级当中那些顺应历史进步潮流的一部分人，特别是从理论上认识到了整个历史运动规律的资产阶级思想家。经过资本浸润的无产阶级才是现实的无产阶级，是同资产阶级本质上相对立的阶级，因而也是真正革命的阶级。

马克思在《宣言》中对资本、资产阶级进行的批判，对"资产阶级的灭亡和无产阶级的胜利"的预期，均建立在他对私有财产的精深理解上。在他看来，无产阶级和资产阶级的对立，是劳动与资本对立在阶级关系上的表现。在私有财产的统治下，劳动和资本的对立是应该作为矛盾来理解的对立。矛盾双方的发展，只能是以消灭对方为前景。因此，劳动的消灭、资本的消灭，继而劳动和资本对立的消灭，也就是私有财产的消灭。所以，无产和有产的对立也是能动关系上的、内在的、根本的对立，这是私有财产关系的顶点和最高阶段，这个矛盾的进一步的发展则是劳动与资本对立的消除、阶级斗争的消解、私有财产关系的扬弃。在这个意义上，马克思提出了他关于共产主义的构想，那就是：从民族的现实生活出发，即从异化了的人的生命的物质的、感性的表现——私有财产出发，在迄今为止的全部生产的运动的感性展现——私有财产的运动中来理解共产主义，也就是以人的实现或人的现实的角度来理解共产主义。这是他为理解共产主义找到的一条切实的、合理的途径，从而为以后《资本论》中更为细致、深入的探究奠定了原则、方法和基础。

第七章
恩格斯的资本批判及其当代价值*

作为马克思主义的创始人，恩格斯和马克思共同的难能可贵之处在于——正如德国伍珀塔尔恩格斯博物馆的展览解说词所指出的——"一个不属于劳工阶层的人却想方设法要改变劳工阶层的命运"[①]。在对资本社会的剖析、对无产阶级处境的揭示及其未来命运的思考中，两人的意旨、思路和观点基本上是一致的；但由于生活经历、知识背景、性格特点和工作重点等方面的差异，他们之间也表现出某些特殊性。可以说，他们以互补的方式共同完成了马克思主义的理论建构。

恩格斯在75年的生命历程中，亲身感受资本时代的"疾苦和病症"，悉心清理资本形成的历史过程和现实运动，并通过整理《资本论》手稿完成了对资本逻辑和结构的体系化建构，更借助工人运动有效地探索了超越资本的实践方式。其资本批判包含了以下的内容和特征。

一 亲身感受资本时代的"疾苦和病症"

恩格斯1820年出生于当时尚未统一的德意志最大的公国——普鲁士著名的工业城市巴门（现德国伍珀塔尔市），中学尚未毕业就去父亲在当地的公司见习，后来又被派往不来梅学习做生意，还作为志愿兵在柏林服役、在科隆-巴黎-布鲁塞尔等地短暂停留，而其最重要的经历则是在英国

---

* 本章为课题组成员聂锦芳所撰写，经其同意收入。
① Engels 2020 · Friedrich Engels Sonderausstellung: Ein Gespenst geht um in Europa, https://www.friedrich-engels-haus.de.

曼彻斯特长达20余年的经商活动和生命历程中的最后25年定居伦敦从事著述和工人运动，直至1895年去世。

在上述每一座"生活驿站"，恩格斯都倾注了最大的心力细致地观察社会的具体状况，切身体验和感受时代的"疾苦和病症"。给他印象最深刻的是不同社会阶层之间悬殊的生活境况。以故乡来说，一方面，"下层等级……普遍处于可怕的贫困境地；梅毒和肺部疾病蔓延到难以置信的地步"，工人们"在低矮的房子里劳动，吸进的煤烟和灰尘多于氧气，而且大部分人从6岁起就在这样的环境下生活，这就剥夺了他们的全部精力和生活乐趣。"① 另一方面，包括自己家人在内的资产者却心安理得地过着舒适而富裕的生活。

英国是资本时代的"典型"，在那里有"社会灾难最尖锐、最露骨的表现"。恩格斯"用了21个月的时间，通过亲身观察和亲自交往来直接了解英国的无产阶级，了解他们的愿望、他们的痛苦和欢乐，同时又以必要的可靠材料补充自己的观察"②，进而写成其早期名著《英国工人阶级状况》。这部作品对英国工人阶级的生活状况从"身体、智力和道德"诸方面作了极为细致的描述：在恶劣的环境下生存，"不仅呼吸街上的污浊空气"，还被迫挤在一个狭小的空间，像物品一样"被成打地塞在一间屋子里"；"穿的衣服是坏的、破烂的或不结实的。给他们吃的食物是劣质的、掺假的和难消化的"③。而为了活下去，这些无产者又不得不从事"强制性的劳动"，"在大多数劳动部门，工人的活动都局限在琐碎的纯机械性的操作上，一分钟又一分钟地重复着，年年如此。"④ 在如此恶劣条件下苟且偷生，连最必需的生活资料都不能保障，"他们的衰弱的身体无力抵抗疾病，因而随时都会病倒。所以他们老得快，死得早。"⑤

恩格斯更从精神层面揭示了无产者的境遇。没有一个地方真正实行义务教育，社会上的教育设施与人口数目相比少得可怜，工人阶层中只有少数子弟才勉强有机会上学就读，但即便如此，也只能去质量最差的学校，绝大多数儿童则只能在工厂或家里做工。而对于有工作的人来说，强制劳

---

① 《马克思恩格斯全集》第2卷，人民出版社，2005，第44页。
② 《马克思恩格斯文集》第1卷，人民出版社，2009，第385页。
③ 《马克思恩格斯文集》第1卷，人民出版社，2009，第410~411页。
④ 《马克思恩格斯文集》第1卷，人民出版社，2009，第432页。
⑤ 《马克思恩格斯文集》第1卷，人民出版社，2009，第418页。

动的体验是一种最残酷、最带侮辱性的痛苦。工人愈是感到自己是"人"，就愈痛恨自己的工作，因为他充分感觉到这种工作是被迫的，对他自己说来是没有目的的。这种"生活的毫无保障、挣一天吃一天"①的状态，引发了社会严重的"堕落"现象，对道德所起的破坏作用甚至比贫穷还要厉害得多。一方面，很多人"都或多或少地患着忧郁症，总是愁眉苦脸，郁郁寡欢。"② 另一方面，酗酒、纵欲、暴力，根本谈不上什么个人远见和规划，不懂得为了长远利益而牺牲眼前的享乐；蔑视社会正常秩序，最明显、最极端的表现就是犯罪。

占社会成员绝大多数的穷人如此恶劣的生存环境、可怕的贫困处境以及不堪的精神、道德状况无疑是时代的病症。而更令人忧虑的是，它们与宗教虔诚主义的愚弄、政治专制主义的统治和资本主义生产方式的运行密切关联着，或者说这些社会因素的交叉作用使危机更为深重。关于后者我们在下节详细阐述，这里梳理恩格斯对前两个问题的观察。

在当时的欧洲，传统宗教仍有很大的影响，特别是虔诚主义提供给人们理解世界的方式充满了虚妄、蒙昧和"倒错"。在恩格斯故乡的埃尔伯费尔德地区，"对待工人最坏的"是作为"虔诚派教徒"的工厂主们，他们把2500个学龄儿童中的1200人赶到工厂里做工，这一方面比雇佣成年工人节省一半人力成本，却可以施压同样的劳动强度，进而赚取超额利润，而另一方面对这种"违背天地良心"的残酷做法，他们并没有感到一丝愧疚，相反还"满不在乎"，他们自认为"灵魂不致因为使一个儿童变坏堕落就下地狱，特别是这个灵魂如果每个礼拜日到教堂去上两次，那就更心安理得了。"③ 而那些没有进工厂做工而是"侥幸"上了学的孩子，很多人进入的是教会学校，宗教教育成了他们学习的主要课程。自小头脑里被塞满了各种无法理解的教条和神学上的奥义，激发起他们对其他不同教派的仇恨和对本教狂热的迷信，相反，现代科学知识和理性的道德教育却严重缺乏。

除此而外，专制制度下的等级结构、权力分配及其思想控制更是严重的枷锁，到处是"自以为是的鼠目寸光的人""难以理解的裹足不前的英

---

① 《马克思恩格斯全集》第2卷，人民出版社，1957，第401页。
② 《马克思恩格斯文集》第1卷，人民出版社，2009，第418页。
③ 《马克思恩格斯全集》第2卷，人民出版社，2005，第44~45页。

雄好汉们""开倒车的达官显贵们"。恩格斯将这些人比喻为"笼罩着我们时代曙光的那些乌云"。在这样的社会，真理与伪真理的境遇完全"错位"了，真理可贵，但命运多蹇，比较而言，伪真理却往往更为走运，一种"新东西……如果不属于那种圆通的伪真理就要受到压制"。同时，历史真相被歪曲甚至遭虚构，"企图把整整300年当作闯入禁区的涉险旅行、当作发热病时的梦呓从世界编年史中一笔勾销"，"自查理大帝以来登台亮相的各种思想，500年间不断相互排斥的各种风尚，都企图把自己的消亡了的权利再次强加于现代。中世纪的封建主义和路易十四的专制制度、罗马的教阶制度和上一世纪的虔诚主义，相互争夺消灭自由思想的荣誉！"而这一切"为的是把那些使'朕即国家'这样的制度感到舒适自在的式样强加于我们的时代精神。"① 最新的文学作品中到处充斥着愚昧和无知，同"现代蒙昧主义者的大喊大叫相呼应"②。恩格斯的这些剖析既细致入微，又入木三分。写下这些文字的时候，他还没有与马克思结识，但对照同一时期《莱茵报》上那些振聋发聩的时评，不难看出，他们对时代病症的揭示如出一辙。

"资本"超越封建时代的专制统治方式而成为"塑造"世界最重要的力量，这本来意味着人类文明的进步。然而，它却造就了占人类群体大多数的无产者阶层，使"工人阶级处境悲惨"，"使文明社会越来越分裂"③。恩格斯通过亲身观察并且付诸笔墨，给资本时代画像，写下这样"漂亮的罪孽录"。

必须指出的是，恩格斯的这种体验和理解与其身份、职业是矛盾的。他本身属于资本家阶层，代表着自己企业的利益；但他的人生定位却是"社会主义者"，所以他又要竭力为无产者争取权利。在给德国社会民主党内一位同志的信中，他把这种双重身份带来的分裂的生活方式称为"一个股票经纪人同时也可以是一个社会主义者"现象④，并自我剖析说，自己作为一个工厂的合伙人，属于理应遭到谴责、憎恶、蔑视的经纪人阶层，面对工人的贫困状况应该感到抱歉；但"假如我确信明早能在股票交易所

---

① 《马克思恩格斯全集》第2卷，人民出版社，2005，第106~108页。
② 《马克思恩格斯全集》第2卷，人民出版社，2005，第112页。
③ 《马克思恩格斯文集》第1卷，人民出版社，2009，第368页。
④ 参见《马克思恩格斯全集》第35卷，人民出版社，1971，第445页。

里挣到100万，然后它们能够为我们的党派在欧洲和美洲的工作提供有力的资金支持时，我就毫不犹豫地去交易所。"① 由此看来，赚钱不过是恩格斯为党和人民服务的手段，在最终的立场上，恩格斯是坚定地站在劳工大众一边的。知人论世，他的这种选择真是难能可贵！

二　清理资本制度形成的历史环节和现实效应

资本时代"工人阶级处境悲惨的原因不应当到这些小的弊病中去寻找，而应当到资本主义制度本身中去寻找。"② 很显然，"除了自己的劳动力之外一无所有"的"广大的雇佣工人"的生存状况与作为"全部生产资料和消费资料的所有者"的"一小撮路特希尔德们和万德比尔特们"之间有着不可割裂的内在关联③。在古老的汉萨同盟城市不来梅学习出口贸易和外汇交易等商业知识，尤其是在充满"荣耀和阴暗"的矛盾、当时世界上最大的棉纺织基地曼彻斯特经商的经历，让恩格斯思考了"一个根本问题，当工业化的结构源自一种冷酷无情的资本主义形态时，会发生什么？然后，整个社会又会导致什么后果？"④ 而这只能到资本制度的历史形成和现实运作中去探究答案。

关于资本制度的形成，有的论者从"人性"的角度予以解释，认为是人的"欲望、自我中心和贪婪"扩展为社会行为而导致的结果；有的从统治方式的变迁中进行考察，认为它深受政治人物治理观念的转变和强国发展战略调整的支配和影响。而恩格斯所从事的纺织业生产和商品贸易为他思考这一问题提供了现实样本和新的思路。即资本制度的建立基于现代工业的发展，而工业生产由传统到现代的嬗变有赖于工厂制度的确立和完善，至于工厂制度，则是由生产工具的改进和变革促成的。

恩格斯是世界上最早梳理现代工业发展进程的思想家之一。在多部著述中，他极其详尽地清点了具有指标性意义的机器发明及其对纺织业的重

---

① Engels 2020 · Friedrich Engels Sonderausstellung: Ein Gespenst geht um in Europa, https: // www.friedrich-engels-haus.de.
② 《马克思恩格斯文集》第1卷，人民出版社，2009，第368页。
③ 《马克思恩格斯文集》第1卷，人民出版社，2009，第368页。
④ Engels 2020 · Friedrich Engels Sonderausstellung: Ein Gespenst geht um in Europa, https: // www.friedrich-engels-haus.de.

第三部分　政治经济学的"转向"及深化研究

要影响，以及由此所确立的工厂制度和生产方式的特征。1764 年詹姆斯·哈格里沃斯发明了珍妮纺纱机，靠人力手摇带动锭子纺纱，比旧式纺纱机的能力提高了 8 倍，大大减少了工人的数量，也降低了纱的价格，为工厂制度的建立奠定了基础。1768 年理查·阿克莱发明了翼锭纺纱机，以全新的原理为根据使用机械动力，成为"18 世纪最重要的机械发明"，使工厂制度获得了进一步扩展。1785 年赛米尔·克朗普顿综合珍妮纺纱机和翼锭纺纱机的机械原理发明了走锭精纺机，大约同时理查·阿克莱制造的梳棉机和粗纺机问世，使"工厂制度成为棉纺业中唯一占统治地位的制度"。1787 年卡特赖特发明了机械纺织机，后经过多次改进，1801 年获得实际应用；到 19 世纪初，所有纺织机器都采用了詹姆斯·瓦特于 1764 年发明的蒸汽机作为动力，从而引起了纺织工业的巨大变革①。纺织业领域的这种"范本"所发挥的效应是，机器劳动在英国工业的各主要部门战胜了手工劳动，带来了生产的迅速发展。恩格斯将工厂制度与机器发明和生产发展紧密关联起来考察的思路，为以历史唯物主义方式探究资本起源奠定了科学的理论基础。

生产方式的变革必然极大地影响人的生存境况和命运。工业革命把工具变成了机器，把作坊变成了工厂，从而把中间阶级中的劳动者变成了无产者，使以前的大商人成为工厂主；同时，排挤了人数较少的中间阶级，进而把居民的一切差别转化为无产者与资本家的对立。社会阶层的这种分化、组合和归类促成了整个社会人与人关系的深刻变化，"大资本家和没有任何希望上升到更高的阶级地位的工人代替了以前的师傅和帮工；手工业变成了工厂生产，严格地实行了分工，小的师傅由于没有可能和大企业竞争，被挤到了无产者阶级中去。同时，由于迄今为止的手工业生产被废除，由于小资产阶级被消灭，工人已没有任何可能成为资产者"，这样的结果是，"谁要是生为工人，那他除了一辈子当无产者，就再没有别的前途了。"② 恩格斯描摹的这一情形在施行现代工厂制度的国家成为相当普遍的现象，正如中国人根据汉字"工"的写法而生发出的对阶层固化所导致

---

① 这里的梳理根据恩格斯的《英国状况·十八世纪》和《英国工人阶级状况》综合而成。两篇著述的描述大体一致，只是所指称的走锭精纺机发明的年代不同，一为 1776 年，一为 1785 年，本书从后者。参看《马克思恩格斯文集》第 1 卷，人民出版社，2009，第 98、393 页。
② 《马克思恩格斯文集》第 1 卷，人民出版社，2009，第 403 页。

的穷人悲惨命运的慨叹——"'工'字不出头"！可以说，工厂制度的施行和完善引起不同阶层的分化，进而导致其迥异的人生命运。

最终，资本制度借助工业生产和商品流通建立起来并重新塑造和改变了世界。就工人个体来说，为取得每天一定数目的工资而把自己的劳动力卖给资本家，在几小时工作之后，他就能把这笔工资的价值再生产出来了。但是，他的劳动合同却规定，工人必须再工作好几个小时，才算完成一个工作日。工人用这个附加的几小时劳动生产出来的价值，就是剩余价值。对剩余价值的追求成为资本国家不同企业共同的行为，资本制度由生产向商业、贸易等领域渗透，成为世界最主要的经济方式。它在很大程度上使工业国家的经济关系趋于平衡，以至于恩格斯感到"向德国读者说的和要向美、英两国读者说的几乎没有什么两样了"①。更重要的是，资本制度也在不断地"创新"和自我改变。恩格斯写作并出版《英国工人阶级状况》是在1844~1845年，而到1892年这一著述德文第二版问世时，恩格斯特别注意到，历经近半个世纪资本主义生产方式又获得了新的发展，即越到后来它"越不能采用作为它早期阶段的特征的那些小的哄骗和欺诈手段"，特别是在较为发达的国家或城市，"欧洲商业发展最低阶段的代表所玩弄的那些猥琐的骗人伎俩"、"那些狡猾手段"都"失灵了"②。为此，资本家就不得不做出变通，进行"一系列改良措施"，使"大工业从表面看来也变得讲道德了"③。比如，改善工业化初期那种令人触目惊心的肮脏的环境和恶劣的居住状况，废除实物工资制，实行十小时工作日法案，缓解劳资矛盾和对立，等等。当然，恩格斯更深刻地指出，"所有这些对正义和仁爱的让步，事实上只是一种手段"④，"其所以如此，并不是出于伦理的狂热，而纯粹是为了不白费时间和辛劳。"⑤ "时间就是金钱"——这才是资本制度亘古不变的法则。

以上的梳理表明，恩格斯由对资本时代"疾苦和病症"的感性体味上升到了理性解剖和深入透视的层面。

---

① 《马克思恩格斯文集》第1卷，人民出版社，2009，第365页。
② 《马克思恩格斯文集》第1卷，人民出版社，2009，第366页。
③ 《马克思恩格斯文集》第1卷，人民出版社，2009，第367页。
④ 《马克思恩格斯文集》第1卷，人民出版社，2009，第368页。
⑤ 《马克思恩格斯文集》第1卷，人民出版社，2009，第366页。

三 完成对资本逻辑和结构的体系化建构

资本批判的复杂性在于,不仅要厘清其形成的历史过程和现实机制,更需要从理论上勾画和建构起资本作为一种独特的社会力量"布展"的逻辑和"抽象—具体"体系。这是最为艰难的思想创造。也正因为如此,《资本论》的写作成为马克思毕生最重要的工作。遗憾的是,尽管完成了《资本论》大部分初稿,并于1867年出版了第一卷,但直到1883年去世,马克思也没有完成第二、三卷的定稿工作,这也就意味着他对资本逻辑和体系结构的揭示并未完整地呈现出来,而这一工作是由恩格斯来完成的。《资本论》第二、三卷分别于1885、1894年正式出版时,作者虽然仍单独署着马克思的名字,但就实际情形看,恩格斯并不只是一个单纯的原始手稿笔迹的辨认者和成型章节的编排者,即解决的"只是技术性的"问题;更公允和客观的说法应该是,他也是这两卷所关涉的思想内容和理论体系的阐释者和建构者。

我们知道,在资本的整个运动中,流通过程与生产过程是统一的,生产过程必须由流通过程来补充和完成。因此,在《资本论》第一卷对生产过程进行阐释后,第二卷紧接着研究的就是资本的流通和剩余价值的实现过程。用恩格斯的话来说,在三卷结构中,第二卷是第一卷"理论逻辑"的继续,也是第三卷内容的"引言"。第二卷所讨论的资本的形态变化及其循环、资本周转以及社会总资本的再生产和流通,使人们对资本的理解由抽象上升到具体、由宏观进入到微观、由总体深化到细节。而第三卷作为《资本论》理论部分的终篇,则主要揭示和阐明的是资本主义生产总过程的各种具体形式及其相关问题,诸如资本的一般形式向产业资本、商业资本和借贷资本的转化,剩余价值到利润、剩余价值率到利润率、价值到生产价格的变迁,以及商业资本的由来及其特征和货币资本到生息资本的转化,等等。可以设想,如果缺少对第二卷和第三卷所涉及内容的探究,马克思的资本批判既不可能建构起作为"一个艺术整体"的关于资本逻辑及其体系结构的理论大厦,更难以准确地体现和反映19世纪中叶至20世纪初资本社会的变迁并进而给予深刻的透视。

然而,《资本论》第二卷和第三卷如此清晰的思路、翔实的内容和完整的体系框架，在马克思去世时留下的庞大的手稿中根本不是显性存在的，相反，诚如文献专家所感叹的，"恩格斯在编辑马克思的手稿时面临的是多么令人沮丧的任务"①！根据《马克思恩格斯全集（历史考证版）》（Marx-Engels Gesamtausgabe，以下简称 MEGA）第 2 部分"《资本论》及其准备材料"提供的文献，有关第二卷的手稿有 19 份，包括第 4 卷第 1 册中的 1 份手稿、同卷第 3 册中的 6 份手稿（其中 3 份专门属于第二卷的内容，另外 3 份既关涉第二卷也关涉第三卷）、第 11 卷中的 10 份手稿和同卷"学术资料"中刊发的 2 条札记。总之，"留下的文稿很多，多半带有片断性质"，即使其中存在一些经过校订的文稿，大多数也变得陈旧了。有的理论部分作了详细的论述，但是在文字上没有经过推敲，而另一些同样重要的部分则只是作了一些提示。马克思搜集了用作例解的事实材料，但几乎没有分类，更谈不上系统地加工整理了。有些章的结尾，往往只写下几个不连贯的句子，而且阐述得还不完整。至于第三卷，MEGA 第二部分刊出的手稿有 17 份，包括第 4 卷第 2 册中的 1 份手稿、同卷第 3 册中的 10 份手稿（其中 7 份专门属于第三卷的内容，另外 3 份既关涉第二卷也关涉第三卷）、第 14 卷中的 6 份手稿。而在这些庞杂的材料中，只有一个贯通全卷内容的初稿，而且极不完全。马克思只撰写并从文字上推敲过第三卷每一篇的开头部分，但越往下留存下来的文稿就越是带有草稿性质，还有很多离开论题罗列出的在研究过程中冒出来、其最终位置则需要以后安排的枝节问题。很多表述是按照思想形成时的原始状况写作的，并不是从原理上进行的阐发。此外，马克思笔迹的难以辨别是众所周知的，甚至"连作者自己有时也辨认不出的字体"。特别是恩格斯发现，在许多地方，笔迹情形和叙述方式甚至能清楚地显示出马克思当时具体的写作状态，比如由于劳累过度而病情发作乃至加重，使得起先独自进行的工作越来越困难，最后竟至于完全无法正常展开；当然，也会遭遇问题的盘根错节，以及新材料和新情况对既往理解和论证构成的障碍和挑战。

很显然，面对马克思手稿这样的状况，要完成《资本论》的整理和付印工作，使其"既成为一部连贯的、尽可能完整的著作，又成为一部只是

---

① 〔美〕弗雷德·莫斯利：《马克思〈1864—1865 年经济学手稿〉英文版导言》，载孟捷、龚刚主编《政治经济学报》第 11 卷，格致出版社、上海人民出版社，2018，第 5 页。

作者的而不是编者的著作"①，确实不是一件容易的事情。为此，恩格斯披沙炼金，首先将马克思大量的手稿围绕第二、三卷的内容和主题进行归类、编号，接着对所选手稿进行字迹辨认和誊抄，最后进入艰难的编辑程序——MEGA 编辑曾将恩格斯所做的工作总结成 6 大类 19 项，包括："改变原文的编排"（划分章节、调整位置、把插入部分编入正文、把脚注变为正文、修改关于结构计划的表述）；"扩展原文"（内容上的补充、增补新出现的材料）；"删除一些段落"；"处理重复的地方"；"润色原文"（分段、合并段落或增加铺垫语、取消着重号）；"订正"（订正内容、统一概念术语、修辞改动、核准计算数字、复核、补充和翻译引文）②。

当然，最重要的还是对马克思有关思想的理解问题。MEGA 第 2 部分第 12 卷"学术资料卷"提供了"构成比较"（Gliederungsvergleich）、"出处一览"（Provenienverzeichnis）和"出入一览"（Verzeichnis der Texabweichungen）三个对照表，罗列和对比了恩格斯刊印稿与马克思原始手稿之间 5000 余处存在差异的地方。那么，怎么看待这些"改动"和"修改"的性质呢？恩格斯有"曲解"乃至"篡改"马克思原意的地方吗？篇幅所限，这里不能对此详细讨论，仅举两个被认为是"重大的修正"的例子简略说明。《资本论》第三卷马克思原稿的标题是"总过程的各种形态"（Die Gestaltungen des Gesammtprozesses），恩格斯的刊印改为"资本主义生产的总过程"（Gesammtprozess der kapitalistischen Produktion）。按照我的理解，这里之所以加修辞词"资本主义生产的"，一方面是由于马克思的初稿是简略的表述，将其遗漏了，另一方面是恩格斯综合第一卷"资本的生产过程"和第二卷"资本的流通过程"而将这种生产方式定型化为"资本主义的"，这充分体现了第三卷所具有的总结的性质。至于有文献专家认为，"形态"一词是第三卷的关键，恩格斯将其删掉是一种"误导性的改变"③，但鉴于突出"总过程"并不意味着抹杀或无视构成这一过程中的"各种形式"，所以我认为这种指责是有点过分了。还有，第三卷第 15 章

---

① 《马克思恩格斯文集》第 6 卷，人民出版社，2009，第 3 页。
② Karl Marx und Friedlich Engels, *Manuskripte und redaktionelle Texte zum dritten Buch das "Kapitals" 1871 bis 1895*, Marx-Engels Gesamtausgabe II/14, Berlin: Akademik Verlag, 2003, p. 407.
③ 〔美〕弗雷德·莫斯利：《马克思〈1864—1865 年经济学手稿〉英文版导言》，载孟捷、龚刚主编《政治经济学报》第 11 卷，格致出版社、上海人民出版社，2018，第 6 页。

《规律的内部矛盾的展开》中"Ⅰ．概论"最后一句话"如果没有相反的趋势总是在向心力之旁又起离心作用,这个过程很快就会使资本主义生产崩溃。"① 在马克思的原稿中"崩溃"一词用的是 Klappen,恩格斯将其改为 Zusammenbruch 了②。有的论者认为,前者的意义弱于后者,马克思表达的是尚未达到"崩溃"程度的"动摇",而恩格斯的改动使其含义强化了。而实际上,就是"德国人对这个短语的理解也不相同",除了认为二者在强弱程度上有所差异外,也有很多人认为两个短语的意义完全一致③。至于有的论者声称,恩格斯的改动"鼓舞了第二国际中主张'崩溃论'的理论家(如考茨基)"④,我只能说这样的引申和发挥是太过于联想了。但不论怎样,以上事例都不足以支撑将二人的关系由"马克思和恩格斯"修正为"恩格斯对马克思",进而得出"对立论"(dichotomy)的判断。

因此,客观的结论应当是,马克思的资本理论"忠实而准确地呈现在恩格斯编辑的"第二卷和第三卷中,"恩格斯编辑的……应当被看作马克思的"⑤。可以说,《资本论》这部巨著最终由恩格斯整理完成,这是资本批判史上划时代的重大事件!这让人再次想起1867年在该书第一卷最后一个印张校对完毕后,马克思在给恩格斯的信中所说的话:"这本书能够完成,完全要归功于你!没有你为我作的牺牲,我是不可能完成这三卷书的繁重工作的。我满怀感激的心情拥抱你!"⑥

四 探索超越资本的依靠力量和实践方式

恩格斯的资本批判并不是纯粹的理论建构,更需要将其转化为变革资

---

① 《马克思恩格斯文集》第 7 卷,人民出版社,2009,第 275 页。
② Karl Marx, *Das Kapital Kritik der politischhen Ökonomie dritten Band Hamburg* 1894, Marx-Engels Gesamtausgabe Ⅱ/15, Berlin: Akademik Verlag, 2004, p. 243.
③ 徐洋:《马克思〈资本论〉第三卷主要手稿英译本及相关问题》,载孟捷、龚刚主编《政治经济学报》第 11 卷,格致出版社、上海人民出版社,2018,第 50 页。
④ Carl-Erich Vollgraf and Jürgen Jungnickel, *Marx in Marx's Words: On Engels's Edition of the Main Manuscript of Book 3 of Capital*, International Journal of Political Economy, vol. 32, no. 1 2002, p. 62.
⑤ 〔美〕弗雷德·莫斯利:《马克思〈1864—1865 年经济学手稿〉英文版导言》,载孟捷、龚刚主编《政治经济学报》第 11 卷,格致出版社、上海人民出版社,2018,第 40 页。
⑥ 《马克思恩格斯文集》第 5 卷,人民出版社,2009,第 4 页。

本社会的实践。而拯救资本弊端、变革资本社会的方式只能基于"资产阶级社会本身孕育着的新社会因素",特别是依赖无产阶级自我解放和自我超越的社会运动。正如马克思、恩格斯在《共产党宣言》中所指出的,"当人们谈到使整个社会革命化的思想时,他们只是表明了一个事实:在旧社会内部已经形成了新社会的因素,旧思想的瓦解是同旧生活条件的瓦解步调一致的。"①

贫困教人去祈祷,更促人去思考和行动。在恩格斯看来,资本制度下的无产者面临着两者择一的选择:或者屈服于命运,做一个社会期待的"好工人","忠实地"维护资产者的利益,但是如果这样做,他就沦为"牲口"了;或者起来反抗,尽一切力量推翻不合理的社会政治、经济制度,改变自己的命运,而这只有在反抗资产者的斗争中才能做到。

无产者的解放不仅有改变其物质生活和工作待遇、"设法摆脱这种非人的状况"的考量,更意味着在精神层面他们作为"人"的自我意识的觉醒、坚守和奋斗。正是基于此,恩格斯认为,"工人除了为改善自己的整个生活状况而进行反抗,再也没有任何其他表现自己的人的尊严的余地"了,他们把"全部力量、全部活动都倾注于这一方面",即"争取良好的比较合乎人的身份的地位",在反抗命运的过程中"表现自己(作为)人的感情","显示出自己最动人、最高贵、最合乎人性的特点"②。

"人的感情和尊严",这是无产者面对资本制度下的残酷遭际,即便"在工作时间也没有失掉的唯一的感觉和唯一的思想"③。前文曾经指出过,恩格斯晚年观察到,为了缓和劳资矛盾,资本家会把自己的企业冒充为"慈善机关",在剥削、压榨之后,再对无产者施以小恩小惠,既使自己伪善的心灵多少获得一丝安慰,又让无产者得到一定的"好处",进而更好地满足自己无止境的贪欲。但这不过是他们"精明"的盘算——实际上还给被剥削者的只是人家应得的百分之一!具有清醒意识的无产者心里很清楚,"这种善行使施者比受者更加人格扫地;这种善行使得被践踏的人受到更大的欺凌,它要求那些失去人的尊严、受到社会排挤的贱民放弃他最

---

① 《马克思恩格斯选集》第1卷,人民出版社,2012,第420页。
② 《马克思恩格斯文集》第1卷,人民出版社,2009,第448~449页。
③ 《马克思恩格斯全集》第2卷,人民出版社,1957,第463页。

后的一点东西，放弃对人的尊严的要求"①。

我们注意到，马克思主义关于无产阶级解放学说中这种"人性"维度和价值追求被有的论者视为马克思、恩格斯早期思想不成熟的体现，认为在形成历史唯物主义世界观之后这一观点就被抛弃了。其实根本不需要做什么学理辨析，只要列举世界观"转变"以后马克思、恩格斯的几段表述，就不难判断清楚在这一问题上他们的思想是一脉相承的还是也出现了所谓"认识论的断裂"。比如，1847年马克思对此就有更为直白的表述："对不希望把自己当愚民看待的无产阶级说来，勇敢、自尊、自豪感和独立感比面包还要重要。"②而在大半年之后问世的《共产党宣言》中，马克思、恩格斯同样指出："无产阶级，现今社会的最下层，如果不炸毁构成官方社会的整个上层，就不能抬起头来，挺起胸来。"③ 直到1888年，恩格斯仍重申类似的看法："工人阶级对压迫他们的周围环境所进行的叛逆的反抗，他们为恢复自己做人的地位所作的令人震撼的努力，不管是半自觉的或是自觉的，都属于历史，因而也应当在现实主义领域内占有一席之地。"④

但是，有这样的追求和愿望，并不意味着超越资本是一件轻而易举的事，相反，它充满艰难和坎坷。为此，马克思、恩格斯特别重视无产阶级革命实践的方式问题。他们超越一般人道主义和自由主义的深刻之处在于，基于对无产阶级改变自身命运、变革资本社会历史经验的总结，认为这种人性的解放不是生命个体的短期行为，而是一场漫长的社会运动。

恩格斯仍从生产方式着手来进行分析。机器大生产把工人聚集在一个厂房里共同劳动，使他们拥挤在城市里，这种特有的劳动和生活的条件也迅速地推动了工人阶级意识的发展。"工厂制度渗入某个劳动部门越深，这个部门的工人参加运动的也就越多；工人和资本家的对立越尖锐，工人中的无产阶级意识也就越发展"⑤。工人们开始感到自己是一个整体，是一个阶级，他们已经意识到自己分散时是软弱的，但联合在一起就是一种力

---

① 《马克思恩格斯文集》第1卷，人民出版社，2009，第478页。
② 《马克思恩格斯全集》第4卷，人民出版社，1958，第218页。
③ 《马克思恩格斯选集》第1卷，人民出版社，2012，第411~412页。
④ 《马克思恩格斯选集》第4卷，人民出版社，2012，第590页。
⑤ 《马克思恩格斯文集》第1卷，人民出版社，2009，第475页。

量；他们也意识到了自己的受压迫的地位，开始在社会上和政治上发生影响和作用。"他们构成了同一切有产阶级相对立的、有自己的利益和原则、有自己的世界观的独立的阶级，在他们身上蕴蓄着民族的力量和推进民族发展的才能。"①

恩格斯还详尽地追溯了无产者反抗资产阶级的历史过程。这种抗争早在工业发展后不久就已经开始，最早、最原始和最没有效果的形式是犯罪（比如偷窃）。但无产者很快就发觉，这样做根本是无益的。"罪犯只能一个人单枪匹马地以他们的偷窃行为来反对现存的社会制度；社会却能以全部权力来袭击每一个人并以巨大的优势压倒他。"② 而且盗窃是一种最无教养、最不自觉的反抗形式。而工人作为阶级第一次反抗资产阶级是在工业运动初期，即以暴力方式来反对使用机器（捣毁甚至砸碎），后来又发展到破坏厂房和设施。但是这种反抗方式也只是零散的，局限于某个工厂，至多是一个地区，并且仅仅针对现存关系的特定方面。一旦工人达到了眼前的目的，社会权力就以全部力量反制这些变得手无寸铁的"犯罪者"，甚至随心所欲地惩罚他们，最终机器还要再度被使用。因此，工人必须找到一种更新的反抗方式，于是能将他们紧密团结起来、显示和发挥更强大力量的工会出现了。工会起初是秘密的，后来工人也幸运地获得了过去只是贵族和资产阶级才有的自由结社的权利，促成了更大范围的工人联合会的发展。这是工人由散漫无力走向阶级联合的开端，是无产者真正的阶级组织。依靠组织的力量与资产阶级进行持续的斗争，个人得以在斗争中受到训练、培育和成长。工会的发展由同一行业、同一城市发展到跨行业、多个城市乃至一个国家，由选举产生的代表与资本家谈判，谈判破裂就组织罢工。当然，其间充满了一连串的坎坷和失败，只有为数不多的胜利和成功，因为工会的所有努力都不能改变工资决定于劳动市场上的供求关系这一经济规律。这样，无产阶级革命需要更高层次的理论自觉，并探索更为有效的实践方式。

资本是一种集中的社会力量，而无产者只拥有自己的劳动力。因此，劳资之间永远不可能在公平的条件下缔结协定，因为在生活资料和劳动资料的所有权同活的劳动相对抗的社会，是谈不上真正的平等和公正的。从

---

① 《马克思恩格斯文集》第 1 卷，人民出版社，2009，第 475 页。
② 《马克思恩格斯文集》第 1 卷，人民出版社，2009，第 450 页。

更大范围看，世界市场的形成以及随之而来的全球竞争，使资本制度既日趋"成熟"和"稳固"，又蕴含内在的矛盾和普遍性危机，由此导致无产阶级与资产阶级之间的斗争更加复杂而艰难，但也提供了彻底超越资本困境、改变无产者命运的机会和可能。因此，工会的活动应当发展到由无产阶级政党领导的、"把工人阶级的彻底解放作为自己的伟大任务"① 的世界共产主义者的联合。正是基于此，恩格斯指出："共产主义不是一种单纯的工人阶级的党派性学说，而是一种最终目的在于把连同资本家在内的整个社会从现存关系的狭小范围中解放出来的理论。"②

然而，事情的复杂性在于，理论与实践之间、目标与手段之间、总体与局部之间、长远与短期之间并不是直接对应的，而是犬牙交错，充满了矛盾，致使革命之路远不平坦。恩格斯晚年特别注意到，"在抽象的意义上是正确的"理论，如果直接引入实践之中，"在大多数情况下是无益的，甚至是有害的"③。因为无产者的解放不是自身一厢情愿的事情，相反，它有一个强大的反对者。"有产阶级不但自己不感到有任何解放的需要，而且还全力反对工人阶级的自我解放"④。为此，恩格斯特别强调无产阶级阶级自身素质的提高和革命策略的调整。

在剖析德国工人运动的状况时，恩格斯认为，同欧洲其他国家相比，德国工人有两大优越之处。第一，他们属于最有理论修养的民族，保持了德国那些所谓"有教养的人"几乎完全丧失了的理论感。"如果不是先有德国哲学，特别是黑格尔哲学，那么德国科学社会主义，即过去从来没有过的唯一科学的社会主义，就决不可能创立。"⑤ 第二，同"理论上的社会主义"站在圣西门、傅立叶和欧文这三个"最伟大的智士"肩上相类似，"实践的工人运动""是站在英国和法国的运动的肩上发展起来的，它能够直接利用英国和法国的运动用很高的代价换来的经验，而在现在避免它们当时往往无法避免的那些错误。"⑥ 同时，恩格斯要求，无产阶级的革命必须"在其所有三个方面——理论方面、政治方面和实践经济方面（反抗资

---

① 《马克思恩格斯全集》第 16 卷，人民出版社，1964，第 221 页。
② 《马克思恩格斯文集》第 1 卷，人民出版社，2009，第 370 页。
③ 《马克思恩格斯文集》第 1 卷，人民出版社，2009，第 370 页。
④ 《马克思恩格斯文集》第 1 卷，人民出版社，2009，第 370 页。
⑤ 《马克思恩格斯选集》第 3 卷，人民出版社，2012，第 36 页。
⑥ 《马克思恩格斯选集》第 3 卷，人民出版社，2012，第 37 页。

本家）互相配合，互相联系，有计划地推进"①。

鉴于19世纪70年代后资本主义生产方式和各国政治局势的新变化，恩格斯晚年认为不能再用1848年欧洲革命那样的方式来进行社会改造。以英国工人运动为例，就当时的情况看，"只要他们提出要求，并且明白自己要求的是什么，他们在英国就成为一种决定性的力量"，"议会选举向两个官方的政党——保守党和自由党——清楚地表明，今后他们对第三个政党即工人政党不能置之不理了……人们在不久的将来会发现……英国的工人政党将会完善地组织起来，足以很快地结束那两个轮流执政并以这种方式使资产阶级统治永存的旧政党的跷跷板游戏。"② 由于德国的情况与此类似，恩格斯亲自帮助社会民主党制定了新的策略，并呼吁各国工人党重视普选权。在他看来，"世界历史的讽刺把一切都颠倒了过来。我们是'革命者'、'颠覆者'，但是我们用合法手段却比用不合法手段和用颠覆的办法获得的成就多得多。"③ 这是恩格斯1892~1895年间写下的文字，它们表达的是什么意思呢？在他心目中，从"1848年以前到处都起过决定作用的筑垒巷战"到作为"一种崭新的斗争方式""开始发挥作用"的"有成效地利用普选权"④ 到底是一种策略、手段方面的变通，还是如一些论者所声称的，意味着恩格斯晚年"放弃"了对资本主义的批判，甚至"背叛"了无产阶级革命的目标和共产主义理想呢？其实，恩格斯本人对此就有明确的说明。1894年1月，意大利社会党人、改良主义者朱泽培·卡内帕请求恩格斯在即将出版的《新纪元》周刊上题词，"用几句话来概括未来新时代的精神"⑤。恩格斯经过认真思索，为了与"伟大的佛罗伦萨人"——但丁曾用"一些人统治，另一些人受苦难"来表述的旧纪元相对照，特别选择1848年他与马克思合著的《共产党宣言》中的一段话来回复："代替那存在着阶级和阶级对立的资产阶级旧社会的，将是这样一个联合体，在那里，每个人的自由发展是一切人的自由发展的条件。"⑥ 由此看来，这是恩格斯毕生所进行的资本批判和对人的解放之路探索始终如一的目标和方

---

① 《马克思恩格斯选集》第3卷，人民出版社，2012，第37页。
② 《马克思恩格斯文集》第1卷，人民出版社，2009，第379~381页。
③ 《马克思恩格斯选集》第4卷，人民出版社，2012，第396页。
④ 《马克思恩格斯选集》第4卷，人民出版社，2012，第390页。
⑤ 《马克思恩格斯选集》第4卷，人民出版社，2012，第647页。
⑥ 《马克思恩格斯选集》第1卷，人民出版社，2012，第422页。

向，诚如他所说，除了这句话，"我再也找不出合适的了"①！

五 恩格斯资本批判的当代价值

恩格斯晚年对20世纪的发展充满期待。在生命历程最后一年（1895）的1月3日，他"精神饱满地"向老朋友问候新年，并且说："我还有一个希望——看看新的世纪，到1901年元旦我就完全没有一点用处了，也许那时就到了末日。"②

恩格斯去世后，资本主义在20世纪发生了很多变化。比如，在所有制形式上，过去单纯的私人占有出现了社会化趋向。特别是二战后，为了缓解国内外尖锐的矛盾，很多资本主义国家生产资料的国有化比例提高，国有经济获得发展，致使资本制度具有了混合经济的特点。股份制在各经济部门普遍实行，成为资本主义主要的经济组织形式。股权分散，内部职工参股，外部资本社会化，持股法人化。经济运行一定程度上也克服了混乱、无序和彼此隔离的状态，法治化程度加强，既强调经济自由和市场竞争，保障企业和个人作为市场主体的权利，又尽可能谋求个人利益与社会利益的一致。在分配方式上，施行社会保障制度，如最低工资法、利润分享制等，有的国家甚至实施"从摇篮到坟墓"的一系列福利政策，提高中下层收入者的生活水平，缩小贫富差距。

那么，怎么看待资本主义这些"积极"的变化与马克思恩格斯所进行的资本批判之间的关系呢？这是对他们思想的否定或者证明其观点已经过时了吗？在我看来，恰恰相反！在某种意义上，这些状况可以被看作恩格斯当年亲身感受资本时代的"疾苦和病症"、清理资本形成的历史过程和现实运动、全面性揭示资本逻辑和结构以及探索超越资本的实践方式等工作所产生的深远的效应。假如没有他给资本时代恶劣的生存状况、悬殊的贫富差距写下"漂亮的罪孽录"，资本本身"恶"的一面就得不到扼制和矫正，而其"伟大的文明面"也无法得以彰显和呈现；假如没有他对资本历史发展轨迹或运行逻辑的揭示、对资本社会化扩大的趋势的预见，人类

---

① 《马克思恩格斯选集》第4卷，人民出版社，2012，第647页。
② 《马克思恩格斯全集》第39卷，人民出版社，1974，第348页。

的发展就不可能在一定程度上摆脱自发状态,通过行政、法制和道德等多方面的举措对资本进行调控和规范;至于股份制、福利政策等具体"治理"方案,在《资本论》第三卷中有比较准确的预测和分析。因此,20世纪资本主义的变化是对马克思、恩格斯资本批判的证实,而不是什么证伪。

更为重要的是,资本主义的上述发展并没有从根本上动摇和改变其基础和本质,在这方面更彰显出恩格斯当年所进行的资本批判的卓越。从长时间段看,资本积累及其矛盾演进在表面上出现缓解、稳定乃至短暂的"繁荣"的背后,非均衡性发展一直是资本主义无法消除的弊端和特点。不同时期经济的波动性变化使资本的发展始终处于"测不准"的状态;发达国家之间、发达国家与发展中国家之间发展的越来越扩大的差距则是资本空间"布展"最明显的标志。这种情况虽然一方面表明资本主义仍具有适应生产社会化趋势而不断调整自身发展的能力,但另一方面更意味着资本主义经济方式的性质并未根本改变,资本社会的不稳定性始终存在,"繁荣"之后危机总会加深。

还需要关注的是,在对20世纪后期以来资本世界出现的新变化做出概括和界定时,"消费社会"和"数字资本主义"的说法和视角非常流行,几乎成为学界定论。不在少数的论者据此认为,相形之下,马克思恩格斯的资本批判即使有其独特的价值,但也显得更"具有19世纪的特征",现在看来已经是"过去式"了。我认为,要对此作出辨析,同样需要将表面现象与深层本质、技术手段与实际后果进行区分。

的确,随着生产力的发展和资本逻辑的推动,从20世纪70年代起,生产相对过剩,出现了疲软、乏力的状态。为了维持、拉动、刺激生产,消费的意义便大大凸显出来,使资本社会出现了从"以生产为主导的社会"向"以消费为主导的社会"的转化,以往人们关注的是产品的物性特征、物理属性、使用与实用价值,而现在则倾心于商品的符号价值、精神特性与形象价值,不可遏制的消费欲望对社会各阶层的心理结构和生存状态产生了很大的影响,这些都是事实。但问题的实质在于,一方面,生产与消费在现代社会中功能和作用的涨落,并没有彻底消解掉"生产-消费"的结构及其二者的关系,更不意味着历史唯物主义所重视的"生产"因素借此"出局",另一方面,对于消费社会中出现的"物的形式礼拜"、符号象征性的消费以及大众传媒文化的影响等所造成的社会生态平衡的丧失、人的精神的异化等情况，仅仅在"消费"层面上进行现象性的罗列和描述，而不根据马克思主义的社会有机体结构理论，特别是通过恢复"自然—生命—劳动—精神"的"总体性"思维和宏大场域，实际上是透视不清楚的，更不要说实际解决了。所以，那种认为恩格斯的资本批判对于分析"消费社会"是失效的判断，在我看来，是非常肤浅的。

进入21世纪以来，信息网络技术发达起来并且扩展到全球，对整个世界的生产方式、交往关系乃至政治上层建筑都产生了重要影响。诚如丹·希勒所指出的，"在扩张性市场逻辑的影响下，因特网正在带动政治经济向所谓的数字资本主义转变。"① 对此，又该怎样看待呢？一方面，我们承认，这种技术手段的变革是巨大的，以至于一定程度上颠覆了传统的时空观，所谓"高山阻隔""千里迢迢""望洋兴叹"等已经不再有意义，而在互联网上出现时间"穿越""回溯""逆流"都有可能。另一方面，我们又看到，这种信息化、网络化和数字化不仅没有克服资本社会原有的贫富分化，改变资本的本性和实质，反而借助这种方式产生了新的不平等和不公正，这就是"数码鸿沟"（digital divide）。因为数字化极大地提高了资本增殖的机会，加速了掌握信息专业技术与没有信息技术的劳动力之间的分化。少数人和少数国家垄断着互联网的网路、服务器以及主节点，而大多数人和大多数国家只能通过买卖和租赁的方式才能使用它们，要想进入计算机世界，就得付出大量的精力、金钱和时间，"最终，网络强化了已存在于社会关系中的不平等，并把它推向了一个新的高度"。究其实，"数字资本主义"的出现及其后果不过是马克思恩格斯在《德意志意识形态》《共产党宣言》等著述中所概括的资本所带动的"历史向'世界历史'转变"趋势的最新体现，而他们早就预见，在这种转变中，表面上"一体化"发展的结果是更加森严的"等级"。

最后，更为复杂的问题是，如何看待"无产者"内涵的变化，特别是在当代资本社会极端贫困日益减少、生活水准普遍提高的情况下，"无产阶级"是否已经消失？我们注意到，恩格斯在编辑1888年英文版《共产党宣言》时特意在第一部分"资产者和无产者"的标题下加了一个注，将

---

① 〔美〕丹·希勒：《数字资本主义》，杨立平译，江西人民出版社，2001，第15~16页。

无产阶级界定为"没有自己的生产资料,因而不得不靠出卖劳动力来维持生活的现代雇佣工人阶级"①,这种经济方式下,"贫困"是该阶层最明显的生活状态。而从恩格斯一系列著述对无产阶级"贫困化"的分析中,我们还可以看出,这种"贫困"既体现在物质生活方面的民不聊生,也包括"作为人的情感、精神、尊严"的异化和丧失。随着生产社会化和劳动协作的发展,除了从事物质劳动的生产工人,脑力劳动者人数也不断增加,为此,恩格斯又提出"脑力劳动无产阶级""大学生无产者"等概念。1893年12月,在致"国际社会主义者大学生代表大会"的信中,他希望"大学生们意识到,从他们的行列中应该产生出脑力劳动无产阶级,它的使命是在即将来临的革命中同自己从事体力劳动的工人兄弟在一个队伍里肩并肩地发挥重要作用。"② 将"无产者"这些复杂的类型和多重内涵统摄在一起,就是马克思在《资本论》所指称的"总体工人",诚如他所说:"随着劳动过程的协作性质本身的发展,生产劳动和它的承担者即生产工人的概念也就必然扩大。为了从事生产劳动,现在不一定要亲自动手;只要成为总体工人的一个器官,完成他所属的某一种职能就够了。"③ 而从马克思恩格斯有关"无产阶级"的丰富思想出发观照20世纪以降资本主义国家的状况,需要明确的是,物质生活条件的改善乃至无产者权利一定程度的保障,仅仅是一个方面,而以更为隐形的手段和花样翻新的方式对人的尊严的践踏、蔑视等情形依然大量存在,至于"掏空认知力"、使人的心灵"无产阶级化"更成为互联网、数字化时代突出的现象。诚如刚刚去世的贝尔纳·斯蒂格勒所说:"建立在数字踪迹的自主—自动生产之上的、由使用这些踪迹的自动主义所主导的超级工业社会正在经历理论知识的无产阶级化。"④ 无产阶级是与资本社会相伴而生的,并且承担着变革这种社会制度的使命。因此,只要资本仍然是塑造世界的重要力量和方式,无产阶级就不会消失,但革命之路依然艰难而漫长。在此意义上,马克思恩格斯的资本批判依然是不可超越的!

需要说明的是,马克思透析资本的成果集中体现在《资本论》中。因

---

① 《马克思恩格斯选集》第1卷,人民出版社,2012,第400页。
② 《马克思恩格斯选集》第4卷,人民出版社,2012,第301页。
③ 《马克思恩格斯文集》第5卷,人民出版社,2009,第582页。
④ 〔法〕贝尔纳·斯蒂格勒:《南京课程:在人类纪时代阅读马克思和恩格斯》,张福公译,南京大学出版社,2019,第47页。

此，通过对《资本论》的释读，特别是通过辨别恩格斯整理并出版的《资本论》第 2、3 卷与马克思原始文稿之间的异同（迄今学者们的初步共识是有 5000 余处的不同），能够更加客观而细致地了解马克思与恩格斯之间的思想关系。但是，这项工作体量庞大、问题又异常复杂，因此，只好有待日后再将其作为专门的课题单独进行研究。

参考文献

一 马克思恩格斯合作著述

《神圣家族,或对批判的批判所做的批判。驳布鲁诺·鲍威尔及其伙伴》,《马克思恩格斯全集》第 2 卷,人民出版社,1957;《马克思恩格斯文集》第 1 卷,人民出版社,2009;Frankfurt a. M. 1845;Werke Karl Marx/Fridrich Engels, 2, Dietz Verlag, Berlin 1957。

《德意志意识形态》,《马克思恩格斯全集》第 3 卷,人民出版社,1960;《马克思恩格斯文集》第 1 卷,人民出版社,2009;Marx-Engels Gesamtausgabe Ⅰ/5, Akademik Verlag 2007。

《共产党宣言》,《马克思恩格斯文集》第 1 卷,人民出版社,2009。

二 马克思著述

《德谟克利特的自然哲学和伊壁鸠鲁的自然哲学的差别》

《评普鲁士最近的书报检查令》

以上见《马克思恩格斯全集》第 1 卷,人民出版社,1995。

《致阿·卢格信(1843 年 3 月 13 日)》,《马克思恩格斯全集》第 27 卷,人民出版社,1972。

《致阿尔诺德·卢格(1843 年 9 月)》

《致斐迪南·多梅拉·纽文胡斯(1881 年 2 月 22 日)》

以上见《马克思恩格斯文集》第 10 卷,人民出版社,2009。

《黑格尔法哲学批判》,《马克思恩格斯全集》第 3 卷,人民出版社,2002。

《"莱茵观察家"的共产主义》,《马克思恩格斯全集》第 4 卷,人民出版社，1958。

《论犹太人问题》

《〈黑格尔法哲学批判〉导言》

《1844年经济学哲学手稿》

《关于费尔巴哈的提纲》

以上见《马克思恩格斯文集》第1卷，人民出版社，2009。

《詹姆斯·穆勒〈政治经济学原理〉一书摘要》，《1844年经济学哲学手稿》（单行本），人民出版社，2000。

《1857~1858经济学手稿》，《马克思恩格斯全集》第30、31卷，人民出版社，1995、1998。

《〈政治经济学批判〉序言》，《马克思恩格斯文集》第2卷，人民出版社，2009。

《致约·巴·施韦泽信（1865年1月24日）》，《马克思恩格斯文集》第3卷，人民出版社，2009。

《资本论》，《马克思恩格斯文集》第5~7卷，人民出版社，2009。

三　恩格斯著述

《伍珀河谷来信》

《时代的倒退征兆》

《谢林和启示》

《谢林论黑格尔》

《谢林——基督教哲学家，或世俗智慧变为上帝智慧》

以上见《马克思恩格斯全集》第2卷，人民出版社，2005。

《大陆上的运动》，《马克思恩格斯全集》第3卷，人民出版社，2002。

《致马克思信（1845年3月17日）》，《马克思恩格斯全集》第27卷，人民出版社，1972。

《〈英国工人阶级状况〉美国版附录》，《马克思恩格斯全集》第21卷，人民出版社，1965。

《国民经济学批判大纲》

《英国状况》

《英国工人阶级状况》

《共产主义者和卡尔·海因岑》

《共产主义原理》

《德国的革命和反革命》

《〈路易·波拿巴的雾月十八日〉第 3 版序言》

以上见《马克思恩格斯文集》第 2 卷，人民出版社，2009。

《卡·马克思〈资本论〉第一卷书评——为《民主周报》作》

《卡尔·马克思》

《社会主义从空想到科学的发展》

《在马克思墓前的讲话》

以上见《马克思恩格斯文集》第 3 卷，人民出版社，2009。

《家庭、私有制和国家的起源》

《关于共产主义者同盟的历史》

《路德维希·费尔巴哈和德国古典哲学的终结》

《德国的社会主义》

以上见《马克思恩格斯文集》第 4 卷，人民出版社，2009。

《致玛格丽特·哈克奈斯信（1888 年 4 月）》

《卡·马克思〈1848 年至 1850 年的法兰西阶级斗争〉一书导言》

《致朱泽培·卡内帕信（1894 年 1 月 9 日）》（1894 年 1 月 9 日）

《致国际社会主义者大学生代表大会》

以上见《马克思恩格斯选集》第 4 卷，人民出版社，2012。

《致保尔·施土姆普弗信（1895 年 1 月 3 日）》，《马克思恩格斯全集》第 39 卷，人民出版社，1974。

四　列宁著述

《列宁选集》第 1 卷，人民出版社，1995。

《列宁选集》第 2 卷，人民出版社，1995。

《列宁选集》第 3 卷，人民出版社，1995。

《列宁全集》第 24 卷，人民出版社，2017。

五 与本书论题相关的西方重要经典文献

北京大学哲学系外国哲学史教研室编译《西方哲学原著选读》，商务印书馆，1981、1982。

布鲁诺·鲍威尔：《犹太人问题》

布鲁诺·鲍威尔：《评讨论犹太人问题的最新著述（2）》

以上见聂锦芳、李彬彬编《马克思思想发展历程中的犹太人问题》，中国人民大学出版社，2017。

黑格尔：《精神现象学》［句读本］，邓晓芒译，人民出版社，2017。

黑格尔：《哲学史讲演录》，贺麟、王太庆译，商务印书馆，1997。

黑格尔：《哲学全书纲要（1830年版）》，薛华译，北京大学出版社，2010。

《费尔巴哈哲学著作选集》，商务印书馆，1984。

［法］欧仁·苏：《巴黎的秘密》（上册），成钰亭译，云南人民出版社，1981。

［法］蒲鲁东：《贫困的哲学》，余叔通、王雪华译，商务印书馆，2010。

［法］蒲鲁东：《什么是财产》，孙署冰译，商务印书馆，1962。

［英］亚当·斯密：《国民财富的性质和原因的研究》，郭大力、王亚南译，商务印书馆，1972。

［英］罗素：《西方哲学史》下卷，马元德译，商务印书馆，1976。

［苏］卢森贝：《政治经济学史》第3卷，郭从周、北京编译社译，生活·读书·新知三联书店，1960。

［美］罗伯特·E. 勒纳等：《西方文明史》，王觉非等译，中国青年出版社，2003。

［法］傅勒：《马克思与法国大革命》，朱学平译，华东师范大学出版社，2016。

［美］丹·希勒：《数字资本主义》，杨立平译，江西人民出版社，2001。

［英］特里·伊格尔顿：《马克思为什么是对的》，新星出版社，2011。

［法］贝尔纳·斯蒂格勒：《南京课程：在人类纪时代阅读马克思和恩格斯》，南京大学大学出版社，2019。

六 马克思恩格斯著述考证及思想研究文献

（一）

《陶伯特：MEGA 第 1 部分第 2 卷《导言》，《马列主义研究资料》1984 年第 2 辑。

巴加图利亚：《〈关于费尔巴哈的提纲〉和〈德意志意识形态〉》，载《马列主义研究资料》1984 年第 1 辑。

《MEGA 第 4 部分第 2 卷导言》，《马列主义研究资料》1983 年第 4 辑。

尤根·罗扬：《理论的诞生——以 1844 年笔记为例》，《马克思主义与现实》2012 年第 2 期。

〔美〕弗雷德·莫斯利：《马克思〈1864—1865 年经济学手稿〉英文版导言》，载《政治经济学报》第 11 卷，格致出版社、上海人民出版社，2018。

Engels 2020·Friedrich Engels Sonderausstellung: Ein Gespenst geht um in Europa, https://www.friedrich-engels-haus.de.

Karl Marx und Friedlich Engels. Manuskripte und redaktionelle Texte zum dritten Buch das "Kapitals" 1871 bis 1895. (Apparat), im: Marx-Engels Gesamtausgabe II/14, Akademik Verlag 2003.

Carl-Erich Vollgraf and Jürgen Jungnickel, Marx in Marx's Words: On Engels's Edition of the Main Manuscript of Book 3 of Capital', International Journal of Political Economy, 32(1), 2002, 2009.

中央编译局：《恩格斯画传》，华东师范大学出版社，2005。

徐洋：《马克思〈资本论〉第三卷主要手稿英译本及相关问题》，载《政治经济学报》第 11 卷，格致出版社、上海人民出版社，2018。

中央党史和文献研究院信息资料馆：《德国恩格斯故居前负责人埃伯哈特·伊尔纳博士访问中央党史和文献研究院并作报告》，http://www.dswxyjy.org.cn/n1/2019/0830/c427195-31328825.html。

（二）

〔法〕吕贝尔：《吕贝尔马克思学文集》，曾枝盛译，北京师范大学出版社，2009。

〔美〕诺曼·莱文：《辩证法内部对话》，张翼星译，云南人民出版社，1997。

〔美〕戴维·麦克莱伦：《马克思思想导论》，郑一明、陈喜贵译，中国人民大学出版社，2008。

〔美〕特雷尔·卡弗：《马克思与恩格斯：学术思想关系》，姜海波、王贵贤等译，中国人民大学出版社，2008。

Manfred Steger and Terrell Carver (editors), Engels after Marx, Manchester: Manchester University Press, and University Park: Pennsylvania State University Press, 1999.

Norman Levine, The Tragic Deception: Marx contra Engels, Santa Barbara, Califomia: Clio, 1975.

Christopher Arthur (editor), Engels Today: A Centenary Appreciation, Basingstoke: Macmillan, and New York: St Martin's Press, 1996.

Kircz, Joost and Michael Loewy (editor), special issue on "Friedrich Engels: A Critical Centenary Appreciation" Science and Society, 62/1, 1998.

W. O. Henderson, The Life of Friedrich Engels, 2vols, London: Cass, 1976.

W. O. Henderson (editor), Marx and Engels and the English Workers and Other Essays, London: Cass, 1989.

Steven Marcus, Engels, Manchester and the Working Class, NewYork: Random House and London: Weidenfeld and Nicolson, 1974.

Janet Sayers, Mary Evans and Nanneke Redclift (editors), Engels Revisited: New Feminist Essays, London: Tavistock, 1987.

J. D. Hunley, The Life and thought of Friedrich Engels: A Reinterpretation, NewHaven, Connecticut: Yale University Press, 1991.

S. H. Rigby, Engels and the Formation of Marxism: History, Dialectics, and Revolution, Manchester: Manchester University Press, 1992.

（三）

聂锦芳、李彬彬编《马克思思想发展历程中的犹太人问题》，中国人民大学出版社，2017。

聂锦芳:《批判与建构——〈德意志意识形态〉文本学研究》,人民出版社,2012。

杨洪源:《政治经济学的形而上学——〈哲学的贫困〉与〈贫困的哲学〉比较研究》,中国人民大学出版社,2015。

刘秀萍:《马克思"巴黎手稿"再研究》,中国人民大学出版社,2013。

刘秀萍:《思想的剥离与锻造——〈神圣家族〉文本释读》,中国人民大学出版社,2018。

图书在版编目（CIP）数据

同一与差异：从文本出发探究"马克思—恩格斯思想关系"/刘秀萍著.--北京：社会科学文献出版社，2023.11
　ISBN 978-7-5228-2119-1

　Ⅰ.①同… Ⅱ.①刘… Ⅲ.①马恩著作研究 Ⅳ.
①A811

中国国家版本馆 CIP 数据核字（2023）第 130683 号

同一与差异
―― 从文本出发探究"马克思—恩格斯思想关系"

著　　者 / 刘秀萍

出 版 人 / 冀祥德
组稿编辑 / 曹义恒
责任编辑 / 吕霞云
责任印制 / 王京美

出　　版 / 社会科学文献出版社·政法传媒分社（010）59367126
　　　　　 地址：北京市北三环中路甲29号院华龙大厦　邮编：100029
　　　　　 网址：www.ssap.com.cn
发　　行 / 社会科学文献出版社（010）59367028
印　　装 / 北京联兴盛业印刷股份有限公司

规　　格 / 开　本：787mm×1092mm　1/16
　　　　　 印　张：20.25　字　数：316千字
版　　次 / 2023年11月第1版　2023年11月第1次印刷
书　　号 / ISBN 978-7-5228-2119-1
定　　价 / 98.00元

读者服务电话：4008918866

版权所有 翻印必究